顧頡剛等 主編

禹貢半月刊

1

第一卷一至十二期

中華書局

圖書在版編目(CIP)數據

禹貢:半月刊/顧頡剛等主編.—北京:中華書局,2010.5

ISBN 978-7-101-07360-7

Ⅰ.禹…　Ⅱ.顧…　Ⅲ.歷史地理學期刊-中國-1934~1937　Ⅳ.K928.6-55

中國版本圖書館CIP數據核字(2010)第061962號

責任編輯:王　勖

禹　貢(半月刊)

(全十一册)

顧頡剛等 主編

*

中 華 書 局 出 版 發 行

(北京市豐臺區太平橋西里38號　100073)

http://www.zhbc.com.cn

E-mail:zhbc@zhbc.com.cn

北京市白帆印務有限公司印刷

*

787×1092毫米 1/16·420¾印張·21插頁·6500千字

2010年5月第1版　2010年5月北京第1次印刷

印數:1-500册　　定價:3200.00元

ISBN 978-7-101-07360-7

影印說明

《禹貢》半月刊是二十世紀三十年代顧頡剛先生創辦的一份具有深遠影響的學術刊物。從一九三四年三月創刊到一九三七年七月停刊，《禹貢》半月刊共出版了七卷八十二期。《禹貢》半月刊的出版和「禹貢學會」的成立標誌着現代學術意義上的中國歷史地理學科的建立。

《禹貢》半月刊的出版距今已七十餘年，查找不便，爲滿足學界需要，我局決定影印出版。此次影印以顧頡剛先生自藏的一套《禹貢》半月刊爲底本，上面還鈐有顧先生的藏書章，彌足珍貴。此次影印得到了顧先生家屬和王煦華先生的大力支持，在此謹致謝忱。

中華書局編輯部

二〇一〇年三月

禹貢

第一卷合訂本

北平禹貢學會印行

定價國幣九角

禹貢半月刊第一卷總目

第一期

發刊詞……………………（二——五）
禹貢的地位……………………李素英（五——六）
論禹貢田賦不平均之故……………………許道齡（六——七）
『雲土夢作乂』……………………陳家驥（七——八）
『雲土夢』……………………張公量（九——一〇）
周書周官職方篇校記……………………王樹民（一〇——一二）
職方定本附章句芻說……………………王樹民（一二——一四）
職方冀州境界問題……………………袁鍾姒（一四——一五）
山海經的新評價……………………高去尋（一五——一八）
山海經讀後感……………………吳維亞（一九——二〇）
自戰國至漢末中國戶口之增減……………………楊向奎（二〇——二二）
漢書地理志所記掌物產之官……………………袁鍾姒（二二——二三）
編後……………………顧頡剛（二三——二四）

第二期

古史中地域的擴張……………………顧頡剛（二——六）
遼史地理志補正……………………譚其驤（六——七）
洪水傳說之推測……………………馮家昇（八——一四）

古代河域氣候有如今江域說……蒙文通講　王樹民記（一四——一五）
禹貢等五書所記藪澤表……楊毓鑫（一六——一七）
寫在藪澤表的後面……顧頡剛（一七——一九）
前漢戶口統計表……胡德煌（一九——二六）
方志之名稱與種類……朱士嘉（二六——三〇）
編後……顧頡剛（三〇——三一）

第三期

清史稿地理志校正（直隸）……譚其驤（二——五）
山海經圖與職貢圖……王以中（五——一〇）
民國二十二年以來所修刻方志簡目……徐家榴（一〇——一九）
後漢戶口統計表……王德甫（一九——二六）
禹貢職方史記貨殖列傳所記物產比較表……孫媛貞（二六——二八）
略論上述三書所記各地特產……張公量（二九　）
自禹貢至兩漢對于異民族之觀念……袁鍾姒（二九——三一）
校後……顧頡剛（三一　）

第四期

說丘……顧頡剛（二——六）
遼金史地理志互校……馮家昇（六——一〇）
明遼東「衛」「都衛」「都司」建置年代考略……張維華（一〇——一四）
說禹貢州數用九之故……張公量（一四——一七）

從夏禹治水說之不可信談到禹貢之著作時代及其目的……許道齡（一八——二〇）
漢書地理志中所記故國及都邑……李子魁（二〇——二四）
我對于雲南羅羅族研究的計畫……楊成志（二四——二九）

第五期

冀州考原……馬培棠（一——五）
齊州即中國解……劉盼遂（五——六）
穆傳山經合證……張公量（六——一五）
禮記王制及周官職方所言封國說之比較……鄺平樟（一六——一八）
王制職方封國說之不同及後儒之彌縫……郭漢三（一八——一九）
漢書地理志中所釋之職方山川澤寖……侯仁之（一九——二三）
與顧頡剛先生論『九丘』書……唐蘭（二三——二六）
中國地方志綜錄例目……朱士嘉（二六——三二）

第六期

由甲骨卜辭推測殷周之關係……孫海波（一——八）
宋史地理志考異（總敍）……聶崇岐（八——一一）
古代蜀國史略述……傅述堯（一一——一六）
宋代儒者地理分佈的統計……余鍈（一六——二三）
晉初郡縣戶數表……黃席羣（二三——二八）
由九丘推論古代東西二民族……勞榦（二八——三〇）
禹治水故事之出發點及其它……勞榦（三〇——三二）

辨冀州之『冀』……唐　蘭（三二　）
介紹史學論叢中三篇古代地理文字……楊向奎（三二——三四）

第七期

論古水道與交通……蒙文通（二——六）
明代遼東衛所建置考略……張維華（六——一九）
論利瑪竇之萬國全圖……陳觀勝（一九——二四）
丹朱故墟辨……馬培棠（二四——二九）
古會稽考……張公量（二九——三四）
論兩漢西晉戶口……譚其驤（三四——三六）

第八期

提議編纂古史地名索引……錢　穆（二——四）
北魏六鎮的名稱和地域……谷霽光（五——八）
宋史地理志考異（京城）……聶崇岐（八——一〇）
乾隆時學者對利瑪竇諸人之地理學所持的態度……陳觀勝（一〇——一二）
禹貢之沇水……袁鍾姒（一三——一五）
兩漢郡國縣邑增損表……史念海（一五——二七）
山海經圖與職貢圖的討論……賀次君（二八——三四）

第九期

大野澤的變遷……李素英（二——九）
六朝稱揚州爲神州考……劉盼遂（九——一〇）

宋史地理志考異（京畿路，京東路，京西路）……聶崇岐（一〇——一四）
清史稿地理志校正（奉天）……譚其驤（一四——一八）
管子中的經濟地理的思想……楊效曾（一八——二三）
黑城探檢記……斯文赫定著 侯仁之譯（二三——二八）
介紹到西北去的兩部書……馮家昇（二八——三〇）
沙南蛋民專號提要……許道齡（三一——三五）
兩漢郡國縣邑增損表訂誤……于鶴年（三五——三七）

第十期

我的研究東北史地的計劃……馮家昇（二——六）
四國解……唐蘭（六——九）
山海經之版本及關於山海經之著述……賀次君（九——二〇）
跋山海經釋義……張公量（二〇——二二）
清代學者關于禹貢之論文目錄……王重民（二二——二七）
方志之性質……傅振倫（二七——二九）
青海前言……周振鶴（二九——三三）
評綏遠省分縣圖……吳志順（三三——三六）
評馮承鈞譯西域南海史地考證譯叢及續編……聞宥（三六——三七）

第十一期

周南召南考……劉節（二——一〇）
桂萼的輿地指掌圖和李默的天下輿地圖……王庸（一〇——一二）

宋史地理志考異(河北路)……聶崇岐（一二——一五）
安西四鎮之建置及其異同……大谷勝眞著　周一良譯（一五——二二）
唐代礦物產地表……鄧嗣禹（二二——二九）
中國地學論文索引序……王庸（二九——三四）

第十二期

北魏六鎮考……兪大綱（二——四）
附案語……譚其驤（四——六）
宋史地理志考異(河東路)……聶崇岐（六——八）
地理與歷史的中心關係……楊效曾（八——一〇）
畲民見聞記……胡傳楷（一〇——一四）
客家研究導論提要……許道齡（一四——二六）
再介紹到西北去的一部書……馮家昇（二六——二九）
豐潤小志……楊向奎（二九——三三）
關於『兩漢郡國縣邑增損表』……史念海（三四——三六）
編後……顧頡剛（三六——三八）

出版者：禹貢學會。
編輯者：顧頡剛，譚其驤。
出版日期：每月一日，十六日。
發行所：北平成府蔣家胡同三號禹貢學會。

禹貢

半月刊

價目：每期零售洋壹角。豫定半年十二期，洋壹圓；全年二十四期，洋貳圓。郵費加一成半。國外全年加郵費八角。

The Evolution of Chinese Geography Semi-monthly Magazine.

第一卷 第一期

民國二十三年三月一日

發刊詞
禹貢的地位　李素英
論禹貢田賦不平均之故　許道齡
『雲土夢作乂』　陳家驥
『雲土夢』　張公量
周書周官職方篇校記　王樹民
職方定本附章句芻說　王樹民
職方冀州境界問題　袁鍾姒
山海經的新評價　高去尋
山海經讀後感　吳維亞
自戰國至漢末中國戶籍之增減　楊向奎
漢書地理志中掌物產之官　袁鍾姒
編後　顧頡剛

代售處

北平北京大學史學系余遜先生
北平燕京大學史學系李子魁先生
北平輔仁大學史學系譚其驤先生
北平清華大學史學系吳春晗先生
天津河北女子師範學院史學系斑書閣先生
青島山東大學丁山先生
濟南齊魯大學史學系張立志先生
開封河南大學史學系楊鴻烈先生
上海暨南大學江應樑先生
武昌武漢大學史學系吳其昌先生
成都四川大學文學院劉以塘君
廈門廈門大學史學系鄭德坤先生
廣州中山大學文史研究所羅香林先生
廣州嶺南大學容肇祖先生
廣州協和神學院李鏡池先生
河北遵化初級中學趙巨川先生
北平北平圖書館王以中先生
杭州浙江圖書館夏廷棫先生
蘇州江蘇第二圖書館陳源遠先生
北平景山東街十七號景山書社
北平和平門外大街文化書社
北平琉璃廠松筠閣書舖
北平成府競進分社
南京中央大學門前鍾山書局
上海五馬路亞東圖書館
重慶天主堂街重慶書店

本刊業已遵章呈請登記

發刊詞

歷史是最艱難的學問，各種科學的知識它全都需要。因為歷史是紀載人類社會過去的活動的，而人類社會的活動無一不在大地之上，所以尤其密切的是地理。歷史好比演劇，地理就是舞臺；如果找不到舞臺，哪裏看得到戲劇！所以不明白地理的人是無由了解歷史的，他只會記得許多可佐談助的故事而已。

自然地理有變遷，政治區畫也有變遷。如果不明白這些變遷，就到處都成了『張冠李戴』的笑柄。例如認現在的黃河即是古代的黃河，濟水將安排何處？認近代的兗州即是古代的兗州，其如那邊並無沇水！打開二十四史一看，滿紙纍纍的都是地名。要是一名限于一地，那就硬記好了；無奈同名異實的既很多，異名同實的也不少，倘使不把地理沿革史痛下一番功夫，眞將開口便錯。我們好意思讓它永遠錯下去嗎？

這數十年中，我們受帝國主義者的壓迫眞夠受了，因此，民族意識激發得非常高。在這種意識之下，大家希望有一部中國通史出來，好看看我們民族的成分究竟怎樣，到底有哪些地方是應當歸我們的。但這件工作的困難實在遠出於一般人的想像。民族與地理是不可分割的兩件事，我們的地理學既不發達，民族史的研究又怎樣可以取得根據呢？不必說別的，試看我們的東鄰蓄意侵略我們，造了『本部』一名來稱呼我們的十八省，暗示我們邊陲之地不是原有的；我們這羣傻子居然承受了他們的麻醉，任何地理教科書上都這樣地叫起來了。這不是我們的恥辱？然而推究這個觀念的來原，和禹貢一篇也有關係。禹貢列在書經，人所共讀，但是沒有幽州，東北只盡於碣石，那些讀聖賢書的人就以為中國的東北境確是如此的了。不搜集材料作實際的查勘，單讀幾篇極簡單的經書，就注定了他的畢生的地理觀念，這又不是我們的恥辱？

研究地理沿革在前清曾經盛行過一時。可是最近十數年來此風衰落已到了極點。各種文史學報上找不到這一類的論文，大學歷史系裏也找不到這一類的課程，而一般學歷史的人，往往不知禹貢九州，漢十三部為何物，唐十道，宋十五路又是什麼。這眞是我們現代中國人的極端的恥辱！在這種現象之下，我們還配講什麼文化史，宗教史；又配講什麼經濟史，社會史；更配講什麼唯心史觀，唯物史觀！

我們是一羣學歷史的人，也是對于地理很有興趣的人，為了不忍坐視這樣有悠久歷史的民族沒有一部像樣的歷史書，所以立志要從根本做起。禹貢是中國地理沿革史的第一篇，用來表現我們工作的意義最簡單而清楚，所以就借了這個題目來稱呼我們的學會和這個刊物。我們要使一般學歷史的人，轉換一部分注意力到地理沿革這方面去，使我們的史學逐漸建築在穩固的基礎之上。我們一不偷懶，因為故紙堆中有的是地理書，不讀書的便不能說話；二不取巧務名，因為地理是事實並且是瑣碎的事實，不能但憑一二冷僻怪書，便大發議論。我們一方面要恢復清代學者治禹貢，漢志，水經等書的刻苦耐勞而謹嚴的精神，一方面要利用今日更進步的方法，——科學方法，以求博得更廣大的效果。

至於具體的工作計劃，大致有下列幾方面。

一，現在我們還沒有一部可以供給一般史學者閱讀的中國地理沿革史。王應麟的通鑑地理通釋太古老了，又很簡陋。顧祖禹的讀史方輿紀要卷帙太繁冗，非普通讀史者所宜讀；且顧氏多承明人之蔽，好空談形勢，於歷史地理之實際考證，往往未盡精確。此外近年來坊間也曾出了二三本標着這一類名目的小册子，益發是雜糅胡鈔，不値一顧。本來中國地理沿革史不是一部容易編的書，因為其中還有許多重要的問題，至今沒有解決，有如：上古傳說中的『州』與『服』，東晉南朝的僑州郡縣，北魏六鎮和唐代六都護府的建置沿革，明朝都司衛所的制度等等。在這許多問題沒有解決之前，中國地理沿革史是沒有法子可以寫得好的。所以我們的第一件工作，便是想把沿革史中間的幾個重要問題研究清楚；從散漫而雜亂的故紙堆中整理出一部中國地理沿革史來。

二，我們也還沒有一種可用的地理沿革圖。稅安禮的歷代地理指掌圖早已成了骨董，成了地圖學史中的材料了。近三十年來中國日本兩方面所出版中國地理沿革圖雖然很多，不下二三十種，可是要詳備精確而合用的却一部也沒有。日本人箭內亘所編的東洋讀史地圖很負盛名，銷行甚廣，實際錯誤百出，除了印刷精良之外一無足取。中國亞新地學社所出版的歷代戰爭疆域合圖還比箭內氏圖稍高一籌。至於上海商務印書館等所出版的童世亨們的中國地理沿革圖，固然最為通行，但其訛謬可怪卻尤有甚於東洋讀史地圖者。比較可以稱述的，祇有清末楊守敬氏所編繪的歷代輿地圖。此圖以繪錄地名之多寡言，不為不詳備，以考證地名之方位言，雖未能完全無誤，亦可以十得七八，可是它有一種最大的缺點，就是不合用。一代疆域分割成數十方塊，驟視之下，既不能見其大勢，檢查之際，又有綴前綴後之苦。所以我們第二件工作是要把我們研究的結果，用最新式的繪製法，繪成若干種詳備精確而又合用的地理沿革圖。

三，我們也還沒有一部可以夠用的歷史地名大辭典。李兆洛的歷代地理志韻編太簡略了，檢索也不方便。北平研究院所出版的中國地名大辭典和商務印書館所出版的中國古今地名大辭典雖然都以『大』字命名，實際可是連正史地理志和一統志所載的地名也沒有完全搜錄進去。而且此等辭典皆不過鈔掇舊籍，對於每一個歷史地名很少有詳密的考證。所以我們第三件工作是要廣事搜羅所有中國歷史上的地名，一一加以考證，用以編成一部可用，夠用，又精確而又詳備的中國歷史地名辭典。

四，考訂校補歷代正史地理志是有清一代學者對於地理沿革學最大的貢獻。名著有全祖望的漢志稽疑，吳卓信的漢志補注，錢坫的新斠注漢志，汪遠孫的漢志校本，洪頤煊的漢志水道疏證，陳澧的漢志水道圖說，畢沅的晉志新校正，方愷的新校晉志，温曰鑑的魏志校錄，成蓉鏡的宋志校勘記，楊守敬的隋志考證等等。可是除了漢志一部分的成績尚可稱述而外，其它部分都還粗淺得很。晉志，魏志，兩唐志最爲蕪亂難讀，但上述幾部書實際上幷沒有把它們考訂清楚。明史地理志訛謬脫漏的地方也很多，却並不曾有人去理會過它。所以我們的第四件工作是要完成清人未竟之業，把每一代的地理志都加以一番詳密的整理。

以上所述都是對於地理沿革本身的研究工作計劃。再者，地理書籍中往往具有各種文化史料，例如：各正史地志什九皆載有州郡戶口物產，那豈不是最好的經濟史料？州郡間有詳其民戶所自來者，那豈不是最好的移民史料？所以我們的第五件工作是要把這些史料輯錄出來，作各種專題的研究。

除此之外，我們還要提出若干關係自然地理而爲我們自己所不能解決的問題，徵求科學家的解答。例如：自漢以後，言河源者都以爲是發源於崑崙，其上流即今塔里木河，既潴爲羅布泊，復伏流至積石出而爲中國河。伏流之說是否可通，這完全有待於自然地理學者的研究。不但是自然地理方面的問題，我們要請教那些專家，就是社會和政治方面，我們需要專家的解答正同樣的迫切。例如禹貢的五服，王制的封國，山海經中的原始宗教，職方中的男女人數比例，都不是我們自己所能研究出最終的結論來的。

以前研究學問，總要承認幾個權威者作他的信仰的對象。好像研究毛詩的，就自居於毛老爺的奴僕。在這種觀念之下，自然會得分門別戶，成就了許多家派。我們現在，要澈底破除這種英雄思想，既不承認別人有絕對之是，也不承認自己有絕對之是。我們不希望出來幾個天才，把所有的問題都解決了，而只希望能聚集若干肯作苦工的人，窮年累月去鑽研，用平凡的力量，合作的精神，來造成偉大的事業，因為惟有這樣纔有切實的結果，正如磚石建築的勝于蜃氣樓臺。我們確實承認，在這個團體中的個人是平等的，我們的團體和其它的團體也是平等的。我們大家站在學術之神的前面，為她而工作，而辯論，而慶賀新境界的開展，而糾正自己一時的錯誤。我們絕對不需要『是丹非素』的成見，更無所謂『獨樹一幟』的虛聲。願本刊的讀者能這樣的認識我們，同情我們！

二十三，二，二十二。

禹貢的地位

李素英

禹貢在地理沿革史上佔有極重要的地位。為了時代過早，知識有限，自然是有好些地方免不了謬誤和模糊。雖則不算絕對的權威，却是中國純粹地理學的始祖，首先開闢了研究的途徑，啟發一般人的地理觀念，使當代與後世的人對自己生長，居住的『神州』的概況，得到最低限度的認識。禹貢作者曾竭盡他的智力草創了地理學的綱要和基礎，供給後人做一種根據，這勞績是偉大的。

其實，正因為禹貢本身的不盡正確，有着疑竇和漏洞，才更引動學者們的追究，在追究的程序上必然涉及種種問題，地理學愈推愈廣，因而獲得更多的新發現。禹貢的錯誤和矛盾處不是作者本身的過失，我認為關於學術上的著作總不免，也不妨帶一點錯誤和漏洞。這漏洞正是那作品的延年益壽丹。

『從前人信禹貢為虞夏時書，又信為禹的治水作貢時親筆記載，它的地位自然很高』。這只是從前人絕對崇拜三代的一種估量和信仰，認為凡是堯舜禹的典籍都成了天造地設的聖經，該佔有最高地位的。假如有人發現了禹貢是後人的作品，或者禹自己顯聖否認他的著作權，那麼，它的地位會驟然低落是無疑的，甚而會被斥為邪說異端也說不定。

現在可不同了。我們幸而生當後世，承襲了歷代積貯下來的知識，在進化的途中，我們已到達比古人較高的一個峯頂。對一切的來頭去路，都觀察得比古人清晰準確。而且科學昌明，研究的工具漸漸齊備，我們已有信仰現代多過信仰古人的趨勢了。尤其對三代以前的東西根本起了懷疑，覺得都有重新考訂，重新估價的必要。禹貢若是禹作的，則它的內容眞確性愈少，它是處於被疑的地位。我們如果考定了它的著作時代在春秋後時，則它的地位不特不會低落，反而增高了。因爲我們的注意點已不在禹不禹的問題，而在那作品內容的眞確性。時代較後，各種旁證也比較多些，所以比較可信。這種考定雖然打斷了我們對禹域九州的地理觀念，和他鑿山通河以治洪水的想像，但我們可以比較放心地相信禹貢裡所說的，多少是春秋後時的山川，地勢，疆域，物產的概況。與其全部存疑，何如獲到一部分的眞實？故禹貢的地位，在現代的眼光裏決不會因著作的時代之移後而低落的。

論禹貢田賦不平均之故

許道齡

凡治國者對於人民，莫不事事求其公平。但禹貢之田與賦極不平均，如：

冀州	厥田惟中中	厥賦惟上上	田第五 賦第一	高四級
兗州	厥田惟中下	厥賦貞（貞屬第九）	田第六 賦第九	下三級
青州	厥田惟上下	厥賦中上	田第三 賦第四	下一級
徐州	厥田惟上中	厥賦中中	田第二 賦第五	下三級
揚州	厥田惟下下	厥賦下上	田第九 賦第七	高二級
荆州	厥田惟下中	厥賦上下	田第八 賦第三	高五級
豫州	厥田惟中上	厥賦上中	田第四 賦第二	高二級
梁州	厥田惟下上	厥賦下中	田第七 賦第八	下一級
雍州	厥田惟上上	厥賦中下	田第一 賦第六	下五級

這是什麼原故？其中有無公道存在？

我詳細研究的結果：知道牠是以『無病民』爲原則。冀州，豫州是王者所居之地，開化較早，農業最發達。戰國策二十二魏一云：

地方千里。地名雖小，然而廬田廡舍曾無所芻牧牛馬之地。

又卷十八趙一云：

吾城郭之完，府庫足用，倉廩實矣。

史記河渠書云：

西門豹引漳水灌鄴，以富魏之河內。

又云：

韓使水工鄭國間說秦，令鑿涇水，自中山抵瓠口為渠，旁北山，東注洛，三百餘里，欲以溉田。

這都是農業較為發達的證據。農業發達，生產量增大，收穫豐富，雖多取而民不以為苦。——這是冀豫兩州賦高於田的緣故。

荊州，揚州蠻夷瘴癘，風氣未開，農業幼穉。然而『地廣人稀，飯稻羹魚，或火耕而水耨』（史記貨殖列傳）。在這種情形之下，耕者想必隔年一易地，而且一人能夠耕千畝，少受荒歉之苦。史記貨殖列傳云：

楚越……地勢饒食，無饑饉之患。

這是人民生活充裕的證例。人給家足，雖重徵也不傷元氣。——這是荊揚兩州賦高于田的緣故。

其他各州，如：青，徐，兗，梁，雍，自然環境雖不算壞，但或許是因為農耕技術之不很高明，或許是因為人口密度之過大，故賦皆下田，以示體卹。

以上所說，從表面上看來像是相反，但從實際上看來確是相成，蓋百變仍不離其『無病民』之原則也。管見如此，未悉當否？

二十二年十一月三十日

『雲土夢作乂』

陳家驥

禹貢之文，唐宋流行之本尚作『雲夢土』，自太宗（自胡渭以下皆以為唐太宗，段玉裁則以為宋太宗）得古本作『雲土夢』，詔改從之，於是後儒解說遂紛紛然莫衷一是矣。王鳴盛曰，『史記漢書並作「雲夢土」，釋孔傳亦作「雲夢土」，蓋皆魏晉所改。唐太宗時，馬鄭所注尚存，所得殆馬鄭本也』。此則以馬鄭本作『雲土夢』，而作『雲夢土』者乃魏晉人所改也。段玉裁古文尚書撰異云，『作「雲夢土」者，古文尚書也。作「雲土夢」者，今文尚書也。今本古文尚書作「雲土夢」，其誤始於唐石經，而宋太宗復揚其波』。此則以今文作『雲土夢』而古文作『雲夢土』也。然胡渭禹貢錐指云，『史記水經注並作「雲土夢」，遷從孔安國問故，其書宜從古文，何乃作「雲土夢」邪？予以為作「雲夢土」者，偽孔本也；作「雲土夢」者，馬鄭之所同，固無間於今古文也。偽孔之本行而馬鄭之本孤，故太宗始得古本而餘子莫或之見也』。則王氏之說疑爲近似。

『雲夢』之名，說亦多歧。稽諸經傳，有合稱『雲夢』者，周禮，荆州『澤藪曰雲瞢』，爾雅十藪，『楚有雲夢』，戰國策『楚王遊於雲夢』，是也。有單稱『雲』者，左傳定四年，『楚子涉雎濟江，入于雲中』，是也。有單稱『夢』者，左傳宣四年，『䢵夫人棄子文于夢中』，是也。注家以此人各異說。有以『雲夢』爲一澤者，僞孔傳曰，『雲夢之澤，其中有平土丘』，鄭注周禮職方曰，『雲夢在華容』，是皆以爲一澤也。司馬貞史記索隱云，『雲夢本二澤，人以其相近，或合稱雲夢』，此則以爲二澤也。於是沈括，羅泌，易祓，郭思，鄭樵，洪邁，洪興祖等遂有『雲在江北，夢在江南』之說。王鳴盛尚書後案曰，『左傳定四年，「吳人入郢。楚子涉雎濟江，入于雲中。王寢，盜攻之，以戈擊王，王奔鄖」，鄖在江南，楚子自郢濟江而北入雲中，遂奔鄖，是則雲在江北明矣。昭三年，「鄭伯如楚，楚王以田于江南之夢」，則夢在江南明矣』。王氏此說，其著者也。胡渭禹貢錐指則謂『雲可該夢，夢亦可該雲。故杜元凱注「夢中」云，「夢，澤名。江夏安陸縣東南有雲夢城」，則夢在江北。注「雲中」云，「入雲夢澤中，所謂江南之夢」，則雲在江南，注「江南之夢」云，「楚之雲夢跨江南北」，則南雲北夢，單稱合稱，無所不可，絕無「江北爲雲，江南爲夢」之說』。此則以地跨江之南北，而無嫌於北夢南雲也。

至於『雲土』之解說亦紛紛。僞孔則謂『其中有平土丘』，頴達則謂『「土」字在二字之間，蓋史文兼上下』，皆無常也。孫星衍尚書今古文注疏云，『雲夢作「雲土夢」者，楚語，王孫圉曰，「有藪曰雲連徒洲」，注云，「楚有雲夢。徒，其名也」。案徒土音相近』（段玉裁亦謂雲連徒州即雲土也，與孫氏說同）。孫詒讓周禮正義曰，『楚辭招魂篇云，「與王趨夢兮課後先」，王注云，「夢，澤中也，楚人名澤爲夢中」。淮南子墬形訓云，「南方曰大夢」，高注云，「夢，雲夢也」。據此諸文，則「雲」者此澤之專名，「夢」者楚人之通語。禹貢之「雲土」，即楚語之「雲連徒州」。漢地理志江夏郡又有雲杜縣。「土，徒，杜」並聲近字通，然則「雲土」即澤名，「雲土夢」猶云「雲土澤」耳。省文曰「雲夢」，復省之則曰「雲」曰「夢」，實一藪也』。詒讓之說視孫（星衍）段（玉裁）爲密，而『雲土』之義得矣。

『雲土夢』

張公量

『雲土夢』之著錄，當以左氏爲嚆矢。昭三年傳，『王以田江南之夢』。定四年傳，『楚子涉睢濟江，入雲中』。次則國語楚語，王孫圉曰，『楚又有藪曰雲連徒州』。國策楚策，『楚王游於雲夢』。至於禹貢爾雅，則較晚出。惜解註紛紜，莫衷一是；然視黑水，勝矣。輯而論之，如左。

一，雲夢在華容說——此說倡自漢書地理志。云，『南郡華容縣，雲夢澤在南，荊州藪』。其後鄭玄職方注，應劭風俗通義，高誘呂覽淮南注，韋昭國語注，郭璞爾雅注，皆踵之。

二，雲夢在編，西陵說——漢書地理志，『編縣，有雲夢宮。江夏郡西陵縣，有雲夢宮』。

三，雲夢在枝江，安陸說——杜預土地名，『南郡枝江縣，西有雲夢城。江夏安陸縣，東南亦有夢城』。

四，雲夢在雲杜，沌陽說——水經夏水酈注，『西南自州陵東界，逕于雲杜，沌陽，爲雲夢之藪矣』；又沔水注，『雲杜縣東北，有雲夢城』。

諸如此說，其終皆以證杜預『楚之雲夢，跨江南北』。

凡學說思想，遞次增飾，愈後愈臻完密。若雲夢一詞，其初解者，不過『跨江南北』一浮泛語耳；今則有實地可指。清胡渭博徵衆說，訂爲『東抵蘄州，西止枝江，京山以南，青草以北』，儼然雲夢區域矣。

邵晉涵以雲夢爲當日離宮別苑之稱，而編，西陵獨曰『雲夢宮』者，正所以存楚宮之故蹟（說詳爾雅正義）。孫詒讓則云：『雲者此澤之專名，夢者楚人之通語。禹貢之雲土，即楚之雲連徒州。漢地理志江夏郡又有雲杜縣。土，徒，杜，並聲近字通。然即雲土卽澤名，雲土夢猶云雲土澤耳。省文曰雲夢，復省之曰雲曰夢，實一藪也』（說詳周禮正義）。蓋雲夢爲古代諸侯王游宴之所，以結二國之好。昭三年十月鄭伯至楚，王與田於夢；翌年正月，許子至，復田，且賦吉日（小雅），其儀甚隆，想其期必不止三數日，途必不局，自宜於適當地點設置行營，故編，西陵有雲夢宮；枝江，安陸有雲夢城也。地旣徧普，盡人知之，故稱雲偁夢，均無不可，猶涇水渭水稱之涇渭；長江黃河之稱江河也。然有一不解者，夏水酈注，『西南自州陵東界，逕于雲杜，沌陽，爲雲夢之藪矣』。又沔水注，『雲杜縣東北，有雲夢城』。既曰雲杜，又出雲夢，豈不與土，杜相通，雲杜即雲土之言悖耶？一句之中，竟自矛盾至此耶？

嘗讀山海經，其書近人目為西漢時作品，於澤屢見不一，獨於雲夢缺如。意其截而名不必符乎？如東山經之深澤，廣員四十里皆涌，屬南行；又西山經之泑澤，河水所潛，其原渾渾泡泡，係東望：諸如摹寫，皆有可疑者。幷記於此，質之同人。

周書周官職方篇校記

王樹民

周官（文字依本講義乙種三之一）	周書（文字依抱經堂校定本）
以掌天下之地	無此六字
辨其邦國　乃辨九州之國	
乃辨九服之邦國	三「辨」字並作「辯」孫詒讓云，同聲假借字。
六畜之數要	無「要」字，孫詒讓云疑脫。
其畜宜鳥獸	「宜」字下有「雞狗」二字，盧文弨云後人妄增也。
雲瞢	「瞢」作「夢」
其川滎雒　案：各本「滎」多作「熒」，此誤。	「滎」作「熒」段玉裁云，字當作「熒」。
其浸波溠	「波」作「陂」孫詒讓云，同聲段借字。
其民二男二女　鄭注云，當作「二男三女」。	「二女」作「三女」
其畜宜雞狗	「狗」作「犬」
弦蒲	「弦」作「彊」王念孫云，「弦」誤為「强」，因誤為「彊」。
其川涇汭	同　盧文弨云，本皆作「涇納」，今從周官改。俞樾云，「納」，「汭」皆從「內」聲之字，古或通用。
楊紆	「楊」作「揚」孫詒讓云，同聲段借字。
汾潞	「潞」作「露」孫詒讓云，聲同字通。
其民五男三女	同　盧文弨云，「三女」本作「二女」，今依周官改。
乃辨九服之邦國	無「邦」字
方千里曰王畿	「畿」作「圻」孫詒讓云，「圻」「畿」字通。
曰侯服……曰藩服	「曰」字均作「為」
凡邦國：千里，封公以方五百里，則四公；方四百里，則六侯；方三百里，則七伯；方二百里，則二十五子；方百里，則百男。以周知天下。鄭注云，「七伯」當作「十一伯」。	凡國：公，侯，伯，子，男。以周知天下。
小大相維	大小相維

王將巡守　「守」作「狩」〔孫詒讓云，段借字。〕

各修平乃守〔案別本「修」亦作「脩」〕　「修」作「脩」

攷乃職事　「攷」作「考」〔孫詒讓云，古今字。〕

及王之所行先道，帥其屬　及王者之所行道，率其屬而〔孫詒讓云，「者」字衍，朱右曾同，又云，脫「先」字。〕

而巡戒令。　巡戒命。〔「率」，「帥」，古今字。「令」，「命」，義同。〕

樹民謹案：職方一篇，因在周官中，舊說以為周公所作；『穆王使有司抄出之，欲時省焉』（孔晁周書注），故又存於逸周書。然察其體製內容，既不類周初之作，且采用晚出之名（如『七閩』），故其語之不信，無待煩言。

職方篇之作，竊意當在戰國末年，而出燕齊人士之手。其說要有四點：（一）據史記越世家東越列傳，閩越建國在西前四世紀後半期，則『七閩』一名之發生當尤後此。（二）幽并分州乃受燕趙開邊攘地之啟示。（三）戰國末年，有迂大之說行於燕齊之間，職方之『萬里九服』說實其產物。（四）史記秦始皇本紀云：『昔者五帝地方千里，其外侯服，夷服』，其說最與職方九服相類，疑即本此；否則恐亦有間接關係。（說詳五服說之演變。（一）（二）兩點參看講義乙種三之一顧先生案語。）

職方之初製，乃遠託古帝而非周公之制。說有三點：（一）其時道古者務尚古遠，職方作者生當其時，自難獨外。（二）漢初人猶稱周制為五服；如韋孟諷諫詩云：『五服崩離，宗周以墜』。（三）秦紀稱為『五帝之制』。（亦詳五服說之演變。）

職方之變為周制，蓋在編入逸周書之後。周書既不見重（致後人目之為『逸』），故職方篇除漢武帝取幽，并立十三州時一言及外，亦少見稱。其後周官成書，采以為夏官職方氏；後世尊為經典，而職方遂得確為周制。

周官之書，成於西漢末年，捃摭舊文以實其內容。於原文雖大體承用，而為符合其目的故，每有竄易割裂之處；推尋其迹，事乃有極昭然者。即此篇而論，如周書云：『凡國：公，侯，伯，子，男。以周知天下』，本承上文『乃辨九服之國』一語而來；兼釋『辨其邦國』，及『乃辨九州之國』二語。（『以周知天下』又含總結『掌天下之圖……』以下之意。）此則云：『凡邦國：千里，封公以方五百里，則四公；方四百里，則六侯；方三百里，則七伯；方二百里，則二十五子；方百里，則百男。以周知天下』。既言封國之大小數目，則已與上文所敘別為一事，不相屬也，而復存『凡邦國……以周知天下』承上文之語；致此段乃成首尾附屬，中間獨立之態。蓋其意在加入此事，而苦無適當之處，遂勉強割裂本文，而造成此畸形狀態也。

二二，一一，七晚。

職方定本 附 章句芻說

王樹民

職方一篇，今雖兩存於周書及周官，然周書多有脫誤，周官則竄迹顯然（參照上文札記之校記），加以歷經傳寫之譌，其原文吾人實已不可全睹。今妄以私見，酌取二篇之文，參以諸家校釋，存其眞語，去其誤訛，寫爲己見之定本，並附以章說焉。

職方氏：掌天下之圖，以掌天下之地。

辨其邦國，都鄙，四夷，八蠻，七閩，九貉，五戎，六狄之人民，與其財用，九穀，六畜之數要，周知其利害。

乃辨九州之國，使同貫利：

東南曰揚州：其山鎮曰會稽。其澤藪曰具區。其川三江。其浸五湖。其利金，錫，竹，箭。其民二男五女。其畜宜鳥，獸。其穀宜稻。

正南曰荊州：其山鎮曰衡山。其澤藪曰雲夢。其川江，漢。其浸潁，湛。其利丹，銀，齒，革。其民一男二女。其畜宜鳥，獸。其穀宜稻。

河南曰豫州：其山鎮曰華山。其澤藪曰圃田。其川熒，雒。其浸波，溠。其利林，漆，絲，枲。其民二男三女。其畜宜六擾。其穀宜五種。

正東曰青州：其山鎮曰沂山。其澤藪曰望諸。其川淮，泗。其浸沂，沭。其利蒲，魚。其民二男三女。其畜宜雞，狗。其穀宜稻，麥。

河東曰兗州：其山鎮曰岱山。其澤藪曰大野。其川河，泲。其浸盧，維。其利蒲，魚。其民二男三女。其畜宜六擾。其穀宜四種。

正西曰雍州：其山鎮曰嶽。其澤藪曰弦蒲。其川涇，汭。其浸渭，洛。其利玉，石。其民三男二女。其畜宜牛，馬。其穀宜黍，稷。

東北曰幽州：其山鎮曰醫無閭。其澤藪曰貕養。其川河，泲。其浸菑，時。其利魚，鹽。其民一男三女。其畜宜四擾。其穀宜三種。

河內曰冀州：其山鎮曰霍山。其澤藪曰楊紆。其川漳。其浸汾，潞。其利松，柏。其民五男三女。其畜宜牛，羊。其穀宜黍，稷。

正北曰并州：其山鎮曰恒山。其澤藪曰昭餘祁。其川虖池，嘔夷。其浸淶，易。其利布，帛。其民二男三女。其畜宜五擾。其穀宜五種。

乃辨九服之國：方千里曰王畿。其外方五百里曰侯服。又其外方五百里曰甸服。又其外方五百里曰男服。又其外方五百里曰采服。又其外方五百里曰衞服。又其外方五百里曰蠻服。又其外方五百里曰夷服。又其外方五百里曰鎭服。又其外方五百里曰藩服。凡國：公，侯，伯，子，男。以周知天下。

凡邦國，小大相維，王設其牧。制其職，各以其所能；制其貢，各以其所有。

王將巡狩，則戒于四方曰，『各修平乃守，考乃職事！無敢不敬戒！國有大刑！』及王之所行，先道，率其屬而巡戒令。王殷國亦如之。

此篇總段，可分爲六，略述其要於下：

『掌天下之圖，以掌天下之地』爲第一段，敘職方氏所職掌之總綱。

『辨其邦國……周知其利害』爲第二段，敘其所職掌之條目。

『乃辨九州之國……并州其穀宜五種』爲第三段，敘第一種政治區劃。

『乃辨九服之國……以周知天下』爲第四段，敘第二種政治區劃。二種區劃中均爲國，其等級如本文所言。

『凡邦國……各以其所有』爲第五段，附敘邦國間及其與王之關係。

以上爲職方氏之常職；間敘九州九服之制，及邦國與王之關係。

『王將巡狩……王殷國亦如之』爲第六段，敘職方氏之臨時職務。

前作校記，曾謂周官加入封國一事，成爲首尾附屬，中間獨立之畸形狀態；今以文法關係觀之，尤爲顯然。其文前四段之主句，文法構造全同，圖示如左：

云謂詞 (Predicate)	介詞 (Preposition)	無限動詞 (Infinitive Clause)
掌天下之圖	以	掌天下之地
辨其邦國…與…	○	周知其利害
乃辨九州之國	○	使同貫利

乃辨九服之國。　以。　周知天下。

如於『以周知天下』上加入封國一事，與上文別爲一段，則此句不僅於義無屬，文法上將亦無所屬矣。

二二，一一，一九。

職方冀州境界問題

袁鍾姒

上年顧先生曾以職方九州分配同學，令繪製地圖。余適分得冀州。及著手繪製，覺其四至頗有糾紛，故草是篇以質所疑。

孫詒讓周禮正義曰，『案周冀州方域，東距東河，與兗界；南距南河，與豫界；西距西河，與雍界；北距虖池，與幷界；東南東北竝距東河；西南亦距西河；西北距汾水下流，與幷界。州三面距河，西河之西爲雍州，東河之東爲兗州，南河之南爲豫州，北界幷州則無河』。据此，界南界西均無問題，惟東，北，及西北，尙須斟酌。

(一)界　東　既知東距東河，似無何疑問。但東河河道，自禹河以後，幾經遷徙，職方冀州所距之東河，其流域仍係禹河之故道乎？抑爲已遷之河道乎？欲解決此問題，則職方之時代須加以研究。　夫周禮非周代作品，已成定論。顧先生以爲職方出於西漢之初，約在武帝之前。攷禹貢東河，過大伾山南，至今河南濬縣（漢黎陽宿胥口）又折而東北流，至今河北盧龍縣東碣石入於海（依孫詒讓說）。至定王河徙之後，黎陽以上猶禹河故道，自大伾以下，舊跡湮廢，河不復自碣石入海（按周定王五年，河徙，決宿胥口，走臨淸大名間，由今運河北達天津入海）。至新莽時，東河又改道，與周定王時復不同。職方果出於武帝之前，則新莽之東河與此無關。然則孫氏目中之東河，其爲禹河，抑爲定王之河，無明文可徵也。

按職方有勦襲禹貢之嫌，于山川記載，必一如其跡。孫詒讓於職方兗州云『北距九河，與幽界』。禹貢之九河逆河，雖不能確知何時湮廢，何時淪入於海，然据孫氏此意，作職方之時，九河固存，由是姑假定職方之東河爲禹河之東河，而非定王時已遷之東河也。其次當述河道所經。河自濬縣折東北流，合漳水，然漳水亦曾改道。今之漳水，自淸濁二漳合流後，名曰衞河，至山東臨淸入運河。然古之漳水，于河南林縣境，淸濁二漳合流，入山東界，至邱縣南，復分爲二派，一至青縣合運河，達直沽；一至河北新河縣，東北流，會滹沱。(見孫氏說冀州川)

据此職方之東河，以今輿地言之，自河南北部，經河北大名縣西，山東邱縣東，北流；于河北新河縣會胡盧河，入滹沱；再北流折而東，至盧龍東(孫氏謂河于永平府碣石入海，淸之永平府卽今之盧龍縣)入海，是爲冀兗之界。

(二)界西北　冀州西北，据汾水下流，與幷界。孫說幷州云，『西南距昭余祁，與冀界。今山西祁縣東七里，有昭余祁藪，其水久涸』。按昭余祁爲幷州澤，則冀州西北界限當在今祁縣東，下据汾水下流。

(三)界北　北距虖池，與幷界。据孫氏所攷，虖池卽今之虖沱河，源於山西泰戲山，至河北獻縣南，分爲二派，復合，至天津靜海縣入海，是爲冀幷之界。

然冀州是否與幽相接，及兗幽二州之毗界若何，依孫氏之說，不無可疑。其說幽州云，『西距東河，與冀界；東南距濰，與兗界；西南距岱，與兗界』，是今山東之北部，河北之東部，沿渤海一帶，皆隸幽州。顧先生亦謂『兗州旣爲幽所蔽，不得達於海濱』。然孫氏於兗州疆域猶云『東至海』，又云『東北亦至海』，並謂『北距九河，與幽界』。夫九河若在兗州，則幽州之西，不能與冀界；若在幽州，則兗州東北必不能至海。總之孫氏說不無可疑。

山海經的新評價

高去尋

自來批評山海經的，有毀譽不同的兩方面。我們先看劉歆上山海經表說：『禹別九州，任土作貢；而益等類物善惡，著山海經，皆聖賢之遺事，古文之著明者也』。是他的心目中，認牠是聖賢之遺著，地位自然甚高。他又說：『其事質明有信：孝武帝時，嘗有獻異鳥者，食之百物所不肯食。東方朔見之，言其鳥名，又言其所當食。如朔言。問朔何以知之，即山海經所出也。孝宣帝時，擊磻石於上郡，陷，得石室，其中有反縛盜械人。時臣秀父向爲諫議大夫，言此貳負之臣也。詔問何以知之，亦以山海經對。其文曰：「貳負殺窫窳，帝乃梏之疏屬之山，桎其右足，反縛兩手」。上大驚，朝士由是多奇山海經者，文學大儒皆讀學以爲奇。可以考禎祥變怪之物，見遠國異人之謠俗』。假如此表本身無若何問題，並其所舉二事亦含有其眞實性，則西漢之末簡直把山海經看成了了不得底奇書。後漢書王景傳載明帝賜景山海經河渠書以治河，這就表示東漢時代人並不把牠當作語怪之書，而認爲是山川輿地的眞記載，所以簡直和河渠書並重。無怪乎此後王充論衡，趙氏吳越春秋，張華博物志，酈道元水經注都尊崇牠；鄭玄注尙書，服虔注左氏春秋也都引用牠。是彼時人看牠的價值，比僅『可考禎祥怪變之物，見遠國異人之謠俗』的功績又大得多了。但是司馬遷在史記大宛列傳的贊中說，『故言九州山川，尙書近之矣。至禹本紀山海經所有怪物，余不敢言之也』，是他用了史家極嚴正的態度，而首怪其所可怪了。從此以後『世之覽山海經者，皆以其閎誕迂誇，多奇怪俶儻之言，莫不怪焉』了。至杜佑通典則又大加攻擊，認爲僞書。此後一般經學家歷史家對之，更加鄙視。宋代大儒朱熹說牠是『緣天問而作』，——見楚辭辨證。明代胡應麟說牠是『語怪之祖』——見四部正譌。至若郭璞注，張僧繇畫，張駿郭璞圖讚，楊愼吳任臣廣注，眞是『或以新奇而玩之，或以怪誕而悅之，或矜其博，或鬥其靡，非深知山海經者也』。

其實，司馬遷們用了自己的地理智識來看，自然要詫爲怪物了。他們不知道，上古時代人的地理知識尙很低，對於山川水土的分佈的眞實情形是不免漠忽的。至若『人跡之所希至，舟輿之所罕到，內別五方之山，外分八方之海，紀其珍寶奇物異方之所生，水土草木禽獸昆蟲麟鳳之所止，禎祥之所隱，及四海之外，絕域之國，殊類之人』，或脫胎於神話，或得之於遠方旅客之傳聞，雖閎誕迂誇，算不得科學智識，但在當時看來，已爲絕對無疑的智識了。後世民智漸開，對於地理有深切之明瞭，昔日的神話傳說當然失其效用；又山川水土之名，或因有所變革而不能稽考了；所謂『絕域之國，殊類之人』，也因國際交通大開，國外的實狀和傳說顯有不同，山海經的價值自然日趨低落，以至於『世人莫不疑焉』了。到了淸代開四庫館時，把牠由漢書藝文志中形法家內抽出來，而置於小說家內，這就表示山海經乃小說家的無稽之談了。

現在人類已走上極偉大的時代，世界上幾乎沒有一片土地不被人所走到，不料找到了可以印證的材料在這部書裏，加以人們有了歷史的眼光，曾用古代的看法來讀古書，於是山海經的眞價値就漸漸顯現。因此，國外的地理學家，考古學家，和旅行家們，對於此書都不肯輕視。國內則因思想的解放，學術的眼光放大，尤自我師古史辨出世之後，無論那一位學者都敢懷疑古史，考證古籍，而很大膽的建立自己的假設或推論，山海經的新的評價自然也應運而與。現在先述兩位外國人對於此書的認識。

日人小川琢治氏說：『我們迄今所研究的先秦底史料，是山海經，楚辭，逸周書，穆天子傳。這些文獻，爲走那偏重經史的經學家底徑路的內外支那學者所輕視，是因爲神話傳說色彩濃厚的緣故；但其中所見的貴重的地理上智識，却比外形整飾的經史來得豐富。由這些文獻來研究在先秦時代爲中國民族所知道的世界的範圍，在西北方涉及頗遠的地方，這是其最顯著的一點』。他又說：『在這些文獻中，作爲地理最重要的山海經……其特色之一，是沒有像尙書兩典那麼將泰山及其他的五岳比別的名山特別看作神聖的傾向。如其春秋末已有兩典，那麼本書可以看做比兩典更早全不見「五帝」「九州」底區分事，也是同様可以注意的事。產物中的藥品，常說服它，佩它，這沒有脫除作爲厭勝而使用的迷信；同時極淸新的思想横溢着：所以我們以爲要窺視在儒家產生而改削其以爲不合理的事項以前的先秦文化，這是不能忽視的資料』。——見從歷史地理學上看到的東亞文化的源流，汪馥泉譯，大陸雜誌。——小川琢治是日本著名的歷史地理學家，不論他推測山海經成書的年代有無錯誤，但他認爲山海經是古代地理書中最重要的，是研究先秦文化不能忽視的資料，我覺得是值得贊同的。其次据我所知道的法國人希勒格的中國史乘中未詳諸國考證——馮承鈞氏譯——中，完全根据了中國的史乘和國外的旅行家，人類學家，考古學家的記載或報告書，考訂了山海經中大荒東經所紀的扶桑國，大人國，君子國，白民國，玄股國，毛民國，和海外東經的勞民國等的在今日相當的地方。他說：『中國書籍中有山海經，世界中最古之旅行指南也』。又說：『山海經一書，一如希臘古代歷史家耶洛多特（Hérodote），詬謗之者頗多；然傳之愈久，眞理愈明，特須加以揀擇耳』，此誠新奇精闢之語。因山海經中所載，一般向認爲惟有在中國境內之山川的地理可以得其輪廓，而不知向所謂異方絕域的國家也不是完全找不出牠的相當的地方。海外南經的羽民國，讙頭國，三苗國，䵷國，貫匈國，交脛國，不死民，岐舌國，三首國，周饒國，長臂國，海外西經的三身國，奇肱之國，丈夫國，巫咸國，女子國，軒轅之國，白民之國，肅愼之國，長股之國，海外北經的無膂民，一目國，柔利國，深目國，聶耳國，博父國，拘纓之國，跂踵國，海外東經的大人國，君子國，青丘國，黑齒國，玄股之國，毛民之國，勞民國，扶桑國，有近人蕭鳴籟氏爲之考證，——見山海經廣雅。——其中有很可信的，又可知道牠們絕不是爲山海經的作者所憑空假造出來的。

國內學者有周樹人先生，謂山海經乃巫者之書；有蕭鳴籟先生，謂其爲『上古之世界自然地理學』，都有精到之處。但是我師在答何定生書中，批評山海經在學術上之價値，說：『我們看古書的價値，不必完全在史事的眞實上；只要牠能代表一時代的傳說即自有牠的價値。山海經是古代神話，故事，巫術，地理觀念，博物觀念之一大結集；是我們常看見的聖道王功的系統之外的古代知識的一大堆材料：在學術上是有很大的價値的』。此雖寥寥數語，但比以上兩先生的話都更中肯，更精核，純出於史家的觀點，自然公正多了。我也敢大膽的說，山海經中的故事，給我們保存了史乘中已丟掉的古代歷史，王靜安先生於甲骨文字中王亥之發見已十分證明了牠的功績。牠保存的神話，不但使我們知道古代人的信仰，並且使我們疑此信仰中，有一部成分乃屬外來者，——如人身獸面的神和操蛇之神等，——反映着中西文化之溝通；此事後當別爲討論。牠所保存的巫術，可使我們知道古代巫醫者流玩耍的是那一套把戲，當時人民的智識又如何的可憐。至於祭某山神要用多少牛多少羊等，這似乎又是秦漢的方士的秘笈了。牠保存的地理知識固然幼稚，但世界各國地理學有今日的發達，不是由三個步驟來的麼？最初只研究地表的現象；其後又進而研究氣圈內的現象——即氣候的研究；其後再進而做地下之研究與氣圈外之研究，——即天體與地質之研究。在山海經的時代，自然是在第一個階段的，雖然牠也注意到風的方向了。至於保存的博物觀念，因當日的環境爲神話所拘，並且人智初開，自不能以近日科學的眼光來批評牠。我們要就其時代立論，才可有公正的判斷；也無需把牠硬附會到鄒衍或某某人身上去。如果牠作成的相當的年代可以推出，那麼，我們便可開發牠的寶藏了。

二十二年十月二十四日，草成于北大圖書館

山海經讀後感

吳維亞

山海經之著者與著書年代，經文與注解箋疏，內容之分析，地理上之價值以及它的神話記載所給與後來人的影響等等，已經有很多學者分頭研究探討了。我這裏乃是撇這一切而不顧，只是把它當作一部尋常的書，隨便拿來瀏覽，把看過以後所得的印象與感想寫在下面：

山海經給我的第一個印象便是那個時候的世界——當時人心中的天下——是一個奇離古怪，神與莫測，處處佈着恐怖，在在藏着危機的世界。這種觀念之產生是極自然的。一方面因爲人民受自然的壓迫，力不勝天，視天災疾苦爲非人力所能克服，於是就創造天災禍福之來歷的故事，說得越活現越好。另一方面，古代的人民囿于地理上的阻隔——山，海，江，河等——所見到的天地極小，他們便喜歡把看得見摸得到的區域以外的天地視爲和所見到所摸到的迥然不同，於是就有種種想像，種種假設，把他們的『不知道的世界』弄得愈反自然而又不自然愈好。這事觀念的結果呢，產生出原始宗教和迷信以外，還阻碍人民的探險和遠遊。

探險和遠遊對于地理智識之關係極大。現在山海經裏有許多地方是『不可以上』的，有許多地方是不可以去的，去了不是有明確的遭殃，也是凶多吉少的。所以因爲人民足跡所至範圍極小，地理智識也少。因爲地理智識淺薄，人民更不高興作遠道的旅行。既不去實地觀察世界，地理知識也就無從精確了。——這是我第一個感想。

從那些『不可以上』的不知之鄉，山海經的作者——或者也便是他的時代的代表——找到了迷信的依據和神話的原料。不過迷信信仰和神話之創造與形成根本還在利用人類本性裏的利己心與恐懼心。因爲恐懼便不得不有神明的技術來救他們脫離禍患災殃；於是看了一種鳥可以免風，見了一種獸可以禦火……。因爲利己便有趨福利的希圖：於是佩了一種草可以免勞，服了一種果可以多子孫……等等。惟其如此，果與因往往錯連，脫天災之壓迫是某種超自然勢力與作用之結果，同時也只有是那種超自然之勢力爲人類痛苦之因。這樣一來，人民求福的對象不再是看得見的物質而是冥渺莫測的神怪。因此物質文明發達受阻，自然科學遲遲難進。如果山海經所表現的這種人力難勝天然的思想的確足以代表當時人的信仰而同時又支配後代的傳統信仰與思想的，那麽也無怪中國人之遭殃罹災必歸之天意天命而不知攻克自然界寔物爲免災避禍的不二法門了。——這是我的第二個感想。

神話是迷信的附屬品，話越奇特越好，事越光怪越妙，離事寔愈遠愈動聽，愈能使人信。因此就有許多人所要的金銀財寶，有許多特特別別的神物，而于異獸異卉異草異鳥等等奇形怪狀，五光十色，盡想像之能事，都給他應有盡有。這些奇怪動物和牠們的動作和作用等等神話在中世紀歐洲的遊記中都很多見，不必說早在中世紀多年的山海經記載着它了。所以這一類神話中外同之，並不希奇。不過它的影響——其寔是山海經全書的影響，在中國都比別處大而重。大半也爲這個緣故，中國學者不得不苦苦的多化一些時日去整理去考究。這是我的第三個感想。

至于山海經裏能找到的醫藥方面的種種，很可以給我們知道古代人民的受病的連累與痛苦。我們也可以想像他們瞎嚐瞎試藥物的偶或有之的成功與多數的失敗。不過我們還可以看到的就是他們已經知道用植物或動物來作藥治療，而不是全用巫術或祈禱等迷信來醫治。這是我的最後一個感想。

自戰國至漢末中國戶籍之增減

楊向奎

戰國之初，諸侯爭雄，國富者力強而攘地，而富國之道厥爲增民。孟子梁惠王章：

> 梁惠王曰：『寡人之於國也，盡心焉耳矣。河內凶則移其民於河東，移其粟於河內；河東凶亦然。察鄰國之政，無如寡人之用心者。鄰國人民不加少，寡人之民不加多，何也？』

是則梁王以增多其民爲治國之要務，其奬勵生殖之心躍然可識。惜文獻無徵，當時各國戶籍確數，不得詳知。第觀於各國軍士數目之夥多及都市人口之繁密，可以想像：雖當時不斷戰爭，殺人盈城盈野，而人口則有增無減。今舉數例以明之。國策趙策：

> 當今之時，山東之建國莫如趙強。趙地方二千里，帶甲數十萬。

齊策：

> 齊地方二千里，帶甲數十萬，粟如丘山。……臨淄之中七萬戶，臣竊度之：下戶三男子：三七二十一

萬，不待發於遠縣，而臨淄之卒固已二十一萬矣。……臨淄之途，車轂擊，人肩摩，連衽成帷，舉袂成幕，揮汗成雨。

此外據國策，楚帶甲百萬；秦奮擊百萬；韓帶甲十二萬；魏武力二十餘萬，蒼頭二十萬，奮擊二十萬，厮徒十萬；燕帶甲數十萬。合七國之兵，不下三四百萬，而宋衞中山尙不與焉。此雖屬蘇秦口中誇大之詞，然由與其相反者之口中猶可得此中眞數。魏策：

張儀爲秦連橫，說魏王曰，『魏地方不至千里，卒不過三十萬人』。

蘇秦所謂魏兵六十餘萬者，此只云三十萬，則以上之數當去其半，然固尙有二百萬之譜也。觀二千年前之中國大城已有七萬戶，二十餘萬男子者，卽此可知當時人口繁密之程度矣。

及戰國末與秦初，戶籍仍有增無減。孟嘗君封於薛，有戶六萬。呂不韋封侯，有十萬戶。迨至漢初，人口反銳減，蕭何封酇侯僅八千戶，曹參最多僅萬六百三十戶。以視呂田，十與一之比耳。人口消減程度，不於此中透露消息乎？又漢書陳平傳：

高帝南過曲逆，上其城，望室屋甚大，曰，『壯哉！吾行天下，獨見雒陽與是耳』。顧問御史，『曲逆戶口幾何？』對曰：『始秦時三萬餘戶。間者兵數起，多亡匿，今見五千餘戶』。

秦時三萬戶，漢初但餘五千戶，則其他郡國自亦難望戶口之增加已。

此後漢政玄默無爲，與民休息，人口漸增，其數載於漢書地理志，可得而知也。但至東漢，人口反又減少。今比較前後兩志之數如下：

前漢志：民戶千二百二十三萬三千六十二。
口五千九百五十九萬四千九百七十八。

後漢志：民戶九百六十九萬八千六百三十。
口四千九百一十五萬二百三十。

前漢所記爲平帝元始二年之數，後漢所記爲順帝永和五年之數。此一百三十餘年之間，而戶減去二百五十三萬四千四百三十二，口減去一千零四萬四千七百五十八，可謂劇矣。

此後至桓帝時，戶口又稍增。永壽三年有：

戶千六十七萬七千九百六十，
口五千六百四十八萬六千八百五十六。

以之與西漢相較，尙未復原狀也。漢末分崩，天下紛亂，黃巾爲之前，董卓爲之後，魏蜀吳又殺伐相循，故晉統一後計算人口，乃大減少。晉志記太康元年：

戶二百四十五萬，

口一千六百一十六萬三千八百六十三。

以之與桓帝時相較覺成五與一之比，不可悲耶！人口耗減之原因甚多，除戰爭外當尚有若干可求之理由。現時中國天災人禍，既頻且劇，人口減少之速度較之漢末必更甚矣。

漢書地理志所記掌物產之官

袁鍾姒

(1)有鐵官者——凡四十六：

京兆尹　鄭　左馮翊　夏陽　右扶風　雍
右扶風　漆　弘農郡　宜陽　河東郡　安邑
河東郡　皮氏　河東郡　平陽　河東郡　絳
太原郡　大陵　河內郡　隆慮　河南郡
潁川郡　陽城　汝南郡　西平　南陽郡　宛
廬江郡　晥　山陽郡　沛　郡　沛
魏　郡　武安　常山郡　都鄉　涿　郡
千乘郡　濟南郡　東平陵　濟南郡　歷城
泰山郡　嬴　齊　郡　臨淄　東萊郡　東牟
琅邪郡　東海郡　下邳　東海郡　朐
臨淮郡　鹽瀆　臨淮郡　堂邑　丹陽郡　沔陽
蜀　郡　臨邛　犍爲郡　武陽　犍爲郡　南安
隴西郡　右北平　夕陽　漁陽郡　漁陽
遼東郡　東郭　中山國　北平　城陽國　莒
東平國　魯　國　魯　楚　國　彭城
廣陵國

(2)有鹽官者——凡三十五：

河東郡　安邑　太原郡　晉陽　南　郡　巫
鉅鹿郡　堂陽　勃海郡　章武　千乘郡
北海郡　都昌　北海郡　壽光　東萊郡　曲成
東萊郡　東牟　東萊郡　㡉　東萊郡　昌陽
東萊郡　當利　琅邪郡　海曲　琅邪郡　計斤
琅邪郡　長廣　會稽郡　海鹽　蜀　郡　臨邛
益州郡　連然　犍爲郡　南安　巴　郡　朐忍
隴西郡　三水　北地郡　弋居　上　郡　獨樂
上　郡　龜茲　西河郡　富昌　朔方郡　沃壄
朔方郡　廣牧　五原郡　成宜　鴈門郡　樓煩
漁陽郡　泉州　遼西郡　海陽　遼東縣　東郭
南海郡　番禺　蒼梧郡　高要

(3)有工官者——凡六：

河南郡　南陽郡　宛　濟南郡　東平陵
泰山郡　奉高　廣漢郡　雒　蜀　郡　成都

(4)有橘官者——凡二：

巴　郡　朐忍　巴　郡　魚復

(5)有木官者——凡一：

蜀郡 嚴道
(6)有金官者——凡一：
桂陽郡
(7)有服官者——凡一：
陳留郡 襄邑
(8)有均輸官者——凡一：
千乘郡
(9)有陂官者——凡一：
九江郡
(10)有湖官者——凡一：
九江郡
(11)有圃羞官者——凡一：
南海郡
(12)有洭浦官者——凡一：
南海郡 中宿
(13)有羞官者——凡一：

以上掌物產之官，或爰古制，或新設置。前者如工官，謂司工之官也。禮記月令，『孟冬之月，……命工師效功』，注『工師，工官之長』。漢書貢禹奏，『方今三工官費五千萬』，注，『三工官謂少府之屬官』。又木官，殷時天子六工之一（見禮），蓋即周制『攻木之工』，梓人，輿人之類也。又金官，即周官『攻金之工』，鳧氏，築氏之類也。又鐵官，据史記『司馬靳孫昌爲秦主鐵官』，是鐵官始於秦時，至漢於三輔及郡縣產鐵之處皆置之。

後者如鹽官，漢時凡郡縣出鹽多者，皆置之，以主鹽稅。又橘官，武帝時有橘官，秩二千石，主貢御橘。又均輸官，漢武用桑弘羊策，置均輸官，令遠方各以其物相灌輸，大農諸官盡籠天下之貨物，貴賤買賣，謂之均輸。

此外若服官，陂官，湖官，圃羞官，洭浦官，以及羞官等，要皆主服御珍羞之事以進於天子者也，其設置之年代則未詳。

編後

顧頡剛

頡剛七年以來，在各大學任『中國上古史』課，總覺得自己的知識太不夠，尤其是地理方面，原爲研究歷史者迫急的需要，但不幸最沒有辦法。材料固然很多，但我們苦於不能用它！說要擷取一點常識來敷衍罷，這不但在自己的良心上過不去，而且就是這一點常識也不容易得到。我常常感覺，非有一班人對于古人傳下的原料作深切的鑽研，就無法抽出一點常識作治史學或地學的基礎。因此我就在燕京和北大兩校中改任『中國古代地理沿革史』的功課，借了教書來逼着自己讀書。預計這幾年中，只作食桑的蠶，努力搜集材料，隨時提出問題：希望過幾年後，可以吐出絲來，成就一部比較可靠的『中國古代地理沿革史講義』（我只敢說講義，不敢說眞正的沿革史，因爲要做一部像樣的史是數十年後的成就），讓願意得到常識的人有地方去取資。很欣幸的，兩校同學贊同我這個主張，肯和我切磋琢磨，每次課作都作得很精細，又很能提出自己的見解，使我感覺到我們這個課程有極遠大的前途。

同時，譚季龍先生（其驤）在輔仁大學擔承『中國地理沿革史』一課，假期相逢，每每討論這些問題，使我受益不少。我們覺得研究學問的興趣是應當在公開討論上養成的，我們三校的同學如能聯合起來，大家把看得見的材料，想得到的問題，彼此傳告，學業的進步一定很快速。而且這項學問，前代因爲沒有精確的地圖和辭典等可以依據，所以很不發達。現在則製圖術大進步了，何況我們在北平，什麼材料都容易看見，我們儘有超出於上課的工作可做。爲要造成大家工作的勇氣與耐性，所以我們決定辦這個半月刊。這個刊物是以三校同學的課藝作基礎的。但外面的投稿，我們一例歡迎。

爲求簡單而明瞭，這個刊物採用了『禹貢』二字，因爲禹貢篇是研究中國地理沿革史的學問的出發點。但我們期望中的成績是應遠超於禹貢之上的。又我們所討論的地理沿革，並不限于上古地理；就是中華民國的設區設道以及市縣的增減材料，也在我們的搜集之中。不過漢以前的，材料少而問題多，材料彼此都可看見，問題彼此都可明瞭，所以這方面的文字較多些而已。希望讀者能承受我們這個意思，勿重古而輕今。

這個刊物是我們練習做研究工作的一個機關，所以希望讀者不要用很嚴格的眼光來看，也不要對於我們最近的成就有太苛的責望。只要時局不至大混亂，容我們一步一步地走下去，將來必可有正式的研究報告貢獻於讀者之前。所以現在我們所祈望於社會的，是多給我們培植和保護。我們現在是一羣小孩，小孩時能受好教育，長成了纔可任大事業咧！

下面說些我對於本期諸文的商榷。

在雲土夢一文中，作者致疑於山經的沒有雲夢，以爲或是東山經的深澤和西山經的泑澤。按東次三經屢道『流沙』，又云『東望榑木』（即扶桑），分明是在海邊。西次三經的泑澤是河原，在昆侖之東，也離雲夢很遠。我想，中次十二經云『神于兒……常遊於江淵』，又云，『洞庭之山……帝之二女居之，是常遊於江淵，澧沅之風交瀟湘之淵，是在九江之間』，既有洞庭，又有澧，沅，瀟湘，大約所謂江淵就是指的夢夢吧？中次八經云，『神蟲圍……恒遊于睢漳之淵』，又云，『神計蒙恒遊于漳淵』，睢（沮）與漳爲『楚之望』，而漢志所謂『有雲夢官』的編縣正在睢漳二水之間，杜預所謂『有雲夢城』的枝江縣正在睢水西岸，大約所謂睢漳之淵也就是指的雲夢吧？

職方冀州境界問題文中，於孫詒讓說兗州疆域『東至海，東北亦至海』提出疑問。我覺得這是孫氏的錯誤。兗州在禹貢裏自然東至海，但在職方裏則必不能東至海。職方裏於兗州說『其川河泲』，於幽州也說『其川河泲』，而幽州則自遼東半島至山東半島的，可見河與泲入海的地方已爲幽州所佔有了。再看職方九州定界，在內地的用河，在邊隅的用方向，而兗州也是用河，更可見其不至海。

關於『雲夢宮』及漢志掌物產官的問題，也有一些意見。排不下了，下次再談。

廿三，二，廿五。

出版者：禹貢學會。
編輯者：顧頡剛，譚其驤。
出版日期：每月一日，十六日。
發行所：北平成府蔣家胡同三號禹貢學會。

禹貢

半月刊

The Evolution of Chinese Geography Semi-monthly Magazine.

價目：每期零售洋壹角。豫定半年十二期，洋壹圓；全年二十四期，洋貳圓。郵費加一成半。國外全年加郵費八角。

第一卷 第二期
民國廿三年三月十六日

古史中地域的擴張　顧頡剛
遼史地理志補正　譚其驤
洪水傳說之推測　馮家昇
古代河域氣候有如今江域說　蒙文通講　王樹民記
禹貢等五書所記藪澤表　楊毓鑫
寫在藪澤表的後面　顧頡剛
前漢戶口統計表　胡德煌
方志之名稱與種類　朱士嘉
編後　顧頡剛

本刊業已遵章呈請登記

古史中地域的擴張

顧頡剛

二

夏代的歷史，我們固然得不到實物作證據，但即就書本上的材料看來，那時的國都有說陽城的，有說陽翟的，又有說帝丘的，晉陽的，安邑的，反正離不了現在河南省的北部和山西省的南部，帶着一點兒河北省的南端。因此，史記吳起列傳裏說：

> 夏桀之居，左河濟，右太華，伊闕在其南，羊腸在其北。

這個疆域不過佔有了黃河下游一段地方。他們的敵國和『與國』，如窮，寒，鬲，仍，斟灌，斟尋等等都在山東省，又可知那時與夏朝交通的只有濟水流域爲繁密。

商民族大約起自東北（說見傅斯年先生東北史綱），滅夏而佔有中原；比較夏代的疆域，惟有東北方是添出來的，所以相土會得『海外有截』，王亥會得游牧到有易，箕子會得退保朝鮮，而殷虛中掘出來的東西有鹹水貝和鯨魚骨。其它方面，並沒有進步。因此，商頌雖誇言武功，然而說到『邦畿』，仍只有『千里』。至於『與國』，西邊多出了氐，羌。但商是被西方的周民族所滅的，周民族與姜姓民族是累世的婚姻，而姜與羌實爲一字，所以與其說商的勢力西展至羌，毋寧說羌的勢力東展至商。

到了周人入主中原之後，疆域又寬廣了些。左傳昭九年，記周景王之言曰：

> 我自夏以后稷，魏，駘，芮，岐，畢，吾西土也。及武王克商，蒲姑，商，奄，吾東土也。巴，濮，楚，鄧，吾南土也。肅愼，燕，亳，吾北土也。

這裏所說的，東土是夏商時的中原，北土是商增於夏的境域，西土是周人的老家，惟有南土是新開闢的。我們看左傳上說的『昭王南征而不復』，大雅裏說的『江漢之滸，王命召虎，式辟四方』（江漢），及『整我六師，以修我戎；既敬既戒，惠此南國』（常武），可知當時對於開闢南疆是怎樣的努力。然而巴，濮，楚，鄧，周亦不能有，這句話只表示其聲威所及之遠而已。實際上，周的南境不過到申，呂，許，就是今河南省的南部。因爲這樣，所以孟子提到三代，只說：

> 夏后，殷，周之盛，地未有過千里者也。

這句話固然說得籠統些，三代的疆域是不相等的，周比了夏恐要大上兩三倍，但孟子時的古史地域沒有擴張，即此可以作證。

到了戰國，各強國竭力的『辟土地，充府庫』，中原的小國家既盡為所吞併，向日沒有來往的蠻夷之地亦莫不為所侵略，『方千里』就算不了一回事。七國之中，尤以秦楚為大。荀子彊國篇云：

> 秦……威彊乎湯武，廣大乎舜禹。……曷謂『廣大乎舜禹』也？曰：古者百王之一天下，臣諸侯也，未有過封內千里者也。今秦南乃有沙羡與俱，是乃江南也；北與胡貉為鄰；西有巴戎；東在楚者乃界於齊，在韓者踰常山乃有臨慮，在魏者乃據圉津，去大梁百有二十里耳，其在趙者剡然有苓而據松柏之塞，負西海而固常山：是地徧天下也。……此所謂『廣大乎舜禹』也。

他所說的是秦未滅六國時的疆域。拿現在的地方說來，是他們有了陝西和四川兩省（『北與胡貉為鄰，西有巴戎』，又那時秦已滅蜀了），又湖北省的南部（漢書地理志，沙羨縣屬江夏郡），河南省的北部（漢志，河內郡有隆慮縣，臨與隆同紐通假），山東省的西部（圉津，楊倞注，『圉，當為圍，漢書「曹參渡圍津」，顏師古曰，「在東郡」』），河北省的南部（苓，楊倞注，『未詳所在。或曰，苓與靈同；漢書地理志，常山郡有靈壽縣，今屬真定』）。地方固然不小，但除了陝西和四川外，都是些零星小塊。荀子於此已託為『廣大乎舜禹』，然則舜禹之地將狹小到怎樣程度呢？即此可見到了戰國末年，還不曾把古代的地域放大。

其後始皇二十六年，成了統一的功業，丞相王綰等上帝號議云：

> 昔者五帝地方千里，其外侯服夷服諸侯或朝或否，天子不能制。今陛下興義兵，誅殘賊，海內為郡縣，法令由一統，自上古以來未嘗有，五帝所不及。

講到五帝的國土，還不過『方千里』，遠不及始皇疆域之廣；始皇的疆域是『自上古以來未嘗有』的。

始皇三十四年，置酒咸陽宮，僕射周青臣進頌道：

> 他時秦地不過千里；賴陛下神靈明聖，平定海內，放逐蠻夷，日月所照，莫不賓服。以諸侯為郡縣，人人自安樂，無戰爭之患，傳之萬世：自上古不及陛下威德。

這又是說的『自上古不及陛下威德』。秦始皇之地至於『日月所照，莫不賓服』，他是何等地可以驕傲！

因為他有了這樣的驕傲，所以他巡行所及，常常令羣臣刻石頌秦功德。當二十八年，他登琅邪時，刻石道：

> ……普天之下，摶心揖志，器械一量，同書文字。

日月所照，舟輿所載，皆終其命，莫不得意。……六合之內，皇帝之土，西涉流沙，南盡北戶，東有東海，北過大夏：人迹所至，無不臣者。功蓋五帝，澤及牛馬。……

這更清清楚楚地把他的疆域四至表示出來。在舉出了這四至之後再來一句『功蓋五帝』，見得他所有的確已超過了他們。

讀者應當記着：中國的疆域由夏到秦，是這樣一次一次放大的，在秦始皇之前不曾有過這樣廣大的版圖。然而一班學者不願意始皇專美於後，於是他們裝飾始皇以前的帝王，使他們的疆域各各和始皇同樣地廣大，或者還超過了他。

我們先看淮南子。主術訓云：

昔者神農之治天下也，……其地南至交趾，北至幽都，東至暘谷，西至三危，莫不聽從。

又云：

紂兼天下，朝諸侯，人迹所及，舟檝所通，莫不賓服。

氾論訓云：

夏桀殷紂之盛也，人跡所至，舟車所通，莫不爲郡縣。

泰族訓云：

紂之地，左東海，右流沙，前交趾，後幽都。

再看大戴禮記中的五帝德，它說顓頊是：

乘龍而至四海：北至于幽陵，南至于交趾，西濟于流沙，東至于蟠木。……日月所照，莫不砥礪。

說到帝嚳，是：

日月所照，風雨所至，莫不從順。

說到帝堯，是：

四海之內，舟輿所至，莫不說夷。

說到帝舜，是：

南撫交趾，大，教；(西)鮮支，渠廋，氐，羌；北山戎，發，息慎；東長，鳥夷，羽民。

說到禹，是：

巡九州，通九道，陂九澤，度九山，……據四海，平九州，戴九天。……四海之內，舟車所至，莫不賓服。

再看禹貢，它舉出的東西二至是：

東漸于海，西被于流沙。

再看堯典，是：

> 分命羲仲，宅嵎夷，曰暘谷。……申命羲叔，宅南交。……分命和仲，宅西，曰昧谷。……申命和叔，宅朔方，曰幽都。

再看鄭玄禮記王制注，是：

> 禹承堯舜，……要服之內地方七千里。……夏末既衰，夷狄內侵，諸侯相幷，土地減，國數少。殷湯承之，更制中國方三千里之界，亦分爲九州。……周公復唐虞之舊域，……其要服之內亦方七千里。

再看賈公彥周禮職方疏，是：

> 自神農以上有大九州，柱州，迎州，神州之等。至黃帝以來，德不及遠，惟於神州之內分爲九州，故括地象云『崑崙東南萬五千里名曰神州』是也。

我們不必再引什麼了！現在就把他們兩方面的說話比較一下罷。

本來夏桀之國不過從河濟到華山的，現在則『人跡所至莫不爲郡縣』了。本來商人自己說『邦畿千里』的，現在則『殷湯制中國方三千里之界』了。本來周的聲威所及不過今河南，河北，陝西，山西，山東，湖北幾省，現在則要服之內已方七千里，連要服外算來就方萬里了。孟子所說的『夏后，殷，周之盛，地未有過千里者也』，荀子對於未統一時的秦已詫歎爲『廣大乎舜禹』，這不是全未讀書嗎？儒家的兩位大師，爲什麼他們的眼孔會這等小？

本來『以海內爲郡縣』是秦始皇的創舉，現在則夏桀殷紂時『舟車所通莫不爲郡縣』了。本來『西涉流沙，東有東海』是秦始皇的疆域，現在則不但禹的地方如此，就是紂的地方也如此了。本來『日月所照，莫不賓服』是秦始皇時的情形，現在則不但顓頊，帝嚳，堯，禹都已如此，就是紂時也已如此了。本來『五帝地方千里』，秦始皇的功業是『五帝所不及』，現在則『神農以上有大九州』，自黃帝以來雖因德衰而只有大九州中的一州，然而也已有『萬五千里』了。於是就證明了秦始皇的無聊的驕傲！不知道他爲什麼不去讀一讀堯典和五帝德？

不但在地域方面他完全鈔了五帝三王的老文章，就是政治方面也是如此。『器械一量』，不是他在琅邪刻石上自己稱贊的嗎？然有堯典上早有『同律度量衡』之語了！我眞不明白他爲什麼要燒書，要把『偶語詩書』的棄市，要把『以古非今』的族誅？我們拿了堯典和秦始皇本紀合讀，除了焚書坑儒之外，他封禪也照做了，巡狩也照做了，分州（郡）也照做了，各種的統一的政令也照做了，他眞是復生的堯舜，而他的一班輔佐也儘是些『法先王』的人了。

這樣的一個復古的人，爲什麼生怕別人引用了古書來議論他？

古史中地域的擴張是這樣來的。我們不必攻擊傳說，我們且去尋出它的背景。

廿三，三，二。

遼史地理志補正

譚其驤

上京臨潢府——契丹國志四京本末，『上京臨潢府乃大部落之地』。又本志開州下云，『太祖平渤海，徙其民于大部落』。大部落當係此時通俗之稱。

天顯十三年更名上京，府曰臨潢。——按天顯十三年十一月改元會同，紀書改元在前，『詔以皇都爲上京，府曰臨潢』在後，則此曰『天顯十三年』宜改曰『會同元年』。

泰州德昌軍節度，海北州廣化軍中刺史，通州安遠軍節度，賓州懷化軍節度，祥州瑞聖軍節度，海州南海軍節度，淥州鴨淥軍節度，開州鎮國軍節度，保州宣義軍節度，雙州保安軍下節度，錦州臨海軍中節度，來州歸德軍下節度。——契丹國志州縣載記節鎮三十三處，海北州其一；建觀察防禦團練使八處，泰州其一；通，賓，祥，海，淥，開，保，雙，錦，來諸州皆係刺史州，與此異。見於國志者當係初制，此則後之改制也。

又國志州縣有不載於地理志者，節鎮：錦州，霙州，萊州，同州；刺史：勝州，溫州，松州，山州，武德州，新州，衛州，燕州，蘋州，嵒州，古州，演州，弘東州，仙潤州，文州，蘭州，愼州，拱州，渝州，宋州，許州，雩州，平州；投下：驪州，隨州，衞州，和州，澄州，全州，義州，員州，唐州，粟州，黑州，河州，茂州，曷董縣，五花縣。（又有節鎮『坤州』，當即地理志之儀坤州；投下『徵州』，當係徽州之誤；『問州』，當係閭州之誤；『濠』當卽壕州；『遂昌州』疑即遂州）。國志雖荒陋，當不至憑空揑造，則地志難辭疏漏之責矣。

頭下軍州，征稅各歸頭下。——『頭下』或作『投下』，據此知『頭下』是也；『投』蓋俗字。頭下州唯上京道有之，見於志者凡十六，見於契丹國志州縣載記者凡二十三，中惟六州相同。六州而外，契丹國志二十三州之中，十三州州名皆不見於志，其荊，榮，麓，宗四州則見於東京道爲刺史州。志於宗州下云，『耶律隆運以所俘漢民置；聖宗立爲州，隸文州王府；王薨，屬提轄司』，據此知國志所據册籍在王薨之前，而志所據則在其後。又貴德州下云，『太宗時察割以所俘漢民置。後以弒逆誅沒入焉』；遂州下云，『耶律頗德以部下漢民置，穆宗時頗德嗣絕沒入焉』；雙州下云『漚里僧王從太宗南征，以所俘鎮定二州之民建城置州，察割弒逆誅沒入焉』；川州下云『太祖弟明王安端置，會同三年詔爲白川州，安端子察割以大逆誅沒入，省曰川州』：是四州初置時皆係頭下州。

上京道頭下成州，懿州。——按中京道已有成州，東京道已有懿州，此複出。初，聖宗女晉國長公主以上賜媵戶置成州，軍曰長慶；越國公主以上賜媵戶置懿州，軍曰慶懿，更曰廣順：並隸上京。後成州改隸中京，更軍名曰興府；懿州改隸東京，更軍名曰寧昌。志但當於中京道成州，東京道懿州下並增一句曰『初隸上京道，爲投下州』，斯可矣，不應重見於此也。太平三年賜越國公主私城之名曰懿州，軍曰慶懿，見聖宗紀；志又於上京道懿州下誤『越國公主』爲『燕國公主』。

肅州，重熙十年州民亡入女直取之復置。——紀重熙九年十二月，『以所得女直戶置肅州』。

西京大同府，唐雲中大同軍節度；晉高祖代唐，以契丹有援立功，割山前代北地爲路，大同來屬，因建西京敵樓棚櫓具，廣袤二十里，元魏宮垣占城之北面，雙闕尚在。遼既建都，用爲重地，非親王不得主之；初有大同軍節度，重熙十三年升爲西京，府曰大同。——按重熙十三年改雲州爲西京，見興宗紀，志序亦謂『興宗升雲中爲西京，於是五京備焉』。今於『重熙十三年升爲西京』句前一再謂『因建西京』，『遼既建都』，一若重熙前已有西京，殊不可解。

武州，魏置神武縣；唐末置武州；唐改毅州；重熙九年復武州。——按唐武州治文德縣，故城在今察哈爾宣化縣。僖宗改毅州；後唐太祖復武州；明宗又爲毅州；潞王仍爲武州；石晉割獻於遼更曰歸化州：已見本卷上文。此治於神武縣之武州故城在今山西神池縣東北，初與唐之武州無涉，蓋重熙所創置。志云『唐末置武州；唐改毅州；重熙復』者誤也。

金肅州——兵衞志作『金肅軍』，豈初置爲軍，後改爲州乎？

洪水傳說之推測

馮家昇

洪，或作洚，或作鴻。說文第十一篇，『洪，洚水也，從水共聲』。『洚，水不遵道，一曰下也，從水夅聲』。孟子滕文公篇引書曰『洚水警予』，釋云『夅水者，洪水也』。告子篇，『水逆行謂之洚水，洚水者洪水也』。釋詁曰，『洪，大也』，引伸之義也。孟子以洪釋洚，許以洚釋洪，是曰轉注。鴻與洪同。尸子『河出于孟門之上，大溢橫流，無有丘阜，高陵，盡皆滅之，名曰鴻水』。史記河渠書引夏書曰，『禹抑鴻水』。淮南子本經訓，『鴻水漏，九州乾』。地形訓『凡鴻水淵藪……』。隨巢子『禹娶塗山，治鴻水』。禮記祭法『鯀鄣洪水，而殛死』。故洪，洚，鴻，三字實相通用。

攷洪水，世界各民族幾無不有其傳說，其著者若巴比倫，猶太，印度，波斯，雲南猓猓等均有此神話。據Chaldea之tablet謂『上覆無天，下載無地之時，洪水橫溢，是爲洪荒之世』。巴比倫史家Berosos之遺書，謂紀元前三萬七千年，有大洪水，乃一神西蘇斯羅斯所造。洪水前有十王，凡四十三萬年；洪水後經八十六王，凡三萬四千年，而入Chaldea正史時代（見Encyclopedea Britanica）。舊約全書創世紀云，『洪水當氾濫在地上的時候，挪亞整六百歲，……耶和華就把他關在方舟裏頭。洪水氾濫在地上四十天，……凡在地上有血肉的動物，就是飛鳥，牲畜，走獸，和爬在地上的昆蟲，以及所有的人都死了，……只留下挪亞和那些與他同在方舟裏的。水勢浩大在地上，共一百五十天』。印度古書Satapatha Brahmanna云，『現世人類之祖先摩奴，一日洗手於河，有魚浮於水面，謂摩奴曰，「飼我，汝將得救」。摩奴依言飼之。魚曰，「今年必有大水，君造舟，舉家從余避難。摩奴造舟，洪水果至。乃棹舟從魚至北山之巔。及洪水去，乃下山。萬物皆滅，唯摩奴一家得救』。日人安成貞雄譯地球之生滅上編引波斯神話云，『全身由猛火而成之巨龍，從南方翔於天空。天地晦冥，日月無光。……大雨如傾盆，其熱如沸湯。地上氾濫之濁水，高過人頂。經九十晝夜，暴風吹來，洪水漸退，火龍始隱於地中』。日人鳥居龍藏謂『最近發見之雲南猓猓古書，亦言古有宇宙乾燥時代，其後即洪水時代。有兄弟四人，三男一女，各思避水。長男乘鐵箱，次男乘銅箱，三男與四女同乘木箱。其後惟木箱不沒，而人類遂存』（王桐齡中國史第一編頁二〇六引）。觀此，則洪水之傳說不惟中國所有，世界各古民族幾俱有之也。

洪水之解釋，前人意見多以爲冰川南下以後，人類之回憶。主人種一元說者，則謂在某時代，地球表面曾起一大變化，大陸沈爲洋海，世界生物同歸於盡。最終之人類，奔避於世界最高之地，——帕米爾高原，——經若干年，地球表面漸收斂爲海洋，爲陸地，卽現世人類之始祖。由此分佈，繁衍各洲，故各地古民族中猶多存此神話(見安成貞雄譯地球之生滅上編，(六)冰河時代)。又一說，則謂洪水本起於一地，其他民族受此傳說之影響，而以此神話散播於其民族間，若原始洪水眞起於其地者。主此說者如H. G. Wells，其言曰，『洪水故事，傳說於各古民族間。蓋新石器時代，地中海曾有一度之氾濫，而爲各民族所記憶也。近來發掘，巴比倫所傳之開天闢地及洪水故事，尙在猶太復興之前，故論聖經者多以舊約開首數章所載乃猶太人爲俘虜時所得云』。(見 The Outline of History P. 218.)

前說不免懸猜，後說尙不無理由。如猶太洪水後，只留挪亞一家，印度亦傳唯留摩奴一家；巴比倫傳創世後有洪水，猶太亦云先有亞當夏娃而後有挪亞云。

據前說則因冰川南下所致，然攷冰川之最末次距今約五萬年以上。巴比倫傳稱最古之民族，亦不過距今五六千年，中國最多（自黃帝起）亦不過四千餘年，余不信渾渾噩噩之原始人類能有此堅久之記憶。據後說則因一說之傳佈，然雲南猓猓亦有其說，果又得自何地？

攷古代民族多居大河流域。巴比倫爲 Tigris, Euphrates 二河。印度爲恒河，印度河。波斯北有裏海。雲南山巒起伏，河流湍急。中國之黃河，每遇夏秋橫溢，頓成水災。其時人民智識簡陋，工具不利，一遇泛濫，束手無策，馴致其所佔之區域爲水淹沒，人類禽獸草木隨之以俱斃，卽所謂洪水也。古代人民對於地域之觀念甚狹隘，卽以中國而言，兩漢以前常以天下不出中國，蓋以所知爲中國也。想荒古人類奠居一隅，其觀念之狹隘當尤甚。因其地域觀念甚狹隘，故彼等所佔之區域有『洪水』，卽以天下有『洪水』也。巴比倫然，印度然，猶太然，波斯然，中國亦然。故若持此見解以推測中國洪水之傳說，則庶幾矣。

中國之黃河自古爲北方大害，每當下流淤積，上流卽氾濫橫溢，故外人稱之爲『中國患』Sorrow of China。其時夏族正居黃河流域，故一遇黃河氾濫，則謂天降洪水，遂誤以部分的水災作爲普徧的大禍。且『在中國地層內

實無同時均遭洪水之遺跡，此爲地質學上最有勢力之反證』。（見陸懋德中國上古史頁二五）

中國所傳之洪水，稽之百家所言，不惟發于堯時，且有謂見於燧人氏，顓頊時者。

（一）見於燧人氏說舉例

『燧人氏時，天下多水。』——北堂書鈔卷十引尸子

（二）見於顓頊說舉例

『昔者共工與顓頊爭爲帝，怒而觸不周之山，天柱折，地維絕。天傾西北，故日月星辰移焉。地不滿東南，故水潦塵埃歸焉。』——淮南子天文訓

（三）見於帝堯時說舉例

『湯湯洪水方割，蕩蕩懷山襄陵，浩浩滔天，下民其咨。』——堯典

『洪水滔天，浩浩懷山襄陵，下民昏墊。』——皋陶謨

『當堯之時，水逆行，氾濫於中國，蛇龍居之。民無所定，下者爲巢，上者爲營窟。』——孟子滕文公下

（四）見於帝舜時說舉例

『舜之時，共工振滔洪水以薄空桑，龍門未開，呂梁未發，江淮通流，四流溟涬。』——淮南子本經訓

『舜乃使禹疏三江五湖，闢伊闕，導瀍澗；平通溝陸，流注東海。鴻水漏，九州乾，萬民皆寧其性。』——本經訓

燧人氏，顓頊，堯，舜有無其人，今且勿論。黃河自古爲患，想上古之氾濫必不止一二次。故今假定燧人，顓頊，堯，舜爲代名詞，或幾個符號，劃分洪水發生經過之時期，亦無不可。誠如是，則中國洪水之發生，至少當有三四次。

治水之人相傳曾有四人：其一，女媧；其二，共工；其三，鯀；其四，禹。

（一）女媧治洪水舉例

『於是女媧鍊五色石以補蒼天，斷鼇足以立四極，殺黑龍以濟冀州，積蘆灰以止淫水。蒼天補，四極正；淫水涸，冀州平；狡蟲死，顓民生。』——淮南子覽冥訓

（二）共工治洪水舉例

『昔共工氏棄此道也，虞于湛樂，淫失其身，欲壅防百川，墮高堙庳以害天下。』——周語下

昇按共工氏各書言之違異。淮南子原道訓，天文訓，詮言訓皆謂共工爲水害，山海經海外北經，大荒北經則謂其臣相柳，相繇爲害。而國語魯語上又謂『共工氏之伯九有也，其子曰后土，能平九土，故祀以爲社』。小戴禮記祭法云，『共工氏之霸九州也，其子曰后土，能平九州，故祀以爲社』。與鯀禹之傳說如出一轍。或共工亦如鯀之治水未成，而子后土如禹繼鯀而平水土乎？

(三)鯀治洪水舉例

『僉曰：「於！鯀哉！」帝曰：「吁，咈哉！方命圮族」。岳曰：「异哉。試可乃已」。帝曰：「往欽哉！」九載，績用弗成。』——堯典

『鯀鄣洪水而殛死。』——魯語上

『洪水滔天，鯀竊帝之息壤以堙洪水，不待帝命。帝令祝融殺鯀于羽郊。』——山海經海內經

(四)禹治洪水舉例

『禹疏九河，瀹濟漯而注諸海，決汝漢，排淮泗而注諸江，然後中國可得而食也。當是時也，禹八年於外，三過其門而不入。』——孟子滕文公上

『禹抑鴻水，十三年過家不入門。陸行乘車，水行載舟，泥行蹈毳，山行即橋，以別九州。隨山浚川，任土作貢，通九道，陂九澤，度九山。』——史記河渠書引夏書

今日所存之史料，不但女媧共工鯀未能直接証明其人之有無；即禹亦係問題，甲骨文未發現其名，僅西周以後之古器銘略有所載，如齊侯鎛鐘『處禹之堵』，秦公敦『鼏宅禹蹟』，故近人有疑『禹爲動物出於九鼎』之說（見古史辨第一册頁一一九），又有謂『夏爲商前之南方大國』(見中山大學語言歷史學研究所週刊第五集頁十九），然彼等所持之理由尚嫌不足，未有確切証據前亦未能成定論也。今即使假定古無其人，而黃河爲患，先民必有設法治之者，故女媧，共工，鯀，禹諸人視爲當時治水者之代名詞，未嘗不合于理。

欲攷洪水傳說之起原地，須先攷堯，舜，禹舊都之所在。舊說堯都平陽，舜都蒲坂，禹都安邑，而左傳襄公六引夏書云，『惟彼陶唐，率彼天常，有此冀方』，按冀方即河內（周禮夏官），今山西太原縣北疑即其地。史記

貨殖傳云，『唐人都河東』，集解曰，『晉陽也』，晉陽即今太原。堯都此，舜亦都此，禹之初嘗亦居此。『蓋洪水時代太原一帶地勢高峻，未沒於水，故堯舜禹均居於此』（見陸懋德上古史頁二八）。二說雖不同，要之皆謂佔汾水流域，而洪水之起原之中心地當不外上述區域。西周以後，中國疆域擴張，人民之地域觀念隨之以增，故以洪水之禍徧及中國，禹之治水亦徧及各地也。

禹治水以禹貢最詳，其地域包括黃河揚子江流域。

導弱水，至于合黎，餘波入于流沙。

導黑水，至于三危，入于南海。

導河積石，至于龍門；南至于華陰；東至于底柱；又東至于孟津；東過雒汭，至于大伾；北過降水，至于大陸；又北播爲九河，同爲逆河，入于海。

嶓冢導漾，東流爲漢；又東爲滄浪之水；過三澨，至于大別；南入于江；東匯澤爲彭蠡；東爲北江，入于海。

岷山導江，東別爲沱；又東至于澧過；九江，至于東陵；東迆北會于匯；東爲中江，入于海。

導沇水，東流爲濟；入于河；溢爲滎；東出于陶丘北；又東至于菏；又東北會于汶；又北東入于海。

導淮自桐柏，東會于泗沂，東入于海。

導渭自鳥鼠同穴，東會于灃；又東會于涇，又東過漆沮，入于河。

導雒自熊耳，東北會于澗瀍；又東會于伊；又東北入于河。

禹貢內所言平治水土，近人多疑其說，以爲人力所不能。其著名者，J.Legge.Shu-King,Prolegomena P. 59，意謂禹貢所載今地，以最科學之方法，恐於十數年內難以成功，何況古代工具不利計畫不精密乎？丁在君氏以爲江河皆天然水道，今考人工疏導之痕跡毫不可見，並引揚子江水道委員會技師 Palmer 氏云，『就是要用現代的技術來疏導長江，都是不可能的，石器時代的禹，如何能有這種能力？』（見古史辨第一册頁二〇八）

然則禹治水在今何地乎？錢穆周初地理攷，『以今推之，古者大禹治水之說，其殆始於蒲解之間乎？蓋蒲解之地，東西北三面俱高，惟南最下，河水環帶。自蒲潼以下迄於陝津砥柱，上有迅湍，下有淤流，回瀾橫濤，既足爲患；而涑水驟悍，狂憤積鬱，無可容游，山洪怒鼓，河溜肆蕩，蒲解之民實受其害。唐虞故正在其地，所謂鴻水之患，其殆在斯也。賈讓有言曰，「大禹治水鑿龍門，辟伊闕，折底柱，破碣石」。依實論之，禹之治河，上不及龍門，下不至碣石，當在伊闕底柱之間耳』。（見燕京學報

第十期）

按錢氏之說，係受丁在君語之影響。觀丁在君論禹治水說不可信書云，『……但是黃河的水患，也只能在下游，垣曲縣以上萬不能有洪水。龍門砥柱我都親自到過，並且略有研究。龍門是黃河出峽的口子，河面在峽中寬不過幾十丈，兩岸的峭壁卻有一千尺多高，同長江的三峽情形一樣。一出龍門，峽谷變爲廣川，河面有二里以上，這也全是有天然的理由，與禹毫不相干。況且龍門是天然的峽口，用不着人鑿的，也非人工所能爲力的。砥柱又叫做三門，是因爲有兩塊火成岩侵入煤系的岩石之中，煤系軟而火成岩硬，所以受侵蝕的遲速不一樣，煤系被水衝開一丈，被風蝕低一丈，火成岩卻不過受了十分之一的影響，成功了所謂三門，與禹何涉？』

丁氏以爲垣曲縣以上不能有洪水，根本不承認禹之治水。錢氏受其說之影響，而不能放棄舊傳洪水之說，又較丁氏多溯數里，以爲洪水之發生在蒲潼陝津砥柱之間；大禹之治水，當在伊闕底柱之間。是說當否，今日尚未有直接之證明，不敢驟下評斷。惟二氏着眼於現在地形，以爲數千年前之黃河亦遵今之水道，實有可疑。此疑非僅靠書本可解決，須待地質學家，考古學家，沿黃河流域作一精密之研究，方能定。例如河東道爲晉省土壤最豐腴之區，曩在并求學時，某地理教員即歸之黃河氾濫之故。今據丁錢二君反以蒲州以上與黃河無關，洪水未能發生於蒲潼以上。不妨就其地之土脈，地層，加以詳細之攷察，然後與黃河之岩石等等地質學上之所必須者，兩相比較，庶可解答此問題矣。

再者前人所謂禹治水偏重黃河，而忽略黃河之小支汾水。攷汾水爲晉省之大川，源出寧武縣治西南之管涔山，西南流，經靜樂縣，納嵐水，南經太原，介休，霍州，平陽，新絳諸境，會澮河，經稷山河津入黃河。每當夏季，大雨傾盆，河水氾濫，沿河諸縣人民常受其害。曾憶民十二年夏，方余在并未返里時，每日大雨如注，十數日，僅臨汾一帶罹水患者已達百十餘村，蓋河床淤積，久不挖掘，一旦雨潦，必致氾濫也。故所謂之洪水，或汾水之橫濫，亦未可知。蓋先民由北而南，順黃河流域至龍門，山峽天成，沿岸缺乏水草，復順汾水鼓行而東，而北，亦不無可能之事。

信如所說，則禹鑿龍門亦不無理由，蓋汾水淤積橫溢，禹疏導之，使入正道，『九州乾』而奄有之。按說文第十一篇下『水中可居者曰州，昔堯遭洪水，民居水中高士，故曰九州』，由此可知州卽古洲字，洪水後所留之高阜。後人附會以爲『禹貢九州』，不知荒古人類何有劃分州郡之事。

總之，洪水之起因河水之氾濫，其地域不出今山西。

西周以後，人民地域觀念隨疆域而增，故以爲荒古洪水偏及中國也。近人以有『禹葬蒼梧』『禹娶塗山』之傳說，則又謂禹之治水起于南方，是附會之中復加附會矣。

古代河域氣候有如今江域說

王樹民

——記蒙文通先生魏晉史課堂講演之一節——

中國古代文化，不發生於長江流域而發生於黃河流域，以今日北方之荒涼與東南之殷盛相況之下，誠不能令人無疑；故日人有『苗族曾興於長江流域，其後退化，華人承繼其文化，入居黃河流域』之推想。其說出於懸想，固難置信；然其所提出之問題則實有研究之價值也。

試以古之川流，湖澤，氣候，物產，及土質等種種情形，推究當日狀況，則知古時南方實未若北方之適宜於人生。取禹貢，職方，左傳，國策讀之，河域支渠縱橫，往來極便；江域以水盛遼闊，反障交通。南方土質塗泥，北方多宜稻麥。更詳究氣候之狀，亦知北方最爲適宜。蓋人生便利之資，北方遠過南方，故古文化之發生乃在北而不在南也。今於川流土質且不詳具，略言氣候之狀，並及物產與湖澤之分布焉。

湖澤之分布，與氣候極有關係。蓋湖澤多則空中之水分足；水分足則調節氣候，無酷寒燥熱之害。古者沿河一帶，湖澤甚多：在今河南中部有滎澤，其東有圃田，開封之北有逢澤（一稱沙海），商丘之北有孟諸，山東西境有菏澤，曹州境內有雷夏，大野，河北南部有大陸。在鴻溝流域中（河，泲，淮，泗之間地），水澤尤富，禹貢僅謂『滎播既豬』，職方則云『其川滎，雒』，爾雅釋水已較多，國策所記則彌詳矣，蓋以土地日闢故也。

沿河諸湖澤，自兩漢以來，日漸堙塞，迄明季而大部俱沒。職方所記之浸藪，今多爲川，亦歷經堙蝕之故也。如：菑，時（幽），沂，沭（青），渭，洛（雍），汾，潞（冀），盧，維（兗），波，溠（豫）等。今雖惟餘川流，亦可見古之多浸藪也。

於上舉諸澤浸外，尙有數點可見古時北方之多澤與湖濕。如詩魏風：『彼汾沮洳』。左傳成六年，『韓獻子曰：「郇瑕氏土薄水淺，其惡易覯，……於是乎有沈溺重腿之疾」』。山西今爲高亢之地，古則潮濕如此。又昭三年，『景公欲更晏子之宅，曰：「子之宅湫隘，不可以居，請更諸爽塏者」』。今山東地固極爽塏，而古則以湫隘稱也。

次觀物產方面。今南方之物，如竹，稻，古時均盛產於北方，今則已稀見矣。

古者北方多竹，其例甚多。如詩衛風：『瞻彼淇奧，綠竹猗猗』。漢書溝洫志：『塞瓠子決河，下淇園之竹以爲楗』。東觀漢紀：『郭伋爲并州牧，行部到西河美稷，有童兒數百，各騎竹馬於道次迎拜』。劉知幾致疑此事，謂：『晉陽無竹，古今共知』。案相傳唐晉陽童子寺有竹一窠，其寺綱維，日報平安，則子玄之語非妄。惟唐時然，而古則未然也。又樂毅報燕王書云：『薊丘之植，植於汶篁』。篁者，竹田也。左傳文十八年，『懿公游于申池，邴歜閻職弒公，納諸竹中』。又襄十八年，『晉帥諸侯之師圍齊，焚申池之竹木』。是均齊國有竹之證也。古人日用之具，多以竹製，如簫管之類。如北方不產竹，必不能遠求以製也。

其次，北方產稻。今北方雖有稻田而不多。據職方所記，北方之豫，兗，幽，并四州均產稻；其中幽并二州最堪注意。於詩亦多見例，如唐風：『王事靡盬，不能蓺稻粱』，豳風：『十月穫稻』，地均在黃河流域也。漢書溝洫志：『鄴有賢令兮爲史公，決漳水兮灌鄴旁，終古舄鹵兮生稻粱』，是魏地有稻也。戰國策周策：『東周欲爲稻，西周不下水』，是周地亦產稻也。

以上舉之湖澤物產諸端觀之，正有似今江南地帶，則古時北方氣候之溫和適宜，必遠非今之荒涼乾亢者比矣。故中國古文化必發生於黃河流域而不在長江流域也。其中心地點當在泲入海處，南至於會稽，北至於幽州。

所以悟古今氣候不同者，實以讀禹貢得之。禹貢冀州島夷言『皮服』·揚州島夷言『卉服』，蓋以寒暑劇烈而異；其處中之兗，靑，徐，豫諸州所貢之絺，絲，枲等物，則均氣候適中者所服用也，故知此諸州乃當時氣候最適宜之地。既悟此故，因繼續研求，遂明中國氣候，以長期觀之，乃在時變，而適宜地帶亦已漸漸南移。其詳雖尚待求證，要之實爲可能之說也。

禹貢等五書所記藪澤表

楊毓鑫

禹貢	職方	有始	地形	釋地	今地及現狀
豬野(雍)					寧夏與甘肅間之白亭海，一名魚海子。
	弦蒲(雍)				今涸。在陝西隴縣西。
	楊紆(冀)	陽華(秦)	陽紆(秦)	陽陓(秦)	說不同，大約在陝西華陰縣東。澤已不存。
大陸(冀)		大陸(晉)	大陸(晉)	大陸(晉)	古澤甚廣，今淤斷爲二，北曰寧晉，南曰大陸。今大陸澤在河北任縣東北。
		鉅鹿(趙)	鉅鹿(趙)		即大陸。河北鉅鹿縣在今大陸澤之東，寧晉泊之南。
	昭餘祁(幷)	大昭(燕)	昭余(燕)	昭余祁(燕)	今名鄔城泊，時涸時溢。在山西祁縣，平遙，介休縣界。
				焦穫(周)	說不同，大約即山西陽城縣西之濩澤。今深闊僅盈丈。
雷夏(兗)					今涸。在山東濮縣東南。
大野(徐)	大野(兗)			大野(魯)	元末爲河水所決，遂涸。在山東鉅野縣北。
海濱(青)		海隅(齊)	海隅(齊)	海隅(齊)	即山東海邊一帶。一說申池，在山東臨淄縣西。
	貕養(幽)				今涸。在山東萊陽縣東。
孟豬(豫)	望諸(靑)	孟諸(宋)	孟諸(宋)	孟諸(宋)	今涸。在河南商丘縣東北。
菏澤(豫)					今涸。在山東菏澤縣。
滎播(豫)	滎(豫州川)				自西漢後塞爲平地。在河南滎澤縣治南。
	圃田(豫)	圃田(梁)	圃田(鄭)	圃田(鄭)	今涸，略有遺蹟。在河南中牟縣西。
彭蠡(揚)					今江西鄱陽湖。

震澤(揚)					今江浙間之太湖。
	具區(揚)	具區(吳)	具區(越)	具區(吳越之間)	
	五湖(揚)				
雲夢(荊)	雲瞢(荊)	雲夢(楚)	雲夢(楚)	雲夢(楚)	今湖北東南部及湖南北部之湖泊之總名。今湖北安陸縣南有雲夢縣。

寫在藪澤表的後面

顧頡剛

看了上面的一篇文和一張表，禁不住把自己的一些意思吐出來。

中國古代對于藪澤是最注意的，所以然之故就爲這是生產的大本營，在農業不甚發達的時候，只有倚賴天然的力量。澤是衆流所歸的大湖泊；藪是卑埶之地。湖泊中產有蕁魚之類固不必說，藪則常每年水長的時候，也盛滿了水，和澤沒有分別；等到水退，留下了沈澱物作肥料，就很能生長草木，連帶着繁殖禽獸，天然的生產品比了澤中還要多。昭二十年左傳記晏子之言曰：

山林之木，衡鹿守之。澤之萑蒲，舟鮫守之。藪之薪蒸，虞候守之。海之鹽蜃，祈望守之。

杜注，『衡鹿，舟鮫，虞候，祈望，皆官名也』。這可見當時對于藪澤立有專職的官，是用國家的力量去管理經營的。襄二十五年傳又云：

楚蔿掩爲司馬，子木使庀賦，數甲兵。甲午，蔿掩書士田，度山林，鳩藪澤，辨京陵，表淳鹵，數疆潦，規偃豬，町原防，牧隰皋，井衍沃，量入修賦，賦車籍馬，賦車兵，徒兵，甲楯之數。

這些都是國家財賦之所由出，而其中『藪澤』『疆潦』『偃豬』『隰皋』四項就是湖泊或低地。堯典上說：

帝曰，『疇若予上下草木鳥獸？』僉曰，『益哉！』

帝曰『俞，咨益，汝作朕虞！』

這就是舜命益去管理山林藪澤的出產的記載，『上』指的是山陵，『下』指的是藪澤。周禮中有山虞，澤虞之官，漢書地理志中有陂官，湖官，雲夢官，涯浦官，也就是管的這類事。

上面這個表裏，共有二十個名目；若再在左傳等書中輯錄起來，一定還有不少。這二十個名目中，大陸和鉅鹿實是一藪（大與鉅同義，陸與鹿同音），呂覽作者錯分爲二，淮南承之。震澤，具區爲一澤之異名，前代學者早有定說。五湖與具區，大家雖很願把它們分開，但究竟找不出具區以外的五湖，所以也只得合併爲一。『海濱』就是沿海一帶的通名，並非澤名；不過照晏子的話看來，海與澤藪同有官守，所以一例待遇罷了。除開了這種重複的與混入的，一共有十六個澤。

這十六個澤，在河水流域的有三：豬野，焦穫，大陸。在渭水流域的有二：弦蒲，楊紆。在汾水流域的有一：昭餘祁。（汾渭也可併入河水流域中。）在濟水流域的獨多，有六：滎播，圃田，菏澤，雷夏，大野，孟諸。這六澤都在今河南東部和山東西部方三百餘里之中，足見那地的文化所以特別興盛的原因。還有一個在山東半島上的，是貕養。在江水流域的有三：彭蠡，震澤，雲夢。

現在，河，濟，渭，汾一帶以及半島上的湖泊差不多全枯涸了，只有江水流域的幾個依然很浩淼，這個原因應當請地質學家說明。我曾經去請教丁文江先生，他引了葛拉普（A.M.Grabau，北大地質學系教授）的話，說恐怕和漢代的溝洫之政很有關係，因爲那時新開的溝渠太多了，水多爲上流所截留，流下來的便瀦積不起了。除了這層意思之外，我還聽說西北的沙漠漸漸向關內移動，華北已日趨于沙漠化。上面蒙文通先生所講的氣候的變化，就是這個事實的表現。

這十六個澤，爲禹貢所獨有的是豬野，雷夏，菏澤，彭蠡；爲職方所獨有的是貕養，弦蒲；爲釋地所獨有的是焦穫。（職方兗州，『其浸盧維』，鄭玄注曰，『盧維，當爲雷雍，字之誤也』，則彼以爲盧卽雷夏。）菏澤等本是小澤，缺去不足奇；彭蠡這澤何等廣大，何以除了禹貢外全不記載呢？即此可見江西開化之遲，爲了那地與中原的關係少，所以那時講地理的人都忽略了。再有，大陸也是一個大澤，而職方作者記冀州的澤藪時乃記一若存若亡的楊紆而不記它，且把秦藪誤爲冀藪，也不可解。

從上面這個表裏，可以知道爾雅釋地之作實在淮南地形之後。本來地形是鈔有始而略加改變的：有始說『吳之具區』，地形說『越之具區』；有始說『梁之圃田』，地形說『鄭之圃田』。現在釋地也說『鄭有圃田』，足證其襲淮南；而云『吳越之間有具區』，足證其有意調和呂覽與淮南之不同。呂覽與淮南都以『晉之大陸』與『趙之鉅鹿』對舉，釋地作者知道是錯的，乃去鉅鹿而增『魯有大野』，又足證其對此二書有訂正之功。何況『九府』之文全襲淮南，更是有確證的呢。

釋地獨出『焦穫』，蓋据小雅六月之文而補的。作者既說『秦有楊陓』，又說『周有焦穫』，秦周對舉；其非一地可知。而郭璞之注，於楊陓云『今在扶風汧縣西』，於焦穫云『今在扶風池陽縣瓠中』，同一扶風之澤，何以此稱爲秦，彼稱爲周？錢賓四先生在周初地理考（燕京學報第十期）裏說焦穫即濩澤，漢河東郡有濩澤縣，即今之山西陽城縣，我覺得這是很對的。俟將來討論到玁狁侵略時再細談。

二十三，三，五。

前漢戶口統計表

胡德煌

漢興以來，以秦郡過大，稍復增置。武帝逐匈奴，平南越，及西南夷，又通西域，開朝鮮，分天下爲十三部，部置刺史，而以京兆尹，左馮翊，右扶風爲三輔，並治長安。茲據漢書地理志中所錄之平帝元始二年戶口籍，綜合爲統計表，以見當時人口之疏密情形也。

甲

屬州	郡國名	縣數	戶口數 戶	戶口數 口	州戶口總計 縣	州戶口總計 戶	州戶口總計 口
司隸校尉部	京兆尹	一二	一九五•七〇二	六八二•四六八	一三二	一•五二〇•八五七	六•六八二•六〇二
	左馮翊	二四	二三五•一〇一	九一七•八二二			
	右扶風	二一	二一六•三七七	八三六•〇七〇			
	弘農郡	一一	一一八•〇九一	四七五•九五四			
	河內郡	一八	二四一•二四六	一•〇六七•〇九七			
	河南郡	二二	二七六•四四四	一•七四〇•二七九			
	河東郡	二四	二三六•八九六	九六二•九一二			

（京兆尹、左馮翊、右扶風：三輔）

豫州	潁川郡	二〇	四三二·四九一	二·二一〇·九七三	一〇八	一·四五九·九一一	七·五五一·七三四
	汝南郡	三七	四六一·五八七	二·五九六·一四八			
	沛郡	三七	四〇九·〇七九	二·〇三〇·四八〇			
	梁國	八	三八·七〇九	一〇六·七五二			
	魯國	六	一一八·〇四五	六〇七·三八一			
冀州	魏郡	一八	二一二·八四九	九〇九·六五五	一二九	一·一三三·〇九九	五·一七七·四六二
	鉅鹿郡	二〇	一五五·九五一	八二七·一七七			
	常山郡	一八	一四一·七四一	六七七·九五六			
	清河郡	一四	二〇一·七七四	八七五·四二二			
	趙國	四	八四·二〇二	三四九·九五二			
	廣平國	一六	二七·九八四	一九八·五五八			
	眞定國	四	三七·一二六	一七八·六一六			
	中山國	一四	一六〇·八七三	六六八·〇八〇			
	信都國	一七	六五·五五六	三〇四·三八四			
	河間國	四	四五·〇四三	一八七·六六二			
兗州	陳留郡	一七	二九六·二八四	一·五〇九·〇五〇			
	山陽郡	二三	一七二·八四七	八〇一·二八八			
	濟陰郡	九	二九〇·〇二五	一·三八六·二七八			

州	泰山郡	二四	一七二・〇八六	七二六・六〇四	一一五	一・六五六・四七八	七・八七七・四三一
	東　郡	二二	四〇一・二九七	一・六五九・〇二八			
	城陽國	四	五六・六四二	二〇五・七八四			
	淮陽國	九	一三五・五四四	九八一・四二三			
	東平國	七	一三一・七五三	六〇七・九七六			
徐州	琅邪郡	五一	二二八・九六〇	一・〇七九・一〇〇	一三二	一・〇四二・一九三	四・六三三・八六一
	東海郡	三八	三五八・四一四	一・五五九・三五七			
	臨淮郡	二九	二六八・二八三	一・二三七・七六四			
	泗水國	三	二五・〇二五	一一九・一一四			
	廣陵國	四	三六・七七三	一四〇・七二二			
	楚　國	七	一二四・七三八	四九七・八〇四			
青州	平原郡	一九	一五四・三八七	六六四・五四三			
	千乘郡	一五	一一六・七二七	四九〇・七二〇			
	濟南郡	一四	一四〇・七六一	六四二・八八四			
	北海郡	二六	一二七・〇〇〇	五九三・一五九			
	東萊郡	一七	一〇三・二九二	五〇二・六九三			
	齊　郡	一二	一五四・八二六	五五四・四四四			
	甾川國	三	五〇・二八九	二二七・〇三一			
	膠東國	八	七二・〇〇二	三二三・三三一			

	高密國	五	四〇・五三一	一九二・五三六	一一九	九五九・八一五	四・一九一・三四一
荊州	南陽郡	三六	三五九・三一六	一・九四二・〇五一			
	江夏郡	一四	五六・八四四	二一九・二一八			
	桂陽郡	一一	二八・一一九	一五六・四八八			
	武陵郡	一三	三四・一七七	一八五・七五八			
	零陵郡	一〇	二一・〇九二	一三九・三七八			
	南　郡	一八	一二五・五七九	七一八・五四〇			
	長沙國	一三	四三・四七〇	二三五・八二五	一一五	六六八・五九七	三・五九七・二五八
揚州	廬江郡	一二	一二四・三八三	四五七・三三三			
	九江郡	一五	一五〇・〇五二	七八〇・五二五			
	會稽郡	二六	二二三・〇三八	一・〇三二・六〇四			
	丹陽郡	一七	一〇七・五四一	四〇五・一七〇			
	豫章郡	一八	六七・四六二	三五一・九六五			
	六安國	五	三八・三四五	一七八・六一六	九三	七一〇・八二一	三・二〇六・二一三
益	漢中郡	一二	一〇一・五七〇	三〇〇・六一四			
	廣漢郡	一三	一六七・四九九	六六二・二四九			
	犍爲郡	一二	一〇九・四一九	四八九・四八六			
	武都郡	九	五一・三七六	二三五・五六〇			

州	越巂郡	一五	六一・二〇八	四〇八・四〇五			
	益州郡	二四	八一・九四六	五八〇・四六三			
	牂柯郡	一七	二四・二一九	一五三・三六〇			
	巴郡	一一	一五八・六四三	七〇八・一四八			
	蜀郡	一五	二六八・二七九	一・二四五・九二九	一二八	一・〇二四・一五九	四・七八四・二一四
涼州	隴西郡	一一	五三・九六四	二三六・八二四			
	金城郡	一三	三八・四七〇	一四九・六四八			
	天水郡	一六	六〇・三七〇	二六一・三四八			
	武威郡	一〇	一七・五八一	七六・四一九			
	張掖郡	一〇	二四・三五二	八八・七三一			
	酒泉郡	九	一八・一三七	七六・七二六			
	敦煌郡	六	一一・二〇〇	三八・三三五			
	安定郡	二一	四二・七二五	一四三・二九四			
	北地郡	一九	六四・四六一	二一〇・六八八	一一五	三三一・二六〇	一・二八二・〇一三
并	太原郡	二一	一六九・八六三	六八〇・四八八			
	上黨郡	一四	七三・七九八	三三七・七六六			
	西河郡	三六	一三六・三九〇	六九八・八三六			
	朔方郡	一〇	三四・三三八	一三六・六二八			
	五原郡	一六	三九・三二二	二三一・三二八			

州	雲中郡	一一	三八・三〇三	一七三・二七〇			
	定襄郡	一二	三八・五五九	一六三・一四四			
	鴈門郡	一四	七三・一三八	二九三・四五四			
	上郡	二三	一〇三・六八三	六〇六・六五八	一五七	七〇七・三九四	三・三二一・五七二
幽州	勃海郡	二六	二五六・三七七	九〇五・一一九			
	上谷郡	一五	三六・〇〇八	一一七・七六二			
	漁陽郡	一二	六八・八〇二	二六四・一一六			
	右北平郡	一六	六六・六八九	三二〇・七八〇			
	遼西郡	一四	七二・六五四	三五二・三二五			
	遼東郡	一八	五五・九七二	二七二・五三九			
	玄菟郡	三	四五・〇〇六	二二一・八四五			
	樂浪郡	二五	六二・八一二	四〇六・七四八			
	涿郡	二九	一九五・六〇七	七八二・七六四			
	代郡	一八	五六・七七一	二七八・七五四			
	廣陽國	四	二〇・七四〇	七〇・六五八	一八〇	九三七・四三八	三・九九三・四一〇
交	南海郡	六	一九・六一三	九四・二五三			
	鬱林郡	一二	一二・四一五	七一・一六二			
	蒼梧郡	一〇	二四・三七九	一四六・一六〇			
	交趾郡	一〇	九二・四四〇	七四六・二三七			

州			
合浦郡	五	一五・三九八	七八・九八〇
九眞郡	七	三五・七四三	一六六・〇一三
日南郡	五	一五・四六〇	六九・四八五
	五五	二一五・四四八	一・三七二・二九〇
全國總計	一五七八	一二・三六七・四七〇	五七・六七一・四〇一

乙

部名	縣數	戶數	口數	縣平均數 戶	縣平均數 口
司隸校尉部	一三二	一五二〇八五七	六六八二六〇二	一一五二一・七九	五〇六二五・七七
豫州刺史部	一〇八	一四五九九一一	七五五一七三四	一三五一八・九九	六九九二三・二七
冀州刺史部	一二九	一一三三〇九九	五一七七四六二	八七八三・七一	四〇一三五・三六
兗州刺史部	一一五	一六五六四七八	七八七七四三一	一四四〇四・一五	六八四九九・四〇
徐州刺史部	一三二	一〇四二一九三	四六三三八六一	七八九五・四〇	三五一〇五・〇一
青州刺史部	一一九	九五九八一五	四一九一三四一	八〇六五・六七	三五二二一・三五
荊州刺史部	一一五	六六八五九七	三五九七二五八	五八一三・八八	三一二八〇・五一
揚州刺史部	九三	七一〇八二一	三二〇六二一三	七六四三・二三	三四四七五・四一

益州刺史部	一二八	一〇二四一五九	四七八四二一四	八〇〇一·二四	三七三七六·六七
涼州刺史部	一一五	三三一二六〇	一二八二〇一三	二八八〇·五二	一一一四七·九三
幷州刺史部	一五七	七〇七三九四	三三二一五七二	四五〇五·六九	二一一五六·五一
幽州刺史部	一八〇	九三七四三八	三九九三四一〇	五二〇七·九八	二二一八五·六一
交州刺史部	五五	二一五四四八	一三七二二九〇	三九一七·二三	二四九五〇·七二
總計	一五七八	一二三六七四七〇	五七六七一四〇一	七八五八·四二	三七〇八三·四七

據上兩表，以兗州人口爲最多，次爲豫州。然兗州縣邑佔百十五之多，豫不過百零八縣，平均計之，豫一縣得佔六萬九千九百卅三人有奇，多於兗州一縣一千四百二十三人有奇，故以豫州人口爲最密。其最少者則涼州也。

方志之名稱與種類

朱士嘉

『方志』之名，始見周禮：『誦訓掌道方志以詔觀事』『外史掌四方之志』。又見水經注渠水篇：『以方志參差，遂令尋其源流』。『今泰山南武城縣有澹臺子羽冢，縣人也，未知孰是？因其方志所叙，就記纏絡焉』。其所記述，要不外一方地理之沿革，疆域之廣袤，政治之消長，經濟之隆替，人物之臧否，風俗之良窳，文化之盛衰，遺獻之多寡，以及其地之遺聞佚事，蓋無異一有組織之地方歷史與人文地理也。書之關係一方者統稱志，然而亦有名目歧異者，約舉之，凡得八種：

（一）『志』或作『誌』，爲宋以來最通行之名稱。志之屬於某一地方者，則曰某某志，如長安志，成都縣志是。但宋元人修志，動援古郡或山水以爲名，而不皆直標某某志，如『梁克家之三山志（淳熙九年），陳耆卿之赤城志（嘉定年間），楊潛之雲間志（紹熙四年），非宋之州郡名縣名也；徐碩之嘉禾志（至元二十五年），張鉉之金陵新志（至正四年），秦輔之練川志（今佚），非元之路名縣名也』（見潛研堂文集卷十九成化四明郡志跋）。蓋『宋制以州領縣，諸縣不皆有志，而州志不上職方，故書名或取古郡，或題山水，……所以避圖經官書名目』（見章氏遺書卷六方志略例）。志亦有『大志』（王宗沐江西省大志，嘉靖四年刻本），『小志』（宗能徵南陵小志，光緒二十五年活字本。因全書未竟，而能徵奉檄將去，故名之曰小志），『全志』（萬年觀德安府全志，康熙二十四年鈔本），『散志』（江登雲橙陽散志，乾隆四十年刻本。登雲因所脩書未能全合乎方志之體，故題曰散志，蓋自謙之語），『地理志』（戴光鄒縣地理志，嘉靖四年刻本），及『志林』（黃宜中直隸澧州志林，乾隆十五年刻本）之別，然於原書意義無甚增損也。

（二）『圖經』。隋書經籍志有冀州圖經，幽州圖經，齊州圖經，唐書經籍志有潤州圖經，皆不著年代。今所可考者，以荆州圖經爲最早，作於晉宋齊梁間。（見陳運溶麓山精舍叢書晉宋齊梁四朝地記）。唐代圖經間出（參看前書唐代圖經），至宋而大盛，然亦不若稱志之最爲普遍也。元明清三代，圖經之名稱似不經見。（清代有海鹽縣續圖經，陳世倕纂，乾隆十二年刻本。）按宋元以前之圖經，蓋即爲官書名目（章氏遺書卷六方志略例），故凡非官書，或作『志』，或作『記』，或作『錄』，有種種不同之名稱焉。

（三）『記』或作『紀』，爲自三國吳（顧啓期婁地記）以至隋唐間最通行之名稱，其所記述，大半偏重地理如沿革疆域物產等，蓋即雛形時期之方志也。（秦漢爲方志之孕育時期，魏晉南北朝以迄隋唐爲方志之雛形時期，宋代爲長成時期，明代爲發達時期，清代爲全盛時期，說詳方志之起源篇。）

（四）『圖志』或『圖記』亦方志之別稱。晉宋齊梁間有荆州圖記（麓山精舍叢書晉宋齊梁四朝地記），元有大德昌國州圖志（大德二年馮福京修，郭薦纂，煙雨樓刊本）。清有新疆圖志（宣統三年袁大化修，王樹枏纂）及益都縣圖志（光緒三十三年張承燮修，法偉堂纂），外此則少聞焉。

（五）『書』。如何喬遠閩書（崇禎二年刻本），爲僅見之名。

(六)『錄』。如劉芳徐地錄(見唐書經籍志，今佚)，高似孫剡錄(宋嘉定年修，道光八年重刊本，即嵊縣志)，陳廷桂歷陽典錄(嘉慶年間刊本，即和州直隸州志)及林鸎泰順分疆錄(光緒四年刊本，即泰順縣志)等，皆屬此類，稱名雖異，實皆志類也。

(七)『乘』。秦以前列國多有志，或名曰乘，如晉乘之類。其後修志者援以為例，于欽撰齊乘(元至元年間)而不題山東志，陳弘緒撰南昌郡乘(康熙二年刻本)而不題南昌府志，耿定向撰黃安初乘(萬歷年間刊本)而不題黃安縣志，蓋亦古典主義之表現也。

(八)『傳』。紀載事迹以傳於世者曰傳，如史之列傳是。傳人則可，傳地則未聞也；有之，自蓋泓珠崖傳始。(見隋書經籍志。珠崖在今廣東瓊山縣東南。)志書之以傳名者僅此一見，惜其書已佚，無從稽攷矣。

方志各依歷代地理沿革之不同而異其種類。如宋置軍及監，始有臨江軍志及大寧監圖經之編纂。清置直隸州，始有荊門直隸州志之編纂。約舉之，凡得二十二種，類次於後。至於山志，水志，湖志，隄志，廟志，寺志，祠志，書院志，亭志，橋志，泉志等雖亦足資徵文攷獻之助，而非方志嫡系，故不具列。

(一)通志　記載及於一省之全部者屬之。行省之制創于元，而通志之編則自明始(按元齊乘所述，已及山東省之大部，因其體例尚未臻完善，故言通志者仍託始於明)。相沿至於今日，未少變。攷其內容，與元明清一統志相彷，則其體例蓋亦有所自矣。(府州亦有以通志為名者，如康熙二十二年徽州府通志，康熙十二年泗州通志等，或亦好事者特標新異，不足供大雅之因仍也。)

(二)都會志　隋書經籍志所著錄之西京志(佚撰人與年代)即屬此類。宋乾道淳祐咸淳臨安三志尤為著名，為參考南宋文物制度者必備之籍。自元以來，所謂都會之志僅日下舊聞考等數種耳。

(三)路志　元制分天下為若干行中書省，省之下分路，路之下分府。路者，上隸於省而下統府。路志之編，屢見不鮮(元處州路志今佚)，而其壽命亦與元相終始。

(四)府志　有以郡志為名者，如隋以前之吳郡記(見隋書經籍志，今佚)，宋之吳郡志(今存。以上二種實即蘇州府志)以及清順治九年之雲中郡志(即大同府志，今存），實亦屬此。直標府志者，始於宋（宋史藝文志著錄瀛州府圖經，今佚）而終於清。

（五）道志　唐分天下爲十道，猶今之分省，爲地理上之區畫，但其時道固無志。明清又分一省爲數道，爲行政上之區畫，與唐異，設官謂之道員，民國又設置道尹，皆執行道內一切行政事務如監督財政及司法行政等。道志之修於乾隆五年者有湖北下荊南道志（轄襄陽，鄖陽，安陸三府），修於民國十五年者有朔方道志。以余所知，僅此二種，蓋道既非地理上之區畫，修志者自亦不之注意也。

（六）直隸廳志　清制，廳之直隸於省者曰直隸廳，其志曰直隸廳志。（四川直隸理番廳志，同治五年刊本。）

（七）廳志　陝西同州府有潼關廳，清嘉慶二十二年編有續潼關廳志。清各廳幾皆有志。民國廢廳，廳志遂無聞焉。

（八）直隸州志　清制，州之直隸於省者曰直隸州，其志曰直隸州志。（湖北荊門直隸州志，同治七年刻本。）

（九）州志　起於宋（宋史藝文志，汀州志）而終於清。

（十）軍志　宋有臨江軍志（見宋史藝文志，今亦佚），後即無聞。

（十一）監志　宋有大寧監圖經（見宋史藝文志，今亦佚），後即無聞。

（十二）衞志　明太祖立軍衞法，度天下要害之地，連郡者設衞，如天津衞，威海衞等。清沿其制，故衞志之編亦甚普遍。如天津衞志（康熙十三年），潼關衞志（康熙二十四年），及金山衞志（正德十二年）等，於行軍設防皆足供參考也。

（十三）守衞所志　守衞所亦分駐防營之地，時人有視察其地之形勢險要，採摭其地之文物掌故編綴成書者，是爲守衞所志（如咸豐七年寧武守衞所志），千百中蓋不一見焉。

（十四）宣慰司志　凡已歸附中國而尚未盡被同化之區域稱曰宣慰司。元明設宣慰使司，以勸撫其地之人民，使與中國同化。今惟永順宣慰司志（清初抄本）一種尚可得見，然亦已殘闕不完矣。（原書卷數待攷，現存第二卷。）

（十五）關志　界上之門曰關。古者設關于界上，以稽行旅，其後兼爲設險守國之用。志之專係於關者曰關志，山西之三關志（三關者，雁門，寧武，偏頭是也。書凡十七卷，孫繼曾修，嘉靖二十四年刻本），河北之西關志（居庸累莉倒馬故關，統稱西關），書凡三十二卷，王士翹修，嘉靖二十七年刻本）皆是也。

（十六）縣志　縣乃地方區域之名，周時已有縣邑，秦廢封建，以郡統縣，歷代因之。唐時縣隸於州，宋元明淸以府州轄縣，民國曾以縣隸屬於道。府州隨時而易，縣則始終不變，爲最要之地方區域，故自宋（最早見存之縣志曰剡錄，即嵊縣志，宋嘉定七年高似孫修）以來，縣志之編爲數獨鉅，而其體例亦多可觀，蓋地方官固以修縣志爲當務之急也。

（十七）設治局志　淸末於邊省向未有流官之區域，擬設縣治而未實行者，先設局籌備其事，曰設治局。民國因之，如黑龍江之克山，鐵驪等設治局是。設治局亦有志書，惟僅一見，黑龍江通北設治局通志（不分卷，熊良弼修，民國五年鈔本）是也。

（十八）鎭志　市集之大者曰鎭。鎭志之最早者當推澉水志（隸浙江海鹽縣），修於宋紹定年間。厥後各省富饒之鎭羣起而效之，尤以江浙兩省爲盛。

（十九）鄉土志　州有鄉土志，縣亦有鄉土志，起於光緒末年。鄉先輩爲使學童辨悉本鄉之風土人情物產等起見，將府州縣志中之材料擇要錄出，再加以實地之調查，以所得縮編成書，名曰鄉土志。

（二十）鄉志　凡專記一鄉之事蹟者曰鄉志，如剡源鄉志（光緒二十七年刻本）是。

（二十一）里志　五家爲隣，五隣爲里，古之制也。今江浙兩省繁盛之區，各皆有里，充其量，或不過千餘家，而亦多有里志之編輯，且其體裁甚有足資參攷者，則區畫既小，所有史料自易採訪與編纂故也。（民國十五年，江灣里志編纂甚得體要）

（二十二）村志　郞遂杏花村志，即屬此類。其書編纂亦甚得體，村志有此規模，蓋不易覯矣。

顧頡剛

編後

本刊第一期出版以後，聽到許多批評的話，固然使我們很高興，但是，他們對於本刊的稱讚和菲薄，我們都不願承受。

我們自己覺得，這是一班剛入門的同志的練習作品，說不到成績和貢獻，決沒有受人稱讚的資格。同樣，我們正在開始工作，只要路道不走錯，勇氣不消失，又永遠能合作下去，我們的前途自然有無限的光明，也沒有受人菲薄或妄自菲薄的理由。

『九成之臺，起于累土；千里之行，始于足下』，這是顚撲不破的名言。我們現在所應自問自責的，就是我們有沒有把一畚一畚的泥土堆積起來，有沒有向着目的地開步走去。至於九成之臺和千里之行的最終成就，那是幾年或幾十年後的事情，甚而至於是數世以後的事情，我們工作的人固然不必性急，就是旁觀的人也不必爲我們着急。

眞實的工作是沒有徼倖成功的，也決不會在短時期內就完工的。我們現在需要每一個人把他自己的見解發表出來，這見解如對，大家都採用它；不對，大家就推倒它。我們不求個人的成名，只望團體工作的確立。

謹慎的前輩常常警戒我們：發表文字不可太早，為的是青年作品總多草率和幼稚，年長後重看要懊悔。這話固然有一部分理由，但我敢切勸青年不要受他們的痲醉。在學術上，本沒有『十成之見』，個人也必沒有及身的成功。學術的見解與成就，就全體言是一條長途，古人走到那裏停下了，後人就從他停止的地方走下去；這樣一代一代往前走，自然永有新境界。就個人言也是一條長途，所謂少年，青年，壯年，老年，都是這長途中的一個階段，你要進步，就得向前走。所謂『走』，是中心有問題，眼中有材料，從問題去尋材料，更從材料去增加問題，逼得你『欲罷不能』，一定要這樣纔有眞正的研究可言。但是最難的一件事就是心中有問題。一般大學生，對于各種學科的內容都有些門徑了，學術的系統和研究的方法也明白了，然而心中有問題的能有幾個？畢業之後不做留聲機的又有幾個？材料是死的，你成天讀書，讀熟一部圖書集成，至矣盡矣，然而你也不過做了一部圖書集成，只有四百元的代價，算得了什麼！如果問我：如何可以得到問題呢？我將答說：就在你肯隨處留心別人的意見，同時敢把自己的意見對人發表，更容納別人的討論。只要你自己錯了肯承認，肯屈伏於別人的意見之下，那就是你自己的進步。自己不錯而別人錯，你會用了自己的理由說得他屈伏，那就是你督促別人進步。如此相摩，相盪，相衝突，相抵禦，相吸收，相競勝，然後各人心中懷着急切待解的問題，眼中也儘看見和這個問題有關的材料了。

這件事情看來雖易，實做却難。假使你在青年期沒有練習發表意見，你到了壯年以後就不會發表意見。假使你在青年期沒有練習容納別人的意見，你到了壯年以後就不能容納別人的意見。你的胸中在青年期沒有幾個問題，壯年以後，腦筋越來越殭化，思想越來越枯澀，更沒有發生問題的希望了。

在我們的團體中，大多數是大學生，我希望大家能有這樣的認識，捉住這個練習的機會，一步一步的往前走，使得這些『少作』無負于現在的年齡，更使得將來的年齡對得起這些『少作』！

禹貢學會簡章

一，本會以集合同志，研究中國地理沿革史爲目的。

二，凡有志研究本項學術，經會員一人以上之介紹，及事務委員會之通過者，爲本會會員。

三，本會設研究委員會及事務委員會，各選主席一人，副主席一人，委員五人至七人，任期一年，連選得連任。

四，選舉手續以通信方式行之；選舉結果由會務報告發表之。

五，研究委員會之職務爲編輯刊物，審查來稿，及聯絡各會員間之研究工作等事項。事務委員會之職務爲審查會員資格，徵收會費及捐欵，主持印刷發行事務，編輯會務報告，及與其他團體合作事項。兩委員會得自定辦事細則。

六，會員應繳會費，分爲每月一元及五角兩種。其爲謀本會事業之發展而自願多繳者爲特別捐款，得由研究委員會之決議，依照捐欵人之志願辦理。

七，本會出版物分爲期刊，研究報告，叢書，會務報告四種；除會務報告專贈會員外，餘均公布之。期刊先出禹貢半月刊一種；研究報告爲會員專門研究之結果；叢書爲前人關於本項學術之著述之彙刊。

八，禹貢半月刊卽以會費印刷。研究報告等得酌量本會經濟情形，隨時付刊；本會力量不足時得募捐舉辦。

九，會員關於本項學術之著作，非本會力量所能付刊者，得由作者自行集欵付印，本會當負盡力介紹推銷之責任。會員私人重印之前人著述，凡關於本項學術者，本會亦當同樣介紹。

一〇，本會刊物得代登他處廣告，但與本項學術無關者概不登載。

一一，本會爲純粹研究本項學術之集合，除此以外，本會對於任何會員之公私事務概無關涉。

一二，本簡章得以會員十人以上之提議，討論修改之；提議與討論並由會務報告發表。

民國二十三年三月一日

禹貢半月刊登載廣告章程

一，本刊爲研究中國地理沿革史之專門雜誌，故所登廣告應有限制，凡不在下列各類者恕不登載：

甲，地圖；

乙，地理沿革史之專著；

丙，地理專書之索引；

丁，地理教科書；

戊，地方志；

己，人口土地之統計圖籍；

庚，其他關於地理學之著作（如考古團報告，遊記，景物照片等）；

辛，地質學；

壬，天文，生物，經濟，政治諸學及各種文化史之有關於地理者。

二，廣告之價目如下表：

地位＼面積	全面	二分之一	四分之一
底封面	十元	六元	四元
封面裏頁	十元	六元	四元
底封面裏頁	八元	五元	三元
普通	六元	三元五角	二元

以上價目均以每期計算，登三期以上者九折，六期以上者八五折，半年十二期者八折，全年二十四期者七折。

三，凡欲享折扣之利益者，廣告價須一次付清。

四，凡登載長期廣告者，須簽訂廣告契約。

五，廣告均爲白底黑字，用與正文同樣之紙張排印。如用彩印，價加一倍。

六，凡廣告用之銅版，鋅版或木版概歸自製；其委由本刊代製者，須繪就圖樣，並由本刊酌收製版費。

七，本章程暫以一年爲期。

出版者：禹貢學會。
編輯者：顧頡剛，譚其驤。
出版日期：每月一日，十六日。
發行所：北平成府蔣家胡同三號禹貢學會。

禹貢

半月刊

價目：每期零售洋壹角。豫定半年十二期，洋壹圓；全年二十四期，洋貳圓。郵費加一成半。國外全年加郵費八角。

The Evolution of Chinese Geography

Semi-monthly Magazine

Vol. 1 No. 3 April 1st 1934
Address: 3 Chiang-Chia Hutung, Cheng-Fu, Peiping, China

第一卷 第三期

民國二十三年四月一日出版

清史稿地理志校正（直隸） 譚其驤
山海經圖與職貢圖 王以中
民國二十二年以來所修刻方志簡目 徐家楣
後漢戶口統計表 王德甫
禹貢職方史記貨殖列傳所記物產比較表 孫媛貞
略論上述三書所記各地特產 張公量
自禹貢至兩漢對於異民族之觀念 袁鍾姒
校後 顧頡剛

本刊業已遵章呈請登記

清史稿地理志校正

譚其驤

直隸

明爲北京，置北平布政使司，萬全都指揮使司。

按明成祖永樂元年，建北京於順天府，稱行在；罷北平布政使司，以所領直隸北京行部。京與布政使司二者不並存，此既曰『明爲北京』，即不應復曰『置北平布政使司』也。又永樂十九年改北京爲京師，洪熙初復稱行在，正統六年罷稱行在，定爲京師，自後以爲常：是『北京』但爲一時之制耳，非可以概一代，二字亦應改爲『京師』。

清順治初定鼎京師爲直隸省，置總督一，曰宣大；駐山西大同，轄宣府，順治十三年裁。

疆臣年表吳孳昌以順治元年七月總督宣大山西，至十三年五月張懸錫繼任始曰宣太，十五年七月裁，與此異，當以表爲正。又疆臣年表，清史列傳卷七十九駱養性傳，駱以順治元年六月總督天津軍務，十月罷，是順治初直隸境內曾有總督二，特爲時甚暫耳。

巡撫三，曰順天，駐遵化，轄順天永平二府，康熙初裁。

疆臣年表順治十八年十月裁順天巡撫，清史列傳卷六王登聯傳順治十八年六月聖祖仁皇帝御極，裁順天巡撫：是順天巡撫裁於順治十八年聖祖即位後，此曰『聖祖初裁』則可，曰『康熙初裁』則非矣。又本稿卷二十五宋權傳順治元年巡撫順天如故，初駐密雲，旋以遵化當衝要，詔移駐之。

曰保定，駐眞定，轄保定正定順德廣平大名河間六府，順治十六年裁。

疆臣年表順治六年八月以直隸山東河南總督兼保定巡撫，十五年裁直隸總督，復以潘朝選巡撫保定，康熙五年十二月巡撫王登聯罷，是後不見紀載。此曰『順治十六年裁』，誤。又『正定』正應作眞。

曰宣府。駐宣府鎭，轄延慶保安二州，順治八年裁。

疆臣年表，清史列傳卷七八李鑑傳，順治元年五月巡撫宣府如故，四年褫職，自後不見紀載。此曰『順治八年裁』，亦誤。又年表及卷二十六雷興傳與以順治元年十月巡撫天津，六年五月始裁，則順治初直隸境內巡撫有四。

五年置直隸山東河南三省總督，駐大名，

年表及卷二十四張存仁傳，順治六年八月，始以存仁總督直隸山東河南，巡撫保定；此作『五年』，誤。

十六年改爲直隸巡撫，明年移駐眞定，康熙八年復移駐保定，雍正二年復改總督。

年表順治十五年五月，裁直隸山東河南三省總督，直隸巡撫則康熙六年正月始設，二者初不相涉；此曰十六年改總督爲巡撫，誤。

志敍州縣沿革，或以正文，或爲注，無一定體例。如此段移駐眞定一句與移駐保定一句性質相同，而一者爲注，一者爲正文。下類此者甚多，不贅舉。

先是順治十八年增置直隸總督，亦駐大名，康熙五年改三省總督，八年裁。

年表及卷三十六朱昌祚傳，康熙四年六月，以昌祚爲直隸山東河南總督；此作『五年』，誤。志敍省之建置沿革止於此。今按雍正二年置直隸布政使司，直隸始比行省，此事關係名義至鉅，而志脫之。（初年仍明制，直隸不設布政使司。設守道於保定帶山西布政司參政銜。）

康熙三十二年改宣府鎮爲宣化府，降延慶保安二州隸之。

註一句當删，二州已於順治十年降屬宣府鎮矣（見宣化府下），不始於宣府改府時也。（初年仍明制爲直隸州。）

雍正二年增置張家口廳。

一統志宣化府關隘作雍正三年。

三年升天津衛爲直隸州。

會典事例作二年。

九年爲府。

會典事例作八年。

十一年熱河廳易州並爲直隸州。

當曰，以熱河廳爲承德直隸州；此不出承德二字，據文義則誤爲熱河直隸州矣。易州爲直隸州，本志保定府下作雍正十二年。

乾隆四十三年復升熱河廳爲承德府。

承德前曾爲州，未嘗爲府，『復』字當删。

光緒三十年置朝陽府，明年置建平隸之。

敍承德府建置沿革自設廳起，而於朝陽則否，體例不一。吳廷燮光緒增改郡縣表朝陽府建平縣三十年正月同時設。

三十三年升赤峰縣爲直隸州，置開魯等四縣隸之。

按赤峰州實領開魯林西二縣；此曰『四縣』，誤。『三十三年』或作三十四年。

志於州縣沿革或既見於州縣又見於府州又見於省，或見於州縣府州而不見於省，或但見於州縣，或但見於府州，體例參差不一。綜覈州縣之沿革當敍見於州縣，府州之沿革當敍見於府州，省之沿革當敍見於省，凡州縣府州沿革之見於省，州縣沿革之見於府州者，皆當刪。今京尹而外領府十一，直隸州七，直隸廳三，散州九，散廳一，縣百有四。

實查散州凡一十二，祁，安，晉，開，磁，滄，景，平泉，蔚，延慶，保安，灤，並順天所領通，昌平，涿，霸，薊五州共一十七；縣凡一百零八，並順天所領一十九共一百二十七。志所著錄縣共一百二十二，脫臨城，建平，阜新，綏東，開魯五縣。

順天府明領州六，縣二十五。

按明史地理志順天府領州五縣二十二，此誤。清以遵化為直隸州，割玉田豐潤隸之，省漷縣，增寧河，故領州五，縣十九。

雍正九年置寧河。

會典事例作元年。

通州隸東路廳。

當曰，東路廳駐，州隸之。

阜平順治末省，康熙二十二年復置。

一統志順治十六年省入曲陽行唐二縣，康熙二十二年復置。

靑順治末省興濟入之。

一統志順治六年併興濟入靑縣；此作『順治末』，誤也。

河間府隸清河道。

一統志隸天津道，是也；此誤。

平泉州雍正七年置八溝廳爲南境。

會典事例作八年。

隆化光緒三十年以張三營子置。

按二十九年初議設縣，治張三營子，朝命緩設，見光緒增改郡縣表。旋復依前議設縣，則治唐三營，民國自唐三營移治黃姑屯也。『三十年』或作三十四年。

朝陽府乾隆三十年置塔溝廳爲東境，三十九年析置三塔廳，四十三年置朝陽縣，光緒三十年以墾地多熟升府，以建昌隸之，又置縣三。領縣四：　建昌

會典事例乾隆三年置塔子溝廳，此衍『十』字，脫『子』字。『三塔廳』應作三座塔廳。『又置縣三』者，建平地名新丘，與府同年設，阜新地名鄂爾土坂，亦三十年設，綏東地名小庫倫，光緒三十四年設也，志並脫。

赤峰直隸州光緒三十三年升直隸州，增置林西，領縣一：

林西

按赤峰州實領二縣，此脫開魯，與州及林西同年置。

赤城明赤城。

注『赤城』下脫堡字。

萬全明萬全右衛，康熙三十二年改置。

一統志古蹟萬全右衛，康熙三十二年改置萬全縣，以張家口，膳房，新河口，洗馬林等四堡併入。

蔚州有衛，康熙三十二年改，乾隆三十二年省入。

注『改』字下脫爲『蔚縣』三字。縣以乾隆二十二年省併入州。

延慶州舊隸宣府鎮爲東路，順治末省永寧縣入衛，康熙三十二年改，乾隆二十六年又省延慶衛及所轄五十戶所入之。

一統志關隘順治十六年併永寧縣入永寧衛，康熙三十二年又併衛入延慶州。此敍永寧縣沿革未盡；且雜入延慶州沿革中，眉目不清。又『康熙三十二年改』者，改隸也，非改置，詞義不明。

獨石口廳明初爲開平衛，順治初爲上北路，隸宣府鎮，康熙中置縣丞，曰獨石路，併衛入赤城，雍正十二年置理事廳。

按宣德五年始自故開平城移開平衛於獨石口，『明初』初字當刪。一統志康熙三十二年併衛入赤城縣。仍設參將駐防曰獨石路，敍次甚明。此先曰『置縣丞』，後曰『併衛入赤城』，又不出參將駐防句而以『曰獨石路』接『置縣丞』後，何其混淆雜亂之甚也！

永平府　先是雍正初以順天之玉田豐潤來隸。

一統志作三年，會典事例作四年，本志玉田下作二年。

玉田雍正二年自順天改屬，乾隆八年來隸。

『改屬』下脫永平二字。

趙州直隸州　領縣五：　柏鄉　隆平　高邑　寧晉

脫臨城一縣。

山海經圖與職貢圖

王以中

自來言目錄之學者，對於山海經一書之部居，頗不一致：或以爲小說家，或屬諸地理，而漢書藝文志則本七略而入於形法家，與堪輿相人之書同科。是皆爲條目所限，以其片面之形體強爲分別，而未足以明此書性質之整體者也。惟欲定一書之實質，當先知其書之淵源與功用。自來言山海經之淵源者竊以畢沅之說最爲允當。

畢沅山海經新校正序，「『禹鑄鼎象物，使民知神姦』。按其文，有國名，有山川，有神靈奇怪之所際，是鼎所圖也。鼎亡於秦，故其先時人猶能說其圖以著於冊。劉秀又釋而增其文，是大荒經以下五篇也。大荒經四篇釋海外經，海內經一篇釋海內經，當是漢時所傳。亦有山海經圖，頗與古異，秀又依之爲說，即郭璞張駿見而作讚者也。劉秀之表山海經云：『可以考禎祥變怪之物，見遠國異人之謠俗』。……山海經五藏山經三十四篇，古者土地之圖。周禮大司徒：『用以周知九州之地域廣輪之數，辨其山林川澤邱陵墳衍原隰之名物』；管子：『凡兵主者，必先審知地圖，轘轅之險，濫車之水，名山通谷經川陵陸丘阜之所在，苴草林木蒲葦之所茂，道里之遠近』；皆此經之類。故其書不廢。」又山海經古今本篇目考：「山海經有古圖，有漢所傳圖，有梁張僧繇等圖。十三篇中，海外海內經所說之圖，當是禹鼎也。大荒經巳下五篇所說之圖，當是漢時所傳之圖也，以其圖有成湯，有王亥僕牛等知之，又微與古異也。據藝文志，山海經在形法家，本劉向七略，以有圖，故在形法家。又郭璞注中有云：『圖亦作牛形』，又云：『亦在畏獸畫中』。又郭璞及張駿有圖讚；陶潛詩亦云：『流觀山海圖』。

禹鑄九鼎之說是否可靠，與夫海外海內經所說之圖是否禹鼎，皆爲未解決之問題。惟其言山海經原爲圖象之說明，更於海外海內經校注中屢屢指明其記述圖象之文字，尤爲探本之說，與事不甚相違也。

吾人若假設畢氏之說爲眞確，則私意尚有二假說可與畢氏之論相發明：

(一)中國古來地志，多由地圖演變而來。其先以圖爲主，說明爲附；其後說明日增而圖不加多，或圖亡而僅存說明，遂多變爲有說無圖與以圖爲「附庸」之地志。設此說與畢氏之說皆確，則山海經一書不僅爲中國原始之地志，亦可謂中國最古地圖之殘跡矣。

(二)山海經爲古代中國各部族間由會盟征伐及民間「十口相傳」之地理知識之圖象與記載，與後世職貢圖之性質相類似，故山海經圖亦可謂爲職貢圖之初祖。

前一說之眞確與否當另文討論之；而後一說者，即本文所以將山海經圖與職貢圖相提並論之故也。

職貢圖爲圖繪四裔各民族之形體，風俗，特產及其生活狀况者，現有皇清職貢圖及苗民風俗圖等可以目覩；而山海經者誠如畢氏之說，亦即古代與此同樣性質之書。惟因其時人民智識幼稚，「十口相傳」，由事實而變爲神話，加以圖與說分離而僅存空文，遂令後之覽者多視爲奇聞小說，而不覺其初之爲職貢圖說也。

至於畢氏之以五藏山經爲土地之圖，說亦甚似。且竊疑中國古代之地圖或即由此類山海圖說演變而出。蓋上古之民在已有圖繪文字之時，其所以表記異域之風土民族者，僅能繪其所注目與傳聞之特殊現象，而其邦國之遠近，方位之前後，與其廣袤錯綜之處，則惟恃文字之記注與說明，而圖繪未能表明焉。其後大抵因軍事與行政上之需要，始有地圖以表示山川方位，地勢險異，以及土地廣袤之概。但其地圖之繪法，仍不若今日測繪之地圖，能以比例及等高線等直接表明於圖。故其道里之遠近，山水之高深，地域之廣輪，仍不能不有賴於文字之記注。而五藏山經以及後世一部分有說無圖之地志，殆皆此等古地圖之「遺骸」也。

中原邦士遊行所及之處，可以地圖繪其道里方位之大略；而四夷荒遠之地，僅有朝貢來廷之人與物，可以目覩而耳食，而無由以地圖表示之，所可表者，其惟此目覩耳食之職貢圖耳。故若謂中國地圖由山海圖經進化而來，則職貢圖者其卽山海圖經之末經進化之雛形歟。

惟山海經之原形如何，不可知，而宋趙以前之古地圖亦不可以目驗，以上云云皆不過憑少數記載由今推古作大略之推測，未足謂爲定論。茲姑記其假說如此，以待後日之詳考，並盼海內明達加以指正云爾。

以下更彙錄關於山海經圖與職貢圖之記載，俾學者可了然於此項圖籍之沿革，而當世博雅之士，其有以糾吾失而補吾缺者，亦可以便於考檢焉。

（甲）山海經圖

大荒經圖

據畢沅說，爲漢所傳圖，見前引山海經古今本篇目考。此圖殆已爲地圖之形式，與古圖異，其時期自亦較晚。

郭璞山海經圖讚二卷

隋書經籍志，舊唐書經籍志，新唐書藝文志，及宋史藝文志俱著錄。郭氏作讚之圖，不知是漢所傳圖，抑後人另作之圖。

張駿山海經圖畫讚

初學記馬部及太平御覽鱗介部俱引之。張氏所見之圖不知與郭璞所見同否。陶潛詩所謂「流觀山海圖」亦不知是一是二。惟當時此圖殆不止一本，疑必有畫家輾轉摹繪者，文人又各以其所見者題讚耳。

張僧繇山海經圖十卷

玉海地理書：「中興書目：山海經圖十卷，本梁張僧繇畫。咸平二年，校理舒雅銓次館閣圖書，見僧繇舊蹤尚有存者，重繪爲十卷。又載工侍朱昂進僧繇畫圖表於首。僧繇在梁以善畫著，每卷中先類所畫名，凡二百七十四種」。

山海經圖六　又鈔圖一　大荒經圖二十六

見唐張彥遠歷代名畫記述古之秘畫珍圖

玉海地理書禹山海經：「書目又有圖十卷，首載郭璞序，節錄經文而圖其物，如張僧繇本，不著姓名」。大抵魏晉以降，山海經圖已由實用品而變爲一種藝術品，羣相倣效；而張僧繇本則因其善畫而特著。其他無名作者殆不可以一二數也。

舒雅山海經圖十卷

參前條所引玉海，即由張僧繇舊圖摹繪者。郡齋讀書後志云：「右皐朝舒雅等撰。雅仕江南，韓熙載門人也。後入朝，數豫修書之選。閩中刊行本，或題曰張僧繇畫，妄也」。歐陽修有讀山海經圖詩。通志圖譜略亦有山海經圖，不著撰人。

按上列各圖，除畢沅所謂漢所傳大荒經圖及郭璞等所見圖，或略存古圖之遺意外，此後大抵皆因文字以繪圖，與原始山海經之因圖象以注文字者，適如反客爲主。六朝之世，此種圖繪殆盛行一時，其圖繪之藝術或較進步，而其去實際之意義則愈遠矣。隋唐五代，尚未見有此種圖畫之著錄，容當續爲搜考。幸宋代張氏舊圖猶存，故舒雅得從而摹繪之。自是以後，迄於明代，亦未見此事之史料可考。惟明末清初，吳任臣氏作山海經廣註並附圖五卷，雖自謂本舒雅舊稿，而四庫提要言其「以意爲之」，斥而不取。清初汪紱之山海經存十八篇，每篇之末有圖，光緒間有石印本。郝懿行山海經箋疏亦有附刊圖象者，殆亦「望文生訓」「以意爲之」，不但與原始之圖大相逕庭，即視張僧繇舒雅之圖恐亦不可同日而語矣。

(乙)職貢圖

梁元帝職貢圖一卷

見歷代名畫記述古之秘畫珍圖；注云：「外國酋渠諸番士俗始末，仍各圖其來貢者之狀。金樓子言之，梁元帝畫。」

舊唐書經籍志，新唐書藝文志，崇文總目俱著錄。通志圖譜略作「梁元帝二十八國職貢圖」。

江僧寶職貢圖

僧伽佛陀禘秝國人物圖　器物樣外國獸圖

俱見歷代名畫記卷七註。

按以上諸圖俱在梁代，而張僧繇之山海經圖適亦作於是時，豈古代之山海經圖演變爲想像的藝術品，而實際之「新山海經圖」乃不得不應運而生乎？

裴子野方國使圖

梁書裴子野傳：「是時西北郊外有白題及滑國遣使由岷山道入貢。此二國歷代弗賓，莫知所出。子野曰：『漢潁陰侯斬白題將二人，服虔註云：白題，胡名也。又漢定遠侯擊虜入滑，從之。此其後乎』。時人服其博識。敕仍使撰方國使圖，廣述懷來之盛，自要服至於海表凡二十國」。

按裴氏此圖之作，大抵多據載籍，疑爲地圖與職貢圖之混合體，而文字之說明較多。其地圖之形式想甚粗略。

百國人圖

見歷代名畫記述古之秘畫珍圖。其製圖時代莫詳，大抵爲六朝時作品。

唐職貢圖

新唐書百官志：「兵部職方郎中員外郎各一人，掌地圖城隍鎮戍烽堠防人道路之遠近，及四夷歸化之事，凡圖經非州縣增廢，五年乃修，歲與版籍偕上。凡蕃客至鴻臚，訊其國山川風土，爲圖奏之，副上於職方。殊俗入朝者圖其容狀衣服以聞」。

按此，知唐代職方地圖有三種：一爲國內圖經，係行政上之用，蓋卽地圖之尚未變爲後世方志形式者；二爲四裔之圖，乃因地理智識之擴張已由山海經圖或職貢圖之形式變爲地圖者（裴矩脩西域圖已如此）；三則荒遠異國，不能繪爲地圖，而僅圖其容狀衣服，卽簡單之職貢圖是。由是可見，地圖之範圍愈擴大，則職貢圖之「領域」愈小，此其遞嬗消長之跡之可以推見者也。

呂述黠戛斯朝貢圖傳一卷

見新唐書藝文志。註云：「字修業，會昌祕書少監，商州刺史」。通志藝文略作「黠戛斯朝貢圖十卷，呂述撰」。崇文總目及宋史藝文志作「李德裕撰」，錢繹釋崇文目，言通志略及宋志均「無圖字」。「圖」蓋「傳」字之誤。

閻立本西域諸國風物圖

見通志藝文略。

職貢圖三卷

見通志藝文略及崇文總目，不知為何時作品。

崔峽華夷列國入貢圖二十卷

玉海異域圖書太平興國海外諸域圖：「國史志：崔峻華夷列國入貢圖二十卷」。崇文總目及通志圖譜略俱著錄，惟不著撰人。宋史藝文志誤「峻」為「峽」，並省「華夷」二字。

以上彙錄個人所知關於山海經圖與職貢圖之記載略具於斯。惟史料缺少，未足以明其流變之詳；而隋唐及元明時代之材料，尤感缺少。海內宏博苟能以本文未見之材料見示，曷勝欣幸。

民國二十二年以來所修刻方志簡目

徐家楫

(一) 江蘇省

志名	卷數	編纂者	編纂時期
高淳縣志	二十八卷	劉春棠吳壽寬纂	民國七年本
高淳縣鄉土志	一卷	吳壽寬纂	民國二年本
六合縣續志稿	十八卷	鄭耀烈纂	民國八年本
吳縣志	二十七卷	張一麐纂	民國十九年本
又	八十卷	曹允源纂	民國二十二年本
黃棣志	四卷	朱福熙程錦熙纂	民國十年本
木瀆小志	六卷	張郁文纂	民國十年本
相城小志	六卷	施兆麟纂	民國十八年本
崑新兩縣續補合志	二十四卷	李傳元纂	？
張堰志	十二卷	姚裕廉纂	民國九年本
上海縣志	三十卷	吳馨姚文枬纂	民國七年本
法華鄉志	八卷	胡人鳳纂	民國十一年本
江灣里志	十五卷	張寶鑑陸運銘纂	民國十年本
南匯縣志	二十二卷	秦錫田纂	民國十七年本
章練小志	八卷	萬以增纂	民國七年本
無錫縣志	六卷		民國十一年本
錫金續識小錄	六卷	竇鎮纂	民國十四年本
江陰縣志	二十八卷	陳思繆荃孫纂	民國十年本
光宣宜荊續志	十二卷	陳善謨纂	民國九年本
重刊宜興縣志	四卷	李傳元纂	？
丹陽縣志	二十四卷	胡爲和纂	民國十六年本
金壇縣志	十二卷	馮煦纂	民國九年本
泗陽縣志	二十五卷	李佩恩張相文纂	民國十四年本
江都縣續志	十六卷	趙邦彥纂	民國十年本
瓜洲續志	二十八卷	于樹滋纂	民國十六年本
甘泉縣志	二十九卷	趙邦彥纂	民國十年本

銅山縣志　七十六卷　余嘉謨王嘉詵纂　民國十五年本
沛縣志　十六卷　于書雲纂　民國九年本
鎮洋縣志　十一卷　王祖畬纂　民國七年本
嘉定縣續志　十五卷　陳傳德纂　民國十九年本
寶山縣續志　十七卷　張允高錢淦纂　民國十年本
寶山縣再續志　十七卷　吳葭纂　民國二十年本
寶山縣新志備稿　十三卷　趙恩鉅纂　民國二十年本
崇明縣志　十八卷　曹炳麟纂　民國十八年本
贛楡續志　四卷　王佐良纂　民國八年本
南通縣圖志　二十四卷　范鎧張謇纂　民國十四年本

(二) 浙江省

於潛縣志　二十卷　謝青翰纂　民國二年本
新登縣志　二十卷　徐士沄纂　民國十一年本
昌化縣志　十八卷　曾國霖陳涪珽纂　民國十三年本
嘉興新志　陸志鴻纂　民國十七年本
新塍鎮志　二十六卷　朱士楷纂　民國五年本
梅里備志　八卷　余霖纂　民國十一年本
濮院志　三十卷　夏辛銘纂　民國十八年本
雙林鎮志　三十二卷　蔡蒙纂　民國六年本
南潯志　四十卷　汪曰楨纂　民國十一年本
德清縣志　十四卷
奉化縣補遺志　十卷　蔣堯裳纂　民國六年本
鎮海縣志　四十五卷　洪錫蕃纂　民國二十年本
南田縣志　三十四卷　呂耀鈐纂　民國十九年本
定海縣志　十六卷　陳訓正馬沄纂　民國十二年本
會稽縣志　二十卷　王家襄纂　民國十五年本
新昌縣志　二十卷　金城陳畬纂　民國七年本
湯谿縣志　二十卷　丁燮戴鴻熙纂　民國二十年本
龍游縣志　四十二卷　余紹宋纂　民國十四年本
建德縣志　十五卷　夏曰璈王韌纂　民國八年本
遂安縣志　十卷　羅伯農姚桓纂　民國十九年本
壽昌縣志　十卷　陳煥李任纂　民國十九年本
瑞安鄉土記　六十四卷　陳謐纂　民國二十一年本
平陽縣志　九十八卷　符璋纂　民國十四年本
麗水縣志　十四卷　李鍾嶽纂　民國十五年本
松陽縣志　十四卷　林鵾翔纂　民國十五年本
象山縣志　三十二卷　李洣纂　民國十五年本

(三) 安徽省

懷寧縣志　三十四卷　朱之英舒景衡纂　民國四年本
潛山縣志　二十四卷　吳俊年纂　民國四年本
又　三十卷　吳蘭生劉廷鳳纂　民國九年本
太湖縣志　四十卷　呂調元纂　民國十一年本
宿松縣志　五十六卷　俞慶瀾張燦奎纂　民國十年本
歙縣四志　十六卷　吳克俊纂　民國十二年本

黟縣四志	十六卷	吳克俊程壽保纂	民國十一年本
南陵縣志	四十八卷	徐乃昌余誼密纂	民國十三年本
當塗縣鄉土志	二卷	歐陽鐙纂	民國五年本
蕪湖縣志	六十卷	余誼密鮑實纂	民國八年本
太湖縣志	十二卷	丁炳烺纂	民國十三年本
蒙城縣志	十二卷	汪篪黃輿經纂	民國三年本
渦陽縣志	十八卷	黃佩蘭王佩箴纂	民國十三年本
全椒縣志	十六卷	張其濬江克讓纂	民國九年本
英山縣志	十四卷	劉鎬胡鑑瑩纂	民國九年本
（四）江西省			
南豐縣志	三十八卷	黎廣潤趙惟仁纂	民國十三年本
大庾縣志	十六卷	吳寶炬纂	民國八年本
（五）湖北省			
蒲圻縣鄉土志	一卷	宋衍錦纂	民國十二年本
通山縣鄉土志略		余六紫纂	民國七年本
夏口縣志	二十二卷	侯祖畬呂寅東纂	民國九年本
南漳縣志	十九卷	包安保向承煜纂	民國十一年本
棗陽縣志	三十四卷	梁汝澤纂	民國十二年本
咸豐縣志	十二卷	陳侃徐大煜纂	民國三年本
（六）湖南省			
桃源縣志	十一卷	汪保誠纂	民國六年本
衡山縣志	六卷		民國十三年本
漵浦縣志	三十二卷	吳劍佩纂	民國十年本
永順縣志	三十六卷	張孔修纂	民國十九年本
永順風土志	一卷	劉正學纂	民國十二年本
慈利縣志	二十二卷	田興奎吳恭亨纂	民國十二年本
（七）四川省			
雙流縣志	四卷	汪懷廷纂	民國十年本
溫江縣志	十二卷	張驥纂	民國十年本
金堂縣續志	十卷	王暨英曾茂林纂	民國十年本
新都縣志	六卷	陳習刪纂	民國十七年本
崇寧縣志	八卷	陳邦倬纂	民國十三年本
簡陽縣志	二十四卷	魏思溥纂	民國十六年本
簡陽縣續志	十卷	李青廷汪金相纂	民國二十年本
崇慶縣志	十二卷	謝汝霖羅黼元纂	民國十五年本
江津縣志	十四卷	程德音纂	民國十年本
南川縣志	十四卷	柳琅聲韋麟書纂	民國二十年本
合川縣志	八十三卷	鄭賢書張森楷纂	民國九年本
涪陵縣志	二十七卷	施紀雲纂	民國十七年本
閬中縣志	三十卷	岳永武纂	民國十五年本
蒼溪縣志	十五卷	熊道琛李灃椿纂	民國十七年本
巴中縣志	四卷	王縉余震纂	民國十六年本
南江縣志	四卷	岳永武纂	民國十一年本
劍閣縣志	十卷	張政纂	民國十六年本

南充縣志	六卷	李良俊王荃善纂	民國十八年本
大竹縣志	十六卷	鄭國翰曾瀛藻陳步武江三乘纂	民國十七年本
富順縣志	十七卷	彭文治盧府嘉纂	民國二十一年本
名山縣新志	十六卷	胡存琮纂	民國十九年本
榮經縣志	二十卷	張趙才纂	民國十七年本
峩邊縣志	四卷	李宗鍠纂	民國四年本
犍爲縣志	六卷	陳謙纂	
榮縣志	十五卷	趙熙纂	民國十八年本
三臺縣志	二十六卷	林志茂張樹勳纂	民國二十年本
中江縣志	二十四卷	陳品全纂	民國十九年本
遂寧縣志	八卷	甘燾王懋照纂	民國十八年本
眉山縣志	十五卷	郭廣林纂	民國十二年本
丹陵縣志	八卷	楊萬成纂	民國十二年本
邛崍縣志	四卷	甯湘纂	民國十一年本
大邑新志	十四卷	王銘新宋育仁纂	民國十九年本
合江縣志	六卷	王玉璋張開文纂	民國十八年本
綿竹縣志	十八卷	黃尚毅纂	民國九年本
達縣志	二十卷		民國二十年本
郫都縣志	十四卷	黃光輝余樹棠纂	民國十六年本
懋功縣鄉土志			民國六年本
松潘縣志	八卷	傅崇矩徐湘纂	民國十三年本
雷邊廳鄉土志	一卷	楊松年纂	民國元年本

（八）河北省

良鄉縣志	八卷	周志中見之深呂植纂	民國十三年本
安次縣志	十二卷	馬鍾秀纂	民國三年本
密雲縣志	八卷	甯樞宗慶煦纂	民國三年本
房山縣志	八卷	馮慶瀾高書宮纂	民國十六年本
霸縣志	五卷	唐肯修章鈺纂	民國八年本
文安縣志	十二卷	陳楨李蘭增纂	民國十一年本
平谷縣志	四卷	王兆元纂	民國九年本
徐水縣新志	十二卷	劉延昌劉鴻書纂	民國二十一年本
雄縣新志	二十一卷	秦廷修褚保熙劉崇本纂	民國十九年本
臨榆縣志	二十四卷	仵墉纂	民國十七年本
獻縣志	二十卷	薛鳳鳴張鼎彝纂	民國十四年本
交河縣志	十卷	高步青苗毓芳纂	民國五年本
鹽山縣新志	三十卷	賈恩紱纂	民國六年本
慶雲縣志	十二卷	馬龍潭纂	民國三年本
平縣志	六卷	孟昭章李翰如纂	民國十六年本
晉縣鄉土志		李翰如纂	民國四年本
廣宗縣志	十六卷	姜樞榮韓敏修纂	民國二十二年本
任縣志	八卷	王億年劉書旂纂	民國四年本
成安縣志	十六卷		民國二十年本
威縣志	二十卷	尚希賢纂	民國十八年本
清河縣志	十六卷	劉樓蒼范冕纂	民國十七年本

清豐縣志	十卷	劉陞朝胡魁鳳纂	民國三年本
冀縣志	二十卷	王樹枏纂	民國十八年本
新河縣志	二十四卷	傅振倫纂	民國十八年本
寧晉縣志	十一卷	張震科纂	民國十八年本

（九）山東省

歷城縣志	五十四卷	毛承霖纂	民國十三年本
鄒平縣志	十八卷	欒鍾堯趙仁山纂	民國三年本
桓臺縣志	二十六卷	袁厲杰王寀廷纂	民國二十二年本
桓臺志略	三卷	袁厲杰王寀廷纂	民國二十二年本
齊河縣志	三十四卷		民國二十二年本
冠縣志	十卷	李復齋纂	民國二十二年本
館陶縣志	十二卷	盧少泉纂	民國二十年本
樂安縣志	十三卷	李傳煦王永貞纂	民國七年本
安邱縣志	二十五卷	孫維均馬步元纂	民國九年本
臨淄縣志	三十五卷	舒孝先纂	民國九年本
福山縣志稿	十卷	王陵基于宗潼纂	民國二十年本
膠澳志	十二卷	趙琪袁榮叟纂	民國十七年本
陽信縣志	八卷	朱蘭勞迺宣纂	民國十五年本
無棣縣志	二十四卷	侯蔭昌張方墀纂	民國十三年本
臨沂縣志	十四卷	沈兆禕王景祜纂	民國五年本
泰安縣志	十四卷	孟昭章纂	民國十八年本
萊蕪縣志	二十二卷	張梅亭纂	民國十一年本
單縣志	二十四卷	項葆楨李經野纂	民國十八年本
定陶縣志	十二卷	馮麟溎曹桓纂	民國五年本
朝城縣志	二卷	杜子楙賈銘恩纂	民國九年本
濟寧縣志	四卷	袁紹昂纂	民國十六年本
武城縣志	十五卷	王延綸王誦銘纂	民國元年本

（十）河南省

鄭縣志	十八卷	周秉彝韓瑞麟纂	民國五年本
汜水縣志	十二卷	田金祺趙東階纂	民國十七年本
密縣志	二十卷	汪忠纂	民國十三年本
河陰縣志	十七卷	高廷璋蔣藩纂	民國六年本
夏邑縣志	九卷	黎德芬纂	民國九年本
新鄉縣續志	六卷	田芸生纂	民國十二年本
武陟縣志	二十四卷	史延壽王士傑纂	民國十九年本
洛寧縣志	八卷	賈毓鶚王鳳翔纂	民國六年本
澠池縣志	二十卷	陸紹治李鳳翔纂	民國十七年本
確山縣志	二十四卷	張縉璜纂	民國二十年本
淮陽縣志	二十卷	嚴緒鈞李撰卿纂	民國五年本
商水縣志	二十五卷	趙佣楊淩閣纂	民國七年本
太康縣志	十二卷	杜鴻賓劉盼遂纂	民國二十二年本
臨潁縣志	十六卷	陳垣管大同纂	民國五年本
長葛縣志	十卷	陳鴻疇劉盼遂纂	民國十九年本
閿鄉縣志	二十四卷	黃覺纂	民國二十一年本

（十一）山西省

洪洞縣志	十八卷	孫奐崙韓坰纂	民國六年本
岳陽縣志	十六卷	李鍾珩王之哲纂	民國二年本
臨晉縣志	十六卷	俞家驥趙意空纂	民國十二年本
虞鄉縣新志	十卷	周振聲李無逸纂	民國九年本
萬泉縣志	八卷	何棨馮文瑞纂	民國三年本
襄垣縣志	八卷	嚴用琛王維新纂	民國十七年本
臨縣志	二十卷	吳命新纂	民國六年本
昔陽縣志	六卷	皇甫振清李光宇纂	民國四年本
解縣志	十四卷	曲迺銳纂	民國九年本
安邑縣志	七卷	鄭裕孚纂	民國十一年本
聞喜縣志	二十五卷	余寶滋楊韍田纂	民國八年本
武鄉縣志	四卷	張揚旂郝世楨纂	民國十八年本
重修和順縣志	十卷	張夔典王汝玉纂	民國三年本

（十二）陝西省

咸陽縣志	八卷	劉安國馮光裕纂	民國二十年本
興平縣志	八卷	王廷珪張元際纂	民國十二年本
臨潼縣志	九卷	郭長耀纂	民國十年本
盩厔縣志	八卷	龐文中任肇新纂	民國十四年本
安塞縣志	十二卷	安廣豐郭永清纂	民國三年本
延長縣志	十卷		
寶雞縣志	十六卷	曹驥觀纂	民國十一年本
南鄭縣志	七卷	郭鳳洲劉定鐸纂	民國十年本
榆林縣鄉土志	一卷		民國六年本
橫山縣志	四卷	劉濟南曹子正纂	民國十八年本
安康縣鄉土志			民國二十一年本
紫陽縣志	六卷	楊家駒陳振紀纂	民國十四年本
澄城縣志	十二卷	王懷斌纂	民國十五年本

（十三）甘肅省

渭源縣志	十卷	陳鴻寶纂	民國十五年本
漳縣志	八卷	張鴞纂	民國十七年本
東樂縣志			
鎮番縣志	十二卷	周樹清纂	民國八年本
永昌縣志	八卷	閻權纂	民國七年本
重修崇信縣志	四卷	張明道任瀞輸纂	民國十五年本
高臺縣志	八卷	徐家瑞錢昌緒纂	民國十年本

（十四）福建省

福建通志	三百十一卷	陳衍纂	民國十一年本
長樂縣志	三十卷	孟昭涵李駒纂	民國七年本
連江縣志	三十四卷	曹剛纂	民國十一年本
閩清縣志	八卷	楊宗彩劉訓常纂	民國十年本
永泰縣志	十二卷	董秉清汪紹沂纂	民國十一年本
同安縣志	四十二卷	林學增纂	民國十七年本
長泰縣志	十二卷	諧梅年纂	民國二十一年本

沙縣志	十二卷	梁伯蔭纂	民國十七年本
建甌縣志	三十七卷	詹宣猷蔡振堅纂	民國十八年本
松溪縣志	十卷	潘洪辰纂	民國十七年本
政和縣志	三十五卷	錢鴻文李熙纂	民國八年本
建寧縣志	二十八卷	錢江范毓桂纂	民國八年本
寧化縣志	二十卷	黎彩彰纂	民國十五年本
霞浦縣志	四十卷	王升懷纂	民國十五年本
平潭縣志	三十二卷	黃履思纂	民國十二年本
龍巖縣志	三十七卷	馬龢鳴林輪生纂	民國九年本

（十五）廣東省

佛山忠義鄉志	十九卷	戴晉謀冼寶幹纂	民國十二年本
香山縣志	二十二卷	厲式金汪文炳纂	民國九年本
花縣志	十三卷	孔昭度利譚纂	民國十三年本
樂昌縣志	二十三卷	劉運鋒陳宗澤纂	民國二十年本
始興縣志	十六卷	陳及時纂	民國十五年本
靈山縣志	二十二卷	劉運熙纂	民國三年本
瓊東縣志	九卷	陳述芹纂	民國十四年本
赤溪縣志	八卷	王大魯纂	民國九年本
連山縣志		凌錫華纂	民國十七年本

（十六）廣西省

永福縣志	四卷	劉興纂	民國五年本
灌陽縣志	二十四卷	林芾楨蔣良術纂	民國三年本
宜山縣志	三卷	陳贊舜纂	民國七年本
河池縣志	四卷	黃祖瑜纂	民國八年本
武鳴縣志	十卷	温德溥曹唯儒纂	民國四年本
西林縣志			民國二十年本
荔浦縣志	四卷	顧英明纂	民國三年本
桂平縣志	五十九卷	黃占梅纂	民國九年本
武宣縣志	十五卷	唐朝鋼覃先澄纂	民國三年本
隆安縣志	六卷	陽壽祺纂	民國二年本
永淳縣志	八卷	黃天錫纂	民國十三年本
思上縣志	六卷	黃大受黃步青纂	民國四年本
同正縣志			民國六年本

（十七）雲南省

昆明市志		昆明市市政公所總務課纂	民國十三年本
宜良縣志	十卷	王槐榮纂	民國十年本
晉寧縣志	十二卷	桂良纂	民國十五年本
陸良縣志	八卷	黃玉芳纂	民國四年本
建水縣志	十八卷	周鍾嶽纂	民國九年本
黎縣志		盧厚山纂	
江川縣鄉土志	四卷	張維翰纂	
路南縣志	十卷	馬標纂	
恩安縣志	十二卷	唐繼堯纂	民國十三年本
大理縣志稿	三十二卷	張培爵纂	民國五年本

定遠縣志	八卷	伊里布纂	民國十八年本
永平縣志			
武元祿三屬通志	四卷		
崇化縣志稿			

（十八）貴州省

甕安縣志	二十一卷	李退谷朱勳纂	民國四年本
都勻縣志稿	二十一卷	竇全曾陳矩纂	民國十四年本
八寨縣志稿	三十卷	郭輔相王世鑫纂	民國二十年本
大定縣志	二十二卷	周西成纂	民國十五年本
普安縣志	十八卷	楊學溥纂	民國十五年本
安南縣志		周叔彝纂	民國五年本
綏陽縣志	九卷	胡仁李培枝纂	民國十七年本

（十九）遼寧省

瀋陽縣志	十五卷	趙恭定曾有翼纂	民國六年本
遼陽縣志	四十卷	裴煥星白永貞纂	民國十六年本
台安縣志	五卷	王紹武纂	民國十九年本
海城縣志	八卷	廷瑞孫紹宗纂	民國十三年本
蓋平縣鄉土志	二卷	崔正峯纂	民國九年本
復縣志略		程廷恒丹素纂	民國九年本
開原縣志	六卷	章啓槐趙家幹纂	民國六年本
開原縣志	十二卷	李毅王毓琪纂	民國十九年本
鐵嶺縣志	八卷	陳藝蔣齡益纂	民國六年本
法庫縣鄉土志		劉鳴復李心曾纂	
錦縣志略	二十四卷	王文藻纂	民國九年本
興城縣志	十五卷	王恩士楊蔭芳纂	民國十六年本
綏中縣志	十八卷	文鎰范炳勳纂	民國十八年本
錦西鄉土志			民國六年本
錦西縣志	六卷	張鑑唐郭逵纂	民國十八年本
興京縣志	十五卷	曾有翼纂	民國六年本
興京縣志	十五卷	蘇顯揚蘇民纂	民國十四年本
海龍縣志		白永貞纂	
東豐縣鄉土志			民國六年本
輝南縣志	四卷	白純義于鳳桐纂	民國十六年本
新民縣志	十八卷	王寶善張博惠纂	民國十五年本
黑山鄉土概要	一卷	麻肯天楊程遠纂	民國十三年本
昌圖縣志	四卷	程道元續文金纂	民國五年本
懷德縣志	十六卷	趙亨萃孫雲章纂	民國十八年本
鎮東縣志	五卷	陳興甲周淯賢纂	民國十六年本
雙山縣鄉土志	一卷	牛爾裕纂	民國三年本
鳳城縣志	十六卷	沈國冕蔣齡益纂	民國八年本
莊河縣志	十二卷	廖彭宋掄元纂	民國十年本
寬甸縣志略		程廷恒纂	民國四年本
桓仁縣志	十七卷	侯錫爵羅明述纂	民國十七年本
通化縣志	四卷	李春雨邵芳齡纂	民國十六年本

輯安縣鄉土志	一卷	吳清華纂	民國三年本
撫順縣志	五卷	車煥文纂	民國十九年本

（二十）吉林省

寧安縣志	四卷	王世選梅文昭纂	民國十三年本
樺川縣志	六卷	鄭士純朱衣默纂	民國十五年本
農安縣志	八卷	鄭士純朱衣默纂	民國十六年本
雙陽縣鄉土志		吳榮桂纂	民國四年本
扶餘縣志			民國十三年本
雙城縣鄉土志		魏紹周纂	民國五年本
雙城縣志	十五卷	高文垣張鼎銘纂	民國十五年本
賓縣志	四卷	宋雲桐纂	民國十八年本
依蘭縣志		楊步墀纂	民國九年本
方正縣志		楊步墀纂	民國八年本
珠河縣志	二十卷	孫荃芳宋景文纂	民國十八年本

（二十一）黑龍江省

黑龍江通志綱要		金梁纂	民國十四年本
黑龍江志稿	六十二卷	萬福麟張伯英纂	民國二十一年本
林甸縣志		伊雙鳳纂	民國六年本
海倫縣志		辛天成纂	民國二年本
望奎縣志	四卷	張玉書纂	民國八年本
拜泉縣志		張祖濬纂	民國三年本
拜泉縣志	四卷	張霖如胡乃新纂	民國八年本
通北設治局通志		熊良弼纂	民國五年本
大賚縣志略		于英蕤纂	民國二年本
肇州縣志略		張樾纂	民國二年本
安達縣志			民國二年本
嫩江縣志		趙富安纂	民國二年本
青岡縣志		兆麟纂	民國二年本
綏化縣志	十二卷	常蔭廷胡鏡海纂	民國九年本
訥河縣志			民國二年本
巴彥縣志		王岱纂	民國六年本
蘭西縣志		王英敏纂	民國二年本
通河縣鄉土志			民國十八年本
湯原縣志略		伊雙慶纂	民國十年本
呼倫縣志略		程廷恒纂	民國六年本
璦琿縣志	十四卷	孫蓉圖徐希廉纂	民國九年本
璦琿縣志			民國二年本
遜河設治局志			民國十八年本

（二十二）新疆省

烏蘇縣志	二卷	鄧纘先纂	民國七年本

（二十三）熱河省

隆化縣志	六卷	羅則逖施畸纂	民國八年本
宣化縣新志	十八卷	陳繼曾郭維城纂	民國十一年本

（二十四）綏遠省

綏乘　十一卷　張鼎彝纂　民國九年本
臨河縣志　三卷　王文墀纂　民國二十年本
集寧縣志　四卷　楊葆初纂　民國十三年本

（二十五）寧夏省

朔方縣志　三十一卷　馬福祥王之臣纂　民國十五年本

（二十六）青海省

大通縣志　六卷　劉運新纂　民國八年本
西寧縣風土調查記　民國二十一年本
貴德縣風土調查記　張祐周纂　民國二十一年本
共和縣風土調查記　民國二十一年本
尼和縣風土調查記　民國二十一年本
幾都縣風土概況調查錄　民國二十一年本
湟源縣風土調查錄　民國二十一年本
互助縣風土調查錄　民國二十一年本

（二十七）西康省

西康建省記　傅嵩林纂　民國元年本
西康通覽　二十二卷　山縣君（日人）著　陸軍部譯　民國二年本
衛藏攬要　一卷　邵欽楨纂　民國四年本

後漢戶口統計表

王德甫

甲

州屬	郡國名	縣數	順帝永和五年戶口數		州總計		
			戶	口	縣	戶	口
司隸校尉部	河南尹	二一	二〇八・四八六	一・〇一〇・八二七	一〇六	六一六・三五五	三・一一六・一六一
	河內郡	一八	一五九・七七〇	八〇一・五五八			
	河東郡	二〇	九三・五四三	五七〇・八〇三			
	弘農郡	九	四六・八一五	一九九・一一三			
	京兆尹	一〇	五三・二九九	二八五・五七四			
	左馮翊	一三	三七・〇九〇	一四五・一九五			
	右扶風	一五	一七・三五二	九三・〇九一			

豫州刺史部	潁川郡	一七	二六三·四四〇	一·四三六·五一三			
	汝南郡	三七	四〇四·四四八	二·一〇〇·七八八			
	梁國	九	八三·三〇〇	四三一·二八三			
	沛國	二一	二〇〇·四九五	二五一·三九三			
	陳國	九	一一二·六五三	一·五四七·五七二			
	魯國	六	七八·四四七	四一一·五九〇	九九	一·一四二·七八三	六·一七九·一三九
冀州刺史部	魏郡	一五	一二九·三一〇	六九五·六〇六			
	鉅鹿郡	一五	一〇九·五一七	六〇二·〇九六			
	常山國	一三	九七·五〇〇	六三一·一八四			
	中山國	一三	九七·四一二	六五八·一九五			
	安平國	一三	九一·四四〇	六五五·一一八			
	河間國	一一	九三·七五四	六三四·四二一			
	清河國	七	一二三·九六四	七六〇·四一八			
	趙國	五	三二·七一九	一八八·三八一			
	勃海郡	八	一三二·三八九	一·一〇六·五〇〇	一〇〇	九〇八·〇〇五	五·九三一·九一九
兗州	陳留郡	一七	一七七·五二九	八六九·四三三			
	東郡	一五	一三六·〇八八	六〇三·三九三			
	東平國	七	七九·〇一二	四四八·二七〇			

刺史部	郡國	城數	戶數	口數	合計城數	合計戶數	合計口數
刺史部	任城國	三	三六・四四二	一九四・一五六	八〇	七二七・三〇二	四・〇五二・一一一
	泰山郡	一二	八・九二九	四三七・三一七			
	濟北國	五	四五・六八九	二三五・八九七			
	山陽郡	一〇	一〇九・八九八	六〇六・〇九一			
	濟陰郡	一一	一三三・七一五	六五七・五五四			
徐州刺史部	東海郡	一三	一四八・七八四	七〇六・四一六	六二	四七六・〇五四	二・七九一・六八三
	琅邪國	一三	二〇・八〇四	五七〇・九六七			
	彭城國	八	八六・一七〇	四九三・〇二七			
	廣陵郡	一一	八三・九〇七	四一〇・一九〇			
	下邳國	一七	一三六・三八九	六一一・〇八三			
青州刺史部	濟南國	一〇	七八・五四四	四五三・三〇八	六五	六三五・八八五	三・七〇九・八〇三
	平原郡	九	一五五・五八八	一・〇〇二・六五八			
	樂安國	九	七四・四〇〇	四二四・〇七五			
	北海國	一八	一五八・六四一	八五三・六〇四			
	東萊郡	一三	一〇四・二九七	四八四・三九三			
	齊國	六	六四・四一五	四九一・七六五			
荊	南陽郡	三七	五二八・五五一	二・四三九・六一八			
	南郡	一七	一六二・五七〇	七四七・六〇四			

州刺史部	江夏郡	一四	五八・四三四	二六五・四六四			
	零陵郡	一三	二一二・二八四	一・〇〇一・五七八			
	桂陽郡	一一	一三五・〇二九	五〇一・四〇三			
	武陵郡	一二	四六・六七二	二五〇・九一三			
	長沙郡	一三	二五五・八五四	一・〇五九・三七二	一一七	一・三九九・三九四	六・二六五・九五二
揚州刺史部	九江郡	一四	八九・四三六	四三二・四二六			
	丹陽郡	一六	一三六・五一八	六三〇・五四五			
	廬江郡	一四	一〇一・三九二	四二四・六八三			
	會稽郡	一四	一二三・〇九〇	四八一・一九六			
	吳郡	一三	一六四・一六四	七〇〇・七八二			
	豫章郡	二一	四〇六・四九六	一・六六八・九〇六	九二	一・〇二一・〇九六	四・三三八・五三八
益州刺史部	漢中郡	九	五七・三四四	二六七・四〇二			
	巴郡	一四	三一〇・六九一	一・〇八六・〇四九			
	廣漢郡	一一	一三九・八六五	五〇九・四三八			
	蜀郡	一一	三〇〇・四五二	一・三五〇・四七六			
	犍爲郡	九	一三七・七一三	四一一・三七八			
	牂柯郡	一六	三一・五二三	二六七・二五三			
	越巂郡	一四	一三〇・一二〇	六二二・四一八			

史部	益州郡	一七	二九•〇三六	一一〇•八〇二			
	永昌郡	八	二三一•八九七	一•八九七•三四四			
	廣漢屬國	三	三七•一一〇	二〇五•六五二			
	蜀郡屬國	四	一一一•五六八	四七五•六二九			
	犍爲屬國	二	七•九三八	三七•一八七	一一八	一•五二五•二五七	七•二四一•〇二八
涼州刺史部	隴西郡	一一	五•六二八	二九•六三七			
	漢陽郡	一三	二七•四二三	一三〇•一三八			
	武都郡	七	二〇•一〇二	八一•七二八			
	金城郡	一〇	三•八五八	一八•九四七			
	安定郡	八	六•〇九四	二九•〇六〇			
	北地郡	六	三•一二二	一八•六三七			
	武威郡	一四	一〇•〇四三	三四•二二六			
	張掖郡	八	六•五五二	二六•〇四〇			
	酒泉郡	九	一二•〇七六				
	敦煌郡	六	七四八	二九•一七〇			
	張掖屬國	五	四•六五六	一六•九五二			
	張掖居延屬國	一	一•五六〇	四•七三二	九八	一〇一•八六二	四一九•二六七

幷州刺史部	上黨郡	一三	二六·二二二	一二七·四〇三			
	太原郡	一六	三〇·九〇二	二〇〇·一二四			
	上郡	一〇	五·一六九	二八·五九九			
	西河郡	一三	五·六九八	二〇·八三八			
	五原郡	一〇	四·六六七	二二·九五七			
	雲中郡	一一	五·三五一	二六·四三〇			
	定襄郡	五	三·一五三	一三·五七一			
	鴈門郡	一四	三一·八六二	二四九·〇〇〇			
	朔方郡	六	一·九八七	七·八四三	九八	一一五·〇一一	六九六·七六五
幽州刺史部	涿郡	七	一〇二·二一八	六三三·七二四			
	廣陽郡	五	四四·五五〇	二八〇·六〇〇			
	代郡	一一	二〇·一二三	一二六·一八八			
	上谷郡	八	一〇·三五二	五一·二〇四			
	漁陽郡	九	六八·四五六	四三五·七四〇			
	右北平郡	四	九·一七〇	五三·四七五			
	遼西郡	五	一四·一五〇	八一·七一四			
	遼東郡	一一	六四·一五八	八一·七一四			
	玄菟郡	六	一·五九四	四三·一六三			
	樂浪郡	一八	六一·四九二	二五七·〇五〇			

郡國名	縣數	戶數	口數			
遼東屬國	六			九〇	三九六·二六三	二·〇四四·五七二
交州刺史部 南海郡	七	七一·四七七	二五〇·二八二			
交州刺史部 蒼梧郡	一一	一一一·三九五	四六六·九七五			
交州刺史部 鬱林郡	一一					
交州刺史部 合浦郡	五	二三·一二一	八六·六一七			
交州刺史部 交阯郡	一二					
交州刺史部 九真郡	五	四六·五一三	二〇九·八九四			
交州刺史部 日南郡	五	一八·二六三	一〇〇·六七六	五六	二七〇·七六九	一·一一四·四四四

總計 部一三 縣一·一八二 戶九·三三六·〇三六 口四七·九〇一·三八二

乙

部名	縣數	戶數	口數	縣平均數 戶	縣平均數 口
司隸校尉部	一〇六	六一六·三五五	三·一一六·一六一	五·八一五	二九·三九八
豫州刺史部	九九	一·一四二·七八三	六·一七九·一三九	一一·五四三	六二·四一六
冀州刺史部	一〇〇	九〇八·〇〇五	五·九三一·九一九	九·〇八〇	五九·三一九
兗州刺史部	八〇	七二七·三〇二	四·〇五二·一一一	九·〇九一	五〇·六五一
徐州刺史部	六二	四七六·〇五四	二·七九一·六八三	七·六七八	四五·〇二七
青州刺史部	六五	六三五·八八五	三·七〇九·八〇三	九·七八三	五七·〇七四

荊州刺史部	一一七	一•三九九•三九四	六•二六五•九五二	一一•九六一	五三•五五五
揚州刺史部	九二	一•〇二一•〇九六	四•三三八•五三八	一一•〇九九	四七•一五八
益州刺史部	一一八	一•五二五•二五七	七•二四一•〇二八	一二•九二六	六一•三六五
涼州刺史部	九八	一〇一•八六二	四一九•二六七	一•〇三九	四•二七四
幷州刺史部	九八	一一五•〇一二	六九六•七六五	一•一七四	七•一一〇
幽州刺史部	九〇	三九六•二六三	二•〇四四•五七二	四•四〇三	二二•七一七
交州刺史部	五六	二七〇•七六九	一•一一四•四四四	四•八三五	一九•九〇一
總計	一•一八二	九•三三六•〇三六	四七•九〇一•三八二	七•九〇五	四〇•五六〇

禹貢，職方，史記貨殖列傳所記物產比較表

孫媛貞

禹貢，職方與史記貨殖列傳，都是中國最早的系統地記載各地產物的文字。禹貢把貢作爲主題，當然對于物產記載得很詳細。職方除穀畜外，比較簡略些。貨殖列傳是三者中最後出的作品，對於物類的敘述最爲詳悉，在空間上所涉的範圍也最廣。不過它的體裁和上兩篇不同。禹貢職方是簡單而整齊的，貨殖傳是繁重而參差的。所以要把這三篇所記的物產作整個的比較時，就有種種難題發生，最大的困難就是在地域上沒有共同的單位。現在爲便利起見，就把禹貢的九州作爲基本單位，另加上職方的幷，幽二州，和貨殖傳的交州。依據這十二個單位來比較禹貢，職方，貨殖傳的物產，得表二如下：

(1)禹貢，職方，貨殖列傳所記各地物產一覽表

(2)禹貢，職方，貨殖列傳所記各項物產產地比較表

物類	書別＼地別	冀	幷	幽	兗	青	徐	豫
動物	禹貢	皮服			蠶絲　織文	蠶絲　海物　畜牧　檿絲	翟　蠙珠　魚　玄纖縞	纖纊
	職方	牛羊	五擾	魚	魚　六擾	魚　雞　狗		蠶絲　六擾
	貨殖傳	牛羊馬旃裘筋角魚蠶	畜牧　蠶絲	魚	蠶絲　六畜	魚　帛		
植物	禹貢				漆	絺　枲　松	桐	漆枲絺紵
	職方	松柏黍稷	布帛　五穀	三穀	蒲　四穀	蒲　稻　麥		林漆枲五穀棗
	貨殖傳	棗栗	棗　栗		漆　文綵	布　五穀　桑麻　荻		漆　穀物
礦物	禹貢					鹽　鉛　怪石	五色土　磬	磬
	職方			鹽				
	貨殖傳	銅鐵鹽	銅　鐵	鹽		鹽　鐵		鐵

物類	書別＼地別	揚	荊	梁	雍	交
動物	禹貢	羽毛齒革	羽毛齒革大龜	熊羆狐狸織皮	織皮	
	職方	鳥獸	鳥獸齒革		牛馬	
	貨殖傳	皮革鮑魚鸁蛤	皮革魚鸁蛤	馬　旄牛	牧畜　旄	犀齒革瑇瑁珠璣
植物	禹貢	篠簜橘柚	杶榦栝柏箘簵楛菁茅			
	職方	竹箭稻	稻		黍稷	
	貨殖傳	竹木稻	竹木橘柚梓薑桂	巵薑桂竹木橘	五穀竹纑栗	果布
礦物	禹貢	金三品瑤琨	金三品礪砥砮丹	鐵銀鏤砮磬璆	球琳　琅玕	
	職方	金錫	銀　丹		玉石	
	貨殖傳	黃金銅鹽	金錫連　丹沙	銅鐵石丹沙	玉石	

物類	書別	冀	并	幽	兗	青	徐	豫	揚	荊	梁	雍	交
絲	甲（禹貢）				○	○							
	乙（職方）							○					
	丙（貨殖）	○	○	○	○	○	○						
麻	甲					○		○					
	乙							○					
	丙				○	○	○					○	
布帛	甲				○	○	○	○					
	乙		○										
	丙				○	○							○
鹽	甲					○							
	乙			○									
	丙	○	○	○	○	○	○		○				
鐵	甲										○		
	丙	○	○	○		○		○			○		
銅	甲								○	○			
	丙	○	○	○					○		○		
魚	甲					○	○						
	乙			○	○	○							
	丙	○	○	○	○	○	○		○				
竹	甲								○	○			
	乙								○				
	丙								○	○	○	○	
漆	甲				○			○					
	乙							○					
	丙					○		○					
畜類	甲					○							
	乙	○	○		○	○	○	○				○	
	丙	○	○	○	○	○	○				○	○	
玉石	甲					○	○		○	○	○	○	
	乙											○	
	丙										○	○	

略論上述三書所記各特產向

張公量

禹貢，職方，貨殖傳皆記各地物產，其詳略異同亦有可言。

自其同者觀之：魚鹽一也，其富於沿海之區，於貨殖則燕，山東，齊；於禹貢則青，兖；於職方則青，兖，幽。玉石二也，貨殖，『山西饒玉石』；禹貢，雍州『球琳，琅玕』；職方雍州『其利玉石』。金丹齒革三也，貨殖之江南出之，禹貢職方之荆，揚有之。紵麻漆絲四也，貨殖之山東，青，鄒魯，禹貢職方之兖，青，豫，其產也。

自其異者觀之，職方僅具常產，若松，柏，牛，羊，鳥，獸，雞，狗，布，帛之屬，且甚省略。禹貢則詳列奇珍，爲職方貨殖所不備，在揚如瑶，琨，篠，簜，橘，柚，在荆如杶，幹，栝，礪，砥，砮，箘，簵，楛，玄纁，璣組，大龜，在豫如枲，絺，纖，纊，在青如鉛，檿絲，在雍如球，琳，琅玕，在徐如夏狄，孤桐，浮磬，蠙珠，在梁如璆，鏤，砮，熊，羆，狐，狸。亦有爲貨殖所獨載者，燕棗，巴蜀巵薑，山西纑旄，江南瑇瑁，珠璣，連，犀是也。牛羊犬馬固不見於禹貢，惟毛革具於揚州，有跡可循，而穀粟則誠闕焉者。

蓋禹貢作者最稱淵博，太史公周覽名山大川，作實地之考察，恐猶不及。至於職方之作，殆出淺薄人之手，窗下構思，無參無驗者矣。

自禹貢至兩漢對於異民族之觀念

袁鍾姒

黃河流域爲漢族文化策源地，且較其他民族開化爲早，文明益高，對於異族愈爲歧視，自稱曰華夏，据說文「夏，中國之人也」，蓋惟中州之人得稱曰夏，而以蠻夷戎狄名諸異族，非視爲犬種，即視爲蛇後，不以人類齒之也。顧此種觀念，三代之典籍無徵，乃確立於兩漢。偏檢禹貢，其於戎夷之稱，亦僅以區名異族。禹貢雖非出自虞夏，然亦不能作自周末戰國以後。綜其所記，涉及異族者，計：

(一)「夷」七見　冀州云「島夷皮服」。揚州云「島夷卉服」。青州云「嵎夷既略」。徐州云「萊夷作牧」；「淮夷蠙珠暨魚」。梁州云「和夷底績」。要服云「三百里夷」。

(二)「戎」一見　雍州云「西戎即叙」。

(三)「蠻」一見　荒服云「三百里蠻」。

按「狄」不見於禹貢，其雍州謂「織皮，崑崙，析支，渠搜，西戎即叙」者，以崑崙，析支，渠搜，本皆山名，而因以爲國號，三國皆貢織皮，故以「織皮」冠之；皆西方戎落，故以「西戎」總之。是禹貢之「西戎」指西方士人而言也。又禹貢之蠻，似爲外族之通稱，故五服之中，四方皆有之，非專指某地之人。至若冀州有「島夷」，而揚州又稱「島夷」，青州之「嵎夷」，「萊夷」，梁州之「和夷」，徐州之「淮夷」，概以地名爲稱，夷亦泛言異族耳。此其對於異族觀念甚昭昭者也。

攷職方，爾疋，雖有蠻夷戎狄之稱，而無分配四方之明文。（夏官職方氏「辨其邦國都鄙，四夷，八蠻，七閩，九貉，五戎，六狄之人民」。爾疋釋地「九夷，八蠻，六戎，五狄，謂之四海」。）職方之「四八七九五六」與爾疋之「九八六五」不同，別一問題，姑不具論；然二者之未指方向則一也。夫「蠻夷戎狄」四者，散文亦通，故秋官「蠻閩夷貉四隸」，司隸通謂之「四翟之隸」，翟與狄同，師氏又謂之「四夷之隸」，其證也。然則禹貢，職方，爾疋之未別方向，亦同此意歟？

王制云，「東方曰夷，被髮文身，有不火食者矣。南方曰蠻，雕題交趾，有不火食者矣。西方曰戎，被髮衣皮，有不粒食者矣。北方曰狄，衣羽毛穴居，有不粒食者矣」。大戴記千乘篇，「東辟之民曰夷，精以僥。南辟之民曰蠻，信以朴。西辟之民曰戎，勁以剛。北辟之民曰狄，肥以戾」。白虎通禮樂篇，「東方爲九夷。南方爲八蠻。西方爲六戎。北方爲五狄」。鄭注職方云「東方曰夷。南方曰蠻。西方曰戎。北方曰貉狄」。詩小疋采薇「玁狁之故」，傳，「玁狁，北狄也」。此皆以夷蠻戎狄嚴整分配四方者也。

按王制，漢文帝博士師所作，大戴爲西漢戴德所錄，詩傳出于西漢毛公，而班鄭均東漢之人，故知蠻夷戎狄之分配四方約始於兩漢之世。又說文虫部云「蠻，南蠻，蛇種」。犬部云「狄，北狄，本犬種」。豸部云「貉，北方豸種也」。大部云「夷，平也，東方之人也」。許氏區別，益爲明顯。後世對于夷蠻戎狄之分配四方，沿兩漢舊說而不改，而古義晦矣！

校後

顧頡剛

本期是譚其驤先生編的，排好之後，纔知道篇幅不夠，由我臨時補上三篇。因爲是補的，所以前後次序有些不適合的地方，請大家原諒！

這兩期中，都有戶口統計表，我覺的這是很有希望的一件工作，我們應該準備把二十四史裏的人口記載都這樣的整理一下。但尤其重要的是在這數字上指出其社會現象和尋求這些現象的原因。例如在西漢的數字上，可知人口在二百萬以上的有三個郡：汝南（二五九萬），潁川（二二一萬）和沛（二〇三萬）；在一百五十萬以上的有五個郡：南陽（一九四萬），河南（一七四萬），東（一六五萬），東海（一五五萬），陳留（一五〇萬）。這些地方的人口密度遠超於三輔（京兆尹僅六八萬，右扶風僅八三萬，左馮翊最多，也不過九一萬），這是我們平常所沒有感到的事實。而且還有一個奇特的現象，就是這些郡多數在淮水流域，足徵文化已漸漸南遷，由河而淮，由淮而江，是一種自然的趨勢，我們不能把五胡亂華作爲開發南方的惟一原因。

到了東漢，有一個最顯著的現象，就是：北方人口大減而南方則大增。人口最多的汝南幾減去五十萬，潁川幾減去八十萬，沛郡甚至于減少一百七十萬。就是建都的河南尹，也比西漢減了七十二萬。可憐的涼州部，隴西本來不過二十三萬，現在只賸兩萬九千了；安定本來不過十四萬，現在也賸兩萬九千了。但尤其可憐的是幷州部，上郡本有六十萬，現在只賸兩萬八千了；西河本來有六十九萬，現在只賸兩萬人了。這是多麼傷心的事！

可是回過頭來看南方，便覺得正在欣欣向榮。九江和桂陽都是一加三十四萬，巴郡一加就是三十七萬，南陽一加就是四十九萬，長沙一加就是八十二萬，零陵一加就是八十六萬。尤其了不得的，豫章本來是三十五萬，現在竟有一百六十萬了。更了不得的，益州郡本來是五十八萬，而現則從它分出的永昌郡已有一百八十九萬了。從這種地方看來，可見魏，蜀，吳三國的分立自有其必然性，『雖曰人事，豈非天命哉！』

上面說的，不過略略指出其現象。至於所以發生此現象的原因，我也不敢斷然的說出來。我很希望有人能專力從事於此，將來給我們一個滿意的解釋。

王育伊先生已做了『漢書地理志與續漢書郡國志戶口比較表』了。惟因這表太大，不能登入本刊，只得另付石印。我上面的話，就是看了他的比較表寫的，順此道謝。

再有一件事要附帶提議的，是兩漢書因版本不同而數字有異，我們應當再做一個戶口數的校勘記。

二十三，三，二十六。

地學雜誌

編輯及發行者 北平北海公園團城內中國地學會

定價 每年兩冊每冊大洋六角特號另計

創辦年月 民國紀元前二年已出一百七十二期

民國二十一年第一期

四川遊記(續完) 翁文灝
鴨江行部志地理考(附鴨江行部志跋及金曷蘇館路考) 朱希祖
爪哇—低濘農業之研究 黃國璋
邊疆失地史畧 白眉初
重遊泰山記(續完) 傅振倫
軍事地理學發凡 忻啓三
中國之生物地理(附圖) 蔡源明譯
中國土耳其斯坦地下的寶藏(續) 陶謙譯
中國地方志綜錄初稿 朱士嘉
頭率鼻率指數檢查表 丁瀫 金舞侯

民國二十一年第二期

四川遊記(續完) 翁文灝
邊疆失地史畧(續) 白眉初
爪哇—低窪農業之研究(續完) 黃國璋
中國地形淺說(附圖) 李長傅
中華古代文化之發展及其地理背景 張印堂
亞洲的地體構造和地勢配置 王鈞衡
山地經濟的限度 楊夢華譯
中國土耳其斯坦地下的寶藏(續) 陶謙譯
中國地方志綜錄初稿(續) 朱士嘉
山西地理考察 許桂馨

民國二十二年第一期

洛陽與長安 白眉初
燕下都遺跡考 傅振倫
明代北方邊防圖籍錄 王以中
中國地形淺說(附圖)(續完) 李長傅
軍事地理學發凡(續完) 忻啓三
山西地理考查(續) 許桂馨
民國十七年以後省縣之增設及改革 曉衡
中國土耳其斯坦地下的寶藏(續) 陶謙譯
中國地方志綜錄初稿(續) 朱士嘉

民國二十二年第二期

泗陽張沖谷居士年譜 張星烺
漢百三郡國建置之始考 譚其驤
明代北方邊防圖籍攷(續完) 王以中
燕下都遺跡考(續完) 傅振倫
山西地理考察(續完) 許桂馨
福州經濟地理述略 林觀得
洛陽與長安(續完) 白眉初
中華古代文化之發展及其地理背景(續完) 張印堂
中國土耳其斯坦地下的寶藏(續) 陶謙譯
古代歐亞大陸交通考 姚薇元譯
民十七年以來中國縣名更置表 葛啓揚
一百六十九期地學雜誌總目 乘崇岐

方志月刊

宗旨 (1)詳究天時地利人和三律 (2)論述世界各國最近形勢

編輯者 張其昀

出版者 中國人地學會

經售者 南京蓁巷鍾山書局

定價 每期二角 全年二元二角

第六卷第十一期目錄

中國氣流之運行 竺可楨
青海遊記 徐希朗
繪圖學(四) 饒美亞著 李旭旦譯
中國氣象事業之現狀 柴炳海
張相文先生之著作
黃河的警告 翁文灝
甘肅甘谷縣 楊居敬
中華郵政輿圖(新刊介紹)

第六卷第十二期目錄

東墉考察記 胡煥庸 任美鍔
濟南青島及沿途概況 李旭旦 郭秀敏
地球誕生論 張鈺哲
南京雨花台砂礫岩及其地文意義 謝家榮著 林蓮夫譯
太平洋之地理環境(二) 澳洲伍特著 徐近之譯
李希霍芬與中國之地質工作 翁文灝
朝鮮慶尚南道 韓再洙
海南島志(新刊介紹)

第七卷第一期目錄

江寧地志大綱 胡煥庸 王維屏
論氣候學文獻 美國華德著 楊昌業譯
颱風小記 日本新村出著 周立三譯
鳳城一日記 張其昀
鎮江雜記 柳定生
調查十萬大山記要 溫大明
水道圖誌(新刊介紹)

第七卷第二期目錄

古今方輿書目 顧祖禹遺稿
讀『中國分省新圖』後 忻啓三
唐宋時代莊園之組織及其與聚落之關係 加藤繁著 張其春譯
內蒙古之地形及地質構造概要 張席禔
雲南邊地問題研究(新刊介紹)
全國鐵道之最近調查(統計資料)

出版者：禹貢學會。
編輯者：顧頡剛，譚其驤。
出版日期：每月一日，十六日。
發行所：北平成府蔣家胡同三號禹貢學會。

禹貢

半月刊

價目：每期零售洋壹角。豫定半年十二期，洋壹圓；全年二十四期，洋貳圓。郵費加一成半。國外全年加郵費八角。

The Evolution of Chinese Geography

Semi-monthly Magazine

Vol. I No. 4 April 16th 1934
Address: 3 Chiang-Chia Hutung, Cheng-Fu, Peiping, China

第一卷 第四期
民國二十三年
四月十六日出版

說丘 顧頡剛
遼金史地理志互校 馮家昇
明遼東「衛」「都衛」「都司」建置年代考略 張維華
說禹貢州數用九之故 張公量
從夏禹治水說之不可信談到禹貢之著作時代及其目的 許道齡
漢書地理志中所記故國及都邑 李子魁
我對於雲南羅羅族研究的計畫 楊成志
地圖底本出版豫告

本刊業已遵章呈請登記

說丘

顧頡剛

從古代的地名上可以見出古人的地理觀念，如州，里，丘，陵，都，邑，都是。現在就先從『丘』說起。

一 『九丘』

左傳昭十二年，記楚靈王狩于州來，使蕩侯等帥師圍徐以懼吳，自己停在乾谿以為後援。靈王靠着自己的武力，驕傲得很，嗐吹了一頓；右尹子革只管將順他。那時有人私下責問子革，『你為什麼不加匡救呢！』他答道，『你等着罷！』一忽兒，王出來，恰巧左史倚相趨過，王指了他向子革道：

> 是良史也，子善視之！是能讀三墳，五典，八索，九丘。

子革道，『他不算什麼！我曾問他祈招之詩，他答不出呢！（祈招之詩是祭公謀父為了周穆王欲肆其心，要使天下都有自己的車轍馬跡而作的）』。靈王問他，『你背得出嗎？』子革就背了出來，慚愧得靈王幾天沒有吃飯睡覺。

在這一段故事裏，出來了一個『九丘』之名，與三墳，五典並列。杜預注云，『皆古書名』，說得浮泛得很。賈逵注云：

> 九丘，九州亡國之戒。（左傳疏引）

他所以這樣說，李貽德在左傳賈服注輯述（卷十六）裏替他作了一個說明：

> 『九』是九州之數。九州者，禹貢之九州冀，兗，青，徐，揚，荆，豫，梁，雍也。知為亡國之戒者，楚詞哀郢『曾不知夏之為丘兮』注，『丘，墟也』，是亡國者為丘墟矣。

由我想來，賈逵這話恐怕是受了揚雄十二州箴的影響來的。總之，無論是否亡國之戒，九丘與九州必有關係。

這不僅是賈逵個人的設想如此，馬融也說：

> 九丘，九州之數也。（左傳疏引）

劉熙的釋名也說：

> 九丘：丘，區也，別九州之土氣教化所宜施者也。（釋典藝）

偽孔安國的尚書序也說：

> 九州之志謂之九丘：丘，聚也，言九州所有，土地所生，風氣所宜，皆聚此書也。

照他們的話，九丘簡直是禹貢和職方的放大本。因此，孔穎達的疏說：

別而言之，土地所生，若禹貢之厥貢厥篚也；風氣所宜，若職方其畜若干，其民若干男若干女是也。

九丘即九州之志，就這樣地決定了。但『丘』本是土高之名，只有小地名是用它的，為什麼九州之志要用它來作代表呢？

還有一個問題，就是左傳中這段文字是不見於史記的。左傳這部書，在司馬遷時叫什麼名字是另一問題，但司馬遷是一定看見過的，史記裏引它的文字不知有多少。楚靈王次于乾谿以及向子革誇口的一段話，史記楚世家裏全有，單單靈王誇獎倚相及子革微詞託諷的話則一字沒有。在周本紀裏，也沒有祭公謀父諫勸穆王的祈招之詩。這是什麼緣故呢？說是司馬遷刪削罷，在子革是『曲終奏雅』，為什麼偏把雅的刪掉？而且『三墳，五典，八索，九丘』既是古書，是何等重要的古史材料，他又如何忍心刪削？

說到這兒，又牽涉了今古文問題。我以為這段文字是劉歆重編左傳時加入的。這裏所謂『三墳，五典』，正和周官外史『掌三皇五帝之書』相映照。所謂『九丘』，正和古文尚書的『帝釐下土，方設居方，別生分類，作……九共九篇』相映照。他在羣書中埋伏了證據，好作左右的掩護。這些古書名，在司馬遷時代還沒有哩！

但我雖不信古時眞有九丘一書，而深信『丘』為古代地理的重要名詞。劉歆們所以拿這字來代表古地理，確自有其歷史的意義。

二　春秋及左傳中的『丘』

我們現在就從春秋和左傳二書中，看春秋時以丘名地的有多少。固然這一定很不完備，但也未嘗不可看出一個約略。

一，晉地：

1.邢丘（左傳宣六年，『赤狄伐晉，圍懷及邢丘』。又昭五，『晉侯送女於邢丘，子產相鄭伯會晉侯于邢丘』。）

2.苕丘（經成十六年，『晉人執季孫行父，舍之于苕丘』。按公羊經作『招丘』。）

3.瓠丘（傳襄元，『晉以宋五大夫在彭城者歸，寘諸瓠丘』。）

4.英丘（傳哀二十三，『齊人取我英丘。君命瑤……治英丘也』。）

二，衛地：

1.犬丘（傳隱八，『宋公……衛侯……遇于犬丘』。經作『垂』。）

2.桃丘（經桓十，『公會衛侯于桃丘』）。

3.楚丘（傳閔二，『封衛于楚丘』。又經僖二，『城楚丘』。）

4.帝丘（經僖三十一，『衛遷于帝丘』。又傳昭十七，『衛，顓頊之虛也，故爲帝丘』。）

5.清丘（經宣十一，『晉人宋人衛人……同盟于清丘』。）

6.平丘（經昭十三，『公會劉子晉侯……于平丘』）。

三，齊地：

1.葵丘（傳莊八，『齊侯使連稱管至父戍葵丘』。）

2.貝丘（傳莊八，『齊侯……遂田于貝丘』。）

3.牡丘（經僖十五，『公會齊侯宋公……盟于牡丘』。）

4.鄑丘（經文十六，『公子遂及齊侯盟于鄑丘』。按公羊經作『犀丘』，穀梁經作『師丘』。）

5.句瀆之丘（傳襄十九，『執公子牙于句瀆之丘』。又襄二十一，『執公子買于句瀆之丘』。又襄二十八，『買在句瀆之丘』。）

6.重丘（經襄二十五，『諸侯同盟于重丘』。又傳襄二十八，『重丘之盟未可忘也』。）

7.廩丘（傳襄二十六，『齊烏餘以廩丘奔晉』。又宣八，『公侵齊，攻廩丘之郛』。又哀二十，『會于廩丘』。又哀二十四，『臧石帥師會之，取廩丘』。）

8.渠丘（傳昭十一，『齊渠丘實殺無知』。）

9.豐丘（傳哀十四，『豐丘人執之以告』。）

10.犂丘（傳哀二十三，『戰于犂丘，齊師敗績』。）

四，莒地：

1.渠丘（傳成八，『申公巫臣如吳，假道于莒，與渠丘公立于池上』。又成九，『楚子重自陳伐莒，圍渠丘』。）

五，魯地：

1.中丘（經隱七，『城中丘』。又隱十，『公會齊侯鄭伯于中丘』。）

2.祝丘（經桓五，『城祝丘』。又莊四，『夫人姜氏享齊侯于祝丘』。）

3.咸丘（經桓七，『焚咸丘』。）

4.乘丘（經莊十，『公敗宋師于乘丘』。）

5.戾丘（傳文十五，『一人門于戾丘』。）

6.巢丘（傳成二，『齊侯伐我北鄙，……取龍。遂南侵，及巢丘』。）

7.泉丘（傳昭十二，『泉丘人有女，……奔僖子』。）

六，邾地：

1.於餘丘（經莊二，『公子慶父帥師伐於餘丘』。按杜注謂是國名，公穀則俱謂邾地。）

2.虛丘（傳僖元，『虛丘之戍將歸者』。）

3.閭丘（經襄二十一，『邾庶其以漆閭丘來奔』。）

七，曹地：

1.重丘（傳襄十七，『衛孫蒯田于曹隧，飲馬于重丘』。）

2.黍丘（傳哀七，『築五邑于其郊，曰黍丘，揖丘……』。）

3.揖丘（見上。）

八，宋地：

1.楚丘（經隱七，『戎伐凡伯于楚丘』。又傳襄十，『宋公享晉侯于楚丘，請以桑林』。）

2.穀丘（一作『句瀆之丘』。經桓十二，『公會宋公燕人盟于穀丘』，傳作『公及宋公盟于句瀆之丘』，『穀』蓋『句瀆』之合音也。）

3.梁丘（經莊三十二，『宋公齊侯遇于梁丘』。）

4.葵丘（經僖九，『公會宰周公，齊侯，宋子……于葵丘』。又『九月戊辰，諸侯盟于葵丘』。）

5.長丘（傳文十一，『宋武公……敗狄于長丘』。）

6.幽丘（傳成十八，『鄭伯……會楚子伐宋，取幽丘』。）

7.犬丘（傳襄元，『鄭子然侵宋，取犬丘』。）

8.商丘（傳襄九，『陶唐氏之火正閼伯居商丘』。又昭元，『遷閼伯於商丘，主辰，商人是因』。）

9.赭丘（傳昭二十一，『與華氏戰于赭丘』。）

10.老丘（傳定十五，『鄭罕達破宋師于老丘』。）

11.雍丘（經哀九，『宋皇瑗帥師取鄭師于雍丘』。）

九，鄭地：

1.桐丘（傳莊二十八，『子元伐鄭，鄭人將奔桐丘』。又哀二十七，『晉荀瑤帥師伐鄭，次於桐丘』。）

2.頃丘（傳哀十二，『宋鄭之間有隙地焉，曰彌作，頃丘……』。）

十，陳地：

1.壺丘（傳文九，『楚侵陳，克壺丘』。）

十一，楚地：

1.陽丘（傳文十六，『楚大饑，戎……伐其東南，至于陽丘』。）

2.宗丘（傳昭十四，『楚子使然丹簡上國之兵於宗丘』。）

以上所舉，以丘名地的以宋爲最多，得十一；次齊，得十；又次魯，得七；又次衛，得六；又次晉，得四；又次曹與邾，皆得三；又次楚，得二；最少爲莒與陳，皆得一。總共四十八名，宋與齊都超過五分之一。只有渭水流域的秦和江湖間的吳越，一個都沒有。

三　對于上列現象的解釋

看了上面這個表，我們可以清楚知道，『丘』這個名字是和水患有關係的。當『秋水時至』之時，或『山洪暴發』之日，只有住在高丘上的人能穀免於水患，所以『丘』就給當時人所注意了。晉的南境當黃河的下游；衛則正在河濟兩大流之間；齊當濟水的下游；魯則以濟爲西界，濟水所瀦的大野澤在魯境內；邾在魯的南首，與魯有相同的利害；曹在南濟與北濟之間；宋在南濟與睢水之間。這一帶地方正是平原廣野，又兼河濟挾着百川入海，其勢洶湧，又自滎澤以東，觸處瀦水成澤，一年一度的水患（也就是水利，因爲它挾着沈澱物俱來，可以作肥料）是不可免的，所以多的是丘了。我們只要翻開楊守敬的春秋列國地圖的南二卷『中』與『西一』來，就可以在這尺幅之中見到多少個丘名。

其實，禹貢中已經透露了這消息。這一帶地方（除晉外）在禹貢中是屬于兗，靑，徐，豫四州的。兗州章云：

> 九河既道。雷夏既澤。……桑土既蠶，是降丘宅土。厥土黑墳。

靑州章云：

> 厥土白墳，海濱廣斥。

徐州章云：

> 大野既豬，東原底平。厥土赤埴墳。

豫州章云：

> 滎波既豬。導菏澤，被孟豬。厥土惟壤，下土墳壚。

這四州中儘多河的支汊和湖泊，而很少山。（兗豫二州完全沒有山，靑僅有岱，徐僅有蒙，羽，嶧等小山。）提到『土』，都有一個『墳』字，這是其它五州所沒有的，大概這就是所謂『丘』吧？至于『桑土既蠶，是降丘宅土』，這說得更明顯了。關于這一句，僞孔傳的解釋是：

> 地高曰丘。大水去，民下丘居平土，就桑蠶。

孔穎達疏是：

> 宜桑之土既得桑養蠶矣；洪水之時，民居丘上，於是得下丘陵，居平土矣。……計下丘居土，諸處皆然，獨於此州言之者，鄭玄云，『此州寡於山而夾川，兩大流之間遭洪水，其民尤困。水害既除，於是下丘居土。以其免於厄尤喜，故記之』。

鄭玄之說很近情理，足以說明河濟兩大流之間所以多『丘』的地名的緣故，也就足以證明把『九丘』代表九州的緣故了。

關于這個問題，還有好些意思要說，只以限于本刊的篇幅，待下次續論吧。

遼金史地理志互校

馮家昇

遼金二史于元至正三年四月開始編修，遼史于四年三月告成，金史于同年十一月畢工，是二史修于同時矣。遼史之總裁官爲帖睦爾達世，賀惟一，張起巖，歐陽玄，呂思誠，揭傒斯等六人；金史增李好文，楊宗瑞，王沂等爲八八（缺呂思誠），是二史不啻出自同手矣。然若試對檢之，則牴觸之處直有不可言者。他且勿論，今先言地理志。

遼史地理志不盡從實錄，有與紀傳相合者，亦有與紀傳不相合而與宋人册籍相合者。蓋有據宋人所撰之契丹疆宇圖，遼四京記，契丹地圖，大遼對境圖，契丹會要等書而編排者。金史地理志，據王惲玉堂嘉話所載王鶚草定之金史綱要，則知地理志有實錄，又以與紀傳互對，衝突者亦少，故金志實較遼志爲佳。

遼志所叙沿革甚詳，而每多誤；金志所叙沿革甚簡，而多得要。遼志上溯自秦漢，金志則止遼，間及五代。金志于遼一代之增損廢置叙述甚詳，故有增補其疏漏者，有校正其謬誤者。

臨潢府下總管府地名西樓，遼爲上京，國初因之 金志

按遼志：『祖州天成軍上節度，本遼右八部世沒里地，太祖秋獵多於此，始置西樓』。

懷州奉陵軍上節度……太祖崩，葬西山曰懷陵 遼志

按金志：『遼懷州，遼太祖祖陵在焉』，誤。考祖州爲祖陵，太祖陵鑿山爲殿曰明殿。太宗所葬係懷陵。

泰州德昌軍 遼志

按金志作『昌德軍』，海陵正隆間置德昌軍。

析木縣，本漢望平縣地，渤海爲花山縣 遼志

按金志，『析木，遼同州廣利軍附郭析木縣也』。

辰州奉國軍節度，本高麗蓋牟城 遼志

按金志，『蓋牟城』作『蓋葛牟城』。

盧州元德軍 遼志

按金志，『元德軍』作『玄德軍』。

興州興中軍節度本漢海宜縣地，渤海置州 遼志

按金志，『遼舊興州興中軍常安縣，遼嘗置定理府刺史於此』，遼志失載。

奉先縣本漢無慮縣 遼志

按金志，『奉先縣』作『奉玄縣』。

瀋州昭德軍中節度（ ）太宗置興遼軍 遼志

按金志，『興遼軍』作『興遠軍』。

集州懷衆軍 遼志

遼志作『懷遠軍』。

棋州祐聖軍下刺史，本渤海蒙州地，太祖以檀州俘，於此建檀州 遼志

按金志，『棋州』作『祺州』。『太祖以所俘檀州密雲民，建州密雲』。

韓州○高麗置鄚頡府 遼志

按金志，『鄚頡府』作『鄭頡府』，誤。

尚州鎮遠軍 遼志

按『尚州』，元本作『同州』，是。金志，『銅州，遼同州鎮安軍』。

咸州安東軍下節度○渤海置銅山郡 遼志

按金志，『銅山郡』作『銅山縣』。

信州彰聖軍○渤海置懷遠府○開泰初置州 遼志

按金志，『彰聖軍』作『彰信軍』。『懷遠府』作『懷遠軍』。『開泰初』作『開泰七年』。

復州懷德軍 遼志

金志，『懷德軍』作『懷遠軍』。

利州○統和二十六年置 遼志

金志作『十六年』。

北安州興化軍○統縣一，利民縣 遼志

按金志，興州，本遼北安州興化軍興化縣。承安五年陞為興州，領興化宜二縣。興化為倚郭，遼舊縣。又有利民縣，承安五年，以利民寨升，泰和四年廢。蓋遼之北安州有興化縣，無利民縣；惟金承安中嘗升利民寨為縣，未幾廢。作遼志者乃以金置之利民縣為遼舊，反漏興化，謬甚！

松江州勝安軍 遼志

按金志，『松江州』作『松山州』；遼史聖宗紀亦仝金志。

松江縣 遼志

按金志，『松江縣』作『松山縣』；遼史百官志四亦同金志。

興中府○重熙十年，升興中府 遼志

金志作『重熙十一年』。

興中縣，本漢柳城縣地 遼志

按金志作『唐柳城縣地』。

川州○安端子察割以大逆誅，沒入，省曰川州 遼志

按金志作『天祿五年去「白」字』。

建州保靖軍 遼志

按金志，『保靜軍』作『保靖軍』。

隰州平海軍○統縣一，海陽縣 遼志

按金志作『海濱，透隰州海平軍故縣』。是遼隰州海平軍下有海濱縣。

潤州海陽軍○統縣一，海濱縣 遼志

按金志作『海陽，遼潤州海陽軍故縣』。是遼潤州

海陽軍下有海陽縣。

遼志以海陽縣入隰州，以海濱縣入潤州，互倒。

南京析津府○太宗升爲南京，又曰燕京　遼志

按金志，開泰元年號燕京。

府曰幽都，軍號盧龍，開泰元年落軍額　遼志

按金志，『開泰元年，更爲永安析津府』。

宛平縣　遼志

按金志，『遼開泰二年，有玉泉山行宮』。

漷陰村○故漷陰鎮，後改爲縣　遼志

按金志，『遼太平中以漷陰村置』。

薊州尙武軍　遼志

按金志，『尙武軍』作『上武軍』。

灤州○本古黃洛城　遼志

按金志，『洛』作『落』。

天城縣　遼志

按金志作『天城縣』

長青縣，本白登臺地　遼志

按金志，『長青縣』作『長清縣』。

懷仁縣○遼改懷仁　遼志

按金志，『遼析雲中置』。

懷安縣　遼志

按金志，『晉故縣名』。

順聖縣○高勳鎮幽州，奏景宗分永興縣置　遼志

按金志，『遼應歷中置』，是穆宗時置；遼志作景宗。攷高勳傳云，『應歷初，封趙王，出爲上京留守，尋移南京。會宋欲城益津，勳上書請假巡徼以擾之，帝然其奏，宋遂不果城』。則高勳鎮幽州當穆宗之世。十七年，宋略地益津關，勳擊敗之；景宗初卽位，進王秦；保寧中，以故被誅。疑當作『穆宗應歷中置』。

德州下刺史　遼志

金志，『宜寧，遼德州昭聖軍』。

豐州天德軍節度使○太祖神册五年攻下，更軍名應天，復爲州　遼志

金志，『豐州下天德軍節度使，遼嘗更軍名應天，尋復』。遼志未云復軍名天德，是疏漏。

寧人縣　遼志

金志作『寧仁縣』。

龍門縣　遼志

金志作『龍門，晉舊縣』。

望雲縣，本望雲川地。遼志

金志，『望雲川』作『雲川』。

廣陵縣 遼志

金志，廣靈，亦作陵，遼統和三年析雲中置。

又按金志『撫州下鎮寧軍節度使，遼秦國大長公主建為州』，今攷遼志無此州。『覇州下刺史，遼益津郡，隸河北東路』，考遼志南京道亦無覇州。遼史紀傳中無刺此州者，恐係宋地而金志誤書為遼耳。

明遼東「衛」「都衛」「都司」建置年代考略

張維華

初，明平定海內，於邊陲要害建置衛所，而於衛所之上統以都司（此為都指揮使司之簡稱），蓋為備邊固陲計也。然邊地都司之設，非為初立之制，而其先尚有衛與都衛之制。明史兵志二衛所篇（卷九十）云：

> 天下初定，度要害地，係一郡者設所，連郡者設衛，大率五千六百人為衛，千一百二十八人為千戶所，百十有二人為百戶所，所設總旗二，小旗十，大小聯比以成軍。……洪武三年，陞杭州，江西，燕山，青州四衛為都衛，復置河南，西安，太原，武昌四都衛。

又云：

> 八年（洪武），改在京留守都衛為留守衛指揮使司，在外都衛為都指揮使司，凡十三：北平，陝西，山西，浙江，江西，山東，四川，福建，湖廣，廣東，廣西，遼東，河南。又行都指揮使司二：甘州，大同，俱隸大都督府。

是知衛之建置先於都衛，而都衛之建置又先於都司也。明於遼東全境，除洪武間曾置府縣，及永樂七年復安樂自在二州外（明史地理志（卷四十一）稱洪武八年改置遼東都指揮使司，領衛二十五，州二。二十年，府縣俱罷，是知洪武廿年後，遼東悉置衛所。又稱永樂七年置自在安樂二州，則知此二州之設為復洪武八年舊制，此外則悉為衛所。）餘均分建衛所，隸遼東都司。按遼東都司之置，兵志言在洪武八年，地理志亦同此說，似遼東都司之置為洪武八年事，可無疑義。然明史葉旺傳（卷一百三十四）則有異辭，云：

> 葉旺，六安人，與合肥人馬雲，同隸長鎗軍。……洪武四年，偕鎮遼東。初，元主北走，其遼陽行省參政劉益屯蓋州，與平章高家奴相為聲援，保金復等州。帝遣斷事黃儔齎詔諭益，益籍所部兵馬錢糧

輿地之數來歸，乃立遼陽指揮使司，以益爲指揮同知。未幾，元平章洪保保馬彥翬合謀殺益，右丞張良佐，左丞商（房）暠擒彥翬殺之。保保挾僻走納哈出營。良佐因權衛事，以狀聞。且言遼東僻處海隅，肘腋皆敵境，平章高家奴守遼陽山寨，知院哈喇章屯瀋陽古城，開元則右丞也先不花，金山則太尉納哈出，彼此相依，時謀入犯。今保保逃往，釁必起，乞留斷事吳立鎮撫軍民，而以所擒平章八丹，知院僧儒等械送京師。帝命良佐暠俱爲蓋州衛指揮僉事。既念遼陽重地，復設都指揮使司，統轄諸衛，以旺及雲並爲都指揮使，往鎮之。

是言遼東都司之設爲洪武四年事也。然傳旨實有錯誤，未可即以爲據。考葉旺馬雲出鎮遼東，方孔炤全邊略記遼東略（卷十）亦載其事，然與設立都司之事則極有別。略記云：

四年（洪武），劉益既降，授官未幾，故元平章供（洪）保保馬彥翬共謀殺益，其右丞張良佐房暠擒彥翬殺之，保保走故元吶哈出（卽納哈出）營，遼東之衆因推良佐等權衛事。良佐遣使械送殺益逆黨平章入册（八丹）知院僧兒（僧儒）等至京，且言肘腋之間皆爲敵境，乞留朝廷（廷）所遣斷事吳立撫之。上以立與良佐暠俱爲遼東指揮。既而吶哈出據金山，擾寖爲患，本衛乞益兵。及遣黃儔以書諭吶哈出，被拘不還，於是大（？）爲保聚計，乃置都衛，以馬雲葉旺爲都指揮，總轄遼東。

則此言洪武四年所建爲都衛之制，非都司也。又譚希思明大政纂要亦言遼東都司之設在洪武四年，其誌洪武四年二月事云：

劉益献遼東地圖奉表降：益，元遼陽行省平章也，以遼東州郡地圖並籍兵馬錢糧數遣使奉表來降，詔置遼東都司，以益爲指揮同知。

按此所言「遼東都司」即「遼東都指揮使司」簡稱，然于事實則不合。纂要于同年七月之文載遼東都衛建置事，夫都司原爲都衛之改置，何得先都衛而設？纂要於制度稱謂，用字往往不慎，如七月之文，綱文言「設定遼衛」，而目文則言「乃置都衛」，使讀者於衛與都衛之制易於交混。此所言之「遼東都司」蓋卽文字之誤耳。考明史地理志，于京師，山東，山西，河南，陝西，四川，江西，湖廣，浙江，福建，廣東，廣西各篇前小序，均載洪武八年十月改都衛建都司之事，而於山西篇內亦載大同都衛於八年十月改建都司之事，則是洪武八年十月改建都司之事爲當時通則，遼東之改建何能例外？故遼東之置都司，亦以在洪武八年十月爲是。

遼東都衛之制，全邊略記言爲洪武四年所建，其言甚確。明史地理志及李輔全遼志亦同其說。地理志（卷四十一）云：

洪武四年七月，置定遼都衛。

全遼志沿革篇（卷一）云：

洪武四年，置定遼都衛。

又夏燮明通鑑（卷四）載洪武四年七月事云：

置遼東衛指揮使司，以馬雲葉旺爲都指揮使。

按通鑑所言之「遼東衛指揮使司」，即指定遼都衛言，蓋以事之發生及其年代，與全邊略記，明史地理志，全遼志及明大政纂要洪武四年七月之文甚相同耳。惜其作「遼東衛」而不作「定遼都衛」，殊足以亂人耳目。又按定遼都衛之設本由於葉旺馬雲之渡海平遼，而葉旺馬雲之渡海平遼又原於元臣之謀殺劉益，負固遼東。考劉益之降當在洪武三年與四年之間（見後文），而劉益之被殺與夫葉旺等之平遼亦當去此不遠。全遼志宦業志張良佐傳（卷四）云：

六月（洪武四年）納哈出擾邊，請益兵。太祖遣馬雲葉旺總轄遼東。

是知雲旺渡海平遼爲洪武四年六月事，則因平遼所建之都衛必去此不遠，故遼東都衛建於洪武四年七月之說當無大誤。

遼東置都司及都衛之事既明，則建衛之事始自何年乎？全邊略記遼東略（卷十）云：

洪武三年春，故元遼陽行省平章劉益，藉（籍）其軍馬錢粮之數，並遼東州郡地圖，遣使奉表求降。上嘉其誠，遣斷事吳立，持詔往諭，置遼東指揮使司，以益同知指揮事。

按此所置之遼東指揮使司，即爲遼東建衛之始。遼東略又載明太祖諭羣臣之言曰：

昔遼左之地，在元爲富庶，至朕即位之二（？）年，元臣來歸，有勸復立遼陽行省者，朕以其地早寒，土曠人稀，不欲建置勞民，但立衛以兵戍之。

此所言之「元臣來歸」即指劉益奉表求降而言，蓋先無類此事也。然略記所載之年月多不可靠。考劉益之降原爲明人所招服，全遼志藝文志（卷五）載洪武三年詔諭云：

洪武三年，命斷事黃儔賫詔宣諭遼陽等處官民，詔曰：朕承大統，即皇帝位，其年八月，元君大去其國。……今年六月，左副將軍李文患（忠），副將軍趙庸，遣使來奏，五月十六日率兵至應昌府，獲元君之孫買的里八剌，及其后妃寶册，……天運之去昭然。獨念遼霤一隅，尚多故臣遺老，不能見幾遣使一來，而乃團結孤兵，盤桓鄉土，因循歲月，甚非善後之謀。……玆專遣人以往，果能審識天命，傾心來歸，有官者量才擢用，有業者各安生理。朕不食言，爾宜圖之！

按此詔言在洪武三年，以李文忠下應昌之事證之，其事適合。黃儔使遼即在是年，然在是年何月則未明言。詔內載六月李文忠遣使陳奏事，則知六月前無遣使使遼事，而黃儔使遼定在六月後也。全遼志稱劉益之降在洪武三年春，又或作二年，皆不可據。劉益之降，他書所載多言在洪武四年。明史太祖本紀誌洪武四年事云：

二月，……壬午，……元平章劉益以遼東降。

又全遼志宦業志葉旺傳（卷四）云：

辛亥（洪武四年），遼東行省平章劉益等奉表歸款，以旺同馬雲署龍虎將軍都指揮，鎮守遼東。

又馬雲傳（卷同上）云：

洪武辛亥（四年），元劉益歸款，以雲勇敢有謀，署龍虎將軍都指揮，同葉旺領兵渡海。

又前引明大政纂要亦作洪武四年二月。黃儔使遼既在洪武三年六月之後，劉益之奉表求降必後乎此可知。推其時當在三年與四年之間也。其作洪武四年二月者近之。

劉益歸降之年既約略可推，則遼東建衛之年自亦易求。明史地理志山東篇（卷四十一）復州衛條下註云：

西濱海西南有長生島，又南有沙河，合麻河，西注於海。東有得利嬴城，元季土人築；洪武四年二月置遼東衛於此，尋徙。又南有欒古關，西有鹽場，北有鐵場。

是言遼東衛之建於得利嬴城爲洪武四年二月事也。其建置之原因，全遼志宦業志張良佐傳（卷四）云：

洪武四年辛亥，兵屯金州，壘土爲城，與左丞房暠力贊劉益奉表歸附。良佐等率衆悉擒逆黨，撫安軍民，隨以故元勅印拜逆黨，自旅順口遣參政張華等械（械）送京師。事聞，詔諭開設遼（遼）東衛于得利嬴城，以斷事吳立，良佐，暠爲指揮僉事，掌遼東衛事。

此言遼東衛之建原於張良佐之擒治元裔，然此亦非最初建衛之事。遼東建衛始于劉益之降，吳立之奉勅招服（見前引全邊略記文）。考時劉益屯守之地爲蓋州，則蓋州建衛似在其先。明史地理志山東篇（卷四十一）蓋州衞條下云：

洪武四年廢，五年六月復置。

既言洪武四年廢，則於四年之先必有建置之說，亦可略證蓋州衞先遼東衞而建置也。

總之，遼東建衞之制，自蓋州得利嬴城始，而其時則在洪武三年與四年交會之間，都衞之建，以四年七月為近是。至都司之建，則始自八年十月可斷言也。

說禹貢州數用九之故

張公量

一

禹貢是戰國時代的作品，已成了鐵一般的事實。牠把天下分作九州：(一)冀州，(二)兗州，(三)青州，(四)徐州，(五)揚州，(六)荆州，(七)豫州，(八)梁州，(九)雍州。冀，徐，梁，雍四州，有山有水；其餘五州，除分界外只說川澤。照現在的省區來講，那末：

冀州是在河北，山西，以及河南的北部。

兗州是在山東北部和西部，以及河北的東南部。

青州是在山東東部和中部。

徐州是在山東南部，江蘇，安徽的北部。

揚州是在江蘇，安徽，浙江，江西四省之地。究竟佔多少地方，不知道。

荆州是在湖北，湖南，及四川的東部。

豫州是在河南和湖北。

梁州是在陝西的南部，以及四川的中部，北部。

雍州是在陝西和甘肅。

他的劃分法，固不是自然法；政治上的意義，也談不上；究竟怎樣來的呢？這個問題，向來的人，像在教堂裏唸Bible一樣，讀所謂『五經』，腦袋裝滿着聖帝明王，是決不會發生的！最近顧先生纔和同學們提出熱烈的討論。翁獨健兄說是『方位觀念的作用：東，西，南，北，東北，西北，東南，西南，再加上中央』。王樹民兄說是『取數於稱王的九國，而依當時地理知識所及的山川形勢，劃分九州』，因為孟子有『海內之地，方千里者九』（梁惠王上）的話。楊向奎兄說是『必為歷史上的傳說』，因為九牧，九土，九有，諸字樣早見於商頌，左傳，金文之中。顧先生的考證（燕京大學史學年報第五期州與縣的演變），尤為精詳。論文都收入尚書研究講義丁種三之二了，用不到重引，現在只述我個人的一種想像。

二

說禹的九分法，最嚴密的莫過於周太子晉諫靈王勿壅穀，洛二水的話：

> 其後伯禹念前之非度，釐改制量，象物天地，比類百則，儀之于民，而度之于羣生，共之從孫四嶽佐之。高高下下，疏川導滯，鍾水豐物。封崇九山，決汨九川，陂障九澤，豐殖九藪，汨越九原，宅居九隩，合通四海。——周語下

這和禹貢『九州攸同，四隩既宅，九山刊旅，九澤既陂，四海會同』的話顯有血統關係。因爲古人以爲地是方的，所以環在地外的海，數限於四。其餘，無論如何，都給取上『九』的名字。這樣一來，國家就平定了，禹和嶽的功績可不小，應分受皇天的嘉錫：

> 故天無伏陰，地無散陽，水無沉氣，火無災燀，神無間行，民無淫心，時無逆數，物無害生，帥象禹之功，度之于軌儀，莫非嘉績，克厭帝心。皇天嘉之，祚以天下，賜姓曰姒，氏曰有夏，謂其能以嘉祉殷富生物也。祚四嶽國，命以侯伯，賜姓曰姜，氏曰有呂，謂其能爲禹股肱心膂以養物豐民人也。

這也和禹貢的『六府孔修，庶土交正。錫土，姓』的話有關。我們讀了這一段神妙莫測的話，別忘了背後的一個九分法喲！山，川，澤，藪，原，隩的生成，都是自然的地理之形。要眞的天下有九山，九川，九澤，九藪，九原，九隩，是絕對不可通的。（韋昭云，『凡此諸侯言九者，皆謂九州之中山川澤藪也』，是影響傅會之論，不足憑信。）顯然，『九』是無甚意義的；汪中說是虛數（釋三九），實在不錯。不過從周語下及其他用九名物的文字看，總該有一種非意義的意義，我勉強杜撰『神聖的』(Sacred) 三字立說，來補充汪中的意見。是否有當，盼學會同人切實指教！

充類至義之盡，我且拿含有『九』的意味的話語，歸納起瞧瞧，到底有若干消息可以透露出來。

第一，屬於天文的　『九』在天文上的應用，有離騷的『指九天以爲正兮，夫唯靈修之故也』，天問的『九天之際，安放安屬？』以及逸周書小開武解的『九星』『九紀』。山經西次三云，『昆侖之丘，是實惟帝之下都，神陸吾司之，司天之九部』，這『九部』恐怕就是九天。後來，呂氏春秋有始覽配合到九州，說：『天有九野，地有九州』，這也就是莊子大宗師所謂『奄有天下，比於列星』。這是一個極確鑿的州數用九不是全然無意義的佐

證，也便是州數用九和天文有交涉的暗示。

第二，屬於地理的　商頌玄鳥的『九有』，長發的『九圍』，傳統經學家都解作九州的。又易震卦的『躋于九陵』，左傳的『貢金九牧』（宣三，此說不可靠，適之先生已辨之，見古史辨第一册頁一二〇），以及指名的『芒芒禹迹，畫為九州』（襄四），又離騷的『百神翳其備降兮，九嶷繽其並迎』，又『道帝之兮九阬』，又『與女遊兮九河』，以及『思九州之博大兮，豈惟是其有女』，『紛總總兮九州，何壽兮在予』，這種觀念是很值得注意的！作者如何的瞠目於森羅萬象而恍惚浩蕩的宇宙現象！他稱『九』，不是偶然的！再看，魯語的『后土能平九土，故祀以為社』，這也值得注意，可見能平九土纔有祀為社的資格。又山海經的『食于九山』，恰與穆天子傳的『升于九阿』極其肖似，九不能為實數可知。又莊子列禦寇云『河潤九里』，『千金之珠，必在九重之淵』，在宥云，『出入六合，遊乎九州』。九嶷，九阬，九河，九山，九阿，九里，九重之淵，定然不是嘶大的所在，而『出入六合，遊乎九州』，卻與離騷所說的『九州』是一樣的茫昧的觀念。

第三，屬于政治的　先看左傳，『九扈』為九農之號（昭十七），『九獻』是上公的禮（僖十三），『周有亂政而作九刑』，又有『九宗』（定四）和『九族』（桓六）。九農的觀念或從『九穀』來，『九刑』的觀念或從『丸鼎』來。『九宗』『九族』是一樣的。洪範的『九疇』，尤須注意！那樣經國大政，盡納在這九項之中。周禮九的觀念最深，看哪：九畿（大司馬），九賦，九職，九式，九貢，九兩（大宰，大府），九嬪，九御（內宰），九儀（大行人大宗伯），九經，九緯，九軌，九室，九夫（考工記），一切的制度都安排在九之下了！還有逸周書的『九畝』（大開武解），九德（寶典解），更有『禁九慝，昭九行，濟九醜，尊九德，止九過，務九勝，傾九戒，固九守，順九典』（文政解），『九酌』，『九聚』（文酌解），真是神聖得像天經地義一般。錢玄同先生說『周禮是劉歆偽造的』，雖不一定是，總歸很晚的：這時候人的九的觀念尚且如此，遑論春秋時代。

第四，其他　定四年，鄭子大叔卒，晉趙簡子哀之，說：

> 黃父之會，夫子語我九言，曰無始亂，無怙富，無恃寵，無違同，無敖禮，無驕能，無復怒，無謀非德，無犯非義。

宣十二年，晉郤缺說，

> 九功之德，皆可歌也，謂之九歌；六府三事，謂之

成功。

前者是朋友的規誡，後者是國家的禮樂，都限制於九數，九之含義可想。莊子列禦寇說的更妙，

顏成子遊謂東郭子綦曰：『自吾聞子之言，一年而野，二年而從，三年而通，四年而物，五年而來，六年而鬼入，七年而天成，八年而不知死，不知生，九年而大妙。』

這與穆天子傳『？之虛，皇帝之閟，乃□先王九觀，以詔後世。□祀大哭九而終喪亡，出于門，喪主即位』一比較，可知一表得道之極，一表盡喪之禮，皆是有深意的。至于穆傳的『我徂黃竹，□員閟寒，帝收九行』，與左傳的『經啓九道』，恐怕是九州至密切的導線。

引了不少了，總括說一句：這個九，最先應用到天文上，有巍巍赫赫，茫無邊際的意義，是虛數。其次，拿來形容大地，還是虛數，意義亦同。慢慢的由虛數變爲實數了，人們就強制作形，替他分配所在。最後，政事上也應用牠了，其神聖的意義則始終不變。我抱了這個信念，來說明禹貢州數用九之故，所以後來看王逸這樣的幾句話，由不得點首稱是，想不到契合如此：

九者，陽之數，道之綱紀也。故天有九星，以正機衡；地有九州，以成萬邦，人有九竅（按莊子齊物篇有『百骸，九竅，六藏』一語），以通精明。屈原……乃援天地之數，列人形之要，而作九章九歌之頌，以諷諫懷王，明己所言與天地合度，可履而行也。——九辨章句序

三

易說陰陽，陽數盡于九，所以文天祥正氣歌有『嗟予遘陽九，隸也實不力』的話。『九泉』是冥府之稱。原始社會裏的這個陽九的觀念，或是尚在九天之前，一樣的那般神聖，不可瀆褻的。顧先生說：

商族認禹爲下凡的天神。——古史辨頁六二

禹爲山川之神，……又爲社神。其神職全在土地上，故其神蹟，從全體上說，爲鋪地，陳列山川治洪水；從農事上說，爲治溝洫，事耕稼。——古史辨頁一一四

功績這樣深，人（神）格這樣大的禹，到了戰國，還不夠奉爲『封崇九山，決汨九川，陂障九澤，豐殖九藪，汨越九原，宅居九隩，合通四海』的人麼？他所踏的地面，所涉的川澤，所跨的山原，還不夠上『九』的尊號麼？

二十三年三月二十日

從夏禹治水說之不可信談到禹貢之著作時代及其目的

許道齡

時間無論古今，空間無論中外，任何事業之成就，其基礎都是建築在牠的時代的客觀環境之上，不是憑空能發成功的。所以我們學歷史的人對于研究某一個問題而要知道牠的眞確性質時，必先把牠的時代的客觀環境分析得清清楚楚，然後酌下斷語，才不致於謬誤百出。我現就把這種見解來探討夏禹治水之說，同時談及禹貢之著作時代及其目的。

(甲)夏禹治水說——這問題可分為四方面觀察之。

1.工具方面：『工欲善其事，必先利其器』，除非夏禹是位下凡神仙，在那公元前二十三世紀的新石器時代(?)必不能做偌大『鑿龍門，疏九河，決九川，濬畎澮』的工作。揚子江水道委員會的技師 Palmer 君對於丁文江先生說的好，『就是要用現代的技術來疏長江，都是不可能的。石器時代的禹如何能有這樣能力。』——這是從工具方面看出夏禹治水說之不可信。

2.政治方面：『王假有家』(易家人九五)，『王假有廟』(易萃彖辭)，這是說明王的職權只能管家政和祭宗廟。可知我國上古時代之所謂王不過像現代的一個族長，一個家長；所謂國也不過如現代的一城市，一村莊。上古人煙稀少，而古典中動輒稱『萬邦』，『萬國』，由此窺見古代每個國家之人口實無幾；前朝炎帝，後朝黃帝；前朝帝堯，後朝帝舜，父子無法相傳，由此斷定當時王權之卑微。嚴格說來：古代之國家人數也許沒有現代一個中等城市之衆多；君主之權力也許沒有現代一個中才村長之強大，政治組織也許沒有現代模範村之完密。聚一羣無知識，無紀律之人於一起，任何人都不能指揮如意。夏禹何人？能夠驅策那渾渾噩噩之初民做這勞苦而危險的治水工作至十三年之久。——這是從政治方面看出夏禹治水說之不可信。

3.社會方面：商代國家約有三千，周初諸侯至少八百，夏禹之世，當然不止此數。老子：『鄰國相望，雞犬之音相聞，民至老死不相往來』的話，正是上古社會之寫照。在這種各據一方以自雄的部落社會情形之下，人民的意識十分狹隘，所知道的是天下最小的一部份的事，所欲做的充其量也不過如此。不要說虞夏那老死不相往來，鄰國時起械鬥之世，就是現在萬國交通，人道高唱的時代，還是『以鄰爲壑』，絕沒有把本國事情和國際的同一看待的。——這是從社會方面看出夏禹治水說之不可信。

4.經濟方面：『萬事非錢莫辦』，這是貨幣發生以後的名言。夏禹之世，做事或許是不用金錢，然也須貨物充足，糧食不缺，才能得到偉大的成功。考洪水之患，起于帝堯，初命鯀治，夏禹繼之。禹作十三，鯀堙九歲。在那石器工具生產的社會，那有偌大的工程力量。——這是從經濟方面看出夏禹治水說之不可信。

夏禹治水之說，從各方面看來既毫不可信，那末禹貢一篇是出於假冒，毋庸懷疑。——但是該篇之作到底始於何時？其目的究竟何在？玆不揣譾陋，略抒所見如下：

(乙)禹貢之著作時代

禹貢之著作時代，議論紛紜，莫衷一是。但據我研究結果，斷定牠是戰國末年作品。理由是：禹貢九州惟梁貢鐵。蓋鐵之出現也許始於春秋之世，但牠的產地起初是在荆揚一帶。史記范雎傳云：

秦昭王曰：吾聞楚之鐵劍利而倡優拙。夫鐵劍利則士勇；倡優拙則思慮遠。

荀子議兵篇云：

楚人宛鉅鐵鉇，慘如蠭蠆，然而兵殆於垂沙，唐蔑死。藝文類聚弩部引戰國策曰：

蘇秦爲楚合縱，元戎以鐵爲矢，長八寸，一弩十矢俱發。

越絕書記寶劍篇云：

楚王令風胡子之吳見歐冶子干將，使之作鐵劍。歐冶子將鑿茨山，洩其溪，取鐵英，爲鐵劍三枚，一曰龍淵，二曰泰阿，三曰工布。

又云：

越王句踐有寶劍能穿銅釜，絕鐵鑑，故曰巨闕；又取鐵英作鐵劍。

吳越春秋云：

越王元常聘歐冶子，作名劍五枚。薛燭善相劍，見湛盧曰：善哉，含金鐵之英，吐銀錫之精。

又云：

干將者，吳人，與歐冶同師。闔閭使干將造劍二枚，一曰干將，一曰莫邪，金鐵濡，遂成劍。

博覽古籍，從未有說梁州在戰國中葉以前出產鐵的。荆州，揚州出鐵較早，而寶劍全產於吳越，若論質量，應以揚州爲最優，何故都未被列爲貢品，而惟梁州貢鐵？想必因爲禹貢的著作時代，荆揚等州的鐵的產量沒有梁州的豐富吧。按梁州之大量產鐵，是在戰國末年。史記貨殖列傳云：

> 蜀卓氏之先，趙人也，用鐵冶富。秦破趙，致之臨卬，即鐵山鼓鑄，運籌策，傾滇蜀之民。程鄭，山東遷虜也，亦鐵冶，富埒卓氏，俱居臨邛。

梁州大量產鐵既在周末秦初，而禹貢惟梁州貢鐵。準此，我們可以斷定禹貢爲戰國末年之作品。

（丙）禹貢之著作目的

禹貢著作的目的，我以爲是在鼓吹統一，和減免租稅，蓋戰國末年，群雄爭長，魚肉人民，兵連禍結，租稅繁重，作者渴望統一，同時又渴望減稅，故一面借『禹域』以宣傳，一面倡『貢法』以呼籲，其意義好像今日之『民族』，『民權』，『民生』。——總之：這是作者一片救世苦心之結晶，記載雖不甚精確，制度雖無所根據，然苛政猛虎，叫苦連天，良心鞭策，迫不及擇，故潦草成書，冀其早日行世，以改革當時之人心，而救奄奄待斃的生民。其言洪水，安知非用之以喻苛政；其言禹，安知非即作者理想中的救世聖主呢！

二三，二，二二。

漢書地理志中所記故國及都邑

李子魁

顧棟高於春秋大事表中作列國爵姓及存滅表，學者便之。然其所載爵姓及地望多不見於春秋及左傳中，彼果何從而得之，是不能令人無疑者。予嘗尋求其源，蓋有三焉：一爲世本，二爲漢書地理志，三爲杜預春秋釋例。欲爲分析，非旦夕間事。故今先錄漢志所記故國舊邑之文於左，以備省覽。凡非班固自注之文悉不錄，以判別材料之先後爲治史者之第一義也。雖班固所自注而非漢以前者亦不錄（如東平國下注曰『故梁國』，按此乃彭越之梁），以漢代封國應別記之也。其次序略依班氏所記之時代，凡原文不詳其時代者則以方向別之。至於彼所言者是否悉信，乃另一問題，非本篇所及。

（一）太昊後國：

1. 東郡須昌：故須句國，太昊後，風姓。
2. 東平國任城：故任國，太昊後，風姓。

（二）少昊後國：

1. 東海郡郯：故國，少昊後，盈姓。

2.城陽國莒：故國，盈姓，三十世爲楚所滅，少昊後。

(三)炎帝後國：

1.沛郡向：故國，春秋曰『莒人入向』，姜姓，炎帝後。

(四)黃帝後國：

1.東郡南燕：南燕國，姞姓，黃帝後。

(五)舜後國：

1.淮陽國陳：故國，舜後胡公所封，爲楚所滅。

(六)四岳後國：

1.穎川郡許：故國，姜姓，四岳後，大叔所封。二十四世爲楚所滅。

(七)皐繇後國：

1.六安國六：故國，皐繇後，偃姓，爲楚所滅。

2.六安國蓼：故國，皐繇後，爲楚所滅。

(八)夏禹國及夏後國：

1.穎川郡陽翟：夏禹國。

2.北海郡斟：故國，禹後。

3.東海郡繒：故國。禹後。

4.陳留郡雍丘：故杞國也。周武王封禹後東樓公。先春秋時徙魯東北。二十一世簡公，爲楚所滅。

5.右扶風鄠：古國，有扈谷亭。扈，夏啟所伐。

6.魯國薛：夏車正奚仲所國，後遷于邳。湯相仲虺居之。

(九)商都及商後國：

1.河內郡朝歌：紂所都。

2.梁國睢陽：故宋國，微子所封。

3.沛郡酇：故酇叔國，宋別封附庸也。

(一〇)周都：

1.右扶風斄：周后稷所封。

2.右扶風栒邑：有豳鄉，詩豳國，公劉所封。

3.右扶風美陽：禹貢岐山在西北。中水鄉，周大王所邑。

4.河南郡河南：故郟鄏地。周武王遷九鼎，周公致太平，營以爲都，是爲王城。至平王居之。

5.河南郡雒陽：周公遷殷民，是爲成周。

6.右扶風槐里：周曰犬丘，懿王都之。

7.河南郡鞏：東周所居。

8.河南郡梁：鄤狐聚，秦滅西周，徙其君於此。陽人聚，秦滅東周，徙其君於此。

(二)姬姓國及其卿大夫之邑：

1.會稽郡吳：故國，周大伯所邑。

2.河東郡大陽：吳山在西，上有吳城。周武王封太伯後於此，是爲虞公；爲晉所滅。

3.廣陽國薊：故燕國，召公所封。

4.弘農郡陝：故虢國。有焦城，故焦國。

5.河內郡朝歌：紂所都。周武王弟康叔所封，更名衞。

6.山陽郡成武：有楚丘亭，齊桓公所城，遷衞文公於此。子戊公徙濮陽。

7.東郡濮陽：衞成公自楚丘徙此。

8.河內郡壄王：衞元君爲秦所奪，自濮陽口徙此。

9.汝南郡上蔡：故蔡國，周武王弟叔度所封。度放，成王封其子胡。十八世，徙新蔡。

10.汝南郡新蔡：蔡平侯自蔡徙此；後二世徙下蔡。

11.沛郡下蔡：故州來國，爲楚所滅。後吳取之。至夫差，遷昭侯於此。後四世，侯齊竟爲楚所滅。

12濟陰郡定陶：故曹國。周武王弟叔振鐸所封。

13穎川郡父城：應鄉，故國，周武王弟所封。

14.魯國魯：伯禽所封。

15.東海郡費：故魯季氏邑。

16.趙國襄國：故邢國。

17.太原郡晉陽：故詩唐國；周成王滅唐，封弟叔虞。

18.河東郡聞喜：故曲沃，晉武公自晉陽徙此。

19.河東郡絳：晉武公自曲沃徙此。

20.太原郡祁：晉大夫賈辛邑。

21.太原郡榆次：涂水鄉，晉大夫知徐吾邑。

22.太原郡孟：晉大夫孟丙邑。

23.南郡皮氏：耿鄉，故耿國；晉獻公滅之，以賜大夫趙夙。後十世，獻侯徙中牟。

24.河東郡河北：詩魏國；晉獻公滅之，以封大夫畢萬；曾孫絳徙安邑也。

25.陳留郡浚儀：故大梁；魏惠王自安邑徙此。

26.沛郡公丘：故滕國，周懿王子錯叔繡所封。三十一世，爲齊所滅。

27.京兆尹鄭：周宣王弟鄭桓公邑。

28.河南郡新鄭：詩鄭國，鄭桓公之子武公所國；後爲韓所滅。韓自平陽徙都之。

29.穎川郡陽翟：周末韓景侯自新鄭徙此。

30河內郡共：故國。

31. 汝南郡南頓：故頓子國，姬姓。
32. 上黨郡長子：周史辛甲所封。
33. 河內郡溫：故國，己姓，蘇忿生所封也。
34. 京兆尹杜陵：故杜伯國。

（二）東方諸國：

1. 泰山郡虵丘：隧鄉，故隧國。春秋曰『齊人殲於隧』也。
2. 泰山郡牟：故國。
3. 泰山郡蒙陰：顓臾國在蒙山下。
4. 琅邪郡黔陬：故介國也。
5. 東海郡開陽：故鄅國。
6. 東平國亢父：詩亭，故詩國。
7. 魯國騶：故邾國，曹姓，二十九世為楚所滅。
8. 楚國彭城：故彭祖國。
9. 楚國傅陽：故偪陽國。
10. 梁國甾：故戴國。

（三）南方諸國：

1. 丹陽郡丹揚：楚之先熊繹所封。十八世，文王徙郢。
2. 南郡江陵：故楚郢都。楚文王自丹陽徙此。後九世，平王城之。後十世，秦拔我郢，徙東。
3. 南郡郢：楚別邑，故郢。
4. 南郡若：楚昭王畏吳，自郢徙此；後復還郢。
5. 淮陽國陳：楚頃襄王自郢徙此。
6. 九江郡壽春邑：楚考烈王自陳徙此。
7. 南陽郡葉：楚葉公邑。
8. 河南郡密：故國。
9. 河南郡新成：蠻中，故戎蠻子國。
10. 汝南郡女陰：故胡國。
11. 汝南郡項：故國。
12. 臨淮郡徐，故國，盈姓。至春秋時，徐子章禹為楚所滅。
13. 廬江郡舒：故國。
14. 南陽郡宛：故申伯國，有屈申城。
15. 南陽郡筑陽：故穀伯國。
16. 南陽郡隨：故國。厲鄉，故厲國也。
17. 南陽郡鄧：故國。
18. 南陽郡舂陵：上唐鄉，故唐國。
19. 南陽郡湖陽：故廖國也。
20. 南郡宜城：故鄀。
21. 南郡枝江：故羅國。

22. 南郡陈歸：歸鄉，故歸國。

23. 江夏軑：故弦子國。

24. 會稽郡山陰：越王句踐本國。

25. 琅邪郡琅邪：越王句踐嘗治此，起館臺。

(一四)西北方諸國：

1. 右扶風雍：秦惠王都之。

2. 弘農郡商：秦相衛鞅邑也。

3. 京兆尹新豐：驪山在南，故驪戎國。秦曰驪邑。

4. 左馮翊臨晉：故大荔；秦獲之，更名。芮鄉，故芮國。

5. 安定郡陰密：詩密人國。

6. 上黨郡潞：故潞子國。

7. 眞定國肥纍：故肥子國。

8. 右北平郡無終：故無終子國。

我對於雲南羅羅族研究的計畫

楊成志

(一)西南民族的範圍

『西南民族』一名詞，係包括粵，桂，黔，滇，川，康，藏及印度支那(安南，暹羅，緬甸)各地所分佈的半開化的或未開化的部族之總稱。簡言之，即是世俗稱爲『南蠻』或『苗蠻』或『苗族』或『西南夷』……的。此種受天演淘汰的殘餘部族，在我國歷史上曾占重要的篇幅，如三代的『三苗』和『有苗』，商周的『百濮』和『東里』，春秋戰國的『南蠻』，秦漢的『西南夷』，後漢的『蠻夷』和『哀牢』，六朝的『爨』和『僰』，宋的『大理國』和『西南蕃』，元的『三十七蠻部』，明清的『一百一十五土司』，……簡籍所載，彰明可考。時至今日，號稱開化數千年的中華境內，在西南高原或南嶺山脈一帶，尚有語言不同，慣俗殊異和制度分歧的無數山居部族繁殖其中。測量他們所佔的境域，幾乎佔全國境十三分之一；統計其人口的總數，約有三千餘萬，幾佔全國百分之八。這是多麼可驚奇的一同事！我曾翻閱西南各省志書及外國人關于西南民族的著述。又六年來曾親眼看過的，計：廣東有猺人，黎人；廣西有猺人，土老，僮人和佷人；貴州有仲家，花苗，黑苗和夷人；湖南有苗，猺；四川有羅羅，西番；雲南有羅羅，苗，猺及擺夷；康藏有西番，波人；印度支那有擇人，歹人，……他們各具有其文化，生活，信仰，和社會的組織。在我國文獻的寶庫裏，所謂經史子集的四庫全書，很難找得出完滿而且實在的系統記載。所以若根據吾國歷史的沿革與地理的延袤來說，這數年來才引起國內學術界注意的西南民族研究，實爲一種急不容緩的學問。

（二）羅羅族在西南民族所占的地位

我們若把歷史的事實，地理的關係，人口的繁殖和文化型的等級來評定某一部族的生存，我們便可認定羅羅族不特站在西南民族中最重要的地位，同時又是外國學人最注重研究的一種部族。他們以山國的雲南爲大本營，以金沙江邊的大涼山爲住所，川滇黔人士稱爲『蠻子』，外國旅行家稱爲『獨立羅羅』(Independent lolo)。全滇一千七百萬人口，漢夷各半；夷族之中又以羅羅爲衆。雲南首府的昆明全縣人口約二十萬，四鄉的羅羅族竟至五六萬家之多，其餘各縣可想而知了。

羅羅的研究，以明代楊愼所編的南詔野史（已譯成法文）爲嚆矢。此外如雲南備徵志，雲南通志，雲南通志稿，滇繫……等書，雖對羅羅的沿革，風俗和制度有多多少少的記載，然習俗相沿，不屬於『閉門造車』的推測，即偏於『捕風捉影』的訛傳；要求其適合於現在羅羅社會的寫眞，眞是十無二三。此無怪三百年來羅羅的研究終不能引起我國學術界的注意。迨十九世紀歐人東漸，天主教與耶穌教相繼入滇，傳教神父如 Paul Vial 編羅法字典(Dictionnaire Francais-lolo)；F. M. Savina 編苗族歷史(Histoire de Miau)；牧師如 S. R. Clarke 編中國西南民族概論 (Among the Tribes in South West China)；F. B. Lippincott 編在未知的中國 (In unkown China)……。至科學調查團，又以 Mission D'ollon 及 Mission De legendre 對於羅羅的研究成績尤爲較著，或編字典，或著遊記，或描寫風俗，或測繪地圖，……（就我所知，英法德文對羅羅的研究著作約有百種）。由此看來，羅羅的研究在歐洲的人類學上和民族學上被視爲一種新開發的園地是無疑的了。

然而本我六年來的經驗，知道外國人的著述多多少少總帶着『種族成見』在其中。我們無需指出其特別謬誤諸點，只就他們開口合口說的羅羅爲『非中國人』(Non-Chinese)這個總稱名詞，便很有討論的價值了。所以我現在想根據中西的參考書，合上我自己數年來的資料，把整個的羅羅族全盤托出來，供中外學術界一種新的參考。

（三）羅羅研究與現代學術上的關係

（A）羅羅研究與人類學的關係——人類學的目的是尋求人類在生物上的地位，人種的系統，分類和分佈，人類的起源及其遺物爲研究的對象。簡言之，人類學便是『人的科學』(Science of Man)或『人類的自然史』(Histoire Naturelle de l'homme)。羅羅族的起源，分類，分佈及其一切現在尚生存的和過去的文化，究竟是怎麼樣的，現尚未有人做出一種有條理的系統來。因此，我們應本人類學的方法，尋出此未知的文化 (Unknown Culture)，爲人類學上的貢獻。

（B）羅羅研究與民族學及民族誌的關係——『民族學』與『民族誌』兩名詞，雖英法德各有其解釋，然綜合其定義，民族學是本自然歷史的觀點或動物學的方法，以研究人種的異同的一種科學；民族誌是本語言，慣俗，或社會制度的系統，以尋求人種或人民的究竟的一種記載。羅羅族的體格和文化怎樣？是否爲中國的土著民族？其遷移與混種的遺跡怎麼樣？……研究出來的結果是值得供民族學與民族誌的一種新資料的。

（C）羅羅研究與考古學及歷史學的關係——欲知人類文化的由來與演進，固當求諸史前史 (Prehistory) 和原古史 (Protohistory) 的遺跡或遺物的發現，然而自有史以來，許多野蠻的或未開化的或半開化的民族或部族尚保存原人文化的遺型，爲書籍上所忽略而未有記載的尚很多。如滇川的『蠻子』(獨立羅羅)至今尚保存其狩獵生活，部落制度，奴隸制度和巫術與巫師，與夫石器時代所用的火把，火具，皮甲和刀矛等遺物的使用，這實足供考古學與歷史學的惟一旁證。

（D）羅羅研究與語言學及文字學的關係——語言是思想的表現，字是思想的標記。羅羅的語言究屬于語言學上的何系？(是否如外國人稱爲西藏緬甸語 Tibete Btrman？)其文字與象形文和楔形文的比較，其異同怎樣？與中國和西藏的語文相差的程度如何？混化或轉變的程度怎樣？保全中國的古音的成分有多少？其字形又與甲骨文的比較怎麼樣？……如此種種，都是亟待研究的問題。

（E）羅羅研究與社會學及民俗學的關係——社會學是探討社會的自然律，自然的因果和自然環境爲目的的。我們若想明瞭羅羅族的未知社會實況，固宜用社會學的方法以推求之，同時也可藉此洞悉野蠻社會逐漸進化的程序。至形成其思想與想像的結晶品，如神話，傳說，故事及歌謠……是爲民俗學的寶貴材料。因此，我們如果研究某一個社會的文化眞型，决不能捨却表示人類心靈的民俗的形態的。

（四）羅羅研究的特別準備

民國十六年，國立中央研究院歷史語言研究所設籌備處于廣州，同時國立中山大學語言歷史學研究所亦開始設立。我辭嶺南大學高中部教員後，即服務其中。翌年，語言歷史學研究所出版西南民族研究專號後，西南民族之名始引起國內學術界的注意。是年七月，由中央歷史語言研究所與中大語言歷史學研究所兩機關合組雲南民族調查團，特派史祿國（S.M.Shirokogoroff，現任清華大學人類學教授），史夫人，容肇祖先生及我四個人赴滇考察羅羅族。他們三位先生逗留昆明月餘即回校，我因讀外國文著述，深知羅羅研究應從實地考察做起，遂不辭勞苦，於是年九月一日獨從昆明出發，經過二十天的崎嶇的馬上生活，直至川滇交界金沙江西岸的大涼山（或稱巴布涼山）。此長約二千里，寬約四百里的大山地區，當地漢人稱為蠻子的大本營，外國人稱為獨立羅羅的國土。雖經受許多次的危險遭遇，然我終能入其堂奧，考察其社會制度，慣俗，宗教，文字和語言，並收集其民俗品，尤注意的是他們的寶貴的經典。我在滇考察兩年，除專注重獨立羅羅的研究外，復曾考察過花苗，仲家，或青苗，夷人，散民，白子，子君，猺人和安南人……等部族。兩年羅羅族的調查經過概略，已見拙著，在此恕不多述。我又曾到過瓊州島兩月調查黎人，到過韶關考察猺人，及在廣州與海豐考察過疍民。總計我六年來的工作，除大部分比較重要的材料尚待整理外，茲錄已出版的及正在印刷中的拙著名稱如下。

（1）雲南民族調查報告（中山大學語言歷史學研究所版）

（2）雲南羅羅族的巫師及其經典（中山大學文史研究所版）

（3）從西南民族說到獨立羅羅（廣州黃花考古學院版）

（4）西南民族研究（中山大學西南研究會版）

（5）羅羅說略（廣州嶺南大學學報）

（6）雲南羅羅族論叢（印刷中）

（7）西南民族（印刷中）

（8）安南風土誌（印刷中）

（五）研究的方法與程序

我六年來對於西南民族的探討，經過既如上述，然而深覺所發表的著述尚不能躋于專門的研究，因此于民國二十一年三月帶了許多搜集得來的資料，離國來法，希圖深造。轉瞬一年，對于研究上的近程約有五種如下：

（1）搜集參考書——羅羅研究的資料有兩種：（A）書籍：法英德文參考書約有兩百種，在巴黎各圖書館，我都閱讀了，編成摘要的圖書目錄。（B）經典：凡東方語言學校（L'Ecole des langues Orientale Vivantes），國家圖書館（Bibliothèque Nationale），天主教外國教會等機關及D'ollone

先生，Delegendre 先生……所藏的羅羅經典，我亦一一看過，且摘鈔其目錄。

（2）整理資料——我的草稿頗多，其比較重要的有『羅羅字典』（約四百頁），『獨立羅羅的社會組織』（約四百頁），『羅羅歌謠集』（約三百頁）。此三書現已着手整理，寫成法文或英文。至其內容與章節（參閱雲南民族調查報告），在此恕不多述。

（3）受學專家——我所跟隨作研究上的指導的，共有三位專門家：（A）Mauss（巴黎大學及民族學研究所民族學教授，為法國最著名的民族學專家）；（B）Rivet（民族學研究所主任兼教授）；（C）Papillant（人類學院實驗室主任兼社會學教授）。

（4）學習技術——除聽課外，我特注重技術上的學習，在人類學實驗室學習人類測量學（Anthropometric）及頭骨學（Cràneologic）作世界各人種的比較研究；在民族誌博物館（Musée D Ēthnographie）學習如何整理，分類，陳列和保藏民族物的方法，作博物館學的研究；在地質學實驗室學習第四紀人類化石與古生物學的研究。

（5）加入人類學與民族學會——在巴黎，我曾加入國際人類學會（Institut International D'Anthropologie）及民族誌博物館友誼會（Sociéte des Amis du Musee D'Ethnographie）為會員，又在英國倫敦的皇家人類學院（Royal Anthropological Institute of Great Britain and Ireland）為研究員（fellow），俾得與各專家往來交際，為學問上的切磋。

（六）研究上待購的工具

（1）參考書約兩百部，約值大洋一千元。

（2）人類學測量具全套約值大洋一千元。

（3）人類骨模型或標本或掛圖，約值大洋一千元。

（4）收音機一個（兼收音蠟筒），約值大洋一千元。

（5）幻燈一個（現歐洲人類學及考古學演講均用燈射圖舉例），約值大洋一千元。

（6）攝影機全套，約值大洋五百元。

（七）研究的處所

我一年來在巴黎研究的地方如下：

（1）民族學研究所（Institut D'Ethnologie），此係巴黎大學理科學院隸屬下的一等研究機關。我常往聽講關於民族學諸功課。

（2）民族誌博物館，為法國自然歷史博物館之一，為民族學研究所的實驗場。我實習其中，學習處理一切民族物品的方法。

（3）人類學實驗所（Laboratoire D'Anthropologie）此爲民族學院研究所及人類學博物館（Musee D'Anthropologie）的實驗塲。我學習頭骨學的比較即在此處。

（4）人類學院（Ecole D'Anthropologie）此爲全世界各國首先創立人類學研究的第一個機關，亦爲國際人類學會的首倡者及總機關。首創人爲 Broca（1824–1880），爲法國人類學的導師。此院有圖書館，實驗室，博物室及講演堂，亦爲我研究的處所。

（5）此外如考古學院（L' Ecole du louvre），法國學院（College de France），古生物學研究所（Institut du Paleontologie）和東方語言學校，亦爲我常往聽講的地方。

（七）研究時間

這一年，除在以上諸處進行研究外，以後的計劃，擬再留巴黎兩年，繼續研究，然後往英國倫敦留半年，德國柏林留一年，美國紐約留一年，俾得探討及比較各先進國人類學研究的實況和方法。在法期間，如逢着好機會時，更希望能够加入法國非洲調查團，爲黑人考察的研究。

（八）期望得到的結果

（1）事實上的——我希望兩年內把『獨立羅羅社會組織』一書寫成法文，取得巴黎大學科學博士學位，再費兩年功夫以英文寫成『羅羅字典』，『羅羅歌謠集』及其他各部落考察材料。在外國，希望在國際人類學研究上占一地小位；回國後擬在大學任人類學或民族學教授，又想組織大規模的西南民族調查隊，爲一生的研究事業。

（2）理論上——由羅羅研究的結果，不特可把人類的原始文化和野蠻生活的眞型全盤托出，亦可推出我國古代文化的遺型，及尋出中華民族遷移的遺跡。如此，對於外國人的西南民族著作上的許多錯誤可加以嚴格的批評或糾正，同時更可將各省府廳縣志中對羅羅的無稽記載，下一個總檢定。總之，要使這些材料合於現代的科學的貢獻。

一九三三年三月三日，草於巴黎人類學院。

通訊處：

Mr. Young Ching Chi,

15 Rue De l'Ecole de Medicine

(l'Ecole D'anthropologie),

Paris (VI), France.

地圖底本出版豫告

顧頡剛　鄭德坤編纂　譚其驤校訂　吳志順　張頤年繪製

無論做什麼工作，都依賴精良的工具。這就是所謂『工欲善其事，必先利其器』。研究地理學，或研究有關於地理的其它學問，如歷史，經濟，語言，以及旅行調查之類，所需要的工具是什麼？『地圖』，自然是首先舉出來的！說到地圖這項工具，大家或者覺得是不難得到的，因為很多的書鋪裏都有地圖出賣，我們只要肯花錢，哪會買不到。

其實，事情是沒有這樣簡單的。我們要得到一點常識，當然買來的地圖已够用。但是我們如果要求深入，必須尋一種足以供我們研究時或調查時打草稿用的地圖，那可就沒有。因為原有的種種，不是嫌篇幅小，就是嫌顏色太複雜，着墨其上顯不清楚；而且普通的合裝本地圖，關于某一地方，買一本只有一張，這一張給我們打了一回草稿，就不能用了，要打第二次草稿時，必須重買一本，這是多麼的不經濟。要自己畫罷，也是够困難的。一來呢，製圖的技術不是每個人都會。二來呢，製一地圖實在太費時間。其三，則畫了一幅圖只能使用一次，同一地方，使用幾次就得繪製幾回，這豈不是太費功夫？

我們一羣人是研究地理沿革史的。我們讀古人的地理書，滿紙是地名而沒有圖，不要說記不住，就是讀了也等于不讀，彼此心中都感到十分的苦悶。想替他們補畫圖罷，那眞是不勝其煩；而且沒有一個公同的標準，就是畫了也合不攏來。因此，我們從去年三月起，開始畫『地圖底本』，目的有下列幾種：

(一)用經緯綫分幅，這張和那張，分得開，合得攏，要大要小都隨着使用者的心意。

(二)用紅色印，讓使用者隨着他的需要，加上藍色或黑色的文字和符號，例如研究地理沿革的就把古代地名及路線記上，研究經濟的就把各地人口，物產，賦稅記上，研究氣象的就把各地雨量，溫度之類記上，要作統計圖的就把比例數畫上；他不必費大氣力，就可有想象中的一幅地圖出現。

（三）對於民國十七年以來新設的縣治和十八年以來改名的縣治，均參照內政公報，盡量採錄。就是不當它底本用，也是一部最新的地圖。

到現在，我們已畫成了三十九幅，因為大致已足供研究中國地理沿革史者的使用，暫作一小結束；此後尚當畫亞洲全洲，進而畫全世界。

這三十九幅，東西從東經七十二度至一百四十度，南北從北緯二度至五十四度。邊疆方面，因為使用較少，比例為五百萬分之一；其餘則為二百萬分之一。（這是一個臨時的辦法，將來內地也要畫五百萬分一的，邊疆也要畫二百萬分一的，以求彼此的貫通。）每幅取一個最重要的地名作為圖名，以便記憶。圖名如下：

（一）龍江　（二）庫倫　（三）科布多　（四）虎林　（五）永吉　（六）赤峯　（七）烏得　（八）居延
（九）哈密　（一〇）長白　（一一）北平　（一二）歸綏　（一三）寧夏　（一四）敦煌　（一五）迪化　（一六）京城
（一七）歷城　（一八）長安　（一九）皋蘭　（二〇）都蘭　（二一）南京　（二二）漢口　（二三）成都　（二四）昌都
（二五）噶大克　（二六）閩候　（二七）長沙　（二八）貴筑　（二九）鹽井　（三〇）廈門　（三一）番禺　（三二）昆明
（三三）瓦城　（三四）拉薩　（三五）瓊山　（三六）河內　（三七）普羅談　（三八）曼谷　（三九）新加坡

至於製圖術方面，也有許多特點可說：

（一）經緯度皆依據圓錐投影法作標繪製。
（二）山脈用暈滃線法繪製，使脈絡顯明；但仍參考多種地圖，不加臆斷。
（三）河流，湖泊，島嶼，海岸綫等皆依據投影原理，依照光線的射入而分黃綫的粗細，使得易于識別。
（四）所用字體及其大小各有分別，例如：國都用四米粒等綫字，縣治用二米粒五等綫字，省會用三米粒五做宋字，市鎮用一米粒五等綫字，河流用斜體宋字，湖泊用斜體等綫字，山脈用聳肩字等，務使一目了然。

這圖畫好之後，本來即可出版，但因我們不敢草率從事，貽誤學者，所以特請譚其驤先生校對修改，使其達到盡美盡善的地步。此後譚先生校好幾幅，即付印幾幅，逐次在本刊發表。大約在半年之內可以印畢，屆時合購也可，單買也可。你研究哪個地方，或調查哪個地方，你就儘買那地方的圖去使用。我們的價格一定是定得最低廉的，我們一定使得這種地圖確能成為一般學者的草稿紙。

禹貢學會啟，二十三年四月十六日。

地圖底本分幅表

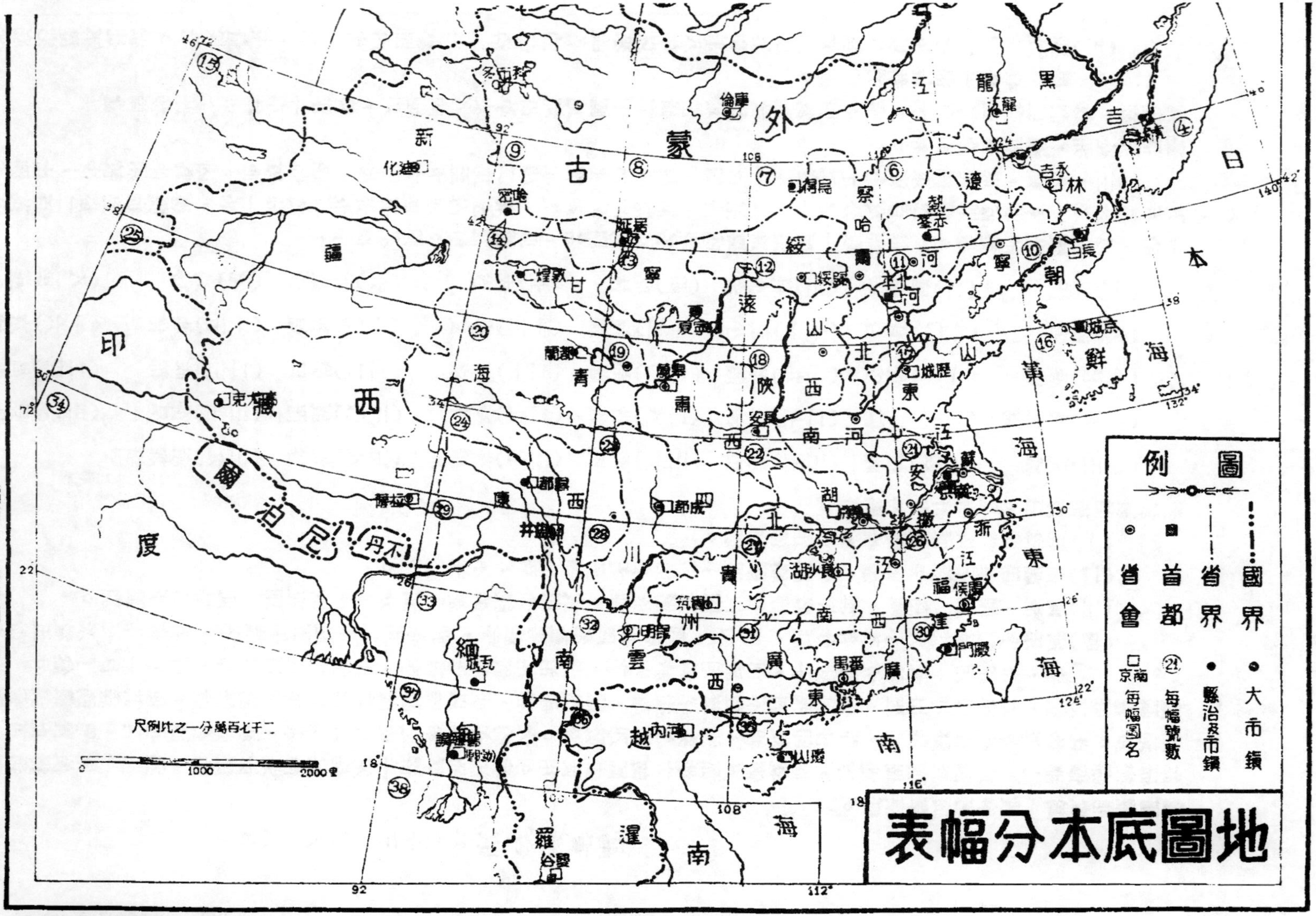

編纂者 顧頡剛 鄭德坤 校訂者 譚其驤

繪圖者 張頤年 吳志順

出版者：禹貢學會。
編輯者：顧頡剛，譚其驤。
出版日期：每月一日，十六日。
發行所：北平成府蔣家胡同三號禹貢學會。

禹貢

半月刊

The Evolution of Chinese Geography

Semi-monthly Magazine

Vol. I No. 5 May 1st 1934
Address: 3 Chiang-Chia Hutung, Cheng-Fu, Peiping, China

價目：每期零售洋壹角。豫定半年十二期，洋壹圓；全年二十四期，洋貳圓。郵費加一成半。國外全年加郵費八角。

第一卷 第五期
民國二十三年
五月一日出版

冀州考原 馬培棠
齊州即中國解 劉盼遂
穆傳山經合證 張公量
禮記王制及周官職方所言封國說之比較 鄺平樟
王制職方封國說之不同及後儒之彌縫 郭漢三
漢書地理志中所釋之職方山川澤浸 侯仁之
與顧頡剛先生論『九丘』書 唐蘭
中國地方志綜錄例目 朱士嘉

本刊業已遵章呈請登記

冀州考原

馬培棠

禹貢分九州，冀列最先，獨不言其境界；但以他州所至，亦未嘗不可以推知。兗州云『濟河』，自東河以東也；豫州云『荆河』，自南河以南也；雍州云『西河』，自西河以西也：明東河之西，南河之北，西河之東，是冀州之地。故周書職方曰：『河內曰冀州』，呂氏春秋有始曰：『兩河之間爲冀州，晉也』。則今山西全省，河北大半，河南一隅等地，均屬之。後世學者鮮持異議，似無若何問題。但考之墨子，冀州境界與此絕不同。兼愛中曰：

> 禹治天下：西爲西河漁竇，以泄渠孫皇之水，北爲防原泒，注后之邸，嘑池之竇，洒爲底柱，鑿爲龍門，以利燕代胡貉與西河之民；東方漏之陸，防孟諸之澤，灑爲九澮，以楗東土之水，以利冀州之民；南爲江漢淮汝，東流之注五湖之處，以利荆楚干越與南夷之民。

按此短文，分天下爲三區，分人民爲三系，與禹貢均暗合；此論詳見拙草古代中國民族考，茲不贅述。只有冀州，不在北區而在中區，是爲特異。雖兼愛亦未明言其境界，但仍有可以推知者：北區之極南，曰龍門，曰底柱，是大河以北不與焉；南區之極北，曰淮水，曰汝河，是大江之濱不及焉。其間有孟諸，有九澮，有之陸。孟諸即孟豬，在禹貢豫州；九澮即九河，在禹貢兗州；之陸即大陸，在禹貢冀兗之交。若夫東土，其指則泛，呂氏春秋愛類曰：『禹於是疏河決江，爲彭蠡之障，乾東土』。兼愛之東土，當然必除去北方之大河以北，南方之淮汝以南，是禹貢豫，靑，兗，徐，皆得爲兼愛冀州之地。

以上兩冀州說，孰先傳焉，孰後出焉，不可不察。禹貢一篇決非禹筆，疑之者假定作於戰國末年，所謂擾攘之際，有心人預計之統一大法也。內藤虎次郎禹貢制作時代考曰：『禹貢實戰國末年，利用極發達之地理知識，而行編纂』（江俠庵譯文）。前嘗本之以論古史，頗覺其言之有據。至於兼愛，亦決不出於墨子，蓋門弟子所手定。韓非子顯學曰：『自墨子之死也，有相里氏之墨，有相夫氏之墨，有鄧陵氏之墨』。尙賢，尙同，兼愛等各有三篇，或即三家所傳述，一若新約之有四福音。墨子生當春秋末年，戰國初年，則弟子載師說於竹帛，至死亦在戰國中年。誠如是，則兼愛冀州說早於禹貢。又墨學本吾國上古宗教思想之流裔，昔人謂墨家善守，非徒守城，且以其不變古之道。故欲求吾上古軼事者，墨子殘文當推第一。然則兼愛之大禹故事，要爲當時之成說，墨子順便以稱引之，必非新制。而禹貢作者，目的在爲後王立法，固不惜革舊說而創新論，以完成自己之偉畧宏猷。誠如是，則兼愛冀州說亦必早於禹貢。又以禹貢稱書經而風行，墨子以邪說而見闢，古冀之不白於世也久矣。中古以前，除墨子外猶有一二知之者，未始非古冀之左證。穀梁桓五年傳曰：

鄭，同姓之國也，在乎冀州。

按鄭自武公已遷於溱洧，即今河南新鄭縣。適禹貢豫州而曰冀州者，正兼愛之冀而非禹貢之冀也。後世注家偏與曲解，良無足稱。惟楊士勛能得古意，疏曰：

蓋冀州者，天下之中州，自唐虞及夏殷皆都焉，則冀州是天子之常居。

是中區固原名曰冀州，且爲歷代畿輔。求吾古代文化者，苟不於是焉求之，幾何不爲禹貢所欺騙乎？此外淮南子等亦偶一道之，然終不能引起學者之注意，推翻禹貢而復之厥初。

雖然，考之文字，不能無惑。『冀』從北異聲，果指中區，何以從北？說文曰：『冀，北方州也』。玉篇曰：『北方州，故從北』。是造字之初，即以名北方，古冀不得在中區。按爾雅釋地，冀州亦作『兾』州。（周禮職方同此。）阮元校勘記曰：

注疏本作『冀』；葉抄釋文，唐石經，單疏本，雪牕本作『兾』。按五經文字，『冀』『兾』兩列，云：『上說文，下隸省』。知今本作『冀』，係據說文改也。

按『兾』爲隸省之說非是，究其構成，當爲『ソ』與『異』之合體；而『ソ』非字，『異』則早見於吉金甲骨。殷墟文字類編載羅叔蘊釋『異』之言曰：

古金文皆作異，象人舉手自翼蔽形。此翼蔽之本字，後世皆用羽翼字，而『異』之本誼晦。

按『異』有頭有手有足，純象人形。『異』頭加『ソ』，蓋象其髮，正如說文『𦣻，頭也』，『𡿺，古文頭也。巛，象髮』。及其變爲隸楷，𦣻爲『百』而𡿺爲『首』。依此推之，則『兾』之『ソ』，古當作巛。甲骨文筆直，或書作川；又或爲省便計，髮川與頭甲連書作甲。如『子』籀文作[illegible]（說文），而甲骨文作[illegible]，或[illegible]，或[illegible]（據殷虛文字類編）。省之至極，非特髮連下書，亦且省其支體矣。故甲骨文『異』作[illegible]，或[illegible]（據殷虛文字類編）。羅氏曰：『此

(指甲骨異字)从甶畁,與古金文亦異』。古金文無髮,宜作『異』,正如『百』;甲骨文有髮,宜作『兾』,正如『首』:理或然歟?至甲骨『兾』之頸間有橫者,不知何意,蓋偶然塡寫者也。

由是言之,『兾』即『異』,兾州即異州;兾州者,人居之土也。此土而外,非人所居,人爲最靈,兾州最貴。故高誘淮南子墬形注曰:『冀,大也,四方之主,故曰中土』。中土主四方,維兾爲大。左氏襄二年傳曰:『能夏則大』,兾之與夏,常有同德。說文曰:『夏,中國之人也。从夊,从頁,从臼。臼,兩手;夊,兩足也』。是『夏』之解說既與『兾』同,而字形尤爲相近。惟『兾』爲象形之文,『夏』爲會意之字;會意後出,『兾』字爲古。吾族任昔,三系攸分,各自發展,絕少往來;後以生育日繁,不守天限,南闚北海,始漸相知。比較之下,中系之文化獨隆,作農耕,制書契;而北系尚在狩獵,南系不變牧畜。於是中系之人,自稱曰諸夏,居地曰兾州;北乎我者,賜號胡貉;南乎我者,取名閩越。說文曰:『貉,北方貉,豸種』,『閩,東南越,它種』。諸皆醜類,惟我爲人,故曰:『夏,中國之人也』,『兾州,人居之土也』。亦正以人居中國,群夷列左右,環抱夾持,勢同兩翼,故取『兾』之『象人手自翼蔽形』。此縱非中州特造之名,而假借爲之,形意亦頗允當。羅氏曰:『此翼蔽之本字,後世皆用羽翼字』,故兾州又或作翼州。晏子春秋問上曰:『撫存翌州』。『翌』『翼』形聲俱近,每相通假,書武成『越翼日』,漢書律厤志作『若翌日』,然則翌州即翼州矣。黃以周晏子春秋校勘曰:『翌州當作冀州,蓋冀譌翼,翼作翌,翌翼字譌,非聲近』。知其然,未諳所以。

兾州在中區,不知何故,轉以名北方。竊以戰國之際,棼亂已極,切望統一,久成上下一致之心理。因有利三晉之形勢,而擬憑藉之一匡天下者,運神思,垂大典,畫九州,定貢賦,以兩河爲帝都,以三晉爲畿輔。但恐人微言輕,不足動人之聽聞也,於是上託大禹,北移兾州。大禹者,敷土之始祖;兾州者,天子之常居。則三晉帝都,源遠流長,後王再起,莫得而易之矣。然而年代悠邈者,易飾其說;人所共知者,難更其念。因而兾州不言境界,以示至大無疆,初不僅中土一隅;陰以四至屬之他州,期移人心於不知不覺。禹貢果得風行,古兾乃漸漸無聞於世。以許慎之精於小學,又値古說未盡絕滅,而說文竟誤認『兾』『異』爲二字,且與『異』以後起之解曰:『異,分也。從廾畀：畀，予也』。既不知『異』爲『象人舉手自翼蔽形』，則『兾』之『ソ』更不知爲何物。因見『兾』在北方，乃誤以『ソ』爲『北』之隸省，於是『兾』一變而成『冀』，不得不自注曰『北方州』矣。阮氏謂『今本作「冀」，係據說文改』，豈徒爾雅然哉，其勢已徧及羣書。智者千慮，必有一失，許氏之謂乎？

總觀冀州原作兾州，在中區，不在北區。只以禹貢擅改於前，許氏穿鑿於後，至使『唐虞及夏殷皆都焉』之聖跡，乃隨『冀』而北遷，於是山西一隅成爲僞史之集中地。所幸墨子傳古說，爾雅存古字，零星材料亦時見於他籍，合而訂之，用考冀州之舊；若夫博辨古史，本篇不得詳焉。

二三，三，二。

『齊州』即中國解

劉盼遂

李長吉歌詩編夢天篇云：

黃塵清水三山下，更變千年如走馬。遙望『齊州』九點烟，一泓海水杯中瀉。

讀者往往不瞭『齊州』所謂。今按齊州卽中州，中州卽中國也。長吉託夢遊天際，下顧人寰，禹域九州僅如烟霧九點，而東海之水亦止可以杯盞中瀉之耳。其詭妙有如此者。

或問齊州之爲中國，於古亦有徵乎？余請稽之爾雅：

釋地四極云：『距齊州以南戴日爲丹穴，北戴斗極爲空桐，東至日所出爲太平，西至日所入爲太蒙』。

其所云之齊州，非中國不足以當之，其證一也。再稽之列御寇書：

列子湯問篇：『湯又問(革)曰，「四海之外奚有？」革曰，「猶齊州也」。湯曰，「汝奚以實之？」革曰，「朕東行至營，人民猶是也。問營之東，復猶營也。西行至豳，人民猶是也。問豳之西，復猶豳也。朕以是知四海四荒四極之不異是也」』。

又云，『吳楚之國，有大木焉，其名爲櫾，碧樹而冬生，實丹而味酸。食其皮汁，已憤厥之疾。齊州珍之』。

又云『禹之治水土也，迷而失塗，謬之一國。濱北海之北，不知距齊州幾千萬里』。

據上三事，知齊州之代表中國，已自無復疑義。抑列子亦時以『齊國』表中原，試舉一事證之。

列子黃帝篇：『（黃帝）晝寢，而夢遊於華胥氏之國。華胥氏之國，在弇州之西，台州之北，不知斯齊國幾千萬里。蓋非舟車足力之所及，神遊而已』。

此『齊國』亦非僅斥太公所封之齊國，實通舉中國爲言。張湛注曰，『齊，中也』，信得之矣。

再問，『齊』何以得訓中？余謂齊字孳乳爲『臍』，臍爲人腹部中央，故齊得有中央之稱矣。此事古人有言之者：

史記封禪書云，『齊之所以爲齊，以天齊也』。索隱，『顧氏案解道彪齊記云，「臨菑城南有天齊泉，五泉並出，有異於常，言如天之腹臍也」』。

此節實齊爲古臍字之明徵。惜歷來訓詁家皆未能賞言之也。

穆傳山經合證

張公量

穆天子傳一書與山海經十洲記等並以閎誕著稱，惟供談助，無關宏旨，遂不爲傳統學者所重。迨近世科學昌明，始有平等之目光，牛溲馬勃亦在不廢，穆傳山經乃許爲古代歷史地理學上極寶貴之資料。夫山經之作實在禹貢之先，易言之，禹貢之地理觀念即承襲山經而來者也。此則顧師已爲之考證而確定矣。

周穆王西征遇西王母一事，千古傳誦。蓋故事本身極其凄豔綺麗，感人彌深。故自來文人學士，每每形諸筆墨，以寄遐思。如楚詞天問云：『穆王巧挴，夫何爲周流；環理天下，又何索求』，緬懷之也。陶淵明詩云：『王母怡妙顏，粲然啓玉齒』，歡悅之也。李義山詩云：『八駿日行三萬里，穆王何事不重來』，怨慕之也。以視後世漢武帝之寵飛燕，唐玄宗之愛玉環，雖情節各別而風韻多同。近德人擬以古代亞拉伯稀巴女王之訪梭羅門，亦一有趣之傅會也。惟一向常作文學玩味之故，科學上之價値遂晦沉不彰，此傳統學者之患也。

考左昭七年傳云：『楚令尹子革曰：「昔穆王欲肆其心，周行天下，將皆必有車轍馬跡焉」』。荀勗以爲穆王西征，即是其事。墨子亦云：『周穆王征西戎，西戎獻昆吾之劍，赤刃，切玉如切泥』。史記所載亦同。按竹書紀年，穆王十二年，毛公班，井公利，逢公固，帥師從王伐犬戎，冬十月北狩。十三年春始正式西征。至十七年過西王母於昆侖之丘，乃還。前後凡五年，履地億有九萬里，行程可謂浩大。然以古代之交通，古代之智識，能跋涉此億萬里之長途，揆諸情理，不無駭怪者矣。

夫左氏所傳，簡略若彼，穆傳所記，詳盡如是，吾人試一尋思，即疑竇叢生。穆傳乃穆王侍從所謂七萃之士之所修乎？抑出後世學者搜集而成乎？最堪注意者，干支是也。今本穆傳爲晉太康二年(紀元二八〇)汲郡人盜發魏襄王墓所得。荀勗校定凡六卷，惜其不能詳考原委，僅叙簡策形式『皆竹簡素絲編，……其簡長二尺四寸，以墨書，一簡四十字』而已。所云：『雖其言不典，皆是古書，頗可觀覽』，則更是無益之贅語。

今撇開一切問題不談，僅就西征之路線地名與山海經較，視其相同者幾何。此工作綦難，舛誤必多，覽者正之。

一，漳水　穆傳云：『戊寅，天子北征，乃絕漳水』。郭注『漳水今在鄴縣』。鄴即今河南東部臨漳縣。北次三經云，『又北二百里，曰發鳩之山，……漳水出焉』。郭注，『發鳩山今在上黨郡長子縣西』。畢沅云，『山亦曰發包山，在今山西長子縣西』。此穆王自首都洛陽出發九萬扶搖之第一程也。北風雨雪，序屬寒冬。

二，虖沱　穆傳云，『癸未，……於是得絕鈃山之隊，北循虖沱之陽』。郭注，『虖沱河今在鴈門鹵城縣陽水北』，即今山西代州繁峙縣之水也。北次三經，東流注於虖沱者有空桑之水，濩濩之水，南流注於虖沱者有滋水，並謂虖沱出於泰戲之山。而泰戲山適在繁峙縣東。穆傳所謂『北循』，當是今代定襄間一段也。

三，陽紆之山　穆傳云，『戊寅，天子西征，騖行，至於陽紆之山，河伯無夷之所都居，是惟河宗氏』。又云，『自宗周瀍水以西(郭注瀍水在洛西，洛即成周也)至於河宗之邦，陽紆之山，三千有四百里』。又云，『自陽紆還歸於周三千里』。按孫詒讓周禮正義(夏官職方氏)於陽紆一藪考證極詳，而纏於『陽紆』，『陽陓』，『陽華』，『陽紆』諸名詞之錯落，終不能明。顧實穆天子傳西征今地攷云：

竹書紀穆王十三年春祭公帥師從王西征，次于陽紆，即同此一事。又山海經海內北經云，『陽紆陵門之山，河出其中』。淮南子修務訓云，『禹之爲水，以身解於陽盱之阿』。凌龍一音之轉，凌門即龍門。龍門山在今陝西同州府韓城縣東北，山西解州河津縣西北，夾河爲險，故曰『河出其中』。然陽紆實與之大異。夫云陽紆凌門，陽紆次居龍門之先，陽紆自當在龍門之上游。禹鑿龍門以上之河，費功最鉅，故有解身之舉。史記趙世家云『奄有河宗』，張守節正義曰，『河宗蓋在龍門河之上游，嵐勝二州之地也』。唐嵐州爲今山西太原府嵐縣地，勝州爲今蒙古內爾多斯右翼後旗地。唐人猶知河宗故墟，陽紆在河宗之邦。以此推測，是陽紆西北跨今河套外，東南跨今山西嵐縣。河出其中，與河出龍門之中，逾地之廣狹相差縣殊矣。穆天子此時所抵陽紆之山，河宗之邦，正在今河套之北岸』。

余不憚煩稱如是，蓋亦有故：一，穆王西狩山川阻深，經歷迂遠，若此一地不明，以後征途恐成樛葛。二，既以山海經參較，若此一地不明，則安能比附。按顧氏之說，實至模棱牽強，仍不脫傳統學者藩籬。龍門之議既自悟其不可通，復從陽紆龍門相次之序任意穿鑿。然有一點，以爲陽紆西北跨今河套外，地肋約略相當；惟必爲古人僕圉，凡古人之說，曲爲解釋，有取無棄，陽紆一山，廓然大域，則不然。西次三經，西次四經兩記陰山，日人小川琢治以爲即陽紆也。按甚是，其直截了當，遠勝於顧實先生也。顧師云，『禹貢雍州於山經全屬西山，微錯北山耳』（見尚書研究講義乙種三之二）。夫雍州之地，今陰山南麓之綏遠，陝西，甘肅，寧夏沼澤之區也。故西次三經既言陰山矣，西次四經復以陰山爲首，蓋一脈也。屢道流沙，足爲沼澤之證。自穆王絕漳水，循虖沱，而至陽紆之路線言，陽紆之爲陰山可無疑問；以西山經陰山之地望言，陽紆之爲陰山亦無疑問。惟西次三經以陰水出於陰山，西流注于洛，若非山經作者臆想之誤，則甚不解者也。

四，舂山

穆傳，『癸丑，……河宗又號之帝曰，「穆滿，示女舂山之瑤」。……乃至於崑崙之丘，以觀舂山之瑤』。又『南司赤水，而北守舂山之寶』。又『季夏丁卯，天子北升于舂山之上，以望四野，曰，「舂山是唯天下之高山也。……」曰「舂山之澤，清水出泉，溫和無風，飛鳥百獸之所飲食，先王縣圃」』。其他記舂山者尚多，蓋爲璧玉寶石之產地，而草木暢茂，禽獸居之。按郭注云，『山海經舂字作鍾字，音同耳』，是也。西次三經云，『黃帝乃取峚山之玉榮而投之鍾山之陽。……自峚山至於鍾山，四百六十里，其間盡澤也』。又『鍾山，其子曰鼓，其狀如人面而龍身，是與欽䲹殺葆江于昆侖之陽。帝乃戮之鍾山之東，曰瑤崖』。觀此，鍾山即舂山無疑，蓋穆王已至賀蘭山麓狩獵也。

五，昆侖

穆傳記昆侖至夥，擇舉數則：『癸丑，……乃至昆侖之丘，以觀舂山之瑤』，『辛酉，天子升于昆侖之丘，以觀黃帝之宮』。按此云昆侖，乃與舂山接鄰。當今甘肅涼州（武威）古浪縣相近之地（據小川琢治說）。西山經記昆侖亦至夥，亦與舂山密接。西次三經云，『槐江之山……南望昆侖，……西望大澤，后稷所潛也』。又『昆侖之丘，實惟帝之下都，神陸吾司之』。又北山經，『敦薨之水出焉，而西流注于泑澤，出于昆侖之東北隅，實惟河原』。按水經注引『西域記曰：「阿耨達大山，其上有大淵水，宮殿樓觀甚大焉」。山即昆侖山也。穆天子傳曰，「天子升于昆侖，觀黃帝之宮」。黃帝宮即阿耨達宮也』。顧實今地攷斥其非是，云：

> 阿耨達大山，即今西藏阿里部之岡底斯山。阿耨達池即岡底斯山南之瑪珀達賴池。在山海經正爲弱水青水所出之崑崙西南陬一隅。指一隅之地，殊未足以當昆侖丘。且計穆王經行道地，亦實未至岡底斯山。良由後世昆侖四隅出水之地不明，故酈氏以釋氏所記來相附會歟？今考定昆侖之邱，在托古玆達板附近。

水經注又以敦薨之山在匈奴之東，烏孫之西。畢沅則云『此經云河原在西北，非如漢于闐河及唐宋之所謂星宿海也』。酈道元之說頗爲籠統，顧氏考定亦未允，而畢沅則頗致疑於昆侖非遠在新疆西南境也。惟穆傳『天子□昆命，……北守舂山之寶』，與西次三經『丘時之水出焉……實惟帝之平圃，……南望昆侖』，其方向正符。顧氏今地考云：

> 自昆侖至舂山，當經今後藏北境，至帕米爾高原。今大山戈壁障之，人跡希通。惟知新疆之克勒底雅至後藏之招正，葉爾羌至阿里之阿魯克城，皆有通路，而皆與穆王經行之途不合，不知其通道果何在也。

顧氏以誇大狂之故，墨守經傳，信穆王有入波斯之舉，遂玄說如是；及至背戾不解，轉對穆王通道致疑。昆侖一地，從無定說，究不審其地望，有待於詳密之考證。

六，黃之山

穆傳，『己未，天子大朝于黃之山，乃披圖視典，用觀天子之瑤器』。西山經云，『黃山，……盼水出焉，西流注于赤水』。余以爲黃之山即黃山也。河宗號詔穆王，穆王受命，南首再拜。繼則朝於黃之山，披圖視典，設想黃之山與舂山相距不遠　其後穆王觴于昆侖之阿，赤水之陽，正與黃山出盼水，流注於赤水合。

七樂都　穆傳，『乙丑，天子西濟于河』，爰有溫谷樂都，河宗氏之所遊居』。西次三經有樂遊之山，畢沅疑卽樂都，並云，『元和郡縣志云，「湟水縣湟水，亦謂之樂都水，出靑海東地亂山中」』。據此則靑海東亂山卽樂都，亦經樂遊之山也』。按畢說是，蓋穆王甫出甘肅境也。

八，積石　穆傳，『丙寅，天子屬官效器，乃命正公郊父受勅憲，用伸□八駿之乘，以飮于枝洔之中，積石之南河』。郭注，『積石，山名，今在金成河間縣』。西次三經云，『積石之山，其下有石門，河水冒以西流』。畢沅云，『山在甘肅西寧縣東南一百七十里』。西寧今屬靑海。郭注『河間縣』，爲『河關縣』之誤文。所謂積石之南河，當卽山經自積石山下石門冒以西流之河水也。其時穆王已入靑海境矣。

九，赤水　穆傳，『丁巳，天子西南升□之所主居。……天子已飮，而行，遂宿于昆侖之阿，赤水之陽』。西次三經云，『昆侖之丘，……赤水出焉，而東南流注于氾天之水』。兩處所云，正相吻合。與莊子天地篇所云『黃帝遊乎赤水之北，登乎昆侖之丘而南望』，亦正吻合。董祐誠謂『金沙江上源三：曰那木齊圖烏蘭木倫河，托克托乃烏蘭木倫河，喀齊烏蘭木倫河。蒙古語謂赤色爲烏蘭，蓋卽赤水』（見今地考引）。其說不明，然以科科諾爾北湟水之支流烏蘭木倫河爲赤水，固甚確也。

一〇，縣圃　穆傳，『舂山之澤，淸水出泉，溫和無風，飛鳥百獸之所飮食，先王所謂縣圃。天子於是得玉策枝斯之英』。又『天子五日觀于舂山之上，乃爲銘迹於縣圃之上，以詔後世』。穆王行登縣圃，勒石銘迹，無異於秦始皇漢武帝之巡守，凡名山必刻石，以紀功德者也。西次三經所載，完全類似，云，『丘時之水出焉，（在昆侖北）……實惟帝之平圃』。又『昆侖之丘，是實惟帝之下都』。又『黃帝乃取峚山之玉榮而投之鍾山之陽』。郭璞謂山經之平圃，卽穆傳之玄圃。而今本穆傳皆作縣圃，當是音近而誤。畢沅云，『玄圃在今甘肅張掖縣北雞山是。太平御覽云，「張掖記曰，『黑水出縣界雞山，亦名縣圃，昔有娀氏簡狄浴于玄邱之水，卽黑水也』」。太平寰宇記云云同』。所謂玄邱之水，或卽西次三經丘時之水歟？

一一，洋水　穆傳，『己卯，天子北征，趙行□舍。庚辰，濟于洋水。辛巳，入于曹奴之人，戲觴天子于洋水之上』。郭注云，『洋水出昆侖山西北隅而東流』。

西次三經云，『昆侖之丘，……洋水出焉，而西南流注於醜塗之水』。按郭注云洋水東流，而山經云西南流，顯係歧馳。畢沅云，『高誘注淮南子曰，「洋水逕隴西氐道，東至武都爲漢，或作養水」。水經注云，「闞駰說漢或爲漾，漾水出昆侖西北隅，至氐道，重源顯發而爲漾水」。據此則即甘肅秦州南之漢水也』。按穆王此時行程已不在甘肅境，故畢說洋水即漢水，誤。應從山經，出昆侖而西南流。

一二，黑水　穆傳，『壬午，天子北征東還。甲申，至於黑水，西膜之所謂鴻鷺』。『天子乃封長肱于黑水之西河，是惟鴻鷺之上，以爲周室主，是曰留國之邦。辛卯，天子北征東還，乃循黑水』。郭注黑水亦出昆侖山西北隅而東南流，幾與洋水平行。若係東流，其源在西，則穆王東歸，不得謂之循黑水。西次三經云，『昆侖之丘，……黑水出焉，而西流注于大杅』。海內西經云，『軒轅之丘，……洵水出焉．南流注于黑水』。可知黑水源東北而流西南。陳澧云，『昔人黑水之說不一，惟以爲今之怒江者爲是。其上源曰哈喇烏蘇（蒙古謂黑曰哈喇，謂水曰烏蘇），出西藏喀薩北境，東流至喀木，蓋禹貢雍梁二州之界』（東塾讀書記卷五），更與穆王經循之黑水大異其地。黑水早堙，漢時人已不能識，今亦不必爲之強說也。

一三，玉山　穆傳，『辛卯，天子北征東還，乃循黑水。癸巳，至于羣玉之山。……天子四日，休羣玉之山』。西次三經云，『玉山，是西王母所居也』。中次八經兩提玉山，謂多金玉。不數日，穆王執白圭玄璧以見西王母。羣玉之山即山經之玉山無疑。

一四，瑤池　穆傳，『乙丑，天子觴西王母于瑤池之上』。瑤池蓋即『庚戌，天子西征至于玄池。天子三日休于玄池之上。乃奏廣樂，三日而終，是曰樂池』之玄池樂池。西次三經有滛水，滛，瑤同紐，當即瑤池。

一五，弇山　穆傳載穆王乙丑觴西王母於瑤池，西王母爲之謠，穆王答之。穆王遂登弇山，紀丌跡。郭注『弇，弇兹山，日入所也』。西次四經以崦嵫之山爲殿，東距陰山三千六百八十里。按小川琢治從歷史地理學上觀察東亞文化的源流云：

關於西方及西北方的出於西山經及北山經的山名，頗難考定。但據檢閱穆王西征的路線的結果，在相當於現在的中昆侖（南山）東端的涼州底古浪縣，有叫「昆侖之丘」的地方，西王母居住的玉山。越出此西北的北山（克羅克泰格），再向北，在天山東北端的巴爾坤那邊有着「西王母之邦」的地方。考定巴爾坤淖爾（Bark-ul-nor）（按在新疆鎮西縣北），即漢代的蒲類海，爲瑤池。（原文見昭和四年刊之思想第八十六號支那特輯號。此據汪馥泉譯，載大陸雜誌）瑤池如爲巴爾坤淖爾，而弇山距瑤池匪遙，則弇山當是今天山南路之一支脈也。

一六，滒水　穆傳，『己酉，天子飲于滒水之上』。西次四經云，『鳥山，……辱水出焉，而東流注于河』。畢沅疑辱水即滒水，云，『水經注云，「辱水俗謂之秀延水」。元和郡縣志謂之吐延川，云，「延川縣吐延水北自綏州綏德縣流入」。今水出陝西安塞縣北王家掌，東北流入安定縣界，逕秦重嶺北，又東南逕綏德州清澗縣西，又南至延川縣入河』。

一七，長沙之山　穆傳，『乙丑，天子東征，䣙鼠送天子至于長沙之山』。西次三經云，『長沙之山，泚水出焉，北流注于泑澤』。畢沅云，『案山有水，北注泑澤，常在塞外蒲昌海南也』。蒲昌海即羅布泊。按穆王東征，飲於滒水，明非南向，畢說恐難成立。

一八，流沙　穆傳，『壬寅，天子飲于文山之下，文山之人歸遺，乃獻良馬十駟，用牛三百，守狗九十，牥牛二百，以行流沙』。西次三經云，『流沙二百里至蠃母之山，神長乘司之，是天之九德也』。又云，『泰器之山，觀水出焉，西流注于流沙』。按西次三經，自蠃母之山西行三百五十里卽玉山，西王母所居，疑蠃母之山或即穆王所封西王母之山。是則所謂流沙當是綏遠寧夏間之沙洲也。海內西經云，『流沙出鍾山，西行，又南行昆侖之墟，西南入海，黑水之山』。地理志云，『居延：居延澤在東北，古文以爲流沙』。高誘注呂氏春秋云，『流沙在敦煌郡西八百里』。古人解流沙之所以紛歧，而皆可以影射者，吾得引顧師之語以說明之：

山經『流沙』之名，原不專屬於某方。故西次三經曰『觀水西流注于流沙』，又曰『西水行四百里曰流沙』，此西方之流沙也。北次二經曰『又北水行五百里，流沙三百里，至于洹山』，此北方之流沙也。東次二經曰『又南水行五百里，流沙三百里，至於葛山之尾』，又曰『又南水行三百里，流沙百里，曰北姑射之山』，東次三經曰『又南水行五百里曰流沙』，又曰『又南水行五百里，流沙三百里，至于無皐之山』，此東方之流沙也。此種觀念即承四方有海而來，蓋海濱皆有沙洲，所謂流沙者

即沙洲之異名耳。——尚書研究講義乙種三之二

是故穆王此時踐履之流沙，爲西次三經中之流沙無疑。然必不爲高誘所云在敦煌西八百里之流沙。而地理志及海內西經所云，差近之矣。總之，此時穆王東歸，足跡所至，非北非西，吾人當憶及也。

一九，太行　穆傳，『癸酉，天子命駕八駿之乘，赤驥之駟，造父爲御，□南征，翔行，逕絕翟道，升于太行，南濟于河，馳驅千里，遂入于宗周』。蓋穆王還抵陝西境矣。北次三經之首，曰太行之山。畢沅云，『山在今河南輝縣西北，淮南子云「五行山」。太，五音相近。高誘注云，「今太行山也。在今河內野王縣之北，上黨關也」』，是也。

二〇，河首襄山　小川琢治以爲穆傳之河首襄山，正相當於西次三經之首曰崇吾之山，即今松山，臨甘肅蘭州以北之黃河峽谷。按穆傳，自河首襄山以西南至于舂山，珠澤昆侖之丘七百里。計西次三經自崇吾之山西南至昆侖之丘合一千八百六十里，然其間紆廻曲折，錯於北者五山，故里程倍增。小川琢治之言甚確。

二一，洛水　穆傳，『乙酉，天子□六師之人于洛水之上』。山經記洛水之處極多，見於中次四經者六，見於中次六經者十一，見於中次七經者二。西山經之水西流注于洛者亦不尠。

二二，盟門　穆傳，『丁亥，天子北濟于河，□羝之隊，以西北升于盟門九河之隥』。郭注云，『盟門山今在河北。尸子曰，「河出于盟門之上」』。北次三經有孟門之山。水經注云，『孟門，龍門之上口也』。畢沅云，『山在今山西吉州』。盟，孟聲近，盟門當即孟門。準此，九河亦當臨山西西南境，始與盟門接壤。而九河自漢以後，已徧訪不得，費去學者心血不知多少。惟以爲在東海，河之出口，則頗一致。今人更解作三角洲，非異有九也。穆傳所言顯與不同，此極可注意之一事也。

二三，洧水　穆傳，『丁丑，……見許男于洧上。……飲許男于洧上』。又『夏庚午，天子飲于洧上』。郭注，『男，爵也。許國，今許昌縣，洧水之所在』。北次三經云，『繡山，洧水出焉，而東流注于河』。又『㑥山，……縣聚之水，而北流注于洧水』。則洧水東有河，南有縣聚水。今洧水之名已不存在，惟許昌附近之東有洧川縣，其遺迹歟？

二四，楪丘　穆傳，『丁丑，天子里圃田之路，東至于房，西至于□丘，南至于桑野，北盡經林煮□之藪。

南北五十□，十虞。東虞曰兔臺，西虞曰櫟丘。……』按北山經有櫟水，有櫟澤，想是一地。郭注云，『櫟，今河南陽翟縣』。陽翟，今禹縣也，在許昌之西。

二五，黃澤　穆傳，『甲戌，天子東遊，次于留祈。……乃樹之桐，以為鼓，則神且鳴，則利於戎；以為琴，則利□于黃澤。東遊于黃澤，宿于曲洛』。北次三經云，『虫尾之山，薄水出焉，而東流注于黃澤』。又『小侯之山，明漳之水出焉，南流注于黃澤』。郭注曲洛為『洛水之回曲地名』，似出望文生義。畢沅疑即漢內黃黃澤，亦不詳地之所在。惟按下文穆王南遊于『黃□室之丘』，以觀夏后啟之所居。郭璞疑其言太室之丘，嵩高山。而太室山在今河南登封縣北，則黃澤在嵩高山之東。黃澤之名已不存於今日，壅塞無疑。然今嵩高山東有大沼，不知相當否？

二五，室之丘　即上節所引『天子南遊于黃□室之丘，以觀夏后啓之所居』。郭注，『疑此言大室之丘，嵩高山，啟母在此山化為石，而子啓亦登仙，故其上有啟石也。皆見歸藏及淮南子』。中次七經有少室之山，『休水出焉，而北流注于洛』，則室山在洛南也。又有泰室之山。郭璞謂少室在河南陽城西，俗名泰室。則少室泰室一山也。畢沅曰，『山在今河南登封縣西。淮南子墬形訓云，少室大室在冀州。高誘注曰，「少室，大室在陽城，嵩高下之別名」。戴延之西征記云，「東謂大室，西謂少室，相去十五里，嵩山其總名也」，見初學記。括地志曰，「嵩高山一名大室山，一名外方山，在洛陽城縣北二十三里也」，見史記正義』。綜之，有數說：(1)以少室即大室，郭璞是。(2)少室，大室異山，淮南子是；並指出方向，一東一西，戴延之是。(3)畢沅謂少室在登封西，大室在北。無論如何，穆傳之室之丘即中山經之室山，可以無疑。

二六，姑繇　穆傳，『天子至于重璧之臺，乃休。天子乃周姑繇之水，以圜喪車』。又『天子乃釣于河，以觀姑繇之木』。按中次七經有姑媱之山，云，『帝女死焉，其名曰女尸，化為䔄草，其葉胥成，其華黃，其實如菟丘』。畢沅疑即是，約在今河南嵩縣與魯山縣之間。

二七，薄山　穆傳，『己丑，天子南登于薄山，寘軨之隥』。按中山經，中次五經皆以薄山為諸山之主，畢沅解之云，『此薄山即山西蒲州山，中次五經之山，與中山經同起薄山為次也』。蒲州即今永濟，與河南靈寶相隔一衣帶水耳。

穆王之旅程，大略如是。以禹貢言之，穆王歷豫冀雍三州，畋獵野獸，采集美玉，以祭河伯，觀於帝宮者，爲雍最久。以山經言之：穆王經北西中三山，而西次三經尤賅秦半之足迹。余因以憬悟西次三經神話獨多之故，余因以憬悟西次三經之地名何以與穆傳獨多符合之故。準上所考，穆王自首都洛陽戒途，踰太行，涉滹沱，出雁門，循桑乾河（㶟水），折而西，越黃河之北，描一大弧形，轉而南的東北角，抵包頭，祭河伯；復經涼州東北之西膜部落，踰賀蘭山，於寧夏近旁黃河西岸，斜斷鄂爾圖斯沙漠，再抵包頭以歸：如小川琢治氏之言者是矣。顧實氏謂穆王『自華爾羌走踰今布哈爾，轉入波斯，更自波斯而北，直抵今裏黑海，俄羅斯南部間之曠原，大獵三月而還』者，誠無稽之談也。夫山經之地理觀念，西尚不及今新疆，北尚不越今蒙古，故以流沙隨四方而有，而西周之人烏足以語此！烏足以語此！

復有進於是者，余將山經穆傳合讀覺，不能無感。茲就領會所及，略陳梗概。

就文之體制性質言，二書貌合神似。西次三經云：槐江之山，實惟帝之平圃。昆侖之丘，是實惟帝之下都；神陸吾司之，司天之九部及帝之囿時。長留之山，實惟員神磈氏之宮。玉山，是西王母所居也（不具引）。而穆傳亦曰：河伯無夷之所都居。升于昆侖之丘，以觀黃帝之宮。舂山之澤，飛鳥百獸之所飲食，先王所謂縣圃。赤烏氏，美人之地，寶玉之所在也。群玉之山，先王所謂策府。洋水，濁繇氏之所食；蘇谷，骨飦氏之所衣被；長沙，重䍃氏之西疆。爰有野麥，爰有荅堇，西膜之所謂木禾，重䍃氏之所食，爰有采石之山，重䍃氏之所守。此之云氏，即山經之神也。文皆有韻。不識二書孰爲宗祖，孰爲孳乳者乎？原夫『所謂』『實惟』，乃稽古之詞，旨趣相若，而各居其一，遂無以判其先後。然就地理觀念之演進言：滓水，一水也，而山經則有清濁之分。宝山，一山也，而山經有大小之別。西王母，西方之邦主也，穆王之所執白圭玄璧以見也，而西次三經則云『西王母，其狀如人，豹尾虎齒而善嘯，蓬髮戴勝，是司天之厲及五殘』，殆爲魑魅之屬矣！此則神話愈出而愈豐也。穆傳係汲冢遺書，幸以語怪獲存，如其可信，則成書至遲在魏襄王之世，與山經相牴牾焉。猶有二事，足爲穆傳不能甚後之證。占卦一也：占卦爲左傳所恆見，蓋其時政治學術皆爲巫司獨霸，而穆傳亦有『天子遇訟䷅，逢公占之』之語。干支紀日，二也。

三月二十日，北大西齋

禮記王制及周官職方所言封國說之比較

鄭平樟

王制在禮記中居第三篇，依盧植說是漢文帝時的作品，記先王班爵，授祿，祭祀，養老之法度的。其中所言封國制，比之周官職方較詳；惟畿服之大小，封國之里數，則二者迥異。鄭康成注說牠是殷制。

職方一篇見於周官經夏官第四十六，又見於逸周書第六十二。後世學者見其載於此二經典中，於是稱之爲周制；又以其中的九服比了禹貢的五服多出四服，所以又說周之疆域比夏時廣大了許多。其實論到三代地域的擴張，周代固然比夏代爲大，不通根據了這篇書以爲說，未免令人懷疑：因爲牠所說的一萬萬方里的地土確實叫人難信。並且根本說來，牠是作于何時也不能確定，只是其中體例很像摹倣禹貢；論到開方計里以封國，又與王制絕肖。

就這兩篇書，既是有人說牠們一是殷制，一是周制，且不管他們是否可信，先把牠們比較一回，看看二者相差的情形怎樣。

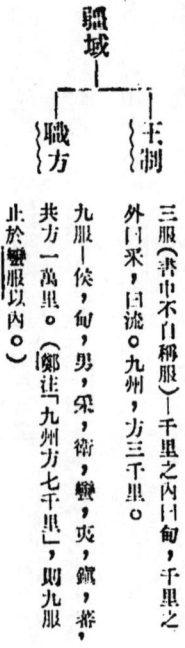

- 封國之廣狹及五等爵之差
  - 王制：公，侯田方百里，伯七十里，子，男五十里；不能五十里者不合於天子，附於諸侯，曰附庸。
  - 職方：公五百里，侯四百里，伯三百里，子二百里，男一百里。
- 封國之方法及其數目
  - 王制：四海之內共九州。一州方千里。州建百里之國百有三十，七十里之國六十，五十里之國百有二十，凡二百一十國。八州，每州二百一十國。（此畿外）天子之縣內（卽畿內）：方百里之國九，七十里之國二十一，五十里之國六十三，凡九十三國。九州（畿內外）共千七百七十三國。
  - 職方：九州大界方七千里；七七四十九，方千里者四十九，共一爲畿內，餘四十八分爲八州，州有千里者六。凡邦國：千里，封公以方五百里則四公；方四百里卽六侯；方三百里則十一伯；方二百里則二十五子；方百里則百男。（以此計之，則一州方五千里之內可容四公，六侯，十一伯，二十五子，百男，共一百四十六國。鄭玄從男國爲一百六十四，故云一州之國數二百一十，與王制一州之國數同。）
- 疆域
  - 王制：三服（書中不自稱服）—千里之內曰甸，千里之外曰采，曰流。九州，方三千里。
  - 職方：九服—侯，甸，男，采，衛，蠻，夷，鎮，蕃，共方一萬里。（鄭注「九州方七千里」，則九服止於蠻服以內。）

就以上比較，可以看出兩篇書中所說的疆域是何等懸殊。我疑其不能代表殷周時之疆域的理由，約有三點。

一　王制的中國纔方三千里，只能當職方男服以內之地，面積是九百萬方里。而職方的天下爲方萬里，除了三服不在九州內的還有方七千里；就這方七千里算來，面積是四千九百萬方里。若以方萬里計，則全面積是一萬萬方里。按現今我國的疆域：東西長八千八百里，南北長五千四百里，面積約四千三百萬方里。從上古到現在，其間經過數千年，這個疆域乃是數千年中我們民族開拓的總成績。而職方一萬萬方里的疆域不但較現在的大，且較歷代的都大。既有這麼寬廣的面積，何以歷史上找不出事實的證據來呢？就說古今計算里數的標準不同，然鄭解王制是殷制，職方是周制，兩代興替相承，時代密接，又何致相差如是其遠？

二　據鄭注王制云，『殷爵三等者，公，侯，伯也。周武王初定天下，更立五等之爵，增以子，男；而猶因殷之地，以九州之界尚狹也。周公攝政致太平，斥大九州之界，制禮成武王之意，封王者之後爲公，及有功之諸侯，大者地方五百里，其次侯四百里，其次伯三百里，其次子二百里，其次男百里』。又注職方云，『周公變殷湯之制，雖小國，地皆方百里。……州二百一十國，以男備其數焉；其餘以爲附庸』。前者表明武王時增爵未增地，迄周公時，增地又增爵。後者証明周公雖增爵而國數仍與王制同。我不解借大一塊地，何不多封些國，使諸侯地小權輕，以免割據稱雄之患，何以必要強同於王制的國數？詳考鄭氏之意，他自己實在也沒有十分的把握，所以他說這是『設法』之辭。案鄭氏素精算術，他以爲職方中一州五等爵之國總數纔一百四十六，太少，所以把王制一州的總數作爲規模；以一百四十六塡二百一十尚欠六十，於是又把男國益爲一百六十四。但是這樣還塡不滿方六千里之地，所以他把其餘的算爲附庸之國。虧他這樣的設想，使得絕不相同的兩篇有合一之可能，無論疆界的大小差殊到怎樣，一州總是二百一十國的。

三　王制本篇中有云『成獄辭，史以獄成，告於「正」，「正」聽之』。鄭注『「正」於周鄉師之屬；今漢有正平丞，秦所置』。又本篇曰，『古者以周尺八尺爲步，今以周尺六尺四寸爲步。古者百畝，當今東田百四十六畝三十步。古者百里，當今百二十一里六十步四尺二寸二分』。此明明告訴我們此篇非論殷制者，鄭氏何以詆騙我們，且自相矛盾呢？

據上三點的懷疑，使我打消了對于這兩篇書記載的是殷周疆域的信念。實在考究起來，王制正作于漢朝封建侯國爲一大問題的時候，故對於爵書封國及官爵制度等特別詳細。職方亦作于西漢時，其中有可信者，有不可信者。原其所以如是，蓋取材于禹貢，王制，而更加以山海經的觀念。五藏山經之末不曾說嗎，『天地之東西二萬八千里，南北二萬六千里』。這句話，呂氏有始覽和淮南地形訓全鈔了進去，足見其於當時有普徧的認識。職方的九服爲方萬里，比了這個面積七萬二千八百萬方里的，只取七分之一，還算是很廉的呢！

王制職方封國說之不同及後儒之彌縫

郭漢三

王制職方二篇，其於封國之說，不同之點有五：

一，王制爵五等，地三等；職方爵地皆五等。

二，王制封國小；職方封國大。

三，王制三等里數之差，非等差級數；職方五等里數，是等差級數，其差爲百里。

四，王制有附庸閒田，職方無之。

五，王制有九州封國總數，職方未明言。

漢三以爲此兩篇非同時代作品，蓋各有其社會政治背景，故不同。後儒爲之調停，於是據王制以彌縫職方之闕失，使兩經不相舛牾，徒勞心耳！究何益焉？

後儒彌縫之術，不外曲解臆說。鄭氏職方注云：『周九州之界，方七千里：七七四十九，方千里者四十九；其一爲畿內，餘四十八，八州各有方千里者六。周公變殷湯之制，雖小國，地皆方百里。是每事言「則」者，設法也。設法者，以待有功而大其封。一州之中，以其千里封公則可四，又以其千里封侯則可六，又以其千里封伯則可十一，又以其千里封子則可二十五，又以其千里封男則可百。公，侯，伯，子，男，亦不是過也。州二百一十國，以男備其數焉；其餘以爲附庸』。賈氏疏云：『畿外要服以內，有八州，州別置二百一十國，揔有千六百八十國』。鄭賈二氏之意：職方五等封國之里數雖與王制不合，而一州封國之總數則當同，故取王制『州二百一十國』爲解，餘地爲附庸。然愈曲解而二經愈不同，王制九州國數千七百七十三，二氏僅能說出職方八州國數爲千六百八十，比王制九州總數差九十三，蓋王制畿內封國九十三也：二氏對此無法解矣。若職方畿內全封子男，固可有九十三國，若五爵皆封，則不足九十三之數。惟畿內斷無僅封子男之理，故職方九州國數仍不合王制。二氏彌縫二經，所謂欲掩彌彰者也。

王制國小地三等，鄭氏謂是夏殷制，二朝地小，故封國亦小；並謂王制為周初武王時增爵未增地之制，職方為周公爵地並增之制，於是兩經牴牾調和矣。孫詒讓氏亦謂『王制所說三等制，蓋據實封言之，此經（職方）五等地虛實相除，亦約略相埒』，此孫氏補充鄭賈二氏所謂『至周公不百里不成國，無功亦百里，待有功乃益之地』，則孫氏亦有調和兩經之意也。

不求調和而求其立說之由來，以觀其作此說時之需要，此正吾輩之責任。惟此非一日之功，當徐徐求索之耳。

漢書地理志中所釋之職方山川澤浸

侯仁之

班固作漢書地理志，錄禹貢與職方之原文於前，而繫其地望於漢百三郡國之下，蓋為二篇中地理材料之最早的解釋，關係於後來說經與治史者至鉅。輯漢志釋禹貢之文而為之疏證者，有成蓉鏡之禹貢班義述；其釋職方之文則尚未有輯而作為專書者也。惟孫詒讓周禮正義頗闡其義。又全祖望漢書地理志稽疑卷四亦錄其文，稍稍為之補綴。今據漢書及全孫二家之書，試為輯錄，以待他日之深研焉。

班氏釋禹貢之山川，常云禹貢如何，或『古文』如何。其釋職方也，則不著篇名而但著其在篇中所屬之州名。故凡言『某州山』『某州川』……者，皆釋職方者也。夫三江雲夢之屬州，禹貢與職方固皆同之，未易辨其為何書作解釋。至若華之為『豫州山』，淮之為『青州川』，豯養之為『幽州藪』，淶易之為『幷州寖』，則其釋職方而非釋禹貢固至彰明矣。故今錄漢志釋職方之文，以著其所屬之州者為主；其不釋者或釋而不著其州者，則加括弧以別之。

東南曰揚州：其山鎮曰會稽。

會稽郡，山陰：會稽山在南，上有禹冢，禹井，揚州山。

其澤藪曰具區。

會稽郡，吳：具區澤在西，揚州藪；古文以為震澤。

其川三江。

會稽郡，吳：南江在南，東入海，揚州川。

會稽郡，毗陵：北江在北，東入海，揚州川。

丹陽郡，蕪湖：中江出西南，東至陽羨入海，揚州川。

其浸五湖。

（無釋。）

正南曰荊州：其山鎭曰衡山。

長沙國，湘南：禹貢衡山在東南，荊州山。

其澤藪曰雲夢。

南郡，華容：雲夢澤在南，荊州藪。

其川江，

（蜀郡，湔氐道：禹貢嶓山在西徼外，江水所出，東南至江都入海，過郡七，行二千六百六十里。）

漢。

（隴西，氐道：禹貢養水所出，至武都爲漢。）

武都郡，沮：沮水出東狼谷，南至沙羨南入江，過郡五，行四千里，荊州川。（案，沮即漢之異名。）

（武都郡，武都：東漢水受氐道水，一名沔；過江夏，謂之夏水，入江。）

其浸潁，

潁川郡，陽城：陽乾山，潁水所出，東至下蔡入淮，過郡三，行千五百里。荊州浸。

湛。

（無釋。）

河南曰豫州：其山鎭曰華山。

京兆尹，華陰：太華山在南，有祠，豫州山。

其澤藪曰圃田。

河南郡，中牟：圃田澤在西，豫州藪。

其川熒，

（無釋。）

雒。

弘農郡，上雒：禹貢雒水出冢領山，東北至鞏入河，過郡二，行千七十里，豫州川。

其浸波，溠。

（均無釋。）

正東曰青州：其山鎭曰沂山。

（無釋。）

其澤藪曰孟諸。

（梁國，睢陽：禹貢盟諸澤在東北。）

其川淮，

南陽郡，平氏：禹貢桐柏大復山在東南，淮水所出，東南至淮陵入海，過郡四，行三千二百四十里，青州川。

泗。

魯國，卞：泗水西南至方與入泲，過郡三，行五百里，青州川。（案，濟陰郡乘氏下又有泗水，乃菏水之誤文。）

其浸沂，

泰山郡，蓋：沂水南至下邳入泗，過郡五，行六百里，青州寖。

沭。

琅邪郡，東莞：術水南至下邳入泗，過郡三，行七百一十里，青州寖。

河東曰兗州：其山鎮曰岱山。

（泰山郡，博：有泰山廟，岱山在西北求山上。）

其澤藪曰大野。

山陽郡，鉅壄：大壄澤在北，兗州藪。

其川河，

（金城郡，河關：積石山在西南羌中。河水行塞外，東北入塞內，至章武入海，過郡十六，行九千四百里。）

泲。

（河東郡，垣：禹貢王屋山在東北，沇水所出，東南至武德入河；軼出滎陽北地中，又東至琅槐入海。）

其浸盧，

（無釋。）

維。

琅邪郡，箕：禹貢維水北至昌郡入海，過郡三，行五百二十里，兗州寖也。

正西曰雍州：其山鎮曰嶽山。

右扶風，汧：吳山在西，古文以爲汧山，雍州山。

其澤藪曰弦蒲。

右扶風，汧：北有蒲谷鄉弦中谷，雍州弦蒲藪。

其川涇，

安定郡，涇陽：开頭山在西，禹貢涇水所出，東南至陽陵入渭，過郡三，行千六十里，雍州川。

汭。

右扶風，汧：芮水出西北，東入涇，詩『芮阸』，雍州川也。

其浸渭，

隴西郡，首陽：禹貢鳥鼠同穴山在西南，渭水所出，東至船司空入河，過郡四，行千八百七十里，雍州寖。

洛。

(北地郡，歸德：洛水出北蠻夷中入河。)

左馮翊，褱德：洛水東南入渭，雍州寖。

東北曰幽州：其山鎮曰醫無閭。

(遼東郡，無慮。顏注云，『卽所謂醫巫閭』。)

其澤藪曰貕養。

琅邪郡，長廣：奚養澤在西，秦地圖曰『劇淸地』，幽州藪。

其川河泲。

(見上兗州。)

其寖菑，

泰山郡，萊蕪：原山，甾水所出，東至博昌入泲，幽州寖。

時。

千乘郡，博昌：時水東北至鉅定入馬車瀆，幽州寖。

河內曰冀州：其山鎮曰霍山。

河東郡，彘：霍大山在東，冀州山。

其澤藪曰揚紆。

(無釋。)

其川漳。

上黨郡，沾：大黽谷，淸漳水所出，東北至邑成(案，應作阜成)入大河，過郡五，行千六百八十里，冀州川。

(上黨郡，長子：鹿谷山，濁漳水所出，東至鄴入淸漳。)

其寖汾，

太原郡，汾陽：北山，汾水所出，西南至汾陰入河，過郡二，行千三百四十里，冀州寖。

潞。

(無釋。)

正北曰幷州：其山鎮曰恆山。

常山郡，上曲陽：恆山北谷在西北，有祠，幷州山。

其澤藪曰昭餘祁。

太原郡，鄔：九澤在北，是爲昭餘祁，幷州藪。

其川虖池，

(勃海郡，成平：虖池河，民曰徒駭河。)

代郡，鹵城：虖池河東至參戶入虖池別，幷州川。

(河間國，弓高：虖池別河首受虖池河，東至平舒入海。)

嘔夷。

代郡，靈丘：滱河東至文安入大河，過郡五，行九百四十里，幷州川。（按說文水部曰，滱河卽嘔夷水。）

其寖淶，

代郡，廣昌：淶水東南至容城入河，過郡三，行五百里，幷州寖。

易。

涿郡，故安：閻鄉，易水所出，東至范陽入濡也，幷州寖。

（中山國，北新城：桑欽言易水出西北，東入滱。）

由以上所錄者觀之，則班氏有以非一州所能賅而不著其所屬者，荆之江，兗之河是也。有無意中脫漏者，青之沂山，兗之偕與沛，幽之醫無閭是也。有不知其所在，因而不記者，荆之潛，豫之波與溠，兗之盧，冀之揚紆與潞是也。至於揚之五湖，是否因其卽是具區而不記？豫之熒，是否因其已見沛水而不記？猶爲待索之謎耳。

鄭玄時代後於班固，顧不能缺疑。故於兗之『盧維』破讀爲『雷雍』而以禹貢『雷夏旣澤，雍沮會同』當之。於冀之潞斷爲『出歸德』，而不知出歸德者乃雍之洛也。於幷之嘔夷注云『祁夷與？』，而不知嘔夷卽滱水，祁夷則出代郡平舒，北至桑乾入治者也。以二家之說相較，吾寧從班氏之言矣。

與顧頡剛先生論『九丘』書

唐蘭

頡剛兄：

讀大作『說丘』，正觸着弟的癢處。因爲最近弟也正留心到這個問題，——春秋和左傳裏以丘名地的，以宋，齊，魯，衛等國爲最多，這是很値得我們去研究的。

我兄對於這種現象的解釋，以爲『丘』這個名字是和水患有關係的，這眞是最塙當不過的解釋了。但是關於『九丘』的一方面，弟却另外有一些意見，現在寫出來請您指教。

左傳昭十二年說倚相能讀『三墳，五典，八索，九丘』，賈逵以爲九丘是『九州亡國之戒』，馬融和劉熙也都以『九丘』就是九州，僞孔傳序也說『九州之志，謂之九丘』，所以我兄也斷定『九丘和九州必有關係』。

另一方面，您因爲左傳中這段文字的不見於史記，以爲是劉歆重編左傳時加入。所謂『三墳，五典』正和周官外史『掌三皇五帝之書』相映照。所謂『九丘』正和古文尚書的九共九篇對照。

自然，這兩個結論是有聯帶關係的，因為劉歆是古文經學家的開山祖師，而賈，馬却正是古文經學家。

但弟的意思，却正和我兄相反，『九丘』既不是九州之書，左傳這節也不是劉歆所加入。因為劉歆——或劉秀——所表上的山海經海內經說：

有九丘，以水絡之。名曰陶唐之丘，有叔得之丘，孟盈之丘，昆吾之丘，黑白之丘，赤望之丘，參衛之丘，武夫之丘，神民之丘。

是一個狠重要的證據。在山海經裏，『九丘』只是一個區域內的地名，所以可以說『以水絡之』。在這裏，我們有兩事可注意：第一，因為海內經的本身是書圖，所以說『以水絡之』，否則這一個『以』字就講不通；第二，海內經的『九丘』並不是九州之丘。從這兩點，我們可以說在劉歆以前就有『九丘』的名稱，但不是九州之丘。

如其說『八索九丘』一段是劉歆加入左傳，或者說『九丘』是劉秀加入山海經，但是古文家說左傳和山海經是相矛盾的。所以愚見以為這兩處的『九丘』都不是後人所加，只是古文經家把左傳解釋錯了。

但是，九丘為什麼可以讀呢？弟以為牠雖不是什麼『九州之志』，却正是自古流傳的河，濟之間的古國的一些記載。

在海內經裏的『九丘』中間，我們目前所能知道的，是陶唐之丘和昆吾之丘。昆吾之丘在春秋時是衛都，見於左傳。至於陶唐之丘，說來却話長了。

論語泰伯說：

唐虞之際，於斯為盛。

唐是堯的國號，左傳卻總叫做陶唐氏。關於堯都，傳說最多。據弟所知，比較近古的就有三說：(一)漢書注應劭說是初居中山唐縣，後都河東平陽。(二)詩譜鄭玄說是初居太原晉陽，後遷河東平陽。(三)漢書注臣瓚說是初居河東永安，後居濟陰定陶。後來顏師古修正臣瓚說　却以為堯先居定陶。

弟以為堯曾住過定陶，是可信的。至少，我們可以有三種理由。(一)少昊之虛在曲阜，顓頊之虛在濮陽，堯以前的都邑都相近。(二)海內經九丘裏面的昆吾之丘，就是顓頊之虛，也就是春秋時候的帝丘，那末陶唐之丘一定就是春秋時候的陶丘，地域相近。所謂『以水絡之』，或者就是濟水了。(三)孟子離婁說舜是生在諸馮，遷到負夏，死在鳴條，又總括一句說是：『東夷之人也』。孟子又說文王生在岐周，死在畢郢，是『西夷之人』。那末，舜的生卒之地都在東方，是可以想見的。尚書序說湯伐桀，在鳴條之野開戰，夏師敗了，湯就跟着伐三朡，可見三朡和鳴條相近；續漢書郡國志說，濟陰郡的定陶縣有三鬷亭，由此可見鳴條應和定陶相近。史記五帝本紀說舜在歷山耕田，到雷澤去打魚，到河濱去陶，到壽丘去做什器，到負夏去就時。這裏最重要的是雷澤，集解引鄭玄說雷夏是兗州澤，『今屬濟陰』，由此也可見舜的老家在定陶附近。

從這三個理由，我們才可以得到左傳哀六年所引夏書的解釋。那所謂：

惟彼陶唐，帥彼天常，有此冀方。

正是指出從陶唐氏才有了冀方，是無疑的了。

堯既是先住在陶丘，——就是陶唐之丘，和又叫昆吾之丘的帝丘，都在河，濟之間，正是春秋時丘名最多的區域，這實在不是偶然的。我以爲這正是堯時鴻水的遺跡。堯時因爲住在河濟之間，所以深受鴻水之害，而遷移到『大原』去。一方面，也正因水患的關係而有許多叫做『丘』的地名遺留到後世。後世又在這些『丘』中舉出幾個來，叫做『九丘』。

左傳裏的九丘，牠的內容是否和海內經完全相同，我們狠難懸斷，但至少總不是九州之丘而僅是九個丘名；而且這九個丘內，有名的丘，像陶唐之丘，昆吾之丘，總不會沒有。陶唐是堯，昆吾是夏時的諸國，而海內經裏其餘幾個丘名，像『有叔得』和『孟盈』，又顯然都是人名，所以我疑九丘是記載河濟間這些古國的。

在春秋時候，上古的材料漸漸消滅。即使有，那時人也不會讀——也許還不屑讀。所以只有倚相算是能讀的。然而他所讀的是否直接史料，和他讀的對不對，又都是問題。

商世的文字，到周時已狠多變誤；周初的文字，到春秋後又有變誤；譬如周初的『俎』字到春秋時已誤讀做『宜』字，就是一例。所以即使有上古的直接史料，到那時候讀起來已狠困難，大部分只好『瞎猜』。何況那時候治學方法還狠粗疏，一般人喜歡對古代歷史隨意加一個解釋，後來人就把那種解釋當做歷史，這又都是杜撰。所以春秋以後，關於上古的間接史料狠難盡信，但也不能一概抹殺。

帝典大概是這一時期的產物，我總疑心堯典和舜典就是帝典的一部分；帝典的原書，就是五典，儒家只取其後兩篇罷了。三墳的書，我疑心是和禹貢裏兗州的『黑墳』，青州的『白墳』，徐州的『赤埴墳』，這三種土有關。八索的書，我疑心和左傳的『疆以周索』和『疆以戎索』有關。

『三墳，五典，八索，九丘』，我以爲春秋時大概有這一類的書。牠們的來源雖不是完全僞託，却總有大部分是由瞎猜和杜撰來的，離眞實大概狠遠。這是我們從淡人再翻篆書做隸的虞夏書裏可以看到的。

我兄這篇文章本沒有寫完，貢獻上這些意見，或者還可以引出您的新解來吧？

弟　唐蘭。四月十五夕

中國地方志綜錄例目

朱士嘉

凡例

一　本編係根據國內外各公私立圖書館與各私人搜藏之中國地方志目編成，著錄方志五千八百三十二種，九萬三千二百三十七卷（宋代方志二十八種，五百三十七卷。元代十一種，一百二十四卷。明代七百七十種，一萬零零八十七卷。清代四千六百五十五種，七萬六千八百六十卷。民國三百六十八種，五千六百二十九卷。其卷數未詳者，尚有二百餘種），以現存者爲限。（其已佚之方志，據鄙人調查所得，較諸現存者或將過之。擬編一中國地方志存目，以供研究史地者之參攷。）自宋熙寧（長安志）起（宋以前志書現存者無慮六七十種，多自古書中輯出，百無一全，擬編入輯本方志叢書，姑不具列），至民國二十二年止，經歷八百餘載，賅括二十八行省（又蒙古西藏二地）。其散見於四庫全書（約四十七種，存目不計）及各叢書（約四十八種）中者，亦一併收錄，期無遺焉。

二　本編所載，以出於清代者居多，故臚舉名稱及編列次第悉依清一統志，惟行省略有變通，遵今制也。

三　府廳州已改縣或更名者皆附注於下。

四　本編除臚舉書名外，並詳其卷數，編纂人，編纂時期，版本，及其庋藏之所。至於有關本書之記述或考證，則入備攷類。

五　卷數標阿剌伯字，以期醒目。卷首卷末，多者數十卷，少者僅數頁，合計與否，苦無標準，因一律以『十』號別之。如本書十五卷，又卷首卷末各一卷者，則作15＋2。

六 各書目於編纂人及編纂時期取捨不一，今所臚舉，要皆以國立北平圖書館方志目錄及故宮方志目爲準則，其分藏於各圖書館者，則仍多以各該館之目錄爲依據；將來尙須與原書一一校對，方足徵信。（按各書目大都以卷端所列修志姓氏第一名爲編纂人，或采總裁，或采總纂。或舉二名，一總裁，一總纂。殊不知首列之人多無與於編纂之役；總裁固無論矣，卽總纂亦有名不符實者。鄙意編纂人除參考修志姓氏外，並當遍查原書序例，方能詳悉；如無序例，亦則檢閱各該新修志書之序例藝文志與舊志源流等；若並此不詳，則可檢閱名宦一門，因職官之參預修志之役者，於名宦一門或亦有所纘述也。否則采職官所載現任守令，如國立北平圖書館方志目錄例，亦無不可。編纂時期，亦宜從此。）

七 志書刻版與編纂時期無甚差異，故所著版本，僅鈔本，傳鈔本，影鈔本，攝影本，補刊本，重刊本，四庫本，叢書本等數種。但若有一書編後五六年以至十數年然後付梓者，則詳舉之。

八 本編著錄館藏志書以過二百種爲標準，惟國內國立清華大學圖書館所藏浙江方志甚完全（清華大學圖書館於民國十八年八月自杭州購得浙江地方志一百二十餘種，爲楊復氏豐華堂藏書之一部分，內有良槧多種，爲他處所罕見。國內除國立北平圖書館及金陵大學圖書館外，始無與爲匹者），又國外日本宮內省圖書寮所藏孤本（明末淸初本）良多，故並及之。其餘公私藏家所得志書，爲數寥寥者，僅錄其孤本，並於備考中註明某某圖書館藏或某某人藏。如光緒二十一年臺灣通志係臺灣總督府圖書館孤本，則於備考中註臺灣總督府圖書館藏。又如嘉慶十五年績溪縣志係胡適之先生家藏孤本，則於備考中註明胡適之藏。

九 本編所著錄各公私藏家簡稱舉例，並附錄所編書目及其所藏志書總數：

中山 國立中山大學圖書館。（國立中山大學圖書館新編中文書目地理類，民國十八年五月出版。又據廣州大學圖書館季刊第一卷第二期廣東三大圖書館所藏全省方志錄，藏志三百九十種。）

文化 北平東方文化委員會圖書館。（據該館鈔本目錄，藏志一千五百十九種。）

北平 國立北平圖書館。（國立北平圖書館方志目錄，民國二十二年五月出版，藏志三千八百二十八種。）

北京 國立北京大學圖書館。（據該館鈔本目錄，藏志三百八十一種。）

任氏 天津任振采氏天春園。（任氏天春園方志目，鈔本，藏志一千五百十七種。）

東方　上海東方圖書館。（涵芬樓直省志目無出版時，惟簪錄方志約止於民國八九年，藏志二千零八十二種。據何柏丞先生函，謂該館於民十以後續有所獲，不幸於民國二十一年一月二十九日悉被日軍焚燬，造成百餘年來中國文化之空前浩刦。詳見燕京學報第十一期學術界消息欄拙作東方圖書館被焚中之孤本地方志。尤以福建兩廣雲貴諸省之方志最爲珍貴。其書雖佚，然備舉其目，亦有足供參考者。）

金陵　南京私立金陵大學圖書館。（金陵大學圖書館中文地理書目，民國十八年四月出版。金陵大學圖書館方志目，民國二十二年一月出版。藏志一千九百九十三種。）

徐滙　上海徐家滙天主堂藏書樓。（民國十九年秋特託鄒友王寅生先生倩人鈔得該館方志目一册，益以近年所藏百餘種，計共一千六百六十七種，皆天主教徒親歷各地採訪所得者。）

故宮　北平故宮博物院圖書館。（故宮方志目，民國二十一年八月出版。藏志一千九百五十六種。）

清華　國立清華大學圖書館。（清華學校中文書籍目錄，民國十六年出版。清華大學校刊圖書館增刊第十六第十七號，民國十八年十一月二十二日二十七日出版。藏志一百五十三種。）

劉氏　浙江湖州南潯劉承幹氏。（嘉業堂藏書樓鈔本方志目，藏志一千零一十二種。）

燕京　北平私立燕京大學圖書館。（據該館方志卡片，藏志九百九十四種。）

外部　北平前外交部圖書處。（外交部藏書目錄，民國五年出版。外交部藏書目錄二編，民國十一年出版。藏志二百一十八種。）

南洋　上海南洋中學圖書館。（鈔本方志目，藏志一千四百七十種。）

國學　南京國學圖書館。（八千卷樓書目，江南圖書館善本書目，南京圖書局閱覽室檢查書目二編，國學圖書館第六年刊。又江蘇省立國學圖書館圖書總目 內有志部在編印中，本年十月或能出版。藏志一千一百八十七種。）

歷史　國立中央研究院歷史語言研究所。（據該館卡片，藏志七百九十九種。）

天一　浙江寧波范氏天一閣。（天一閣見存書目，薛福成編，藏志二百八十二種。）

張氏　湖北張乾若氏。（張氏鈔本方志目，藏志七百五十四種。）

內閣　日本東京內閣文庫。（內閣文庫圖書第二部漢書目錄，大正三年（民國三年）出版。藏志五百五十四種。）

宮內　日本宮內省圖書寮。（帝室和漢圖書目錄，大正五年（民國五年）出版。圖書寮漢文善本書目，昭和五年（民國十九年）出版。藏志二十八種。）

大連　大連圖書館。（大連圖書館和漢圖書分類目錄第四編，昭和八年（民國二十二年）三月出版。藏志六百二十二種。）

國會　美國國會圖書館。（美國國會圖書館東方部藏書目錄最近出版，袁守和先生有藏本。藏志一千三百七十種。）

哈佛　美國哈佛大學圖書館。（鈔本目錄，藏志四百四十三種。）

此外收藏孤本方志之公私藏家，爲本編採訪所及者，有：

遼寧省立圖書館。（遼寧省立圖書館刊。共錄孤本方志六十種。）

陝西圖書館。（陝西圖書館書目，民國五年出版。陝西圖書館書目三編，民國十一年十一月出版。著錄孤本方志四十

二種。）

雲南圖書館。（雲南圖書館書目初編，民國四年出版。雲南圖書館書目二編，民國十二年出版。著錄孤本方志三本二種。）

廣東省立圖書館。（據廣州大學圖書館季刊第一卷第二期廣東三大圖書館所藏全省方志錄，知該館所藏孤本方志凡十四種，原書目待查。）

甘肅省立圖書館。（甘肅省立圖書館書目初編，民國十三年出版，著錄孤本方志九種。）

廣州嶺南大學圖書館。（據廣州大學圖書館季刊第一卷第二期廣東三大圖書館所藏全省方志錄，知該館所藏孤本方志凡七種，原書目待查。）

福建涵江圖書館。（據同學薛澄淸君函，知該館藏有孤本方志四種。）

國立中央大學圖書館。（國立中央大學圖書館圖書目錄，民國十八年十二月出版，著錄孤本方志三種。）

浙江省立圖書館。（浙江公立圖書館通常類圖書目錄，民國十四年出版。浙江公立圖書館保存類圖書目錄，民國十四年出版。著錄孤本方志三種。）

無錫縣立圖書館。（無錫縣立圖書館書目，民國十五年出

版。無錫縣立圖書館善本書目，民國十八年出版。著錄孤本方志二種。）

無錫大公圖書館。（無錫私立大公圖書館藏書目錄，民國十年出版，著錄孤本方志一種。）

湖北省立圖書館。（湖北省立圖書館書目，民國十三年出版，著錄孤本方志一種。）

北平研究院。（鈔本目錄，藏有孤本方志一種。）

北平實業部地質調查所。（鈔本目錄，藏有孤本方志一種。）

王綬珊先生九峰舊廬收藏孤本方志二十九種。

王佩諍（謇）先生家藏孤本方志六種。

葛詞蔚先生家藏孤本方志二種。

胡適之（適）先生家藏孤本方志一種。

傅沅叔（增湘）先生家藏孤本方志一種。（據雙鑑樓善本書目。）

馬季明（鑑）先生家藏孤本方志一種。

張秀溪先生家藏孤本方志一種。

李季和先生家藏孤本方志一種。

葉谷磬（國慶）先生家藏孤本方志一種。

顧起潛（廷龍）先生家藏孤本方志一種。

日人大村西崖家藏孤本方志一種。

臺灣總督府圖書館。（清朝官撰本島府縣志類解題，昭和四年（民國十八年）四月出版。又據所引一九二九年市村榮圖書館雜誌第一百一十四卷一百一十五卷清朝官撰臺灣府縣志類，著錄孤本方志十二種。）

日本帝國圖書館。（參攷清朝官撰本島府縣志類解題，臺灣總督府圖書館編，昭和四年（民國十八年）四月出版，著錄該館所藏孤本方志一種。）

十　符號及數目字舉例：

X　藏志一部。所藏志書有二部相同者書「二」。餘類推。

1,2　缺卷一，卷二。

5-1　缺卷一至卷五。

$5\frac{1}{2}$　缺第五卷之半。

3a　缺第三卷之上半。

3b　缺第三卷之下半。

$=1/4$　二部，一部缺卷四。

$=\frac{1}{2}\frac{1}{5}$　二部，一部缺卷二，一部缺卷五。

$6/4$　卷六缺第四頁。

存2,7　存卷二，卷七。

缺卷存卷未詳者注「缺」，「存」；殘爛者注「殘」字。

十一 地方志統計表賅括宋，元，明，清，民國五代。每代各著年號，省區及方志種類。繫年者可知某年修志若干；繫地者可知某省修志若干；繫類者可知某志修於某年者若干，修於某省者又若干；年地類並舉者可知某年在某省修某志若干。方志之種數與卷數，用阿剌伯字標出之。如現存宋熙寧間府志一種二十卷，則作1/20，餘類推。

十二 為便於統計計，所有方志種類不盡舉出，特就其性質所近，併入各類。（如鄉志，里志，村志之併入鎮志，設治局志之併入縣志等。）

十三 統計圖用以指示歷代修志之跡，使讀者易於得一比較的概念，進而求其因果，並瞭然於各地方政治之消長，文化之盛衰，經濟之隆替，與夫遺獻之多寡，隨時而異，不僅卷帙之數字已也。

十四 本編係個人調查所及，現存方志或尚不止此數，倘蒙海內博雅各以收藏見示，或予以刊正指數者，則不獨鄙人之幸，亦學術界之益也。

目錄

江蘇省 浙江省 安徽省 江西省
湖北省 湖南省 四川省 河北省
山東省 河南省 山西省 陝西省
甘肅省 福建省附臺灣 廣東省 廣西省
雲南省 貴州省 遼寧省 吉林省
黑龍江省 熱河省 新疆省 察哈爾省
綏遠省 寧夏省 青海省 西康省
西藏 蒙古

地方志統計表

宋代地方志統計表 元代地方志統計表 明代各布政使司地方志分類統計表 明代各布政使司地方志分類統計總表 明代地方志分省統計表 明代地方志分類統計表 清代各省地方志分類統計表 清代各省地方志分類統計總表 清代地方志分省統計表 清代地方志分類統計表 民國各省地方志分類統計表 民國地方志分省統計表 民國地方志分類統計表 歷代各省地方志分類統計表 歷代地方志分省統計表 歷代地方志分類統計表

地方志統計圖

明代地方志種數統計圖 明代地方志卷數統計圖

明代各布政使司地方志種數統計圖　明代各布政使司地方志卷數統計圖　清代地方志種數統計圖　清代地方志卷數統計圖　清代各省地方志種數統計圖　清代各省地方志卷數統計圖　歷代地方志種數統計圖　歷代地方志卷數統計圖　歷代地方志分省種數統計圖　歷代地方志分省卷數統計圖　歷代地方志分類種數統計圖　歷代地方志分類卷數統計圖

館藏地方志種數統計表

館藏地方志種數統計圖

附錄一　民國所修方志簡目

附錄二　上海東方圖書館所藏孤本方志錄

附錄三　國外圖書館所藏明代孤本方志錄

書名索引

四部叢刊續編之一

嘉慶重修一統志

依進呈寫本影印

全書二百册　附贈索引十册　定價一百十元（本年六月底前九折實收）郵費三元

另備書箱實價六元用否聽便　索閱樣本附郵票三分

此爲前清第三次所修之本，斷至嘉慶二十五年，道光二十二年進呈，凡五百六十卷，又目錄二卷，乾隆重修本，原有遺漏訛誤，咸加補正，惟成書之後，並未刊行。敝館從清史館借得原書照相影印，已於四月一日出版，並用王雲五氏四角號碼檢字法，編製索引，隨書附送，不再收價，定於本年六月內續出，先送贈券，屆時憑券取書。

商務印書館發行

▲35-23:4

最新實用「地理工具書」

『中國地名檢查表』出版

編著者：江都　葛啟揚

本會會員燕京大學研究院歷史學系葛君啟揚，於數年前担任中學校史地教職時，每遇學生以中國生疎地名相詢，常感無法置對之苦，因決意從事於『中國地名檢查表』之編著。前年暑假後，葛君重回燕大研究，即利用餘暇開始工作，逾時二載，方告功成。先是，葛君曾有『「丙」字檢字法』之發明（君曾印有說明書分贈各大圖書館），乃將所收得之材料，以「丙」字檢字法之一部順序編排付梓，已於日前出版。該書取材完備，於縣名外，又備載各商賈薈萃，及有關形勝之地；山脉河流亦盡量收入。更於書後附有民國十七年來全國縣治更置表，及全國行政區劃統計表。而用世界標準之經緯度以標定地名之位置，在中國實爲創舉。對於研究史地者固多裨益，而於中小學校教員學生參考尤屬便利。書每册僅售大洋七角（外埠另加郵費八分）。北平東安市場人文書店及燕京大學東門外競進書社均代售。如有函購者，款寄本會亦可。

禹貢學會啟。

出版者：禹貢學會。
編輯者：顧頡剛，譚其驤。
出版日期：每月一日，十六日。
發行所：北平成府蔣家胡同三號禹貢學會。

禹貢

半月刊

價目：每期零售洋壹角。豫定半年十二期，洋壹圓；全年二十四期，洋貳圓。郵費加一成半。國外全年加郵費八角。

The Evolution of Chinese Geography

Semi-monthly Magazine

Vol. I No. 6 May 16 th 1934
Address: 3 Chiang-Chia Hutung, Cheng-Fu, Peiping, China

第一卷 第六期

民國二十三年五月十六日出版

由甲骨卜辭推測殷周之關係 孫海波
宋史地理志考異 聶崇岐
古代蜀國史略述 傅述堯
宋代儒者地理分佈的統計 余鍈
晉初郡縣戶數表 黃席群
由九丘推論古代東西二民族 勞榦
禹治水故事之出發點及其它 勞榦
辨冀州之『冀』 唐蘭
介紹史學論叢中三篇古代地理文字 楊向奎

內政部登記證警字第叁肆陸壹號

由甲骨卜辭推氏殷周之關係

二

孫海波

辛卯卜，貞，令周從厎正，八月。（龜甲獸骨文字卷一第二十八葉）

令周疾今夕亾囚。（新獲卜辭寫本二七七版）

癸未令旅族寇周，由□呂□。（殷虛書契前編卷四第三十二葉）

貞令多子族眔犬侯寇周，由王□。（同上卷五第七葉）（右爲二片拼合者，上見前編卷五，七葉，七版。下見卷六，五十一葉，七版）

貞令旃從㠯侯寇周，（同上卷七第三十七葉）

貞由禀令從寇周，（後編卷下第三十七葉）

己卯卜，㱿貞，令多子族從犬侯寇周：由王事。五月。（續編卷五第二葉，又見王襄徵文人名第三十一版）

卜辭紀殷周之事，云『令（卽命，古命令一字）周侯』者二，云『寇周』者五。寇字，郭沫若釋『寇』；以文字偏旁審之，郭釋雖似未塙，而于義則近是。夫殷周之民非一族，徵之詩，書，史記之紀載，社會組織之情形，皆優足以証明之，姑無論已。至若二國邦交之事，代易世革，史乘或不詳。史記殷本紀：

紂以西伯昌，九侯，鄂侯爲三公。九侯有好女入之紂，九侯女不憙淫，紂怒殺之，而醢九侯。鄂侯爭之彊，辯之疾，并脯鄂侯。西伯聞之，竊歎。崇侯知之，以告紂，紂囚西伯羑里。西伯之臣閎夭之徒求美女奇物善馬以獻紂，紂乃赦西伯。西伯出而獻洛西之地，以請除炮烙之刑。紂乃許之，賜弓矢斧鉞，使得征伐爲西伯。

牧師。

後漢書西羌傳注引紀年：

太丁四年，周人伐余無之戎，克之。周王季命爲殷

今本紀年（僞）：

武乙三年，命周公亶父，賜以岐邑。

論語亦曰：

三分天下有其二，以服事殷。

此周臣于殷之說也。詩大雅：

摯仲氏任，自彼殷商，來嫁于周，曰嬪于京。乃及王季，維德之行。大任有身，生此文王。

又云：

> 文王初載，天作之合，在洽之陽，在渭之涘。文王嘉止，大邦有子，俔天之妹。文定厥祥，親迎于渭。造舟為梁，不顯其光。有命自天，命此文王，于周于京。

此殷周婚媾之事也。驗以殷虛『命周侯』之辭，殆不為慮。蓋當時二族強弱之勢殊，殷人西漸，爰有西土，周人之臣服事殷，實事理之當然。而敵對之族，往往和親以為懷柔之計，考之前史，其事甚多，如漢之於匈奴，唐之于吐蕃，皆其例矣。惟是，周與殷有君臣之分，婚姻之好；卜辭紀『周』事之多，『令周』『蠲周』之異，則二國之征伐聘禮，人事往還，想當歷祺悠久，非一時之事。獨怪周居岐邑，與殷遠隔，固風馬牛不相及，而殷人力服西陲，巍然一代武功，何以其年代史或不載，使後之人無所攷索？竊讀周本紀，見其紀周人所居之地，后稷居邰（徐廣曰：『今斄鄉在扶風』。正義引括地志云：『故斄城一名武功城，在雍州縣西南二十二里，古邰國，后稷所封也』），至不窋失官，而奔戎狄之間；至公劉始自漆沮度渭；公亶父遭戎狄之患，乃去豳，渡漆沮，踰梁山，止於岐下。當是時，周距殷始稍近，而殷周之接觸宜在於斯際矣。故董作賓氏于新獲卜辭寫本後記亦云：

> 攷『周侯』之名，惟公亶父至于文王，三世可以稱之。史記周本紀：『古公亶父，踰梁山，止于岐下』。集解引徐廣曰：『岐在扶風美陽西北，其南有周原』。皇甫謐云：『邑于周地，故始改國曰周』。是周之國名，始自公亶父遷岐，相當于殷帝武乙之初年。而所謂周侯者，亦不出公亶父，季歷，西伯昌三人。

然觀此刻辭，其文體不類殷末期之物。蓋相當于武丁之後，武乙之前。意者武丁伐鬼方，已使人西土，而周人之征服亦當其時乎？因就卜辭之地望以證吾說如次。

易既濟：『高宗伐鬼方，三年克之，小人弗用』。未濟：『震用伐鬼方，三年有賞于大國』。詩商頌：『撻彼殷武，奮伐荊楚。罙入其阻，裒荊之旅。有截其所，湯孫之緒』。今本竹書紀年：『武丁三十二年，伐鬼方，次于荊。三十四年，王師克鬼方』。後之人或信或疑，如黃氏日抄以鬼方即荊楚，殆本偽紀年之說也。魏源詩古微：

> 殷武，美襄公之父桓公會齊侯伐楚也。高宗無伐荊楚事；其克鬼方，乃西戎，非南蠻。

此疑商頌之說也。求之卜辭，有『鬼方』之文（中央研究院驗)，亦有『楚』之地：

據拓本橅

鬼方之居，王國維氏言之詳矣（觀堂集林，鬼方昆夷玁狁考）。其地當今陝西之境，難以一地名之。而楚之爲地有三，荊亦有三，三地皆相毗連。春秋稱楚都丹陽，地近荊，世稱荊楚，則在江漢之間。一爲朝邑臨河之荊山，水經謂是禹鑄九鼎處。而鄠縣之灊山，亦稱楚山。魏策：『王季葬于楚山之尾』。皇甫謐曰：『楚山一名灊山，鄠縣之南山也』。此陝西之荊楚。唐志：『虢州湖城縣有覆釜山，一名荊山』。元和志：『山在縣南，即黃帝鑄鼎處』。韓愈詩：『荊山已去華山來，日照潼關四扇開』，李商隱詩：『楊僕移關三百里，可能全爲是荊山』，即此處也。湖城縣，元時省入閿鄉縣，今仍之，山在縣南二十五里（一作三十五里）。楚在洛陽境內，春秋王子朝奔京楚，即其地。（說本許瀚季娟殷釋文，見攈古錄三之一）此河南之荊楚。鬼方居陝西

善齋藏

契齋師藏拓本橅

之境，則殷高宗次于荊楚之『楚』，當是鄠縣灊山之楚，卜辭之楚亦即其地。魏源未之詳攷而妄譏商頌之失，非也。

或曰：子釋卜辭『𢀛』『𣏟』之爲楚，近是也，何以知卜辭之楚必爲鄠縣之楚山耶？曰：以近楚之地證之，是不難明也。卜辭近楚之地有豐，前編卷五第五葉：

叀豐其戈貞。

又劉善齋藏契

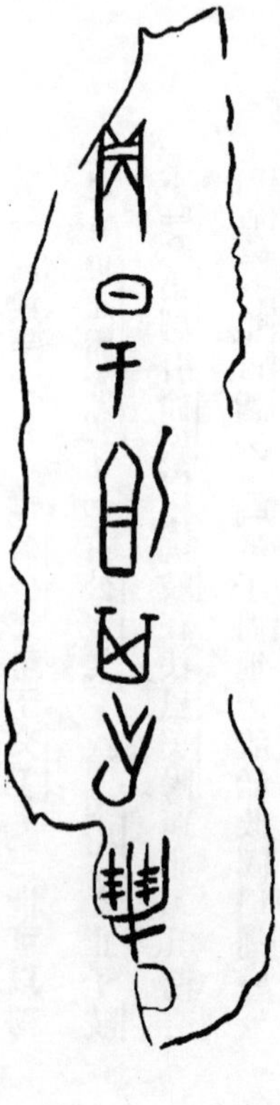

貞日于且乙，其乍豐。

英人明義士藏契：

大乙，大丁，大甲，

其乍餗，餗門，

乍豐，唐祐

豐，王國維氏釋豐。按，豐豊古一字。說文：『豐，周文王所都，在京兆杜陵西南』。史記周本紀：『明年，伐崇侯虎而作豐邑』。集解引徐廣曰：『豐在京兆鄠縣，東有靈臺。鎬在上林，昆明北有鎬池，去豐二十五里。皆在長安南數十里』。右三版刻辭均甚早，卽劉氏所藏一版亦當在且庚，且甲之世。知其然者，明義士所藏一版，文字與此同。（摹本見齊魯大學季刊，因證劉藏卜辭，今復著之。）其文云：

牛三?口
二父丁羌五
小乙羌三牛
乙羌口口口
羌五牛三且
口口口大乙
彰高且亥口
甲午貞乙未

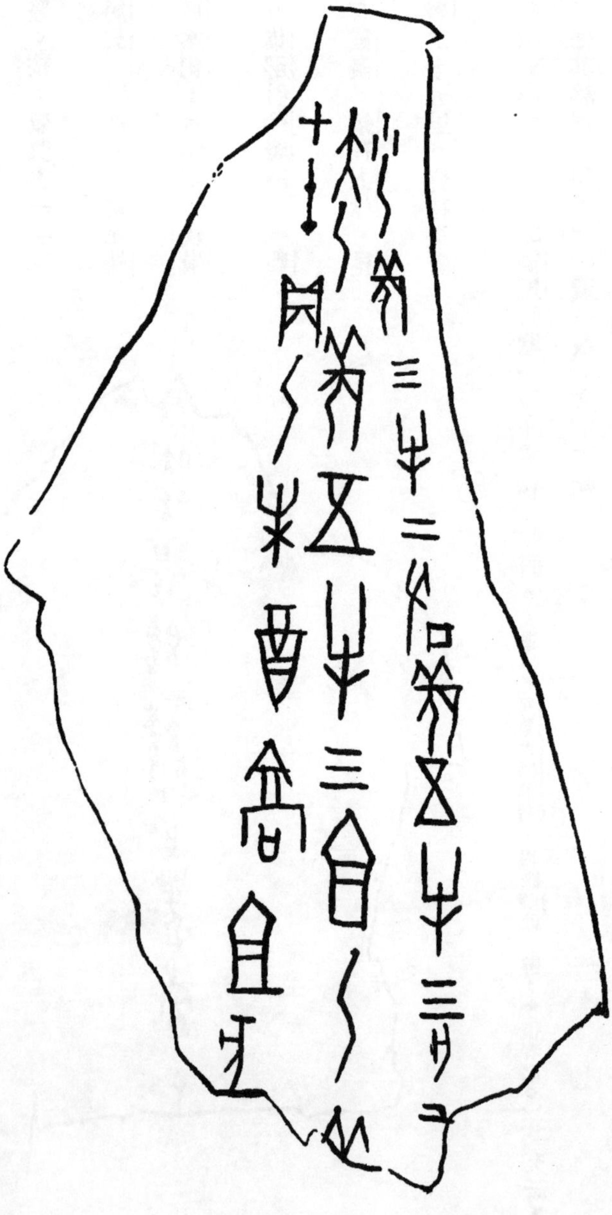

攷殷代諸王，稱高且亥，大乙，且乙，小乙以下，而父名『丁』者，且甲且庚稱武丁爲父丁，武丁稱庚丁爲父丁，帝乙稱大丁爲父丁。然以卜辭文字觀之，凡稱康丁(卽庚丁)文武丁(卽大丁)之刻辭與此均不類，非且庚，且甲二世不足以當之(關于刻文時代，另有專論)。史記稱『武丁修政行德，天下咸譆，殷道復理』。蓋武丁一有爲之主也，當其伐鬼方克之，乘方乘之威，經營乎西土，居楚營豐，必然之勢也，庸何疑乎？

其地望之次于豐者有蒿，壽華第九葉：

貞今日口祀曰王其蒿

又獸頭刻辭之一：

戊戌，王蒿田口文武丁祼口王來正口

蒿舊釋桒，非是；字當釋蒿，卽鎬京之地。此二版刻辭雖晚，要足爲殷人西漸之一証也。去豐鎬之西有矢，前編卷一第四十八葉：

辛酉卜，㱿貞，于矢，先器，一月。

金文有矢王尊，同卣：『隹十又一月，矢王錫同金車弓矢，對揚王休，用作父戊寶尊彝』。散氏盤：『用矢撲散邑』，王國維氏曰：

矢，散，二國名。南陵徐氏藏一敦，銘曰：『散伯作矢姬寶敦，其萬年永用』。蓋散伯嫁女所作之媵器。知散矢二國相爲婚姻。又此盤出土之地，雖不可考，然器所見之土地名，頗與大克鼎所見者同。又克鼎之名亦見于此器，而克鼎出寶鷄縣南之渭水南岸，則此盤出土之地亦必不遠。知散國即水經渭水注『大散關』，㳻水注『大散嶺』之散。又據器中所紀地理，矢在散東，則矢國當即自漢以來之盩厔縣。『盩厔』二字均與『矢』音相近。（散氏盤釋文）

右舉數地，皆其彰明可考者也。由是觀之，殷人之征鬼方，不僅止于豐，嵩，楚山之地也，其勢方熾，擁師西下，所征服之地必多；而抵矢國之境，與武功爲隣，則周人已在其勢力籠罩之中。卜辭命周之文，必在武丁克鬼方之後，而非殷之末世决矣。歷時既久，周室漸強，不受殷命則有之，故殷人每每令人𩰫周。其見于卜辭者，曰旅族，多子族，犬侯，𢀛侯，旃，噕之衆，則其戰爭之烈豈一時區區細事哉？逮西伯之末年，始克密伐崇，奄有豐鎬，滅耆國而進窺殷室，周乃勃興。詩書稱頌周室，必曰文王，有以哉！豈西伯之世而殷人能命之乎？

吾因卜辭文字之參較，而知殷周之接爲時甚久，『令周侯』之文當爲武乙以前之遺物。又因𩰫周之辭，似有以臆解伐崇之詩。詩大雅：

帝謂文王，詢爾仇方，同爾兄弟，以爾鉤援，與爾臨衝，以伐崇墉。

又云：

臨衝閑閑，崇墉言言，執訊連連，攸馘安安，是類是禡，是致是附，四方以無侮。臨衝茀茀，崇墉仡仡，是伐是肆，是絕是忽，四方以無拂。

此紀西伯之伐崇也。夫西伯之伐國多矣，他國皆不載，惟詩皇矣之篇獨稱崇密，而於崇又獨載其戰勝攻取之難與『仇方』之詢。夫崇之于周何仇哉？卜辭紀𩰫周之衆，雖未見崇侯虎，而史記稱崇侯虎爲帝辛近倖之臣，詩又言崇國之強如此，是崇亦嘗有伐周之事，仇方殆指此而言耳。蓋當時由陝而西，崇爲殷之強藩；由河而東，則淮夷徐奄爲其強藩：崇滅則殷勢弱，淮夷徐奄踐則殷祀斬，此一代之大勢也。史記于殷周興廢，言之綦詳，而于殷周之爭，事或闕如，豈蓿史氏之有闕文耶？抑周人習於服事之傳說而不忍言其先公之事，以爲有汚令德耶？此余之所大惑不解者也。徵卜辭，爲知殷人有『令周』及『𠛬周』之事乎？用紀所聞，綴論于次，以質世之治古史乘者。

二十三年四月二十八日，潢川孫海波記于成府契室。

宋史地理志考異（總序）

聶崇岐

『宋太祖受周禪，初有州百一十一，縣六百三十八。……』

按：宋初州縣數，諸書所載多異。新五代史卷六十職方考作一百十八州；元豐類稿卷四十九戶口版圖條作州一百一十，縣六百三十；玉海卷十四祥符州縣圖經條作州府軍監一百三十九，縣六百六十一；文獻通考卷三百一十五輿地考總序與玉海卷十四所記同；惟玉海卷十八開寶校州縣數條曰：『開寶九年，史官較州縣數，元年（建隆）有州百十一，縣六百三十八』，與地理志相同。

『建隆四年……平湖南，得州十五，……』

按：宋史卷一太祖本紀作得州十四；東都事略卷一太祖紀，續資治通鑑長編卷四，所記同宋史太祖本紀；惟玉海卷十四祥符州縣圖經條與地理志同。

『乾德三年平蜀，得州府四十六，縣一百九十八，戶五十三萬四千三十九。』

按：宋史卷二太祖本紀作得州四十五，縣戶數同地理志。東都事略卷二太祖紀作縣二百四十二，州府數同地理志。續資治通鑑長編卷六，玉海卷十四乾德山川形勢圖條及祥符州縣圖經條，通考卷三百一十五輿地考總序，所記州府數皆同地理志，惟縣數作二百四十；而戶數，續資治通鑑長編與文獻通考皆作五十三萬四千二十九。

『開寶四年平廣南，得……縣二百一十四，戶一十七萬二百六十三。』

按：宋史卷四百八十一南漢劉氏世家作縣二百四十，戶十七萬。

『開寶八年平江南，得州一十九，軍三，縣一百八。』

按：宋史卷三太祖本紀作縣一百八十。

『計其末年，凡有州二百九十七，縣一千八十六，戶三百九萬五百四。』

按：元豐類稿卷四十九戶口版圖條所記州數同地理志，惟縣數作一千八百六，戶數作二百五十萬八千九百六十五。玉海卷十八則實較州縣數條所記州縣皆同地理志，惟戶數則同元豐類稿。文献通考卷十一戶口考所記戶數同地理志，但馬氏自注曰：『此係會要所載本年主客戶數。……通算只計二百五十六萬六千三百九十八，與會要不合』。

『太平興國四年平太原，得州十，軍一，縣四十，戶三萬五千二百二十五。』

按：宋史卷四太宗本紀所記州縣數同地理志，惟未記軍數。東都事略卷三太宗紀，續資治通鑑長編卷二十，玉海卷十四祥符州縣圖經條，所記州軍數皆同，惟縣作四十一；而續資治通鑑長編，戶數又作三萬五千二百二十。至文献通考卷十一戶口攷，戶數則作三萬五千二百二十七。

『至是天下既一，疆理幾復漢唐之舊；其未入職方氏者，唯燕雲十六州而已。』

按：燕雲十六州之瀛莫二州及幽涿二州之一部，周顯德中業經收復。宋承周舊，烏得泛云十六州未入職方！且宋代疆域，方之漢唐，不逮遠甚：南交西域之遐荒地帶，不必論矣；即距中原較近之遼東遼西與隴右多數州郡，漢唐之曾收入版圖者，在宋則皆淪於異族；而雍熙三年岐溝之敗，易州大部繼且陷於契丹：未入職方氏者，又豈僅燕雲諸州已哉！

『至道三年，分天下爲十五路。』

按：宋分州郡爲路，不始至道。玉海卷十八淳化十道條：『淳化四年十月，分十道；五年十月，罷』。文献通攷卷三百一十五輿地攷總叙：『……太平興國三年分京西轉運爲二司，後復併。……河北路，太平興國中分河北南路，雍熙中又分爲東西路；後併焉。……陝府路，太平興國二年，分陝西河北陝西河南兩路，又有陝府西北路；後併焉。……淮南路，太平興國初，分淮南西路，後併。……江南路，太平興國初分江南東西路，後併焉。……福建路，太平興國初爲兩浙西南路，後改焉。……國初劍南西川但爲西川路，開寶六年始分峽西路。……』續資治通鑑長編卷四十二：『國初罷節鎮領支郡，以轉運使領諸路事，其分合未有定制。……是歲（至道三年）始定爲十五路：一曰京東路，二曰京西路，三曰河北路，四曰河東路，五曰陝府路，六曰淮南路，七曰江南路，八曰荆湖南路，九曰荆湖北路，十曰兩浙路，十一曰福建路，十二曰西川路，十三曰峽西路，十四曰廣南東路，十五曰廣東西路』。地理志總敘，於十五路名稱及至道以前諸路之併析，初未述及，實爲疎略。且貿貿然即曰『至道三年分天下爲十五路』，一似至道三年前諸州未有分路之制者，行文上殊欠檢點。

『天聖析爲十八。』

按：續資治通鑑長編卷四十八：『咸平四年，……詔分川，峽爲益，梓，利，夔四路』。玉海卷十八至道十五路條：『天聖八年分江南爲東西路』。是自至道三年析十五路後，至天聖八年已增至十八路，非天聖中始析爲十八路也。地理志總序詞意亦欠明晰。

『元豐又析爲二十三。』

按：玉海卷十八至道十五路條：『皇祐三年分淮南爲東西。熙寧五年分京西爲南北，陝西爲永興，秦鳳。六年分河北爲東西』。地理志京東路下：『熙寧七年分爲東西兩路』。是自天聖十八路後，陸續析置，至元豐已至二十三路，非至元豐始析爲二十三路也。

『崇寧四年，復置京畿路。』

按：地理志京畿路下：『皇祐五年置京畿路……至和二年罷。崇寧四年復置。』總序未言初置京畿路時期，即曰『復置』，敘事既嫌疎略，而復字無所承，行文亦欠妥也。

『天下主客戶，至道末四百一十三萬一千五百七十六。』

按：文獻通攷卷十一戶口攷作四百一十三萬二千五百七十六。

『嘉祐八年，主戶二千二百四十六萬二千五百三十一。』

按：通攷作天下主客戶一千二百四十六萬二千三百一十七。

『治平三年，天下主客戶一千四百一十八萬一千四百八十六，口二千五十萬六千九百八十。』

按：通攷作天下主客戶一千二百九十一萬七千二百二十一，口二千九百九萬二千一百八十五。

『崇寧元年，戶二千二十六萬四千三百七，口四千五百三十二萬四千一百五十四。』

按：通攷作戶二千一萬九千五十，口四千三百八十二萬七百六十九。

『當是時（大觀中），天下有戶二千八十八萬二千二百五十八，口四千六百七十三萬四千七百八十四，視西漢盛時蓋有加焉；隋書疆理雖廣，而戶口皆有所不及。』

按：後漢書卷二十九郡國志序注：『至于孝平，元始二年，民戶千三百二十三萬三千六百一十二，口五千九百一十九萬四千九百七十八人』。隋書卷二十九地理志總序：『煬帝嗣位，……大凡……戶八百九十萬七千五百四十六，口四千六百一萬九千九百五十六』。舊唐書卷三十八地理志總序：『開元二十八年戶部計帳，凡……戶八百四十一萬二千八百七十一，口四千八百四十四萬三千六百九』。玉海卷二十唐歷代戶口條：『天寶二十四載，戶八百九十一萬四千七百九，口五千二百九十一萬七千三百九，此唐之極盛也』。是大觀戶口，僅多於隋，較之漢書，戶雖多而口則遜，何得遽云有加於西漢盛時，且言唐代戶口皆有所不及哉！

古代蜀國史略述

傅述堯

蜀國建立西南，有獨立之文化，故揚雄作蜀王本紀，常璩作華陽國志以紀其事。其爲中原人所注目，殆始于戰國，禹貢之特著梁州即其顯明之證據。常怪司馬遷作史記，於貨殖列傳極稱蜀之鐵冶，而乃不如楚越之例爲蜀王立世家，甚且不如匈奴西南夷之例爲蜀民族作列傳，遂使今日數其典實，輒感冥茫，何也？意者在彼之世已無系統之紀載可求乎？抑嫌其傳說太神怪，故屏而不錄乎？今掇拾諸書，粗加整理，別爲三篇；至於詳考博徵，請俟異日。

(一)正史上所見之蜀國

古籍中言『蜀』者有四。尚書牧誓：『王曰，「……逖矣西土之人！」王曰，「嗟我友邦冢君……及庸，蜀，羌，髳，微，盧，彭，濮人！」』元和姓纂：『庸，蜀，殷時侯國』。孫星衍疏謂『蜀即蜀山氏，帝嚳外家』。逸周書世俘解：『庚子，新方命伐蜀。乙巳，蜀至告禽』。世本：『顓頊母，蜀山氏之子，名昌僕』。史記五帝本紀：『黃帝……娶西陵氏之女，……生二子，……其二曰昌意，降居若水。昌意娶蜀山氏女曰昌僕，生高陽』。史記之文蓋取自世本者。此皆蜀國記載之見於古籍者也。惟其地望是否盡在今四川，則難確定。廖平六譯館叢書尊經日課題目『釋蜀』下注云：『春秋經會蜀盟蜀無間事。兩見蜀，明蜀非一地。會蜀在魯境，盟蜀地在梁州，會蜀乃約蜀之盟，非一時事。諸侯背晉與楚，畏晉，知因二蜀同名，託以在魯，如城下之盟，不得已者。迺書其事，以起匿名。以言秦，知在梁州』。又有日課題目云：『牧誓稱庸蜀等國與詩江漢皆指梁荆攷』。錢賓四先生則謂牧誓，元和姓纂，世俘解所言之蜀爲商人近畿小國（見所著周初地理攷）。言殊指異，證實無由。雖然，其地望難定而蜀國之名稱固早見於斯世矣。（宋李文子郭居仁蜀鑑序云：『蜀在禹貢，一梁州耳。文王興於岐西，而從武王牧野之師者，乃庸，蜀，羌，髳，微，盧，彭，濮人。說者謂文王化江漢之所被，信矣』。）

蜀國次見於正史者，則在戰國之世。據史記秦本紀及六國年表，秦厲共公二年，『蜀人來賂』。惠公十三年，『伐蜀，取南鄭』。惠文君元年，『楚韓趙蜀人來朝』。惠文王九年，『司馬錯伐蜀，滅之』。厲共公以前之蜀狀態如何，史記未有明言。或以史記六國表起於厲共公元年（即周元王元年），故因是而亦略之耶？十一年，『公子通封於蜀』。索隱曰：『華陽國志曰，「赧王元年，秦惠王封子通國爲蜀侯，以陳莊爲相」』。十四年，『丹犂臣蜀，相壯殺蜀侯來降』。正義曰：『二戎號也，臣伏於蜀，蜀相殺蜀侯并丹犂二國降秦，在蜀西南桃府管』。本紀『秦武王元年，誅蜀相壯，張儀魏章皆東出之魏，伐義渠丹犂』。又『昭襄王元年，嚴君疾爲相』。正義曰：『蓋封蜀郡嚴道縣，因號嚴君。疾，名也』。又『六年，蜀侯煇反，司馬錯定蜀』。索隱曰：『煇音暉。華陽國志曰：「秦封王子煇爲蜀侯。蜀侯祭，爲胙於王，後母疾之，加毒以進。王大怒：使司馬錯賜煇劍」，此煇不同也』。本紀二十七年，『又使司馬錯發隴西，因蜀攻楚黔中，拔之』。又三十年，『蜀守若伐取巫郡及江南，爲黔中郡』。正義曰：『華陽國志，張若爲蜀郡守』。本紀年表：始皇即位，『當是之時，秦地已幷巴，蜀，漢中，越宛有郢，置南郡矣』。本紀年表九年，『嫪毐爲亂，遷其舍人於蜀』。本紀年表十二年，『復嫪毐舍人遷蜀者』。

戰國策亦記云：『蘇秦始將連横，說秦襄王曰，「大王之國，西有巴蜀漢中之利。……」』『司馬錯與張儀爭論于秦惠王前，司馬錯欲伐蜀，張儀曰，「不如伐韓。……今夫蜀，西辟之國而戎狄之長也。弊兵勞衆不足以成名，得其利不足以爲利。……」司馬錯曰，「……夫蜀，西辟之國也而戎狄之長也，而有桀紂之亂。以秦攻之，譬如使豺狼逐群羊也。取其地足以廣國也，得其財足以富民繕兵，不傷衆而彼已服矣。……」卒起兵伐蜀。十月，取之，遂定蜀。蜀主更號爲侯，而使陳莊爲相。』秦武王時，甘茂曰：『臣聞張儀西并巴蜀之地』。秦昭王時，范睢曰：『大王之國……右隴蜀』。蔡澤說應侯：『……白起率數萬之師，……南并蜀漢。……今君……斬范中行之途，棧道千里於蜀漢，使天下皆畏秦』。

蜀鑑更爲分敍之曰：『「秦人取南鄭」：秦厲公二十六年，秦庶左長城南鄭。秦躁公二年，南鄭反。秦惠公十三年，秦伐蜀，取南鄭。曰「秦人取蜀」：秦惠王初更九年，司馬錯伐蜀，滅之。秦惠文王十一年，封子通國爲蜀侯，以陳壯爲相；置巴郡，以張若爲蜀國守，移秦民萬家實之。秦惠文王十四年，陳壯反，殺蜀侯通國。秦遣甘茂，張儀，司馬錯復伐蜀，誅陳壯。秦武王元年，封子惲爲蜀侯。秦昭襄王六年，蜀侯惲反。司馬錯定蜀，封子綰爲蜀王。秦昭襄二十二年，王誅蜀侯綰，但置蜀守，張若取笮及江南地。曰「秦人取漢中」：秦惠文王十三年，秦庶長章攻楚漢中，取地六百里，分巴蜀，置漢中郡。昭襄王十三年，任鄙爲漢中守。昭襄王二十年，王之漢中。曰「秦人自蜀伐楚」：昭襄王二十七年，司馬錯發隴西，因蜀伐楚黔中，拔之。昭襄王三十年，蜀守張若伐楚取巫郡及黔南爲黔中郡』。

凡上所述，斷至秦末。秦後則蜀僅爲地理上之一名詞矣。

（二）蜀國傳國之故事

蜀之立國頗涉荒渺，其傳代亦多不經。

揚雄蜀王本紀曰，『蜀之先稱王者有蠶叢，柏濩，魚鳧，開明。是時人萌椎髻左衽，不曉文字，未有禮樂。從開明以上至蠶叢，積三萬四千歲』。又曰：『蜀王之先名蠶叢，後代名曰柏濩，後者名魚鳧，此三代各數百歲，皆神化不死，其民亦頗隨王化去。魚鳧田于湔山，得仙，今廟祀之于湔。時蜀民稀少。後有一男子名杜宇，從天墮止朱提。有一女子名利，從江源井中出，爲杜宇妻。宇自立爲蜀王，號曰望帝，治汶山下邑曰郫，化民往往復出。望帝積百餘歲，荊有一人名鼈靈，其尸亡去，荊人求之不得。鼈靈尸隨江水上至郫，遂活，與望帝相見。望帝以鼈靈爲相。時玉山出水，若堯之洪水，望帝不能治，使鼈靈決玉山，民得安處。鼈靈治水去後，望帝與其妻通，慚愧，自以德薄不如鼈靈，乃委國授之而去，如堯之禪舜。鼈靈即位，號曰開明帝。帝生盧保，亦號開明。望帝去時子規鳴，故蜀人悲子規鳴而思望帝，望帝，杜宇也。後天墮。開明帝下至五代，有開明尚，始去帝號，復稱王也』。又曰：『天爲蜀王生五丁力士，能徙蜀山。王死，五丁輒立大石，長三丈，重千鈞，號曰「石牛」，千人不能動，萬人不能移。

蜀王據有巴蜀之地，本治廣都樊鄉，徙居成都。秦惠王遣張儀司馬錯定蜀，因築成都而縣之。成都在赤里街，張若徙置少城內，始造府縣寺舍，今與長安同制。秦惠王時，蜀王不降秦，秦亦無道出于蜀。蜀王從萬餘人東獵褒谷，卒見秦惠王。秦王以金一笥遺蜀王，蜀王報以禮物，禮物盡化爲土。秦王大怒，臣下皆再拜賀曰，「土者地也，秦當得蜀矣！」秦惠王恐亡相見處，乃刻五石牛置金其後。蜀人見之，以爲牛能大便金。牛下有養卒，以爲此天牛也，能便金。蜀王以爲然，即發卒千人，使五丁力士拖牛成道，致三枚於成都。秦道得通，石牛之力也。後遣丞相張儀等隨石牛道伐蜀焉。武都丈夫化爲女子，顏色美好，蓋山之精也。蜀王娶以爲妻，不習水土，疾病欲歸；蜀王留之，未幾物故。蜀王發卒之武都擔土，於成都郭中葬之，蓋地三畝，高七丈，號曰「武擔」。以石作鏡一枚，表其墓，徑一丈，高五尺。于是秦王知蜀王好色，乃獻美女五人于蜀王。蜀王愛之，遣五丁迎女。還至梓潼，見一大蛇入山穴中，一丁引其尾，不出；五丁共引蛇，山乃崩，壓五丁，五丁蹈地大呼，秦王五女及迎送者皆上山化爲石。蜀王登臺望之不來，因名五婦侯臺。蜀王親埋作冢，皆致萬石以誌其墓』。又曰：『秦惠王遣張儀司馬錯伐蜀，王開明拒戰不利，退走武陽，獲之。秦王誅蜀侯惲，後迎葬咸陽，天雨三月不通，因葬成都。蜀人求雨，祠蜀侯必雨。蜀王有「鷄武升」。秦爲「太白船」萬艘，欲以攻楚。秦襄王時，宕渠郡獻長人，長二十五丈六尺。……』（以上俱據嚴可均全上古秦漢三國魏晉六朝文揚雄文，參太平御覽卷八八八）

常璩華陽國志蜀志曰：『蜀之爲國，肇於人皇，與巴同囿。至黃帝，爲其子昌意娶蜀山氏之女，生子高陽，是爲帝嚳；封其支庶於蜀，世爲侯伯。歷夏商，周武王伐紂，蜀與焉。……有周之世，限以秦巴，雖奉王職，不得與春秋盟會，君長莫同書軌。周失綱紀，蜀先稱王。有蜀侯蠶叢，其目縱，始稱王。（死作石棺石槨，國人從之，故俗以石棺石槨爲縱目人冢也。）次王曰柏灌，次王曰魚鳧。……後有王曰杜宇，教民務農，一號杜主。……七國稱王，杜宇稱帝，號曰望帝，更名蒲卑。自以功德高諸王，乃以褒斜爲前門，熊耳靈關爲後戶，玉壘峨嵋爲城郭，江潛綿洛爲池澤；以汶山爲畜牧，南中爲園苑。會有水災，其相開明決玉壘山以除水害，……遂禪位於開明，帝升西山隱焉。……開明位號曰叢帝；叢帝生盧帝。盧帝攻秦至雍，生保子帝。……九世有開明帝，始立宗廟，以酒曰醴，樂曰荆，人尚赤，帝稱王。時蜀有五丁力士。……開明王自夢郭移，乃徙治成都。

周顯王之世，……與秦王通。……周顯王二十二年，蜀侯使朝秦，秦惠王數以美女進。…蜀王別封弟葭萌於漢中，號苴侯，命其邑曰葭萌焉。苴侯與巴王爲好，…故蜀王思伐苴侯；苴侯奔巴，求救於秦。…周愼王五年秋，秦大夫張儀，司馬錯，都尉墨等從石牛道伐蜀，蜀王自於葭萌拒之，敗績；王遯走，至武陽爲秦軍所害。…開明氏遂亡，凡王蜀十二世。…周赧王元年，秦惠王封子通國爲蜀侯，以陳壯爲相；置巴郡，以張若爲蜀國守。戎伯尙強，乃移秦民萬家實之。……六年，陳壯反，殺蜀侯通國。秦遣庶長甘茂，張儀，司馬錯復伐蜀，誅陳壯。七年，封子惲爲蜀侯。……赧王十四年，蜀侯惲祭山川獻饋，……文王大怒，遣司馬錯賜惲劍，使自裁。……十五年，王封其子綰爲蜀侯。三十年，疑蜀侯綰反，王復誅之。……周滅後，秦孝文王以李冰爲蜀守，……於是蜀沃野千里』。

史記秦本紀索隱曰：『蜀西南夷，舊有君長，故昌意娶蜀山氏女也。其後有杜宇自立爲王，號曰望帝』。

揚雄蜀都賦曰：『昔天地降生杜鄗密促之君，則荊上亡尸之相，厥女作歌，是以其聲呼吟靖領，激呦喝啾，戶音六成，行夏低徊，脩徒入冥，及廟嚌吟，諸連單情，舞曲轉節，踃馺應聲，其佚則接芬錯芳』。又云：『王基旣夷，蜀侯尙叢，并石石髀，岍岑倚從。秦漢之徙，充以山東』。李白蜀道難亦言：『蠶叢及魚鳧，開國何茫然？邇來四萬八千歲，乃（一作不字）與秦塞通人烟』。

其他傳說，如杜鵑子規之關於杜宇者，事多繁瑣，茲不備舉。

三，蜀國與安南之關係

安南吳士連大越史記全書『蜀紀安陽王』下注云『王姓蜀，諱泮，巴蜀人也；在位五十年；都封溪，今古螺城是也』。文曰：『甲辰八年（注：周赧王五十八年），王旣併文郎國，改國號曰甌貉國。初，王屢將兵攻雄王，雄王兵雄將勇，王屢敗。雄王稱王曰，「我有神力，蜀不畏乎！」遂廢武備而不修，需酒食以爲樂。蜀軍逼近，猶沉醉未醒；乃吐血墮井薨，其衆倒戈降蜀王。始築城于越裳，盤旋如螺形，故號螺城，又名思龍城（注：唐人呼曰崑崙城，謂其城最高也）』。其言鴻龐紀雄王也，曰：『雄王之立也，建國號文郎國，（注：其國東挾南海，西抵巴蜀，北至洞庭，南接胡孫國，卽占城國，今廣南是也。）……時屬季世。王有女曰媚娘，美而艷；蜀王聞之，詣王求爲婚。王欲從之，雄將止之曰，「彼欲圖我，以婚姻爲由耳」。蜀王以是啣怨。……媚娘旣嫁王精，蜀王憤怒，囑其子孫，必滅文郎而併其國。至孫蜀伴，有勇略，力攻取之（注：事當在周赧王五十七年癸卯以前也）』。

越史略（守山閣本）曰：『周莊王時，嘉寧部有異人焉，能以幻術服諸部落，自稱雒王，都于文郎，號文郎國，以淳質爲俗，結繩爲政。傳十八世，皆稱雒王。越勾踐嘗遣使來諭，雒王拒之。周末爲蜀王子泮所逐而代之。泮築城於越裳，號安陽王，竟不與周通。秦末趙佗據鬱林，南海，象郡以稱王，都番禺，國號越，自稱武王。時安陽王有神人曰皐魯，能造柳弩。……武王遂破之，王銜生犀入水，水爲之開，國遂屬趙。』

水經注卷三十七引交州外域記曰：『交趾昔未有郡縣之時，土地有雒田，其田從潮水上下。民墾食其田，因名爲「雒民」。設「雒王」「雒侯」，主諸郡縣。縣多爲「雒將」，雒將銅印青綬。後蜀王子將兵三萬來討雒王雒侯，服諸雒將。蜀王子因稱爲安陽王。後南越王尉佗舉衆攻安陽王，安陽王有神人名皐通，下輔佐爲安陽王治神弩一張，一發殺三百人。南越王知不可戰，卻軍住武寧縣。越遣太子名始降服安陽王，稱臣事之。安陽王不知通神人，遇之無道。通便去，語王曰，「能持此弩王天下；不能持此弩者亡天下」。通去。安陽王有女名媚珠，見始端正，珠與始交通。始問珠，令取父弩視之。始見弩便盜，以鋸截弩訖，便逃歸，報南越王。南越王進兵攻之；安陽王發弩，弩折，遂敗。安陽王下船，逕出于海。今平道縣後王宮城，見有故處』。

舊唐書卷四十一地理志：『交趾之地最爲膏腴，舊有君長曰雒王，其佐曰雒侯。後蜀王將兵三萬討雒王，滅之。蜀以其子爲安陽王，治交趾。其國地在今平道縣東。其城九重，周九里，士庶繁阜』。

此均言安南蜀王朝之事蹟者，雖有詳有略，或先或後，而蜀王來自他處，奪舊土宇，王於安南，固可確認。至其是否來自四川之蜀國，與如何而來，當別論之。

宋代儒者地理分佈的統計

余　鍈

我國自戰國以後，學術思想最發達的時代，大概要算宋代爲最。我常想統計宋儒數目及宋學興盛的狀況，忽忽未成。前年聽到我系吳其昌師講的宋史，又惹起了我的決心，預備抽點時間去攷查攷查宋儒究竟多到怎麼樣的程度？究竟要算那一處爲最多？究竟是在那一個時期爲最盛？因有這樣三種疑問存在我的腦海裏面，於是我就去做一種機械的工作，根據着宋元學案研究宋儒在地理上的分佈狀況。

我做這種工作的方法，是先把宋元學案細細地看了一遍；然後把牠上面的人物的籍貫一一找出，確定其區域。這是地理方面的調查方法。另一方面，還要從時代上分別，看看某時間內於某地方的人物數目的增減率是怎樣的。但是我對於這一點並不根據某某人的生歿的年代作標準，因爲這是找不完全的，我只把他們作事業的時期作標準。例如入太學之始；或是他們的學說在當時社會輿論中或政治上具有相當勢力和威權的時期；或是他們登進士的時期。如果找不出某一人的事業標準時，那就根據他們的師生，父子，兄弟，學友各種關係作推測。這樣做去，大約總可以粗略地知道他是某一個時期內的人物。

既把他們的籍貫和時代確定了，於是又把他們的地方總共劃分成八大區域——中原（今山東，河北，河南）一區；關中（今陝西）一區；湖湘（湖北，湖南）一區；江西一區；浙西（今安徽，江蘇及浙江西南之一部分）一區；浙東（今浙江省錢塘江以南）一區；閩中（今福建，廣東）一區；蜀中（今四川）一區。至於時代方面亦大別爲四期——自宋眞宗大中祥符六年至神宗熙寧十年爲北宋中葉（1013—1077）；自神宗元豐元年至欽宗靖康元年爲北宋末葉（1078—1126）；自高宗建炎元年至光宗紹熙五年爲南宋前期（1127—1194）；自寧宗慶元元年至帝昺祥興元年爲南宋後期（1195—1278）。這是我所擬定的宋儒在空間和時間方面劃分單位的辦法。

根據上面劃分的區域和時期來統計，宋儒在各時期內分佈於各地人數的多寡，得着下面的結果：

北宋中葉時，中原人才最多；浙西次之；浙東居於第三位；江西又次之；閩中居第五位；蜀中爲第六；關中更次之；湖湘第八。

本期中，中原人才雖然爲最多之數，若和北宋末葉相互比較，是差得很遠了。

北宋末葉人物之盛，仍推中原一區爲第一，但其人數增加率很大，差不多比較前期多了一倍；浙東次之，其所處的地位比前期提高了兩位（前期居於第四，今乃升居第二），數目又比前期差不多增加了二倍；閩中第三，較前期增加七分之四；浙西第四，位置雖降低二倍，然其人數反較前期增多了；江西第五；蜀中第六；湖湘第七；至于關中，在這個時期內眞是凋零得可驚！

南宋前期，浙東一變而處於第一位，其人數的增加，極爲驚人，比北宋中葉時增多了五倍有奇；閩中居於第二位，其人數增加率亦很大，與北宋中葉相比較，增多三倍餘；江西第三；蜀中第四；中原和浙西同處于第五位；湖湘第六；關中第七。由這樣看來，可知本期內人才的盛況，已經從黃河流域向南遷到長江和珠江流域了。

南宋後期，更要推浙東爲最，其人數之衆，差不多比北宋中葉增多了八倍，偌大的增加率，尤使人詫異至極；江西也躍至第二位，但其人數比南宋前期減少；閩中降爲第三位；蜀中第四；浙西仍居第五；中原第六；湖湘第七；關中第八。

從上面統計的結果看來，至少可以知道在北宋兩個時期內，各地的儒者人物雖有增減，但仍是沒有很大的變遷，尙不至有使南北區域變成相反的現象。等到南宋時期，就大大的發生變化了。總之，北宋二期內，皆以中原一區爲最盛；至南宋二期內，皆以浙東爲最多。這是我們統計的結論。

上面所統計的宋儒分佈，恐怕有遺漏和錯誤的處所，希望閱者有更確切的統計，賜以添補改正爲荷。

下面便是幾個統計的圖表：

宋儒人數統計總表

中歷 \ 西歷 \ 地域人數		中原人數	關中人數	湖湘人數	江西人數	浙西人數	浙東人數	閩中人數	蜀中人數
北宋中葉	一〇一三—一〇七七	四四	九	一	二四	二七	二五	二一	一二
北宋末葉	一〇七八—一一二六	七二		五	二五	二八	六九	四九	二〇
南宋前期	一一二六—一一九四	三一	五	二一	一一一	三一	一六六	一三一	三三
南宋後期	一一九五—一二七八	一一	二	八	九六	二七	二二二	八五	三九
宋代儒者總計		一五八	一六	三五	二五六	一一三	四八二	二八六	一〇三

有宋一代各地儒者比較總圖

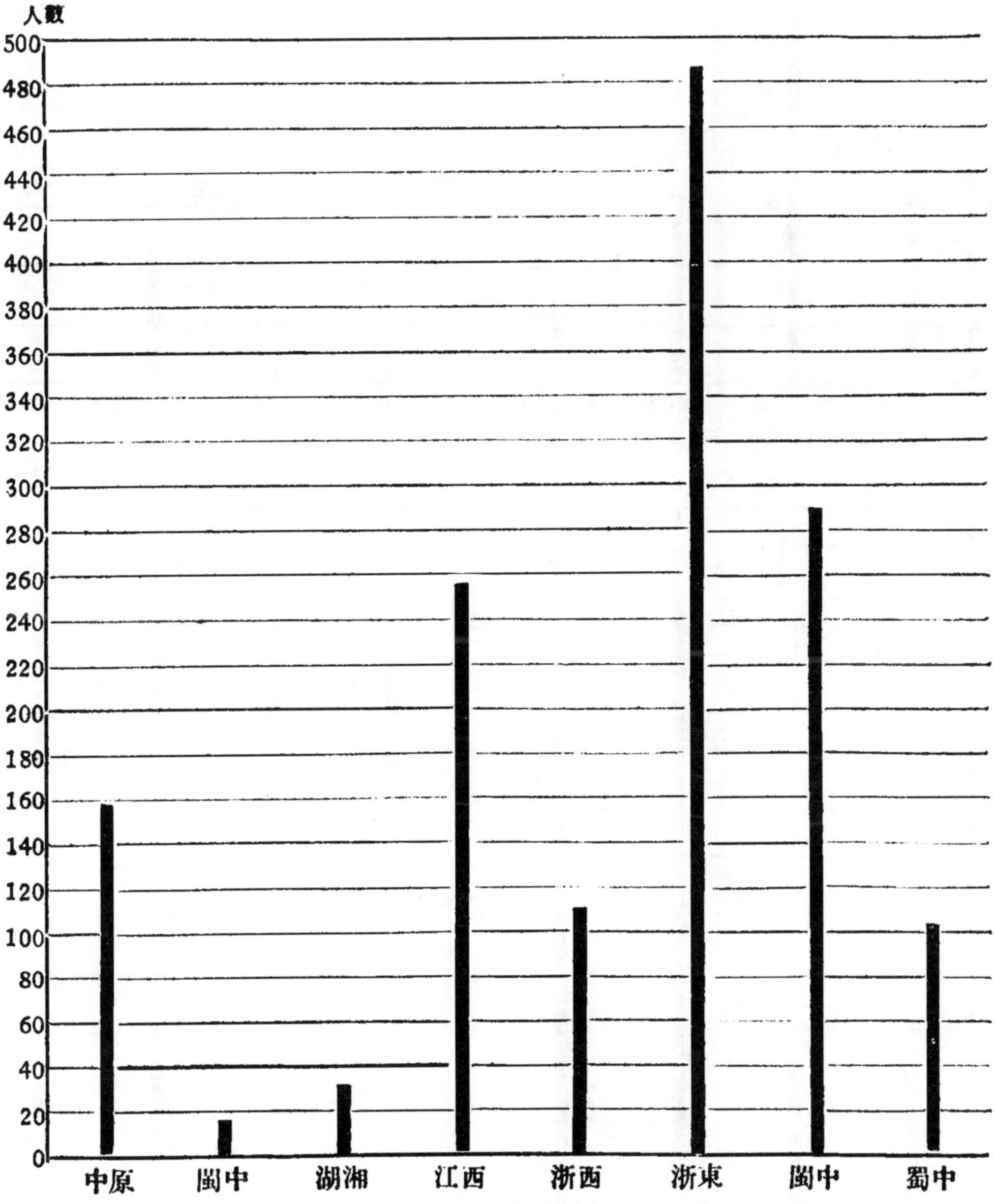

（附注）　此圖所載之人數，每格以二十人計。

中　原
宋儒人數比較圖

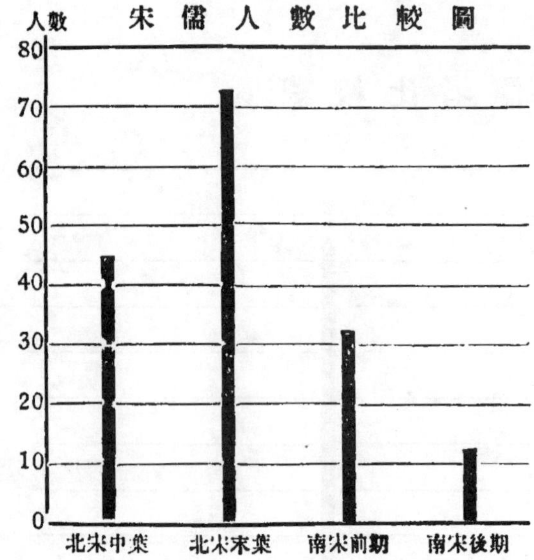

關　中
宋儒人數比較圖

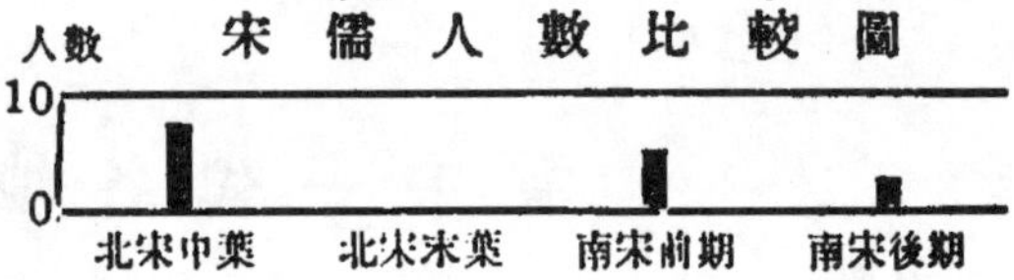

湖　湘
宋儒人數比較圖

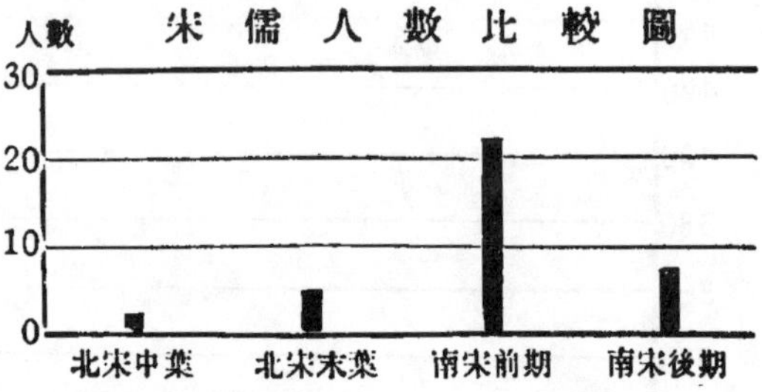

江　西
宋儒人數比較圖

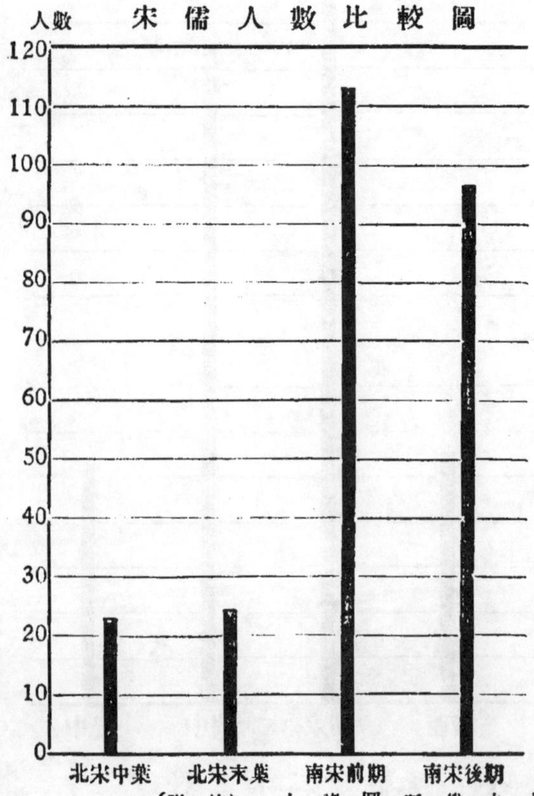

浙　西
宋儒人數比較圖

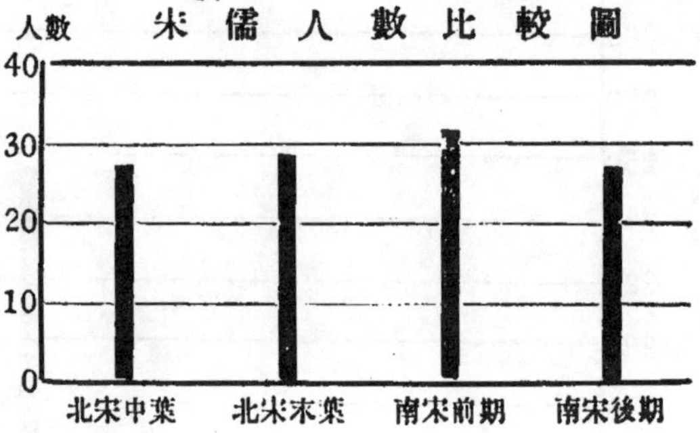

蜀　中
宋儒人數比較圖

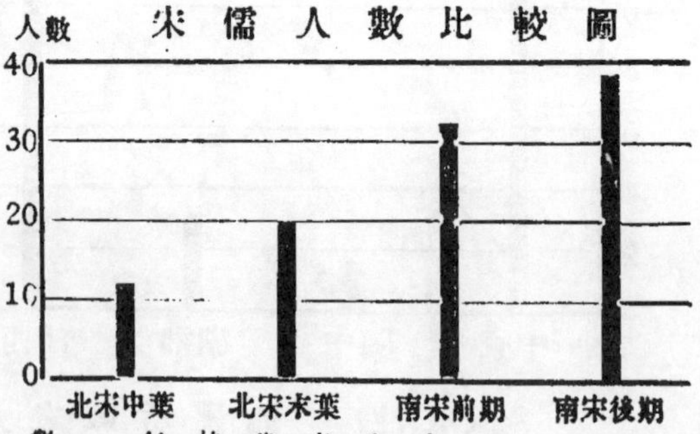

（附注）上諸圖所載之人數，每格代表十人。

浙東宋儒人數比較圖

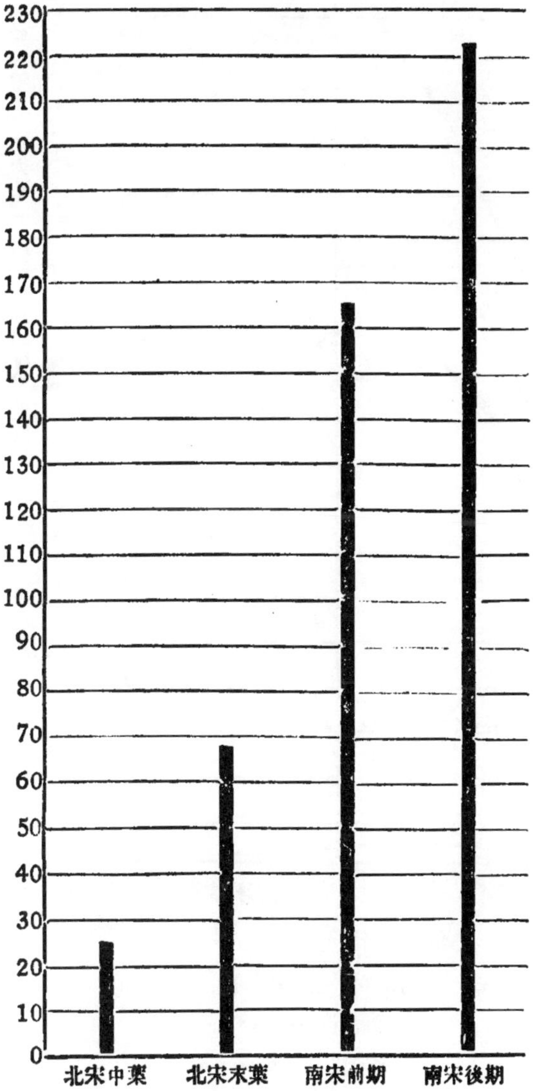

閩中宋儒人數比較圖

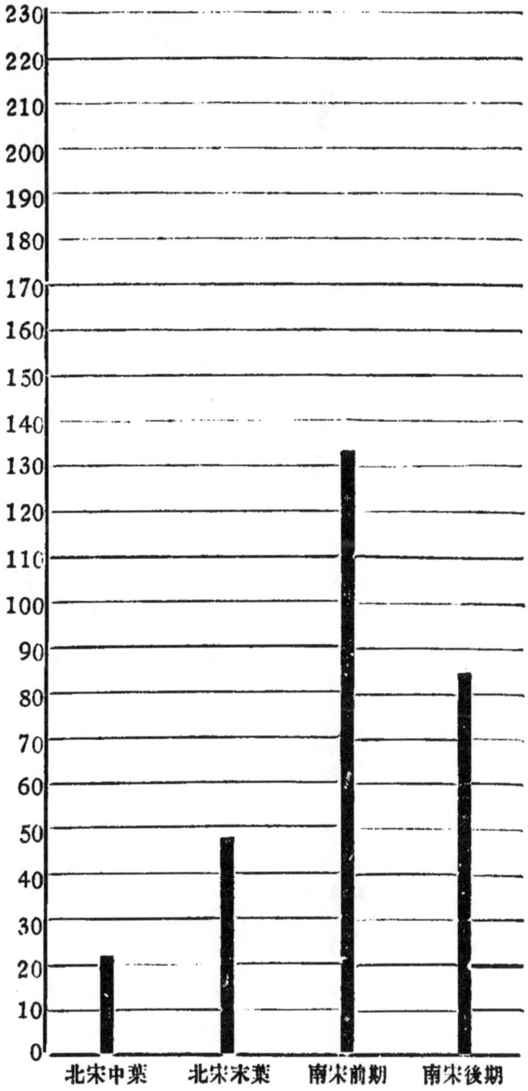

(附注)上二圖所載之人數，每格代表十人。

宋代學者地方與時代關係圖

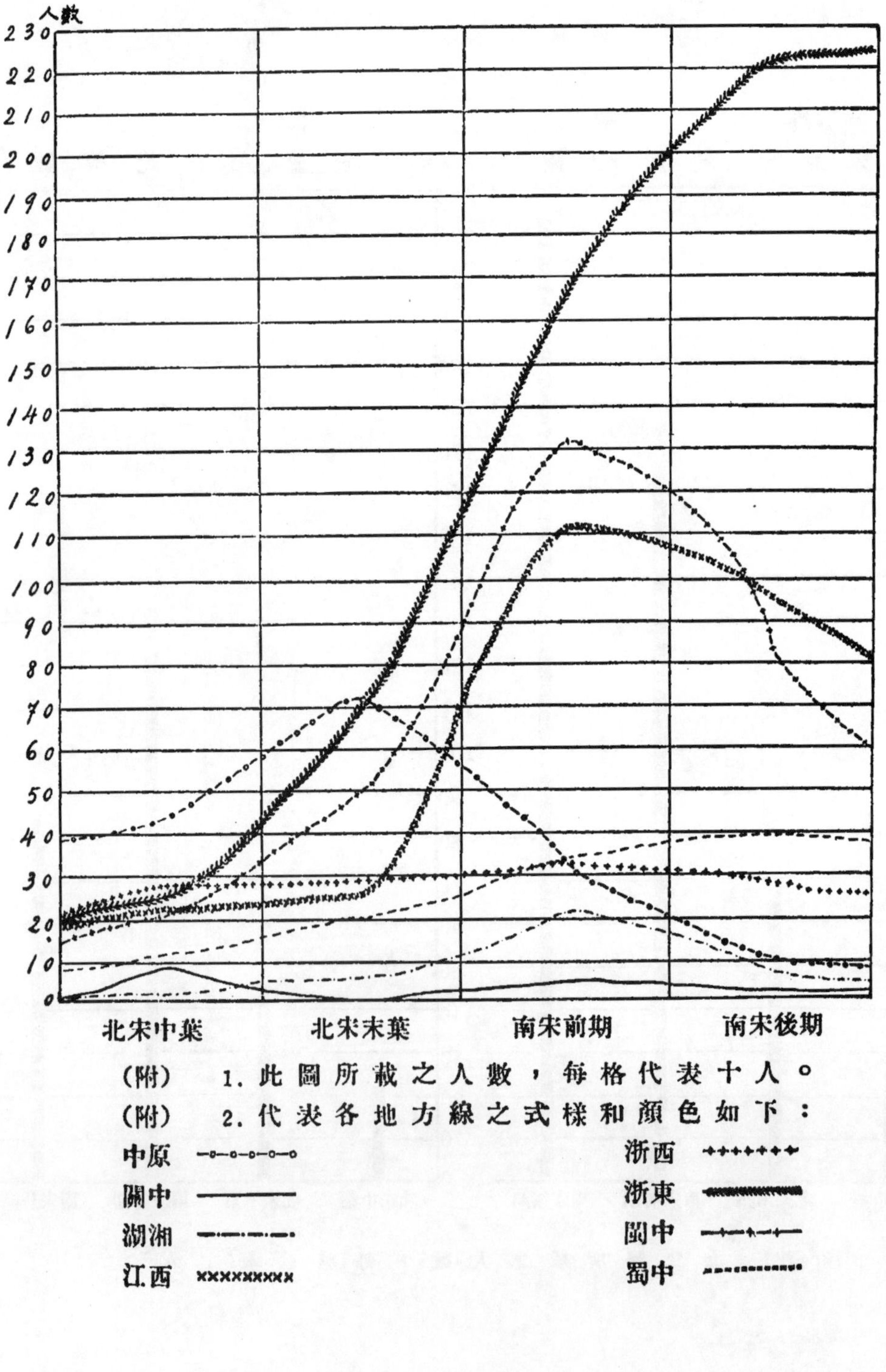

(附)　1. 此圖所載之人數，每格代表十人。

(附)　2. 代表各地方線之式樣和顏色如下：

晉初郡縣戶數表

黃席群

晉書地理志各郡國下，但舉戶數，不及人口。總敘云：『太康元年平吳，大凡戶二百四十五萬九千八百四十，口一千六百一十六萬三千八百六十三』。吾儕今日即正史中所能考見晉初人口，僅此總數，反不若兩漢之詳。持總敘與各州一爲勘比，牴牾立覩。總敘云，郡國一百七十三，核之僅得一百七十二；而戶數實應作二百五十一萬七千一百二十五也。茲依晉志，列表於後，他書有歧異者，別註各欄。

州	郡國名	縣數	戶（晉武帝太康元年）	州總計 縣數	州總計 戶
司州	河南郡	一二	一一四•四〇〇	九九（晉書地理志本州序云統縣一百，今按篇中所載只九十九，蓋有誤）	四八六•一〇〇（序云戶四十七萬五千七百，今核不符。）
	滎陽郡	八	三四•〇〇〇		
	弘農郡	六	一四•〇〇〇		
	上洛郡	三	一七•〇〇〇		
	平陽郡	一二	四二•〇〇〇		
	河東郡	九	四二•五〇〇		
	汲郡	六	三七•〇〇〇		
	河內郡	九	五二•〇〇〇		

州	郡國名	縣數	戶	州總計 縣數	州總計 戶
州	廣平郡	一五	三五•二〇〇 也。）		
	陽平郡	七	五一•〇〇〇		
	魏郡	八	四〇•七〇〇		
	頓丘郡	四	六•三〇〇		
兗州	陳留國	一〇	三〇•〇〇〇	五六	八三•三〇〇
	濮陽國	四	二一•〇〇〇		
	濟陽郡	九	七•六〇〇		
	高平國	七	三•八〇〇		
	任城國	三	一•七〇〇		
	東平國	七	六•四〇〇		
	濟北國	五	三•五〇〇		
	泰山郡	一一	九•三〇〇		
豫州	潁川郡	九	（一本作一萬八千三百）二八•三〇〇	八六（本州序云統縣八十五）	一一六•七九六
	汝南郡	一五	二一•五〇〇		
	襄城郡	七	一八•〇〇〇		
	汝陰郡	八	八•五〇〇		

州	郡國	縣數	戶數	州縣數	州戶數
州	梁國	一二	一三・〇〇〇		
	沛國	九	五・〇九六		
	譙郡	七	一・〇〇〇		
	魯郡	七	三・五〇〇		
	弋陽郡	七	一六・七〇〇		
	安豐郡	五	一・二〇〇		
冀州	趙國	九	四二・〇〇〇	八三（一本縣八十二。）	三一六・〇〇〇（一本序云戶三十二萬六千，核本州序云，統實應少一萬。）
	鉅鹿國	二	一四・〇〇〇		
	安平國	八	二一・〇〇〇		
	平原國	九	三一・〇〇〇		
	樂陵國	五	三三・〇〇〇		
	勃海郡	一〇	四〇・〇〇〇		
	章武國	四	一三・〇〇〇		
	河間國	六	二七・〇〇〇		
	高陽國	四	七・〇〇〇		
	博陵郡	四	一〇・〇〇〇		
	清河國	六	二二・〇〇〇		
	中山國	八	三二・〇〇〇		
	常山郡	八	二四・〇〇〇		
幽州	范陽國	八	一一・〇〇〇	三四	五九・二〇〇（晉書地理志新補正及晉書斠注均作五萬九千二十，雖廣寧郡三十作五十尚，少二百，疑係刊誤。）
	燕國	一〇	二九・〇〇〇		
	北平郡	四	五・〇〇〇		
	上谷郡	二	四・〇七〇		
	廣寧郡	三	（晉書斠注三十作五十）三・九三〇		
	代郡	四	三・四〇〇		
	遼西郡	三	二・八〇〇		
平州	昌黎郡	二	（一本作八百）九〇〇	二六	一八・一〇〇（晉書地理志新補正及晉書斠注均作一萬六千一百，誤。）
	遼東國	八	五・四〇〇		
	樂浪郡	六	三・七〇〇		
	玄菟郡	三	三・二〇〇		
	帶方郡	七	四・九〇〇		
幷州	太原國	一三	一四・〇〇〇	四五	五九・三〇〇（一本三百作二百，因鴈門郡少一百。）
	上黨郡	一〇	一三・〇〇〇		
	西河國	四	六・三〇〇		
	樂平郡	五	四・三〇〇		
	鴈門郡	八	（一本七百作六百）一二・七〇〇		
	新興郡	五	九・〇〇〇		
雍	京兆郡	九	四〇・〇〇〇	三九	九九・五〇〇

州	馮翊郡	八	七•七〇〇		
	扶風郡	六	二三•〇〇〇		
	安定郡	七	五•五〇〇		
	北地郡	二	二•六〇〇		
	始平郡	五	一八•〇〇〇		
	新平郡	二	二•七〇〇		
涼州	金城郡	五	二•〇〇〇	四六	三〇•七〇〇
	西平郡	四	四•〇〇〇		
	武威郡	七	五•九〇〇		
	張掖郡	三	三•七〇〇		
	西郡	五	一•九〇〇		
	酒泉郡	九	四•四〇〇		
	敦煌郡	一二	六•三〇〇		
	西海郡	一	二•五〇〇		
秦州	隴西郡	四	三•〇〇〇	二四	三一•一二〇（本州序云統戶三萬二千一百，誤。）
	南安郡	三	四•三〇〇		
	天水郡	六	八•五〇〇		
	略陽郡	四	九•三二〇		
	武都郡	五	三•〇〇〇		
州	陰平郡	二	三•〇〇〇		
梁州	漢中郡	八	一五•〇〇〇	四四（本州序云統縣三十八。）	八二•六〇〇出（本州序云統戶七萬六千三百，誤。）
	梓潼郡	八	一二•〇〇〇		
	廣漢郡	三	五•一〇〇		
	新都郡	四	二四•五〇〇		
	涪陵郡	五	四•二〇〇		
	巴郡	四	三•三〇〇		
	巴西郡	九	一二•〇〇〇		
	巴東郡	三	六•五〇〇		
益州	蜀郡	六	五〇•〇〇〇	四四	一四九•三〇〇（晉書斠注三百作二百，誤。）
	犍爲郡	五	一〇•〇〇〇		
	汶山郡	八	一六•〇〇〇		
	漢嘉郡	四	一三•〇〇〇		
	江陽郡	三	三•一〇〇		
	朱提郡	五	二•六〇〇		
	越嶲郡	五	五三•四〇〇		
	牂牁郡	八	一•二〇〇		
寧州	雲南郡	九	九•二〇〇	四五	八二•四〇〇（晉書地理志新
	興古郡	一一	六•二〇〇		

州	郡國	縣數	戶數	州縣總數	州戶總數
州	建寧郡	一七	二九•〇〇〇		補正及晉書斠注作八萬三千，誤。）
	永昌郡	八	三八•〇〇〇		
青州	齊國	五	一四•〇〇〇	三七	五三•〇〇〇
	濟南郡	五	五•〇〇〇		
	樂安國	八	一一•〇〇〇		
	城陽郡	一〇	一二•〇〇〇		
	東萊國	六	六•五〇〇		
	長廣郡	三	四•五〇〇		
徐州	彭城國	七	四•一二二	六一	八一•〇二二
	下邳國	七	七•五〇〇		
	東海郡	一二	一一•一〇〇		
	琅邪國	九	二九•五〇〇		
	東莞郡	八	一〇•〇〇〇		
	廣陵郡	八	八•八〇〇		
	臨淮郡	一〇	一〇•〇〇〇		
荊州	江夏郡	七	二四•〇〇〇	一六九（晉書斠注作一百六十七，誤。）	三八九•五四八（晉書地理志，晉書地理志新補正及晉書斠注作三十五萬七千五百四十八，誤。）
	南郡	（一本作十二誤）一一	五五•〇〇〇		
	襄陽郡	八	二二•七〇〇		
	南陽國	一四	二四•四〇〇		
	順陽郡	八	二〇•一〇〇		
	義陽郡	一二	一九•〇〇〇		
	新城國	四	一五•二〇〇		
	魏興郡	六	一二•〇〇〇		
	上庸郡	六	一一•四四八		
	建平郡	八	一三•二〇〇		
	宜都郡	三	八•七〇〇		
	南平郡	四	七•〇〇〇		
	武陵郡	一〇	一四•〇〇〇		
	天門郡	五	三•一〇〇		
	長沙郡	一〇	三三•〇〇〇		
	衡陽郡	九	二一•〇〇〇		
	湘東郡	七	一九•五〇〇		
	零陵郡	一一	二五•一〇〇		
	邵陵郡	六	一二•〇〇〇		
	桂陽郡	六	一一•三〇〇		
	武昌郡	七	一四•八〇〇		
	安成郡	七	三•〇〇〇		
楊州	丹楊郡	一一	五一•五〇〇	一七三	三一〇•四〇〇

州	郡	縣數	戶數	州縣數	州戶數
州	宣城郡	一一	二三・五〇〇		(晉書地理志，晉書地理志新補正及晉書斠注作三十一萬一千四百，疑有誤。)
	淮南郡	一六	三三・四〇〇		
	廬江郡	一〇	四・二〇〇		
	毗陵郡	七	一二・〇〇〇		
	吳郡	一一	二五・〇〇〇		
	吳興郡	一〇	二四・〇〇〇		
	會稽郡	一〇	三〇・〇〇〇		
	東陽郡	九	一二・〇〇〇		
	新安郡	六	五・〇〇〇		
	臨海郡	八	一八・〇〇〇		
	建安郡	七	四・三〇〇		
	晉安郡	八	四・三〇〇		
	豫章郡	一六	三五・〇〇〇		
	臨川郡	一〇	八・五〇〇		
	鄱陽郡	八	六・一〇〇		
	廬陵郡	一〇	一二・二〇〇		
	南康郡	五	一・四〇〇		
交	合浦郡	六	二・〇〇〇	五三	二五・六〇〇
	交阯郡	一四	一二・〇〇〇		
	新昌郡	六	三・〇〇〇		
	武平郡	七	五・〇〇〇		
	九眞郡	七	三・〇〇〇		
	九德郡	八	缺		
州	日南郡	五	六〇〇		
廣	南海郡	六	九・五〇〇	六八	四三・一四〇 (一本作四萬三千一百二十，以高興郡少二十戶故也。)
	臨賀郡	六	二・五〇〇		
	始安郡	七	六・〇〇〇		
	始興郡	七	五・〇〇〇		
	蒼梧郡	一二	七・七〇〇		
	鬱林郡	九	六・〇〇〇		
	桂林郡	八	二・〇〇〇		
	高涼郡	三	二・〇〇〇		
	高興郡	五 (一本作一千二百)	一・二二〇		
州	寧浦郡	五	一・二二〇		
總計	郡國一七二 (晉書地理志總叙云，郡國一七三，蓋脫青州北海一郡。)			縣一二三二	戶二・五一七・一二五 (總叙云凡戶二百四十五萬九千八百四十，殆未核耳。)

二七

由九丘推論古代東西二民族

勞榦

(附注)本表參攷書

(一)晉書地理志(四部備要本)

(二)吳士鑑晉書斠注(嘉業堂本)

(三)畢沅晉書地理志新補正(廣雅叢書本，歷代地理志彙編本)

頡剛先生：

關于『九丘』有點小意見，請指教。

前幾天傅孟眞先生曾說過，九丘的丘似乎是一種民族上的特別稱謂，未識曾和先生談及否？我覺着商民族傳說之同於東北，或者是與此有關係的。姑無論東北民族是否屬於烏拉阿爾泰系，但與中國東部的民族爲一，必有幾分可能。(徐中舒先生的耒耜考也曾証明東西農具不同。)丘之稱旣只限於東方，夏的民族似乎認爲西方較對。那禹貢一篇，實爲東西兩個不相干的民族的地名與傳說混雜的結果。

日本白鳥庫吉朝鮮忽(Kol)原義攷引遼史契丹稱鄉之『石烈』及突厥語稱城邑之『Tura』証明朝鮮京城(Syŏeul)之稱原爲烏拉阿爾泰系統中語，又舉許多例証，證明『Kol』原義爲『村落』或『護衛』之意。現在從左傳及漢書地理志中便可尋出這一類似乎從複輔音 t-l 及 K-l 所轉變的地名。

春秋及左傳：

邾婁，州來，舒蓼，鍾離，邾，曹，宿，巢，祝，鑄，過。

漢地理志：

鄒婁，涿鹿，鉅鹿，取慮，盱眙，厹猶，鄗，諸，朱盧，甝題，鬲，歷城，歷鄉，盧鄉，朸，利。

其中尤其是邾婁，鄒婁等地名，不禁令人聯想到後漢書高句驪傳的消奴，絕奴，順奴，灌奴和桂婁部。

至於夏的民族，我很疑其爲與西藏民族有密切關係的一支，其後始移至三河者。

(一)西藏人稱中國爲 Rgya (于道泉和李永年先生說 R 不發音，原誼本爲「大」)，其音當讀爲 gya，『夏』字大徐引唐韵作『胡雅切』，胡屬匣類，當讀 hya，又 g 與 h 同屬濁音，所以這兩個字在音韵上可以講通，且『夏』字亦有『大』誼。

(二)新語稱『文王生於東夷，禹生於西羌』。吳越春秋稱『禹家於西羌，地曰石紐，在蜀西川也』。史記正義引括地志，『茂州汶川縣石紐山，在縣西七十三里』。華陽國志云，『今夷人共營其地，方百里不敢居牧，至今猶不敢放六畜』，可知四川是有禹的傳說的。

（三）華陽國志杜宇開明之事和舜禹十分相像，玉壘山距石紐不遠，決玉壘之事和開龍門之事亦屬同類。『開』之義同於『啓』，啓和禹在戰國諸子中，鑄九鼎伐有扈往往混同，則禪讓的傳說，禹啓混同不是不可能的（據小川琢治說）。

（四）天問說鯀『阻窮西征，巖何越焉？化為黃能，巫何活焉？』後漢書張衡傳思玄賦注引揚雄蜀王本紀『荆人鼈令死，其尸流亡。至成都見蜀王杜宇，杜宇立以為相。杜宇號望帝，自以為德不如鼈令，以其國禪之，號開明帝』。這便是鼈令的尸化為開明了，和天問『伯禹腹鯀，夫何由變化』同意。又『能』是三足鼈，『巫』的引申為『令』，則鯀自可說即鼈令。

（五）古漢水及嘉陵江均稱漢水，漢水又稱夏水，所以漢水應當和夏有關係。又天河亦稱『天漢』，詩經『維天有漢』即專指天河。古人既假想天河為天上的水，為什麼不稱之為其他河流，而稱之為漢？這必是中國古代一部分民族和漢水有密切關係。至於雅南的江，漢和南國，更是文化之區了。

（六）二妃，塗山女，灃水神女，漢女，巫山女，洛神雖然在傳說中性格不同，但同樣和水有關係的。而其分布範圍只限於江漢，似即夏民族之原根據地。後來夏民族到洛陽，所以又有洛神的故事。當然在這些傳說之中，有後人不少的增飾。

從上看來，夏和巴蜀似有關係。巴蜀距西藏最近，所以西藏現在似乎還以夏稱中國。（西藏在現在稱中國或作 Rgya-nag，中有 nag ——即黑——的形容詞，因中國人常穿深色衣。但稱中國人則都作 Rgya-mi，mi 即人的意思。）又西藏語和中國語同原，似乎夏更有與西藏同族的可能。

堯舜禹禪讓是一個整傳說，不能分開的，除開禪讓的故事以外，堯舜便失去了傳說的核心，所以虞夏是無從分開。再『越』和『吳』都是『虞』一音之轉，而越國的祖先在傳說上又屬禹的後人。我們很難說虞夏的事不是同一個民族中所有的傳說。漢書地理志漢中郡西城注引應劭曰：『世本嬀虛在西北，舜之居』，水經漢水注『漢水又東逕嬀虛灘。世本曰「舜居嬀汭，在漢中西城縣」。或言嬀虛在西北，舜所居也』。至於舜葬蒼梧，更為昔人所公認。

西城與蒼梧之間，正是巴蜀境。至於徐中舒先生的虞夏同族，當然不誤；月氏為虞人，也很有可能。因為月氏的原地，正在羌人地方，現在青海之北，而湟中月氏之語言飲食，據後漢西羌傳是同於羌人的。自然言語可以假自羌人，但社會組織的『以父名母姓為種』和匈奴不同，似乎不是假自其他民族。月氏原地在匈奴和羌之間，如不屬匈奴，當然頗有屬羌人的可能了。（天山南路的國家如于闐，西夜等國均為羌種，則羌種北徙，事固非一端也。）

以上材料係在中央研究院史語所搜集，這是應當鄭重聲明的。寫成以後，並經徐中舒先生看了一次。

此頌著安。

學生勞榦敬上。四月十八日。

論禹治水故事之出發點及其它

勞榦

頡剛先生：

前所上書引西藏稱中國之Rgya讀gya訓大，疑與夏字相同；又以夏水『天漢』諸事，疑夏為西方民族。復以開明離令諸傳說，疑禹之傳說亦來自西方，未識可供參攷否？頡讀禹貢半月刊所載冀州考原，甚佩。然竊以禹治水之故事，則與梁州係連而不切於冀，冀州固或以稱中國（如九歌『覽冀州兮有餘，橫四海兮焉窮』），惟除禹貢而外，固不以屬之禹也。假設禹貢為後人追述，則稱禹者自以詩經為早。大雅韓奕曰：

『奕奕梁山，惟禹甸之；有倬其道，韓侯受命。』

韓之所在，至今尚成聚訟；梁山所在，更難論定。然梁山之為禹所甸，事則顯然。及禹貢作，其所稱禹治水事亦始於梁山。禹貢曰：

『禹敷土，隨山刊木，奠高山大川。冀州：既載壺口，治梁及岐。』

按梁岐相連，並在雍境，孟子稱『踰梁山至於岐山之下居焉』即其顯證。禹貢州始冀而山始梁者，據荷說也。後之釋禹貢者，自曾氏旼至胡氏渭，莫不謂始治呂梁，推及岐山。然自禹貢而釋梁山，固未嘗不可作如是說。若溯其傳說之原，自不能率爾指梁山即呂梁之謂。

今之號稱梁山者至多，不能悉舉。究爾雅所稱，梁山即已有二：

釋地：『南方之美者，有梁山之犀象焉』。

釋山：『梁山，晉望也』。

釋山之梁山注稱在夏陽，即釋禹貢者所稱之呂梁。釋地之梁山則太平寰宇記忠州南浦縣稱『山東尾跨江，西首劍閣，東西數千里』，蓋其陰爲漢中，其陽爲巴蜀，即今之大巴山，山經之高梁山也。（乾州梁山正值巴山與呂梁之間，若治水故事出於巴山附近者，自當經邠岐，而至呂梁。）

梁山如由巴山而北移者，則呂梁下之龍門亦當由巴山下北移。按龍門即禹貢潛水之源，郭璞及蜀都賦劉逵注並稱潛水所出之巨穴者也。憶十年前道經廣元之神宣驛，見道左山穴，直至谷底，深溪遶之，宛若橋梁，自彼側出。詢之輿夫，云此是龍門，大禹所鑿也，足徵故說於今尚存。考州之稱梁，但有巴蜀，則山之稱『梁』，亦以稱巴蜀之山爲常；否則梁州之『梁』無從得名也。

前與先生所言之吳，竊以陝西之吳，爲太伯仲雍所適者，較爲合理。天問云：

『吳獲迄古，南嶽是止；孰期去斯，得兩男子。』

所適者若爲山西，則不得云南；若爲江浙，則不得云嶽。惟爾雅疏吳嶽引鄭玄云在汧，汧山之南支，正值邠之西南，若所適爲此，則其地爲吳，其名爲『嶽』。又按史記封禪書自華以西之名山，有岳山，有吳岳，其地望相距至近，而其山爲二同名爲岳之山，既有二即當可有四。據先生之州與嶽之演變証『四嶽』爲山名，亦爲部族之姜姓。姜女爲古公妃，太伯仲雍去適姜姓部族，于理固不相悖。至於其後是否適江蘇之吳，事屬另一問題。至封在山西則顯然爲武王伐紂以後事也。

又據洪亮吉曉讀書齋二錄云：

『鮑昭蕪城賦：「格高五嶽，袤廣三墳」，李善注：「三墳未詳，或曰毛詩曰遵彼汝墳，又曰鋪敦淮墳，爾雅墳莫大于河墳：蓋三墳（文選注蓋上有此字）」，不知非也。若總經傳言之，墳亦不止于三。昭賦蓋用天問：「地方九則，何以墳之」。王逸章句云：「墳，分也，謂九州之地凡有九品，禹何能分別之乎」。三墳即主九州之土而言，與上五嶽正配。若泥爲河，淮，汝之墳，則河汝距蕪城較遠；昭何以反舍江而言河汝乎？以是知當用王逸說爲長矣。』

前唐蘭先生書，中謂『三墳的書，我疑心是和禹貢裏兗州的「黑墳」，青州的「白墳」，徐州的「赤埴墳」，這三種土有關』。按三墳即三分法，禹貢土田之分爲九則，實由三分土地法所演成，土壤之種類自與等次有關也。甚至『九州』之『九』，亦疑由土田三分法而推定者，未審先生以爲何如？敬乞指教爲叩。

以上所舉細碎殊甚，自思不敢見人，惟望先生有以教之耳。

專此，敬頌著安。

學生勞榦敬上。五月十日。

辨『冀州』之『冀』

唐蘭

禹貢第五期中載馬培棠君冀州考原一文，中有論及『冀』字者，其說頗誤。

唐石經本及宋本爾雅『冀』作『兾』。張參五經文字『冀』『兾』兩列，說：『上說文，下隸省』。馬君則謂『兾』爲隸省之說爲非是。馬君以爲『兾』是『丷』和『巽』之合體；『巽』象人形；『異』頭上加『丷』，是象頭髮，古當作『巛』，和『首』字本作𩠐一樣。

馬君的論證，大概如此。但他却不知道金文裏自有『冀』字。在作册夨令𣪘裏邊說到『公尹伯丁父兄于戍戍冀』，這『冀』字作冀。（見支那古銅器菁華彝器部十二及貞松堂集古遺文六卷十一葉）又𠦪廷冀𣪘的『冀』字作冀。（見貞松堂集古遺文四卷四十五葉）這兩器都在西周早年，可以證明『冀』字古文和小篆相差不遠，上邊並不像頭髮。『冀』的隸變爲『兾』，大概是事實，可以不用別立新說了。

介紹史學論叢中三篇古代地理文字

楊向奎

近北京大學數同學刊一史學論叢，中有三篇古代地理文字，特多精意，故略轉述於此，以當介紹。但述者不諳古地理，恐有誤解，尚希三位原著先生及讀者諒之。

其一，爲唐立庵先生所著葊京新考。按王國維曾有周葊京考，唐先生疑其說，故別作新考。今撮唐先生文之新見爲四點如後：

（一）辨吳大澂容庚二氏謂『葊』字爲『鎬』字之非。卜辭中有葊，亦作𦔻，正爲鎬京原字。但『葊』『鎬』雖非一字，而二地實有密切之關係。王國維以爲葊（即葊）即詩『往城于方』及『侵鎬及方』之方，實是。

(二)但王國維謂鎬方皆太原之子邑，而謂太原在漢之河東，又謂葊京即秦漢之蒲坂，則誤。因詩六月云『玁狁匪茹，整居焦穫，侵鎬及方，至于涇陽』，其意曰『玁狁不自度，整齊而居焦穫，侵我之鎬及方，且至于涇陽矣』。又詩云『薄伐玁狁，至于太原』。是則吉甫伐玁狁救鎬方，以至太原，而驅之于老巢。故鎬方與太原非一地。太原去鎬，乃當甚遠。因之葊京爲蒲坂之說，其誤顯然。鎬方當在宗周北，如詩云『天子命我，城彼朔方』，詩六月序云『六月，北伐也』，皆是其證。

(三)王國維謂周之涇陽即今之涇陽縣，至確。而六月明言玁狁居焦穫，侵鎬方而至于涇陽，則焦穫不在涇陽可知。焦穫者，實即瀀澤也。郭璞注穆天子傳謂瀀澤即平陽瀀澤縣。焦穫，太原，涇陽各得指實其地，則鎬方之地亦可推迹矣。

(四)學者習見春秋之時天子所居爲京師，故見鎬之稱鎬京而遂以爲帝都；宗周於西周時爲天子所居，故遂以宗周爲鎬京：實誤。京師本地名。師者，周初都邑之通稱，故京師即京也。京又稱爲豳。此于詩及金文中頗多證據。京與京師既爲豳地別稱，則鎬京與葊京可知矣。鎬及方所以稱鎬京或葊京者，總言之爲京或京師，析言之爲鎬及方，是蓋其子邑也。故鎬及方亦豳地也。

蓋周之先依京而館豳，太王避狄處岐周；文武旣強，復居鎬京，則周之都也。及文王，又作邑于豐。武王旣代紂，猶歸居鎬，故周初之詩尙入豳風也。

其二，爲顧頡剛先生所著之五藏山經試探。今分述之：

第一，略論山海經之來歷，前人對於此書之評價及此書之內容。結論爲：山經之出最早，海經次之，大荒經又次之。

第二，此段皆爲顧先生之新發明。首於山經提數項問題，而一一解答之。原文云：

此究爲語怪之書乎？作是書者誰乎？其作書之目的何在乎？其書作於何時代乎？何地域乎？吾儕所見之本子寫定於何時代乎？其書與禹貢之關係何如乎？

顧先生解答此等問題之證據論理皆淵博正確，以篇幅關係，不能具引，僅錄結編。(一)非爲完全語怪之書。其眞者固可屬之地理材料，非眞者亦可屬之于思想史料。(二)此書言祭山禮及某山水出某獸某草治某疾甚詳，按此乃巫者之事，故斷定山經出于巫手。(三)此書乃巫者施行祭禮與法術之寶典。(四)以山經與禹貢相較，知禹貢之作在山經之後。禹貢若出于戰國之季，則山經之作或在戰國之初與春秋之末。但古人著書恒不出于一手，成於一時，山經定形之期固未必遠早於禹貢，至其胚胎之期則必高出數百年也。(五)此書所記地域廣狹與禹貢相似，而於周秦二國之間爲最詳最合，作者之國籍當不外此。(六)由此書所記載之神話觀之，古人之世界實爲螭魅罔兩之世界，即孟子所云，『草木暢茂，……禽獸偪人，獸蹄鳥跡之道交於中國』者，由此實際迫害而生心理上之恐怖，於是某山某水皆成神姦之窟宅。禹貢之屢言旅山，亦承此種思想而來。此外山經可供比較研究禹貢之材料甚多，未可盡以荒唐言視之。

第三，此書雖成於禹貢之先，亦有後人亂入者。如：(一)南次三經記鳳皇之言乃儒家思想，當出於五常五教說發生之後。(二)河出鹽澤之說，乃漢張騫發現，而西次三經及北山經已有河出泑澤之說。泑澤即鹽澤，故此處亦或出於後人之竄入。(三)五行之說極盛于漢，山經並未染此色彩。但西次三經曰，『長留之山，其神白帝，少昊居之』，又曰『泑山，神蓐收居之』。漢人分配五行，乃以少昊爲西方之帝，蓐收爲西方之神。山經有此，固爲後人之竄入也。由此種種，知今所見山經曾經漢新間人竄改者。

友人王樹民君有畿服說成變考一文亦於此期發表，因王君體弱，尚未完成此文，然已頗多精意。今擇其最重要之見解於次。王君謂『侯，甸，男，采，衛』即周之五等爵位，其制承於殷。諸侯雖以此爲第，而更有稱謂以別同位之大小，故同爵者可以異稱，異爵者可以同稱。其後習用既久，周介又不行，其稱乃獨顯，爵名遂闇；後世道五等爵者不知其實，遂以『公，侯，伯，子，男』稱之。然於春秋時人口中尚多透露前項爵名消息，如子產言鄭爲『伯男』，子魚知曹爲『伯甸』。

王君此期僅成國語五服說；其他畿服說法尚多，甚望能早復健康，成此大文也。

地學雜誌出版預告

（民國二十三年第一期）

內容	出版日期	定價	郵費	編輯兼發行者
1. 中國西南民族中的羅羅族　楊成志 2. 淮河運河等之治理　德國Prof. O. Franzius著　宋海瑞譯 3. 呼倫貝爾南部神秘境之探索　日本橋本欣五郎著　李瑞章譯 4. 由歐洲到西伯利亞的北冰洋航路　德國R. Hennig著　王蘭生譯 5. 一百六十九期地學雜誌作者通檢　孔崇岐 6. 編後語	本年六月中	洋宣紙本大洋六角 報紙本四角五分	國內每册五分 國外每册一角	中國地學會 北平北海公園團城

水經注引得

鄭德坤編

出版預告

酈善長水經注列敘千餘水道，兼及郡邑沿革，古蹟遺聞，首尾詳盡，有條不紊，爲治古地理者所必讀。其所引用古書四百餘種，現時存者十不二三，又爲輯佚者所必資。至其鋪敘山水，詞致生動，寫景文字，實臻上乘，更爲歷來愛好文藝者所欣賞。惟全書四十卷，遍讀匪易，尋檢綦難，學者苦之。鄭德坤先生，致力山水二經歷有年所；特用餘暇，將水經注作爲引得，以爲檢查之助。該書已由引得編纂處編排校訂，現在印刷中，約六月初可出版。愛好水經注者當快先覩也。

王華隆叢著第十八種

河北全省分縣詳圖

五彩大幅　定價八角

內容要點

(一)河北各縣村鎮俱備 (二)熱察晉魯交界尤詳 (三)特產工藝均標朱字 (四)平津兩市俱附詳圖

王華隆叢著第二十種

北平內外城詳圖

五彩大幅　定價八角

內容要點

(一)內容詳盡取材新穎超過坊間出品 (二)古蹟名勝詳註說明多至五千餘言 (三)分區劃界各區城廂如指掌 (四)分類標色各機關一望而知

王華隆叢著第十九種

北平四郊詳圖

五彩大幅　定價八角

內容要點

(一)四郊村鎮概無遺漏 (二)燕京八景一一註出 (三)十三陵湯山溫泉包括無遺 (四)八大處西山勝境尤爲詳盡

王華隆叢著第二十一種

天津詳圖

華英對照　五彩大幅

內容要點

(一)詳於英法意日四國租界 (二)包括五大警區四大特區 (三)機關團體公園影院無不應有盡有 (四)所有地名均註英文中外一律適用

經售處　北平沙灘楊本賢廣告部　北平和平門外文化學社

出版者：禹貢學會。
編輯者：顧頡剛，譚其驤。
出版日期：每月一日，十六日。
發行所：北平成府蔣家胡同三號禹貢學會。

禹貢

半月刊

價目：每期零售洋壹角。豫定半年十二期，洋壹圓；全年二十四期，洋貳圓。郵費加一成半。國外全年加郵費八角。

The Evolution of Chinese Geography

Semi-monthly Magazine

Vol. I No. 7 June 1st 1934

Address: 3 Chiang-Chia Hutung, Cheng-Fu, Peiping, China

第一卷 第七期

民國二十三年

六月一日出版

論古水道與交通 蒙文通
明代遼東衛所建置考略 張維華
論利瑪竇之萬國全圖 陳觀勝
丹朱故墟辨 馬培棠
古會稽考 張公量
論兩漢西晉戶口 譚其驤

代售處
北平北京大學史學系楊向奎先生
北平燕京大學哈佛燕京社
北平燕京大學史學系李子魁先生
北平輔仁大學史學系史念海先生
北平清華大學史學系吳春晗先生
北平師範大學國文系孫根澤先生
北平女子文理學院侯增先生
天津河北女子師範學院班書閣先生
青島山東大學丁山先生
濟南齊魯大學史學系張立志先生
開封河南大學史學系楊鴻烈先生
南京中央大學史學系謝國楨先生
上海暨南大學江應樑先生
杭州之江學院顧敦鍒先生
安慶安徽大學周予同先生
武昌武漢大學史學系吳其昌先生
成都四川大學文學院劉以壽先生
廈門廈門大學史學系鄭德坤先生
廣州中山大學文史研究所羅香林先生
廣州嶺南大學容肇祖先生
廣州協和神學院李鏡池先生
北平北平圖書館王以中先生
杭州浙江圖書館夏廷域先生
蘇州江蘇第二圖書館陳源遠先生
邢台民衆教育館劉金鏡先生
北平景山東街十七號景山書社
北平景山大石作大學出版社
北平西單商場大學出版社營業部
北平和平門外大街文化學社
北平東安市場岐山書社
北平西單商場增華書社
北平琉璃廠松筠閣書舖
北平成府競進分社
天津法租界二十六號路佩文齋
天津大經路北方文化流通社
開封新書業街龍文書莊
濟南西門大街東方書社
南京中央大學門前鍾山書局
上海五馬路亞東圖書館
重慶天主堂街重慶書店
日本東京中華青年會魏建猷先生
日本東京神田區神保町巖松堂書店

內政部登記證警字第叁肆陸壹號

論古水道與交通

蒙文通

長江在古代雖爲巨流，而無益於交通。其文化視北方落後，殆以此故。左氏宣公八年傳，『楚人爲衆舒叛故，伐舒蓼，滅之。楚子疆之，及滑汭，盟吳越而還』。於是楚與吳越交通始頻繁。考之春秋，吳楚之戰，楚之陵師自淮而不自江，舟師亦自淮而不自江。惟吳亦然。昭之二十四年，『楚子爲舟師以略吳疆。越大夫胥犴勞王於豫章之汭，越公子倉歸王乘舟，及壽夢帥師從王。王及圉陽而還。吳人踵楚，而邊人不備，遂滅巢及鍾離而還』。二十七年，『吳子帥師圍潛。楚師救潛，令尹子常以舟師及於沙汭』。三國交通之道，於是可以知之。淮南子言『孫叔敖決期思之水』。王應麟言『安豐有芍陂，即孫叔敖所作期思陂』。魏志，『建安十四年，引水軍自渦入淮，出肥水，開芍陂屯田』。顧祖禹言『蓋自芍陂下施水則至合肥也。肥水出雞鳴山，分爲二流，其一東南流而入巢湖，其一西北流入於淮。爾雅「歸異同出曰肥」』。此正古時由淮入江之道。楚正有事於吳越，而叔敖決期思之水以通楚之舟師。漢書地理志，『九江郡合肥』，應劭曰，『夏水出父城東，至此與淮合，故曰合肥』，則夏汭亦自應於合肥求之。昭四年，『吳伐楚，楚沈尹射奔命於夏汭』，五年，『楚子伐吳，薳射以繁陽之師會於夏汭』，是其處也。舊解以爲江夏之夏口。夫繁陽於今爲新蔡，安有兵向東出而反西會江夏者耶！楚陸師則自繁陽，舟師則下期思，皆自淮以爭江，而吳之伐楚亦復舍舟於淮，是吳之陸師舟師皆取道於淮。故夫差之告周曰，『余沿江泝淮』。明吳楚之爭，柏舉之戰，皆舍江而由淮。自江入淮，邗溝爲一道，芍陂又一道也。

論衡書虛篇云，『有丹徒大江，有錢唐浙江，有吳通陵江』。焦循釋禹貢，言『岷江至江都，勢趨東北，而自江都入海則曲而東南，故班志於毗陵明江之在北。南江至餘姚入海，勢趨東南，而經震澤，折而行禦兒由拳之間，故於吳明江之在南。惟其曲，故廣陵曰曲江。惟其折，故錢唐曰折江。中江至陽羨入海，直從陽羨東趨於海也』。段玉裁言『今蕪湖東接太平府南之黃池河，又東接溧水縣之丹陽，固城，石臼諸湖。宋築東壩以前，諸湖匯長蕩湖而入太湖，此在古中江之道。巢湖出裕溪，入江處正中江自蕪湖分流處，水道歷歷可指』。越語言『句踐之地，南至於句無，北至於禦兒，東至於鄞，西至於姑蔑』。范蠡曰，『與我爭三江五湖之利者，非吳耶？』惟越境北至於禦兒，於今為嘉興，正南江出太湖入錢塘之道，則越人自南江歷太湖入中江以通巢湖圍陽，歸楚乘舟，正此道也。吳楚交通，以有巢湖之道，故楚子庚敗吳師於庸浦，在無為；舒鳩人叛楚，楚師於荒浦，在舒城之黃陂；子木伐舒鳩及離城，亦在舒城；吳敗薳啓彊於鵲岸，在舒城；楚子觀兵於坻箕之山，在巢縣；王及圉陽而還，在巢縣。以有中江之道，故子重伐吳，克鳩茲，在蕪湖；至於衡山，在溧水；子西子期伐吳，及桐汭，在丹陽湖。以有邗溝之道，故子囊師於棠以伐吳，在六合；使屈仲圍朱方，在丹徒。惟有邗溝之道，故吳楚爭徐；有中江之道，故吳楚爭越；有巢湖之道，故吳楚爭羣舒。巢湖之道，戰伐最繁，此吳楚之交通由淮而不由江也。巴與楚之交通，由春秋觀之，巴師之從楚也，一於巾，一於庸，再於鄾，皆在楚之北境，則巴楚之交通又在陸而不在水。楚人西通巴蜀，東連吳越，皆不由江，則長江古固無與於交通之事，在春秋猶然，知長江於古不得為有利之水也。

胡渭言『漢志，南郡華容縣「雲夢澤在南，荊州藪」，編縣「有雲夢宮」，江夏西陵縣「有雲夢宮」。華容今監利石首二縣，監利在江北，石首在江南；編縣今荊門州；西陵今蘄州及黃岡，麻城：皆在江北。水經沔水注云，「雲杜縣東北有雲夢城」。雲杜今京山縣。又夏水注云，「自州陵東界逕於雲杜沌陽，為雲夢之藪」。州陵，今沔陽州；沌陽，今漢陽縣。元和志云，「雲夢澤在安陸縣南五十里，東南接雲夢縣界」。以上諸州縣皆在江北。由是言之，東抵蘄州，西抵枝江，京山以南，青草以北，皆為雲夢』。孫詒讓云，『全藪陸地則直跨今湖北漢陽，黃州，安陸，德安，荊州五府境』。是江既出夔峽之湍悍，即入雲夢之浩淼。故子虛賦云，『雲夢方八九百里』。蓋地跨大江南北，兼陵丘隰，浦漵縱橫。三苗左洞庭，右彭蠡，尚恃其險，則此雲夢漁畋之藪，礙於交通，未易遠涉可知也。

九江之說，考之班志云，『廬江郡鄂陽，禹貢九江在南，皆東合為大江』。應劭曰，『江自廬江尋陽分為九江』。張須九江圖云，『一曰三里江，二曰五州江，三曰嘉靡江，四曰烏士江，五曰白蚌江，六曰百烏江，七曰箘江，八曰沙隄江，九曰廩江，參差隨水短長，或百里，或五十里，始於鄂陵，終於江口，會於桑落州』。王鳴盛云，『漢潯陽在江北，今黃州府蘄州東潯水城。今桑落州在九江府城東北五十里江中。鄂陵今黃州府武昌縣』。然則雲夢西起枝江，東至蘄州，匯爲巨浸；九江西起蘄州，東盡九江府：九江者，正雲夢之尾洩也。此就南言之也。水經注言『秦九江郡治壽春』，則江漢九江北涉廬江之境又可想見。焦循云，『今之桐城廬江間』，是固江水所至處。王鳴盛以爲安豐故城，在今霍山縣西英山，麻城，羅田諸縣，山勢連延，西南繞江漢水，東北迤行，插入其境。是雲夢巨浸，九江繁川。楚西避雲夢之險，故通巴蜀，則舍水而由陸；東避九江之險，故通吳越，又舍江而由淮。楚之南境，殆一稽天巨浸。吳越春秋言『大伯仲雍採藥於衡山，遂之荊蠻，而斷髮文身，以避蛟龍之害』，誠以犀象蛟龍之所居，險阻未易至也。周本紀言『昭王巡狩不返，卒於江上』，呂氏春秋言『梁敗，殞於漢』，則西涉江漢，西周之世固舍舟而梁。汲冢古文言『穆王大起九師，東至九江，叱黿鼉以爲梁』，則西周之世，東涉九江，亦舍舟而由梁。莊之四年，『楚伐隨，除道梁溠，濟漢而後發喪』，此職方所謂『其浸波溠，其川江漢』是也，惟川也則濟之，惟浸也則梁之。職方雍州『其浸渭洛』，故文王親迎於渭，則造舟爲梁。知昭王之梁江漢，穆王之梁九江，正以其在上世之爲浸而非川。戴澤未沖積爲平陸，繁川未會合爲巨流，無深確之水道，未有交通之便耳。

禹貢於導山導川皆詳澤地，獨於導江導岷疏略已甚。曰『岷山導江，東別爲沱，又東至于澧』，此江於枝江分流，由涔澧至洞庭者。『過九江，至于東陵』，則廬江地也。曰『岷山之陽至于衡山，過九江，至于敷淺原』，視導岍導河之精詳不逮遠甚。正以江澤之間，人迹罕至，其險奧莫能悉。吳起言，『昔者三苗之居，左彭蠡之波，右洞庭之水，文山在其南，衡山在其北，由此其險也』。此文山即齊語所謂『桓公伐楚，濟汝，踰方城，望汶山』者也。三苗恃險，正即雲夢九江之域，則古長江無交通之利可知也。始皇本紀言『三十七年，始皇出遊，行至雲夢，望祀虞舜於九疑山；浮江下，觀籍柯，渡海渚，過丹陽；至錢唐，臨浙江，水波惡，乃西百二十里，從狹中渡，上會稽，祭大禹』。說者謂渡海渚當貫池，此從南江一道至浙江也。越絕書，『始皇造通陵，南可通陵道到由拳，塞同起馬塘，湛以爲陂，治陵水道到錢塘，越地通浙江』，此正由通陵江以至由拳錢唐也。封禪書，『上巡南郡，至江陵而東，登禮灊之天柱山；浮江至尋陽，出樅陽，過彭蠡』。倪文蔚言『漢尋陽在江北，樅陽在安慶東境，北去巢湖僅百里』。自尋陽出樅陽，則北岸必有分江，如今武穴之內湖可至安慶。豈既出樅陽，復上溯五六百里而過彭蠡耶？則彭蠡爲巢湖而非鄱湖。是自安慶至巢湖又別有分江可知。此漢武浮江之道，乃古之北江也。禹貢因以此爲漢水。於秦皇漢武始見『浮江』之文，而皆非江之正流，一出南之分江，一出北之分江，則以前長江本無交通之便，無文化之發生，更明華族九府六川之所以不紀江漢之域者非無故也。

定四年『冬，蔡侯，吳子，唐侯伐楚，舍舟於淮汭，自豫章與楚夾漢。左司馬戌謂子常曰，「子沿漢而與之上下，我悉方城外以毀其舟；還，塞大隧，直轅，冥阨，子濟漢而伐之。……」乃濟漢而陳，自小別至于大別。三戰，子常知不可，欲奔。十一月，二師陳于柏舉。吳師大敗之，從楚師，及淸發，又敗之。五戰，及郢』。旣曰『皆扞勞王於豫章之汭』，此又曰『自豫章與楚夾漢』，定二年又曰『吳人見舟豫章而潛師於巢』，則豫章固水名也。顧景范言『吳楚所爭實在淮漢之間，自昔由江漢之間以達於淮，豫章實爲要害，而其地今不可考。乾谿在亳州（此據昭六年『楚令尹子蕩帥師伐吳師於豫章而次於乾谿，吳人敗其師於房鍾』），徐在泗州（此據昭十三年『楚師還自徐，吳人敗諸豫章，獲其五帥』），弦在光州（此據昭三十一年『吳人圍弦，左司馬戌，右司馬稽帥師救弦，及豫章』），則豫章當在近淮之地，光州壽州之間』。顧棟高言『豫章係寬大之語，自江西之九江饒州二府，隔江爲江南之安慶府境，北接潁，亳，廬，壽，西接光，黃，皆爲楚之豫章地。蓋鳳陽以西，壽，霍，光，固之境皆近淮壖，爲吳楚日交兵處，柏舉在麻城，從壽州循淮而西，歷河南光山信陽三關之塞，至麻城六百里，至漢口九百里。杜氏所云「豫章在江北，淮水南」者，正當即指淮汭而言。左傳「舍舟淮汭，自豫章與楚夾漢」。壽州至漢口中歷光州，信陽州，黃州，至武昌漢陽夾峙之漢口。循淮至漢，路徑甚明』。顧氏於豫章之地終無從指實也。焦循言『不云「自豫章至漢」而云「自豫章與楚夾漢」，分明豫章爲水，與漢相通。蓋此豫章之水由漢而東，達於廬壽之間。救弦而及者，近漢之豫章也。楚子略吳疆而由豫章之汭，自漢而達此水以及於廬壽之間也。惟其爲水名，故吳人見舟於此，非水何以云「見舟」。「自豫章夾漢」者，夾豫章又夾漢也，明是漢水東至大別而南入江，豫章通漢之處宜卽近於大別。兩軍夾於南北，非夾於東西。濟漢而陳，自小別東至大別，自南而北，非自西而東。……大隧，直轅，冥阨在今信陽之南。蓋吳至淮汭，舍舟陳師於豫章及漢之北，由東而西，直達應山德安之間，故大隧等隘在其後。或謂三隘爲吳所已過之地，司馬謀斷其後，則吳似已從信陽來，眞孤軍深入也』。焦循之說，正顯斥顧氏，確定豫章爲水，其說甚精，而以爲『豫章之水由漢而東，達於廬壽之間』，則說爲無據。夫云『還塞大隧，直轅，冥阸』，則吳師之來過此三關，故司馬欲塞之。攷其地，大隧在應山縣東北一百三十里、信陽州東南一百五十里；直轅在應山縣北九十里，信陽州南九十里；冥阸在應山縣北六十里，信陽州西南九十里：所謂『義陽三關』者也。栢舉在麻城縣東三十里，淸發在安陸西北，則吳師捨舟後自北而南，越三關之險，以爭於漢。顧氏所云『循淮而西，縣河南光山信陽三關之塞，至麻城，黃州，至武昌，循淮至漢，路徑甚明』，其說爲不可易。夫自豫章與楚夾漢，豫章爲水，則其流應自信陽應山由北而南，以入於漢，非自廬壽由東而西以通於漢也。稽之地志，自義陽三關而南達於漢之水爲溳河，更西則爲涓河，則自豫章與楚夾漢者溳河，即豫章水。胡刻一統圖，溳河北達淮(曰三道河)而南入漢(胡圖是否足據，尙待實證)，稍東而泝河又北入淮，豫章之汭自當於信陽求之。吳人捨舟於此，越人歸楚乘舟亦於此，吳楚交通係沿淮而西，於信陽越三關而南，以入於漢，則固無所疑也。楊守敬言『疑古時漢水由安陸通宋河，東趨溳河入滑陂湖，至陽邏南入江。其自安陸以下，天門潛江以上，是漢水枝津分流，爲禹貢荆州之潛。自宋河不受漢水，漢水始由枝津下潛江天門，至漢陽魯山入江』。則古豫章通漢常即在安陸之東，故杜氏言豫章在漢東。柏舉淸發皆沿豫章及近漢處，豫章南下，漢水東去，吳師越三關沿豫章而南以達於漢，又泝漢而西，楚之東出道亦由此。顧景范言『由江漢以達於淮，豫章實爲要害』，則正以三關之險故也。淮水又自桐柏而西北以通於唐河，又西南至襄陽入漢，此更水道歷歷不必論。禹貢言江『又東至于澧』，此爲涔澧水，於枝江分流入洞庭，亦水道顯然不必論。若通陵一道，芍陂一道，豫章一道，交通既要，論者多惑，故詳述之。

(未完)

明代遼東衛所建置考略

張維華

明史地理志(卷四一)論遼東都指揮使司所轄疆域，謂『領衛二十五，州二』，此蓋以常制言。明人置衛遼東，與廢無常，其建置之數，不只以二十五爲限也。衛外有安樂，自在二州，俱永樂七年置，治開原城，（顧祖禹讀史方輿紀要（數文開本）將安樂州誤爲安東衛，此於地志已言及之。安樂自在二州外，有永寧監，亦屬遼東分疆之一，而地志則未言及。全遼志（卷一沿革）云：

永寧監：在遼陽城南四百六十里，古熊岳縣故地，永樂七年建，設監六，（曰昇平，曰新昌，曰遼河，曰長平，曰安市，曰永寧，見全遼志卷一圖考）苑二十四，（曰甘泉，曰安山，曰河陰，曰古城，曰夾河，曰龍蘣，曰耀州，曰駝山，曰黄山，曰沙河，曰馬鞍，曰石城，曰平川，曰新安，曰廣安，曰平山，曰南豐，曰高平，曰長川，曰名山，曰復州，曰龍潭，曰清州，曰深河，見全遼志卷一圖考。）今止存一監，二苑，（一監指永寧志言；二苑指清州，深河言。）嘉靖十四年，本寺卿楊最重修。

按熊岳縣，遼置，今仍原稱，爲遼東半島西部濱海地，永寧監即置於此。是遼東轄城，以常制論，常作二十五衛，二州，一監也。州監之置，爲數既寡，疑問亦少。衛之建置，較爲複雜，地志之說，往往與他書所載未能吻合；玆條論於下，而所之建置亦附及焉。

（一）遼東衛

地志復州衛條下云：

東有得利嬴城，元季土人築，洪武四年二月置遼東衛於此，尋徙。

全遼志宦業志張良佐傳（卷四）云：

洪武四年辛亥，……詔諭開設達（遼）東衛于得利嬴城。

按遼東衛之建置，原於劉益之歸附，而其建置之年代，各書所載，多作洪武四年二月。或有誤衛爲都司者，已於本刊一卷四期所作明遼東衛都衛都司建置年代考略中徵論之矣，玆勿再言。遼東衛，於洪武八年二月改作定遼後衛，徙治遼陽城北，尋治城內，而於原址則改置蓋州衛。見後定遼後衛及蓋州衛條。所領千戶所事，不詳。

（二）定遼中衛

地志云：

洪武四年罷，六年復置，十年復罷，十七年置衛。

大明一統志云：

本朝十年罷縣，十七年置衛。（明史稿同此說）

讀史方輿紀要云：

元爲遼陽路治。明洪武四年，改爲衛治；八年，改置都司治焉。十年，廢縣。十七年，置今衛。

按志言『四年罷』，罷遼陽縣，廢元舊制也。『六年復置』，指六年六月，置遼陽府縣言；『十年復罷』，即舉府縣之制均罷之。紀要言『洪武四年改為衛制』，指都衛之制言。遼陽于明為遼東都指揮使司治所所在地，四年置都衛治，八年改置都司治；至定遼中衛之建，為洪武十七年事，無異言。

領左，右，前，後千戶所四（見全遼志卷一圖考沿革），治與衛同地。

（三）定遼左衛

（四）定遼右衛

地志云：

俱洪武六年十一月置。

大明一統志云：

附郭，在司治西南。洪武四年，置千戶所；十年，升為衛。（明史稿同此說）

按地志與一統志說不同。讀史方輿紀要，全遼志同一統志說，而地志所言則從實錄。明太祖洪武六年十一月癸酉實錄云：

置定遼右衛於遼陽城之北，立所屬千戶所五，命定遼都衛指揮僉事王才等領原將山東諸衛軍馬屯守。

此言定遼右衛為洪武六年十一月置也。左衛之建，洪武九年十月辛亥實錄云：

改定遼後衛為蓋州衛，復置定遼後衛於遼陽城北，以定遼左衛指揮僉事張山統兵屯戍。

自本段末語，知洪武九年十一前有遼陽左衛之建置，知一統志『十年升為衛』之語不確。一統志，地志等，均以遼陽左右二衛之建置為同時事。定遼右衛，據實錄說，既為洪武六年十一月所置，則左衛建置之年亦必同此可知。

定遼左衛，領左，中，後三千戶所，所與衛同治遼陽城。（見全遼志卷一圖考沿革）

定遼右衛，所領千戶所數，全遼志謂領右，後二千戶所，與衛同治遼陽城（見全遼志卷一圖考沿革），實錄謂領五千戶所，二說不同，未詳。

（五）定遼前衛

地志云：

洪武八年二月置。

按定遼前衛之建，一統志，全遼志，讀史方輿紀要，明史稿，均作『洪武四年置千戶所，十年升為衛』，與地志說異。

領左，右，前，後四千戶所，與衞同治遼陽城內。（見全遼志卷一圖考沿革）

（六）定遼後衞

地志云：

定遼後衞，本遼東衞，洪武四年二月置，八年二月改，九年十月徙治遼陽城北，尋復。

讀史方輿紀要云：

附郭在司治西北，洪武四年置，初名遼東衞，治得利贏城，尋徙治于此；八年，改爲定遼後衞。

按紀要之文，與一統志，全遼志，明史稿盡同；地志亦同其說。九年十月徙治遼陽城北之文，蓋從實錄說，見上文定遼左衞條。

領左，右，中，前四千戶所，與衞同治遼陽城。（見全遼志卷一圖考）

（七）東寧衞

地志云：

東寧衞本東寧，南京，海洋，草河，女直五千戶所，洪武十三年置，十九年七月改置。

大明一統志云：

附郭，洪武十三年置五千戶所，曰東寧，女直，南京，海洋，草河，各領所部夷人。十九年置衞，併五所爲左，右，前，後四千戶所，仍置中及中左二千戶所，以謫戍者實之。（明史稿同此）

按地志之言，從實錄說也。洪武十九年七月癸亥實錄云：

置東寧衞：初遼東都指揮使司，以遼陽，高麗，女直來歸，官民每五丁以一丁編爲軍，立東寧，南京，海洋，草河，女直五千戶所分隸焉。至是從左軍都督耿忠之請，改置東寧衞，立左，右，中，前，後五所，以漢軍屬中所，命定遼前衞指揮僉事芮恭領之。

是東寧衞之建，原於耿忠之請，他書所載，亦作十九年建，則十九年七月建衞之說甚確。

所領千戶所，一統志作『併五所爲左，右，前，後四千戶所，仍置中及中左二千戶所』，此爲六千戶所。實錄作左，右，中，前，後五千戶所，而無中左所。全遼志（卷一圖考）亦言領六千戶所，謂『左，右，中，前，後及中左六千戶所，俱衞治內』，則中左所當爲後增。

（八）海州衞

地志云：

海州衞本海州，洪武初，置於舊海州城，九年，置衞。二十八年四月，州廢。東北距都司百二十里。

大明一統志云：。

在都司城南一百二十里 。本蓋牟地，高麗爲沙卑城；渤海國爲南海府；遼爲海州南海軍，治臨溟縣；金天德初，改爲澄州；元廢；本朝洪武九年置衞。（明史稿同此說）

按九年置衞之說，各書所載均同。

領左，右，中，前，後五千戶所，公署俱衞治內。（見全遼志卷一圖考沿革）

（九）蓋州衞

地志云：

蓋州衞：洪武四年廢，五年六月復置，九年十月置衞，二十八年四月，州復廢。 北距都司二百四十里。

大明一統志云：

在都司城南二百四十里，本遼東郡地，高麗爲蓋牟城；唐置蓋州；渤海因之；遼以路通辰韓，改爲辰州，隸奉國軍，附郭，置建安縣；元屬遼陽路，省縣入路；本朝洪武九年，廢州置衞。（明史稿同此說）

按九年建衞之說，各書所載無異言。地志作九年十月，蓋從洪武九年十月辛亥實錄改『定遼後衞爲蓋州衞』之說。地志言『四年廢，五年六月復置』，指州制之廢置言，與衞之建置無關。（前作明遼東衞都衞都司建置年代考略，對此誤引。）

（十）復州衞

地志云：

復州衞本復州，洪武五年六月，置於舊復州城，十四年九月置衞，二十八年四月州廢。北距都司四百二十里。

大明一統志云：

在都司城南四百二十里，本蓋牟地，遼爲遷民縣屬黃龍府，後置復州懷德軍，改縣曰永寧；金改永寧曰永康；元州縣並廢；本朝洪武十四年置衞。（明史稿同此說）

按十四年建衞之說，各書所載均同。

領左，右，中，前四千戶所，公署俱衞治內。（見全遼志

卷一圖考沿革)

(十一)金州衛

地志云：

金州衛本金州，洪武五年六月置於舊金州，八年四月置衛，二十八年四月州廢。北距都司六百里。

大明一統志云：

在都司城南六百里，本蓋牟地，唐置金州；元廢；本朝洪武四年置衛，尋調所領中左千戶所，守旅順海口。(明史稿同此說)

全遼志云：

本朝洪武四年，劉益歸附設衛，領六千戶所；二十年，調所領中左所於旅順口；二十一年，調後所於義州。

按一統志與全遼志，均言金州建衛為洪武四年事；讀史方輿紀要從一統志說，亦作四年。全遼志謂金州建衛，由於劉益之歸服，然因劉益歸服所建之衛，乃遼東衛，非金州衛也；故四年建衛之說不確。地志作八年四月置，乃從實錄說。洪武八年四月乙巳實錄云：

置金州衛指揮使司，隸定遼都衛，命袁州衛指揮同知韋福，贛州衛指揮僉事王勝，領兵屯守。

似八年四月建衛之說為有據。

領千戶所六，中左所，二十年調守旅順口；後所，二十一年調守義州。所領為左，右，中，前四千戶所，在衛治。(見全遼志圖考)

(十二)廣寧衛

地志云：

洪武初廢，二十三年五月置衛。東距都司四百二十里。

大明一統志云：

在都司城西四百二十里。本漢遼東之無慮縣西部都尉治所；晉屬平州；唐置巫閭守捉城；渤海為顯德府地，置顯州奉先軍；金改為廣寧府，領廣寧，望平，閭陽，鍾秀四縣；元改府為路；本朝廢州縣，洪武二十三年置衛。

全遼志云：

領千戶所五。洪武二十六年，改廣寧中護衛為廣寧衛。

又云：

廣寧在遼陽城西三百三十里，本朝廢州縣；二十三年，建廣寧；二十五年，封建遼王，改廣寧中護衞；次年，復改廣寧衞。

明史稿云：

廣寧衞，洪武十三年改衞。

按廣寧衞，洪武二十三年初置；二十五年，改置中護衞；二十六年，復改爲衞。史稿作十三年改衞，蓋誤引一統志也。

領左，右，中，前，後五千戶所。（見全遼志圖考）

（十三）廣寧中衞

（十四）廣寧左衞

（十五）廣寧右衞

地志云：

廣寧中衞，廣寧左衞，俱洪武二十六年正月置，二十八年四月廢，三十五年十一月復置。廣寧右衞，本治大凌河堡，洪武二十六年正月置，二十八年四月廢，三十五年十一月復置。以上三衞，俱在廣寧衞城。

大明一統志云：

廣寧中衞，在廣寧城內，洪武二十七年置，初治大凌河；永樂元年，徙治于此。（廣寧左衞，廣寧右衞同此）

全遼志云：

廣寧中衞，洪武二十七年，置治于大凌河，開設廣寧中護衞；二十八年，設左，右護二衞；永樂元年，改左，右，中護衞爲廣寧左，右，中三衞，徙于此。

按廣寧中，左，右三衞之建置，各書所載未能盡合。地志言三衞之建在洪武二十六年正月，一統志則作二十七年（明史稿同此），全遼志又言二十七年建廣寧中護衞，二十八年，建廣寧左護衞，廣寧右護衞二護衞；其改護衞爲衞，則爲永樂元年事。三衞治所，一統志，全遼志均言初治大凌河，永樂元年始徙治廣寧城。地志於廣寧中，左二衞，未言初置治所，獨於廣寧右衞言本治大凌河堡。考全遼志所言建置護衞事，乃指遼王植言，明史遼王植傳（卷一一七）曰：

遼王植，太祖第十五子，洪武十一年封衞王，二十五年改封遼。明年（二十六年）就藩廣寧，以宮室未成，暫駐大凌河北，樹柵爲營。

是遼王植雖封廣寧，而其治所則在大凌河也。至於三護衞之建置，即原於此。遼王植之封於廣寧，爲洪武二十五年事，其就藩大凌河北，爲二十六年事，則地志所言二十六年建衞者，必爲護衞之制可知。護衞爲屬受封親王之制，地志不加辨析，概稱爲衛，似屬不妥。一統志稱二十七年建衛，亦當作護衛。三護衛建置之年代，中護衛，全遼志論廣寧衛條（見上廣寧衛條），謂洪武二十五年，封建遼王，改廣寧衛爲廣寧中護衛，次年復改廣寧衛；於此則言二十七年置，似不相合。當是先於廣寧置中護衛，至遼王駐居大凌河時，始移中護衛於大凌河，而於廣寧原地則復改衛制。至二十七年建中護衛說，以遼王二十六年就藩推之，似以地志所言二十六年始置之說爲近理。左右二護衛，其爲二十六年所建，抑或二十七，二十八年所建，未詳。又地志於廣寧中左二衛，言『二十八年四月廢，三十五年十一月復置』，按洪武至三十一年止，無三十五年（或謂係廢除建文年號併作洪武說，然明史自身實無此例）。所言廢置事，似不確。又於廣寧右衛言『二十八年四月廢，二十五年十一月復置』，夫二十五年在二十八年之前，何得言復置？當是二十五爲三十五之誤。又永樂元年，改三護衛爲衛制，移治廣寧之說，以遼王自身事蹟證之，蓋亦可信。遼王植傳有洪武三十年，都督楊文繕治廣寧城以備遼王移居事，則知洪武三十年前，仍治大凌河堡。又稱靖難兵起，建文帝召植還京，植渡海歸朝。靖難兵起於建文元年七月，遼王植之奉召還京爲同年八月事（見恭閔帝本紀），此時距楊文之繕治廣寧城，爲時尚近，似三護衛無於建文元年前移治廣寧事。如此，則所謂永樂元年改衛徙治事，蓋有可信。

廣寧中衛領左，右，前，中四千戶所（見全遼志卷一圖考沿革）

廣寧左衛所領千戶所數，全遼志沿革篇作『領千戶所五』，圖考篇作領『中，前，後三所』，二說不同，未詳。

廣寧右衛領中，前，後三千戶所。（見全遼志卷一圖考沿革）

（十六）廣寧前衛

（十七）廣寧後衛

地志云：

俱洪武二十六年正月置，後俱廢。

按廣寧前，後二衛之建置，當與上三衛同。其廢事，不詳。

（十八）義州衛

地志云：

洪武初，州廢，二十年八月置衛，東南距都司五百四十里。

大明一統志云：

在都司城西北五百四十里。本秦遼西郡桑縣；東漢末，爲山戎所據；唐始建城；遼號宜州崇義軍；金改爲義州，治弘政縣；元省縣州，屬大寧路；本朝州廢，洪武二十二年置衛。(讀史方輿紀要同此說)

全遼志云：

在遼陽城西四百二十里。……我朝洪武四年，平定遼東，二十一年，調金州衛後所，蓋州，復州二衛前，後各二所，共五千戶所，設義山衛于十三山，屯種。八月，移衛治于義州。二十八年，調中所于廣寧右護衛，轄左，右，前，後四千戶所。

明史稿云：

義州衛，洪武初，州廢，二十三年，置衛。

按此，義州衛之建，有二十年，二十一年，二十二年，二十三年四種不同說。史稿之作二十三年，當是錯引一統志二十二年之誤；蓋因史稿論遼東建衛多依一統志說也。地志作二十年，一統志作二十二年，兩說有無錯誤，未敢遽斷。全遼志作二十一年，其於金州衛條，亦言『二十一年，調後所於義州』，似於二十一年之說甚確。

所領千戶所，先爲五所，後爲四所，全遼志言之甚晰。

(十九)廣寧後屯衛

地志云：

洪武二十六年正月，置於此(當作『此於』)舊懿州；永樂八年，徙治義州衛城。

讀史方輿紀要云：

在義州衛治西偏。洪武二十五年置，初治舊懿州；永樂八年，徙治於此。(一統志，明史稿與此同)

全遼志云：

洪武二十五年，初置後屯衛，調顯州，懿州人實之；永樂八年，徙于此。

按義州建衛，一統志，全遼志均作二十五年，地志則作二十六年正月。永樂八年徙治事，無異說。

領左，右，中，前，後五千戶所。(見全遼志卷一圖考沿革)

(二十)廣寧中屯衛

地志云：

洪武初，州廢，二十四年九月置衛。東南距都司六百里。

大明一統志云：

在都司城西北六百里，本漢之無慮縣地。……本朝洪武二十四年置衛。宣德三年，於城南二十里松山堡，置中左千戶所屬焉。(明史稿同此)

全遼志云：

即錦州城，在遼陽城西六百里。……本朝洪武二十四年，置衛于東關驛；二十五年，移治錦州；三十二年，調廣寧屯守；永樂元年，復回錦州守禦。領千戶所五。宣德三年，于城南二十里松山堡，置中左千戶所屬焉。

讀史方輿紀要云：

明初仍為錦州；洪武二十四年，改置今衛。

按二十四年建衛說，悉同。

所領千戶所，先領五所，宣德三年後，領六千戶所，全遼志言之甚晰。

(二一)廣寧左屯衛

地志云：

洪武二十四年九月置於遼河西，後徙廣寧中屯衛城。

大明一統志云：

洪武二十四年置；宣德三年，於城東四十里大凌河，增置中左千戶所屬焉。(明史稿同此)

全遼志云：

在錦州城內。洪武二十四年，始由鞍山至十三山驛擺站屯種。二十六年，遷顯州，建衛治；三十二年，調廣寧屯守。永樂五年，移錦州守禦。領千戶所五。宣德三年，于城東四十里大凌河，增置中左千戶所屬焉。

讀史方輿紀要云：

在中屯衛治西，洪武二十四年置。

按二十四年置衛之說，悉同。

所領所數，原領五千戶所，宣德三年後，領六千戶所，全遼志言之甚晰。

(二二)廣寧右屯衛

地志云：

洪武二十六年正月，置於十三山堡；二十七年，遷於舊閭陽縣之臨海鄉。東南距都司五百四十里。

大明一統志云：

在都司城西五百四十里。洪武二十六年置，初治十三山；二十七年，徙治於此。

全遼志云：

在遼陽城西四百五十里。……洪武二十六置，初治十三山；二十七年，城公主寨故址，移衛治焉。

讀史方輿紀要云：

洪武二十七年，改置今衛。

明史稿云：

洪武二十七年置，距都司五百四十里。

按廣寧右屯衛始建於洪武二十六年之說，甚確。紀要，史稿言二十七年置，指移治言，非謂初置於此也。

所領千戶所，全遼志沿革篇作『屬左，右，中，前，後五所』，圖考篇作領『左，右，前，中四所，俱衛治內』，二說不同，未詳。

(二三)廣寧前屯衛

地志云：

廣寧前屯衛，原注：元瑞州，屬大寧路，洪武初，屬永平府；七年七月，州廢；二十六年正月置衛。東距都司九百六十里。

大明一統志云：

在都司城西九百六十里。秦為遼西郡地；漢因之；晉時慕容皝置集寧縣；唐僑置營州，後改為瑞州；元省縣入州，屬大寧路。本朝洪武二十五年置衛；宣德三年，於城西五十里急水河，增置中前千戶所，城東五十里杏林堡，增置中後千戶所屬焉。(紀要，明史稿同此說)

全遼志云：

在遼陽城西九百六十里。……國朝平遼東，廢州縣，洪武二十五年建衛，屬五千戶所。宣德三年，又於城西五十里急水河，增置中前千戶所，城東五十里杏林堡，增置中後千戶所。

按前屯衛之建有二十五，二十六年兩說，未詳孰是，姑並存之。

所領千戶所，原領左，右，中，前，後五所；宣德三年後，領七所。

(二四)寧遠衛

地志云：

宣德五年正月，分廣寧前屯，中屯二衛地，置治湯池。東距都司七百七十里。

大明一統志云：

在都司城西七百七十里。本廣寧前屯，中屯二衛地，宣德三年於此築城置衛。又於城東五十里塔山，別置中左千戶所，於城西四十里小沙河，別置中右千戶所屬焉。(紀要，明史稿同此說)

全遼志云：

在遼陽城西七百七十里，寧前兵備道分守叅將駐劄於內。舊無城郭，與古瑞州，錦州接境，相距幾三百里。本廣寧前屯，中屯二衛地，永樂初，大寧淪沒，而虹螺山始入外境，于是和州之墟，荆條之陽，胡馬馳騁，歲相抄掠。總兵巫凱，都御史包懷德上狀，乃割二州之地，于背莊湯池之北，建衛治，賜名寧遠，統五千戶所。又於城東五十里塔山，別置中左千戶所，于城西四十里小沙河，別置中右千戶所屬焉。

按寧遠建衛，一作宣德五年，一作宣德三年，究以何說爲據，未詳。

所領千戶所，原領左，右，中，前，後五所，後增中左，中右二所，領七所。

(二五)瀋陽中衛

地志云：

瀋陽中衛，原注：元瀋陽路，洪武初廢，三十一年閏五月置衛。南距都司百二十里。

大明一統志云：

在都司城北一百二十里。本挹婁國地，唐時渤海置瀋州；遼置興遼軍，後改曰昭德；金改爲顯德軍；元改爲瀋陽路，治遼陽故城 。本朝洪武二十年置衛。後又以城東北八十里撫順千戶所，城北四十里蒲河千戶所來屬。(紀要同此說)

全遼志云：

在遼陽城北一百二十里，……本朝洪武二十年，設衛治，屬五千戶所。又以城東北八十里古遺德州地，設撫順千戶所，正統二年，於城北四十里，設蒲河中左千戶所，俱屬衛。

按瀋陽中衛之置，地志作洪武三十一年，一統志，全遼志作二十年，二說不同。撫順，蒲河之置千戶所，地志及明史稿中衛條下註文，均言洪武二十一年置，一統志未詳年代，全遼志則以蒲河之置千戶所爲正統二年事。蒲河千戶所，究爲洪武二十一年置，或正統二年置，不詳，而撫順千戶所於洪武二十一年置，則無異言。從一統志，全遼志，說，撫順千戶所之建置在瀋陽中衛後，似三十一年建衛之說不確。

所領千戶所，原領左，右，中，前，後五所，後增撫順蒲河兩千戶所，共領七千戶所，詳遼志。

(二六)瀋陽左衛

(二七)瀋陽右衛

地志云：

俱洪武中置，建文初廢；洪武二十五年七月復置，後仍廢。

按瀋陽左，右二衛之廢置，各書所載多不詳。地志以『洪武二十五年七月復置』之語列於『建文初廢』之後，次序乖亂，不合事實，此文當有誤。

所領千戶所事，不詳。

(二八)瀋陽中屯衛

地志云：

洪武三十一年閏五月置，建文中廢；洪武二十五年十一月復置，屬北平都司，後屬後軍都督府，寄治北直河間縣。

按瀋陽中屯衛之廢置，各書所載不詳。地志此條，年代次序亦誤，似不足信。後屬後軍都督府事，兵志亦言及之。

所領千戶所事，不詳。

(二九)鐵嶺衛

地志云：

洪武二十一年三月，以古鐵嶺城置；二十六年四月，遷於古嚚州之地，即今治也。

大明一統志云：

在都司城北二百四十里。古有鐵嶺城，在今衛治東南五百里，接高麗。洪武二十一年，置衛於彼；二十六年，徙今治，即遼金時嚚州故城也。二十九年，調所領左左【右】千戶所於城南六十里懿路城，永樂八年，復調中千戶所於懿路，正統四年，又調中左千戶所於城南三十里汎河，俱仍屬衛。(全遼志同此)

讀史方輿紀要云：

明洪武二十六年，置今衛。(明史稿同此)

按鐵嶺衛於洪武二十一年，始置於舊鐵嶺城，二十六年，徙治嚚州故城，其言甚確。紀要及明史稿所言二十六年置衛事，即指徙治事言。

所領千戶所，全遼志圖考作領『左，右，前，後四千戶所，俱衛治內』，此作四千戶所也。然一統志有『二十九年，調所領左右千戶所於城南六十里懿路城，永樂八年，復調中千戶所於懿路，正統四年，又調中左千戶所於城南三十里汎河』，共計有七千戶所，當是左右，中及中左三千戶所為後增。

(三〇)三萬衛

地志云：

三萬衛，原注：元開元路，洪武初廢；二十年十二月，置三萬衛於故城西，兼置兀者，野人，乞例迷，女直軍民府；二十一年，府罷，徙衛於開元城。

大明一統志云：

在都司城北三百三十里。……本朝洪武二十一年，置兀者，野人，乞例迷，女直軍民府；二十二年，罷府置衛。（全遼志，紀要同此）

明史稿云：

洪武二十年，置兀者，野人，乞例迷，女直軍民府；二十三年，罷府置衛。

按史稿之文當是據一統志說，而年代不同者，誤引故也。建衛事，一統志作先於二十一年建軍民府，二十二年建衛，地志則作二十年兼置衛與軍民府，二十一年始罷府徙衛治，兩說不同。

領千戶所八，即左，右，中，前，後五千戶所，及中中等（兵志作前前，後後，中中三千戶所）三千戶所。（見全遼志圖考沿革）

（三一）遼海衛

地志云：

洪武二十三年三月置於牛家莊；二十六年，徙三萬衛城。

全遼志云：

洪武十一年置，治牛家莊；二十六年，徙治開原城。

讀史方輿紀要云：

在三萬衛治東北，洪武二十一年置，初治牛家莊；二十六年，移治於此。（一統志，史稿同此）

按牛家莊在今開原城北。二十一年初置，二十六年徙治之言甚確，全遼志作十一年初置，蓋脫二字也。

領千戶所九，全遼志圖考云，領『左等五千戶所，俱衛治內』，『右右等四千戶所』（兵志作中中，右右，前前，後後四千戶所），共計適九千戶所也。

論利瑪竇之萬國全圖

陳觀勝

第十七世紀的初葉，中國忽然發生一個很可紀念的現就是當時的社會對於西洋的地理有一個很明顯的興趣。在中國歷史上，從來沒看過這樣的熱心研究西洋地理的趨向。照我們看起來，這裏頭大概有兩個原因。

第一，正德以來，西洋如葡萄牙，荷蘭，英吉利諸國的人民，繼續到中國來，目的在求與中國貿易，這些外國商人的行爲，從許多方面看來也不能說是甚滿意的，如用暴橫強硬的辦法，陰謀逼迫的政策，甚至以威嚇的武力以求達到其通商的目的也有的。在這種景況之下，自然會使中國一般人發生一個重要的疑問，『這種海番到底從那裏來的呢？他們的國家是怎麼樣的呢？』

第二，公歷一六○一年，西洋人利瑪竇到北京，這一年可以說是耶穌教會在朝廷上佔勢力的開幕。利瑪竇之後，又有艾儒略，龐迪我，湯若望，南懷仁，鄧玉函等人，先後對於當時的技術和科學，都有相當之認識和貢獻。他們不僅是爲中國介紹最新的天文數學的智識，同時也介紹許多關於他們本國的事實。當時的中國社會很願意對於西洋的狀況作深一層的認識，而同時在中國裏面，有這一般『學富五車』的傳教師，對於當時社會的需要有積極的幫助，眞是『人地相宜』了。旣有這個巧合的機會，自然而然會產生很多講外國地理的書。我們現在的問題就是利瑪竇，艾儒略，南懷仁，這一班人所介紹的地理智識，到底是否充足而可靠？

如果我們要答覆這個問題，必要從研究利瑪竇開始。因爲他的萬國全圖是一個開天闢地的介紹品，中國人歷來未看見的東西。

公歷一五八四，那時利瑪竇還在廣州，他已經作了一幅萬國全圖，但是他自己不甚滿意，所以經過幾次的修改。後來他來北京的時候，也帶着這個地圖。他把自己作的地圖當禮物送給沿路所遇見的官吏民衆。有一個地方官，受了他這幅地圖，非常高興，馬上掛在衙門裏，以便人民隨意瀏覽。由此我們可推想當時人民對於西洋地理實有歡迎的態度。利瑪竇到了北京之後，他又把這圖從新校正，然後刊行。在這個地圖上，他費了很多很多的奇奇怪怪的禽獸和水類的動物，並且將當時世界各國的情形描寫出來。明神宗所看見的就是這一幅地圖。

這個萬國全圖的內容怎麼樣呢？

關於全世界，地圖上有這樣的說明：『……又以地勢分輿地爲五大洲，曰歐羅巴，曰利未亞，曰亞細亞，曰南北亞墨利加，曰墨瓦蠟泥加。若歐羅巴者，南至地中海，北至臥蘭的亞(不可攷)及氷海，東至大乃河(Dvina River)墨何的湖大海(不可攷)，西至大西洋。若利未亞者，南至大浪山，北至地中海，東至西紅海，仙勞冷祖島(St. Laurentius or Madagascar)，西至阿擢亞諾滄海(不可攷)，即其洲只以聖地之下微路與亞細亞相聯，其餘全爲四海所圍。若亞細亞者，南至蘇門答臘，呂宋等島，北至新曾白蠟(不可攷)，及北海，東至日本大明海，西至大乃河，(Dvina, Rive)，墨河的湖大海(不可攷)，西紅海，小西洋。若亞墨利加者，全爲四海所圍，南北以微地相聯。若墨瓦蠟泥加者，盡在南方，惟見南極出地，……其界未審何如，故未敢訂之；惟其北邊與大小爪哇及墨瓦蠟泥加峽爲境。……』

總說起來，這一段所講的也不錯，不過有幾個地方不可攷的。並且說第五洲爲墨瓦蠟泥加(即麥哲倫所尋之地)。這一說恐怕太勉強了。他如天文經緯線等，現且不論。現在我們批評他的西洋，即歐洲，利未亞，及亞墨利加論。

論歐羅巴洲，利瑪竇說『歐羅巴洲有三十餘國，皆用前王政法，一切異端不從(?)而種崇天主上帝聖教，……土產五穀五金百果，酒以葡萄汁爲之。工皆精巧。天文性理，無不通曉。俗敦寔，重五倫，物彙甚盛，君臣康富。四時與外國相通，客商遊徧天下。去中國八萬里，自古不通，今相通七十餘載云』。

看了這一段，可知利瑪竇之地圖未免有些誇大不實的地方。地圖中並有歐洲諸國之名，有的名可攷，有的不可攷。現把這些地名列於下：

地圖上之名	現在之國家
拂郎機	葡萄牙
拂郎察	法國
以西把爾亞	西班牙
蘇亦徽亞	瑞典
拂郎殼泥亞	(不可攷)
波亦米亞	Czecho Slovakia 之波希米亞
沙瑣泥亞	德國之 Saxony
入爾馬泥亞	德國
大泥亞	丹國
泥羅泥亞	波蘭
沒廝箇未突	蘇聯(當時稱 Muscovite Kingdom)
諾爾物入亞	諾威
諳厄利亞	英國
意大里亞	義國
厄勒齊亞	希臘
沒失箇辣	(不可攷)
矮人國	(不可攷)

假使我們看一看歐洲當時的情形，我們就可以知道利瑪竇之萬國全圖所指出的國家是完備的。當時所有的國，

都在這個地圖之內標明。其缺點，是在他關于歐洲諸國的描寫。現在我想把他所說的概述如下，給大家看一看。

矮人國，國人男女長止尺餘，五歲生子，八歲而死。（這句話眞是使人莫明其妙，這完全是一種不可靠的傳說。）

英國，無毒蛇等蟲；雖別處携去者，至其地即無毒性。（此亦屬傳說，無稽之談。）

德國，入爾馬尼亞諸國，共一總王，非世及者，七國王子中，常共推一賢者爲之。（利瑪竇論德國舉王之法，是很對的。）

意大里亞，此方教化王不專行天主之教在羅馬國，歐羅巴諸國皆宗之。其國有別蒙突(Piedmont)，沙勿牙(Savoy)，惹怒檖(Genoa)，那波里 (Naples)，羅馬(Rcme)，西齊里亞 (Sicily)，此島有二山，一常出大火，一常出烟，晝夜不絕。（論到意大里亞，利瑪竇頗精明詳細。這事不足爲奇，因爲他自己是一個意大里亞人。他不僅指出意國要而幾個省，並且指西西里火山 Mt. Etna，這是很可紀念的。）

對於其他諸國，如英，法，俄，西班牙等，他沒有提到，所以我們現在要跳到別的地方去，先把利未亞及亞墨

利加兩洲說完，然後作一個總個的斷定和批評。

利瑪竇論利未亞（即非洲），有的地方是很準確，然而亦有一種古怪的模糊的部分。他說利未亞的地名是：

地圖之名	現在地名
大浪山角	好望角
仙勞冷祖島，亦叫麻打曷失葛	麻打曷失葛(Madagascar)
馬邏可	馬邏可
佛沙	佛沙(Fez)
德利非	（不可攷）
貌利大泥亞	貌利大泥亞(Mauretania)
奴米德	（不可攷）
巴里亞	（不可攷）
伯比倫（這是錯誤，伯比倫應作亞細亞的地方）	
怕六	（不可攷）
亞昆心域	亞昆心泥(Abyssinia)

除了麻打曷失葛島以外，萬國全圖亦有標指別的島嶼。有的島名是不能攷定的，如福島，木島等，現在也不知是指那一個島。可供現代參考的有綠峯島，即現在之 Cape Verde Island；仙多默島，即 St. Thomas Island；仙衣力拿島，即 St.Helena Island。

在利末亞圖上，利瑪竇亦同樣描寫幾個奇異不可攷的東西。譬如他論禽獸的時候，說，利末亞有貓出汗極香，以石拭汗收香，歐羅巴多用之。又說，利末亞人寐而無夢。這種亦算傳說的記載。描寫中亦有準確的地方。例如形容利末亞的亞大蠟山 (Atlas Mts.) 曰，『天下惟此山至高，四時天晴，無風雲雨雪，即有時在半山下，望之不見頂，土人呼爲天柱云』。末了這句話，的確是對的。蓋西洋的古事，常稱亞大蠟山爲 pillars of heaven。他論泥羅河，也是很確實的。曰，『天下惟此江至大，以七口入海。其國盡年無風雨，故國人精於天文，其江每年次泛濫，地甚肥，澤如糞，其田故國人種之五穀以收，百國稱爲富饒』。

利瑪竇對於北亞墨利加洲，似乎是不大了然。他說此洲之國家是死的馬革(不可攷)，鄚度蠟(現在之 Honduras)，哇的麻剌 (現在之Guatamala)，宇革堂(現在之Yucatan)，墨是可 (Mexico)，新以西把你亞 (New Spain)，得爾勿羅洛(不可攷)，革利國(不可攷)，大入爾國(或當時之Tiguex)，佛郎察 (即法國所發現的地方)，加拿大 (即現在之Canada)。其島即其古巴，牙賣加，和小以西把泥亞等。除了這幾個地名外，圖上沒有別的有價值的記載。至於南亞墨利加洲則不然。到了十七世紀初葉，西班牙之航海家及殖民已經開闢了南亞墨利加洲很多的地方。所以歐洲的學者，對於那個地方的形勢，已經有一點相當的認識。因此，萬國全圖論此洲之說比較詳細而有根據。

他說，南亞墨利加洲分爲五部，一曰孛露 (Peru)；二曰金加西蠟 (Colombia)，以所產金銀之甚多爲名；三曰七友巴牙那，以大郡爲名 (此地不可攷)；四曰智理 (Chile)，古名；五曰伯西兒，即中國所謂蘇木也。其至南又有巴大溫地方，其人長八尺，故謂之長人國。皆無文字，以結繩爲治』。

把整個洲講完了，他又在圖上加上幾句話。說伯西兒國不作房屋，而開地爲穴以居。人民好食人肉，但食男不食女。這個傳說之起原，現時仍屬疑問，萬國全圖對於別的地方，並沒有多大價值的記載，然而他裏面有一特點，就是他把南亞墨利加洲的兩大江指出：一就是馬良溫，則現在之 Amazon River; 一就是伯利那大江，則現在之 La Plata River。

前數段，都是利瑪竇的西洋論。實際上說起來，他並沒有介紹多少詳細和確切的實事。照我們現在的眼光看，他的錯誤和缺點也不少。但是，我想我們不能因此而加以嚴厲的批評，為什麼呢？因為當時歐洲的學術界對於非洲和美洲也沒有甚充分的認識。當時既沒有這種詳細和確切的地理智識的存在，所以我們就不能希望利瑪竇的萬國全圖會有詳細的記載。從這個立場上看，萬國全圖的缺點，並不是利瑪竇個人的不到處，而是當時社會普通學者的不到處。因此，我們不能對利瑪竇下嚴重的批評；反而我們應當對他的貢獻加以注意，加以欽佩。

　在中國地理學上頭，他實在佔了一個非常的重要的位置。他對於地理學之貢獻有三。(一)他的萬國全圖（就是一個世界地圖）對中國是一個開山祖的介紹，自這個地圖發現了之後，中國人纔起首知道世界各國的方位和情形，以及中國和外國在地理上的關係。(二)圖上的描寫，有幾個很準確的地方，如歐洲各國的指出，意大里亞及尼羅河的記載幾段，都是有所根據的。(三)美洲的存在是明末的中國人所不知道的。萬國全圖之論南北亞墨利加洲，實在給中國人以認識這個大洲的頭一個機會。這都可以說是對於當時社會一個極大的貢獻。

　總括一句，利瑪竇是一個把西洋地理學術輸入中國的始祖，他的功績是偉大的。

丹朱故墟辨

馬培棠

完縣東南，有古城，圮毀殆盡，僅餘巨阜數十而已。但自其一端，登而望之，尚見斷續相承，可以想像當年之高大者。東南兩面，各繞長流，自遠而來，會於城東之東南角；水碧澂，橋影如蛇，頗足以裝點寂寞。吾鄉位城東里許，而隸滿城，憶兒時常臨其地，珍視為遊樂之園；比及少長，負笈遠方，因而不再至者十數年。去臘返里，乘興以遊之，孰意城餘將不及前所見者之半也！蓋土性極黏，鄉間葺牆補屋者多驅車載之歸，號曰『城土』；又以年來地價昂貴，凡接城而耕者亦故平城而殖地；風雨之浸蝕，足夷高山為幽谷，而況復加以人力乎？恐再此十數年，則古城者只可求之言談故紙之中，難復見其遺跡。吾將即其未盡滅而一考其實焉。

　古城之名，吾鄉向以『丹朱城』呼之，鄉先生尤善道其事，所謂堯王天下，而封子丹朱於此也。考之完縣志古蹟，果有丹朱城一欵，曰：

　按史傳伊耆氏封於唐，未幾，立為天子，都平陽；

乃築邑於唐慶之間，而廣大之，以居王子丹朱。迄今城尚存（即今大王子城），登其上，遠眺曲水，灣環如抱也。

則斯古城者，其丹朱城無疑矣。

惟再檢同卷，有古曲逆，曰：

古曲逆，據蒲水上流，左右龍虎環抱，饒擅一時之勝。漢高帝征韓王信，潰白登圍，至此。登城歎曰：『壯哉！吾遍行天下，獨見洛陽與是耳！』嘉陳平功，改封曲逆侯。惜世遠年湮，遺蹟難考云。

漢城不存，而地址昭昭，其名曲逆，其流蒲水。縣志山川曰：『蒲水在縣北四十里，發源道務村，昔年盛生蒲葦，故名。末流東會濡水，至曲逆城東南，與曲水下流合』。曲水者，曲逆水也。同卷曰：『曲逆水，在曲逆城正南』。然則古曲逆者，適在蒲曲二水交會之內角，故曰：蒲水『至曲逆城東南，與曲水下流合』也。然大有出人意料者，丹朱城乃恰恰古曲逆之地，故登丹朱城，『遠眺曲水，灣環如抱也』。如其然，則曲逆丹朱，相合為一，今之所謂丹朱城即古曲逆之遺跡。然則何得謂『世遠年湮，遺蹟難考』乎？新城即滅，舊城乃巍然立於新城之廢址，天下寧有是理？若縣志方城，亦有自知其矛盾者，於是權為之解曰：

堯都平陽，即以唐為國號，今城尚未建立，堯為天子，乃築邑於唐慶之東，而廣大之，以居王子丹朱，名為王子城（即今大王子城）。禹分天下為九州，此為冀州地。舜分冀為幽幷二州，此為幽州地。夏仍併為九州，商周因之。至秦名為曲逆，隸上谷，以曲逆河得名也。漢高帝征韓王信，潰白登圍，至此，登城歎曰：『壯哉！吾遍行天下，獨見洛陽與是耳！』嘉陳平計，益封二千戶，改封戶牖為曲逆侯。

保定府舊志古蹟及重修志古蹟，均同此而文少略。夫先後兩事巧為結合，則古城者，始而居丹朱，繼而封陳平，相隔二千年，固無須爭地盤，亦勿庸讓座位也。雖然，粉飾偽作，欲蓋彌彰。

古曲逆者，既依蒲水之勢，尤利曲水之險，故其命名，獨以曲水稱。縣志山川曰：『祁水，自伊祁山發源，入朝陽河，為完之西河，經由縣南，為曲逆上流』，再東則與蒲水會。考其所以名曲逆者，蓋下流『枉渚迴湍，率多曲復』。田琰之詩曰：『一條堤路百千態，五里溝渠十八灣』，實即詠此。夫豈遊觀之美，且與蒲水並稱要害，兵家攻守，自古而然矣。春秋屬晉，初名逆時。左傳哀四年，齊伐晉，取逆時。校勘記曰：『案水經濡水注，引作曲逆』。是逆時即曲逆也。戰國屬燕，又作曲吾。趙策一謂秦能越趙，而通於燕之曲吾。補注曰：『黃氏札記，改爲曲逆』。是曲吾亦曲逆也。至秦置縣，乃定曲逆之稱。史記陳丞相世家及漢書陳平傳，同記始皇時，曲逆住民三萬餘戶，間者兵數起，多亡匿，至漢僅見五千餘戶。高祖平天下，克匈奴，南歸而登之，見其屋室之大，不禁有壯哉之歎，舉與洛陽比美，嘉陳平功，改封於此，盡食之，傳四世而國除。曲逆之名，自是益大聞於天下。比及後漢，易名蒲陰。水經濡水注曰：『漢章帝章和二年，行巡北岳，以曲逆名不善，因山水之名，改曰蒲陰』。取在蒲水之南也，隸冀州中山國。兩晉而後，廢置不常。讀史方輿紀要曰：『晉亦屬中山國；後魏屬北平郡；北齊廢入北平縣；隋開皇六年，復置蒲陰縣，大業初又廢』。是後不復得詳焉，蓋卒永廢以至於毀乎？地處北鄙，迭經兵燹，破壞不知凡幾；又加以河道失修，水災並至，夏汛秋潦，驟成澤國。亭鄉社者，古城之所在地，蒲曲二水之灌城也。縣志疆界曰，『數村在城（按指完縣城）之東南，衆水所匯，故兩多則地必澇』。又曰：『亭鄉，下叔兩社，則避麥收倍於山鄉，而禾麻或歉；泥淖恆甚於城市，而蛙黽偏多，頗有澤國之風焉』。二水爲災，蒲水尤甚，洪流自北來，至北城村北（即古曲逆北），成一大曲折，水勢阻於此，每爲奇害，乃築巨堤以防之。縣志堤堰曰：『北城村臨河幫堤一處，長九丈，頂闊一丈，底闊二丈，高一丈』。志未道其名，抑俗所謂『弓上口』乎？雖其堅牢如此，而怒濤之來，時破堤堰出也。諺曰：『開了弓上口，大王子城沒處走，掐着亭鄉壩子口』。故今舉目荒涼，城垣毀滅，勿謂有街市之繁華，且無屋室之高大矣。

觀曲逆之沿革，上起春秋，下逮晉隋，先名逆時，終改蒲陰，卒不聞與堯子丹朱有任何關係。然而今日傳說之由來，果何自乎？

丹朱堯子，傳說已久；帝堯美盛，尤使不諠。論語稱『大哉！堯之爲君』，左傳亦頌陶唐之德。襄二九年，季札聘魯，請觀周樂，爲之歌唐，曰：『深思哉！其有陶唐氏之遺民乎！不然，何憂之遠也？』詩蟋蟀序曰：『此晉也，而謂之唐，本其風俗，憂深思遠，儉而用禮，乃有堯之遺風焉』。故漢地志載『晉陽，故詩唐國』。而詩譜更足之曰：『唐者，帝堯舊都之地，今曰太原晉陽，是堯始居此，後乃遷河東平陽』。但平陽於漢地志則曰：『韓武子玄孫貞子居此』，絕無堯都之記載；爲此說者，抑始鄭玄？而同時應劭亦謂平陽『堯都也，在平河之陽』。是知唐堯之傳說無論如何演化，總不出乎山西。孰意盛行山西之時，亦即東漸之際，中山唐縣亦成堯都。何堯都之多也！抑其再遷乎？皇甫謐曰：『堯始封於唐，今中山唐縣是也。後徙晉陽。及爲天子，都平陽』。貫三都而一之，唐縣堯都，於玆乃定。

竊以中山唐縣之命名，實以唐水，正猶曲逆之於曲水，蒲陰之於蒲水也。然唐水之『唐』，是否與唐堯有關，大有討論之必要。陳育陽唐河源辨曰：

余每疑之，遂親自裹糧，循河而履其源。河自山西渾源州發源之泉，有四：一，北嶽恒山之南，龍嘴村西澗，有泉盈尺；一，槍風嶺柵子溝，有泉；一，湯頭舖有溫泉，坐湯亭址存焉，至今變爲寒水；一，蔡家峪有泉：俱清水，會於東河南村，水色漸渾黃。

一河之源時在二三以上，俗皆擇其大而奇者以爲主源；甚且下游亦將託號焉。唐河四源，勢蓋相埒，而溫泉最奇。何也？中國溫泉，向稱珍貴，今幸有之，則『湯』之一名將與河水而俱下，不僅呼舖與亭而已。故陳氏繼之曰：

東經靈邱縣，又東南經廣昌縣，皆名曰湯河，因源有湯泉以名之也。

廣昌而下實爲唐縣，湯河縱貫其間，陳氏不再繼稱湯河者，蓋有所蔽也。夫湯河之名由來脩矣。然水流漸遠，與上游亦漸隔膜，則湯之所以爲湯恐將失其意義，而況溫泉之又變爲寒泉者乎？卒至依聲假字，訛傳以起。春秋昭十二年，齊高偃帥師納北燕伯于陽，即指此地。『湯』『陽』皆以『昜』得聲，音同者可相假借。莊子應帝王『天根遊於殷陽』，釋文『或作殷湯』。故知『湯』時或書作『陽』。而『陽』亦可借爲『唐』，說文『啺，古文唐，從口昜』，按『昜』亦聲，與『陽』音恰同。春秋高偃納北燕伯于陽，左傳正作于唐，杜預曰：『陽即唐，燕別邑，中山有唐縣』。故唐縣志沿革表載，春秋燕地，曰陽。張惇德唐縣故城考亦曰：『迄於春秋，北境爲燕之陽邑』。然則唐河唐縣當即湯河湯縣之別字矣。只以唐起，而湯陽乃廢，齊策二有『趙可取唐』，即其地。漢初置爲縣，屬中山國。惟漢地志開始加以『堯山在南』，是班固之時，堯蹟之傳說因唐而起，然亦只曰堯山而已。至應劭乃足之曰：『故堯國也』。張晏又詳爲之解曰：『堯爲唐侯國於此』。皇甫謐更以唐與晉陽平陽並稱三都，堯之傳說大盛於茲城。唐，完，望都，三縣比鄰，恰造成同一故事：唐縣志山川有唐巖，『一名堯山』；完縣志古蹟有堯城，『世傳帝堯所築』；望都志祠祀有帝堯廟，規模宏大：相去皆去二三十里之內。此後再進一步，依堯始封之理想，爰謂堯即生於其地。完縣志人物曰：『縣西二十里，伊祁山，實生帝堯』。故唐縣志雜稽中有帝堯，望都志人物中亦有帝堯，則堯籍於此又明矣。

雖然，堯生於此，果誰生之？是又不可不連類及者。按史記五帝紀曰：『帝嚳娶陳鋒氏女，生放勛』。放勛，堯名；陳鋒又作陳豐，當為國名。陳鋒國女而生帝堯，似女之名尚未之知。比及張晏，始有『堯母慶都』之稱，帝王紀因之，曰：『帝嚳次妃，陳豐氏女，曰慶都；生放勛』。望都縣原名慶都，於是望都乃為堯母之所生地。今城內尚存有堯母祠，祠內有陵墓，工程偉大，極稱壯觀。故楊紹程重修堯母廟碑記曰：『慶都為母地，爰有母祠』。但不知堯母慶都之說是否有本，抑為貫徹堯生於唐之史事，而故謂母曰慶都歟？抑兩慶都之名偶然相同，因而附會之歟？水經滱水注載，唐縣之南如東十餘里，『有一城，俗謂之高昌縣城，或望都之故城也』。高昌在今唐縣高昌店，以歷代疆域因革考之，古望都之境圍最遼闊，史籍多稱望都諸山，今則平原曠野，培塿不見，高昌或昔日之望都城也。按今高昌店東，有小山，孤立無所屬，名曰孤山。水經注又曰：『此城（按指高昌）之東，有山孤峙，世以山不連陵，名之曰孤；孤都聲相近，疑即都山』。高昌故城，近山而築，初亦蒙山之名，而冒之以『慶』，以表紀念之美，因曰慶孤；後以音近傳訛，爰有慶都之名。戰國時屬趙，為慶都邑。史記始皇本紀載，始皇七年，攻慶都，即此。及漢地志乃易名曰望都，蓋以登慶都可以望都山，故又改稱曰望都。及移徙新城，舊名不去，鄉民乃別呼廢址曰高昌。諸此雖皆意想之詞，未必為塙；但可以知慶都也，望都也，決無某聖之跡參乎其間。張晏皇甫之說出，慶都乃為堯母之地。

堯之所從出，既有其人，且有其地；而堯之所出不得無其人，不得無其地。巧以完成其家庭與世系，亦傳說演化中必然之結果。書堯典載『胤子朱』，楚語上載『堯有丹朱』。魏晉之際，尤知其細。帝王紀曰：『堯取散宜氏女，曰女皇，生丹朱』。惟堯之識嗣，斥丹朱為『嚚訟』，『頑凶不用』，卒以天下授舜。如此不肖子本無足稱，故丹朱之傳說早於乃祖，而被地方上之援引反在乃祖之後。然而魏晉間，帝堯之傳說已登峯造極，雖有餘隙再作增飾；於是愛其父，必愛其子；況堯以大公而處天下，不私子孫，後人孰忍棄之，以滅大聖之後？以故丹朱之傳說漸爲人所道及。故唐縣志關隘，有鴻山關，在縣西北七十里鴻城村，俗呼爲鴻郡城，即帝堯時丹朱所居。又望都志陵墓，有丹朱墓，在東門外東南百步許，闊二畝，高及一丈，墓前有臥石三塊，側刻『中天世子』四字。是丹朱生長之地有焉，死葬之地有焉；然聖帝之後不可以布衣終，至少當有封邑，況史記五帝紀已早言之，曰：『堯子丹朱，舜子商均，皆有疆土以奉先祀』，益迫人速覓封地。括地志曰：『定州唐縣，堯後所封』。但偉大城池既有容位，又何必與乃父共居唐邑，而不效乃祖慶都之例？所謂大城者何？曲逆是也。晉隋而後，久廢於水，更迭經易名，曰蒲陰，曰北平；曲逆遺蹟漸爲人所忘記；又陳平傳說，已隨新完而西去，若陳侯村，陳侯宅，陳侯墓，皆傍近完城。曲逆故址竟致無主，破瓦頹垣，僅存古物模樣，則丹朱封邑不得不乘虛而入，居之不疑，人亦無疑之者。故縣志謂『堯爲天子，乃築邑於唐慶之東，而廣大之，以居王子丹朱』也。既不背時代之要求，又不廢史志之古意，巧爲立說，未有如是其甚者。今古城中半皆禾黍，少數人家聚爲村落，所謂大王子城是也。縣志村名釋義曰：『以丹朱封於此，故以爲名；然時未有王號，是或後人所加也』。丹朱之蹟既定，於是與父之唐，祖母之望都，成鼎足焉。

要之：丹朱城者，古曲逆也。曲逆之廢，廢於水也；丹朱之興，興於唐也。東當西唐，風馬牛本不相及；乃以長時之演化，附會流連，何患古城不丹朱屬。兩漢開僞說之始，魏晉極僞說之盛，唐宋而後，更大爲粉飾，益使僞說臻於精密而亂眞實。以若小問題，其背景之複雜乃有令人驚異如是者；且其影響所及，適爲造成古史之材料。嗚乎！所謂古史，不過此瑣屑之集體而已。予憫斯城之將滅，欲略知其故實，孰意其善引人疑也。惜參考未周，疏漏不少，留心地方志乘者，其幸教之。（注：本篇所據縣志皆清室舊修。）

二十年初稿，二十三年改訂。

古會稽考

張公量

凡考地理探禹蹟者，莫不及於會稽。而會稽所在，亦莫不曰越之紹興。習非成是，千載難返，一若幽室之閉。

雖穎悟之士，覺其牴牾，亦勿敢疑。試觀歷世志書，暨方家之所述，得聆弦外之音乎？夏爲傳疑時代，禹爲神話人物，其說几自今日始。治水一事，姑過信之，然其載道，限於大河流域而止。故致人神於會稽，萬不能在浙江紹興。噫，眞理之難明，抑若是其甚與！

春秋戰國之際，人文蔚起，燦若列星，尙論古史，以閧所聞。極天地之輝光，廣生民之耳目，可謂盛矣。其間共通崇拜之對象，時或稱而道之者，大禹也。故曰：『禹，吾無間然矣』（論語）。夫禹之上會稽，會諸侯，尤嘖嘖於當時人之口。國語魯語下仲尼答吳子問骨曰，『丘聞之，昔禹致羣神於會稽之山，防風氏後至，禹殺而戮之』；韓非子釋邪云，『昔者禹朝諸侯之君會稽之上，防風氏後至，而禹斬之』；括地圖云，『禹平天下，會于會稽之野，又南經防風之神，弩射之』。曰『致羣神』，曰『朝諸侯之君』，足徵其傳說尙流動而未趨於凝固焉。至於墨子節葬下『禹東教乎九夷，道死，葬會稽之山，衣衾三領，……』；呂氏春秋安死，『禹葬會稽，不煩人徒』；史記夏本紀『帝禹東巡狩至于會稽而崩』。則山會諸侯而來，言乎其喪葬也。述之最備者，有越絕書，

禹，始也：憂民救水，到大越，上茅山，大會計，爵有德，封有功，更名茅山曰會稽。及其王也，巡狩大越，……因病亡死，葬會稽。（外傳記地傳第十）

與吳越春秋，

舜崩，禪位命禹。禹服三年，形體枯槁，面目黎黑。讓位商均，退處陽山之南，陰河之北。萬民不附商均，追就禹之所。……禹三年服畢，哀民，不得已，即天子位。三載考功，五年政定，周行天下，還歸大越。登茅山，以朝四方羣臣，觀示中州諸侯。防風後至，斬以示衆，示天下悉屬禹也。乃大會計治國之道，內美釜山中愼之功，外演聖德，以應天心。遂更名茅山曰會稽之山。因傳國政，休養萬民，國號曰夏后。……命羣臣曰：『五百世之後，葬我會稽之山』。（越王無余外傳第六）

後世言地理者凡遇越，會稽諸名，一概繫之浙江紹興；實風馬牛不相及也。今其地有禹冢，禹廟；每逢春秋佳日，馨香遊拜不絕。而在河東之眞禹蹟，反不聞有禋火。可謂奇矣！雖然，眞禹蹟終無以表於世乎？曰，有已，未詳也。即爲之辨證如左。

呂氏春秋有始覽云，『何謂九山？會稽，太山，王屋，首山，太華，岐山，太行，羊腸，孟門。何謂九塞？大汾，

冥陒，荆阮，方城，殽，井陘，令疵，句注，居庸』。此會稽不在浙江之有力之啓示也。太山，錢先生（貢四）考證，應在河東霍州，高誘以為東嶽者誤。王屋，高注在河東垣縣東北。首山在蒲坂之南，河曲之中。太華在弘農華陰縣。岐山，高注在右扶風美陽縣西北，錢先生亦以為誤，謂在河西。太行在河內野王縣北。羊腸在太原晉陽縣北。孟門在河東吉州西。八山皆萃於大河兩岸。九塞亦然。大汾，淮南墬形訓高注云『在晉』。冥陒，淮南作澠池，彼注『今宏農澠池』。荆阮，錢先生謂『即漢書成帝紀所謂五阮，在河西元里，為北條荆山抵河之險』。方城無考，錢先生疑即鹽道山亦名方山，亦曰檀道山，為解州之重險。殽在弘農澠池縣西。井陘在常山。句注在雁門。居庸在上谷。令疵，淮南注云，『在遼西』。九塞除殽，居注，井陘，令疵四塞稍涉冀州較遠外，餘亦均在大河兩岸。此事斷非偶然者。故錢先生曰，『九山九塞，獨會稽僻在南越，決不類。故知古人所謂會稽，必別有所指，非後世浙江紹興之會稽也』。其閑呂氏九山而致疑會稽不在南越者，以余所知，在前惟彭城呂調陽，說詳後。

調陽猶有疑於管子封禪之會稽也。封禪篇不可信，蓋後人撫集史記為之。文云，『桓公既霸，會諸侯於葵丘，而欲封禪。管子曰，「古者封泰山，禪梁父者七十二家，而夷吾所記者十有二焉。昔無懷氏封泰山，禪云云。虙戲封泰山，禪云云。神農封泰山，禪云云。炎帝封泰山，禪云云。黃帝封泰山，禪亭亭。顓頊封泰山，禪云云。帝嚳封泰山，禪云云。堯封泰山，禪云云。舜封泰山，禪云云。禹封泰山，禪會稽。湯封泰山，禪云云。周成王封泰山，禪社首」』。房玄齡注，云云在梁父東，亭亭在牟陰，社首在博野，或云在鉅鹿南十三里。此皆冀兗二州山，獨會稽在南越，亦不類。況禹封泰山，禪會稽亦並不在冀兗之間而在河岸。秦始皇以二十八年東行郡縣，遂上泰山，禪梁父，勒石銘迹，示天下罔不賓服也。然後泰山梁父為封禪聖地。管仲所記，恐出後人傳會想像而來。蓋齊者，天齊也，瀕於東海，白波若山，海水震蕩，而岱宗聳起，以當時人之地理智識度之，未始不為天下之高山，具有封禪之資格者。即自古帝王封禪之消息叩之，會稽亦不能在浙江紹興，此又一有力之啓示也。

本上二啓示，試進而探會稽之眞蹟。

呂調陽呂氏春秋釋地云，

會稽在陽翟東京水，象會計屈其指也。國語『禹致羣臣（神）會稽之山』（按見魯語下），亦嘗在此。而附合於越之會稽及防風之骨。不知禹合諸侯，何以遠在蠻越？若謂南巡而覲羣后，則防風在豫兗間，又不當從南方諸侯之列也。

蓋謂陽信禹娶塗山女在壽春之說，以爲禹眞在蠻越，惟有覲羣后爲藉口。不知塗山亦在河岸，伊嵩之間。防風則知爲在豫兗間，非非讀拘虛之士緣會稽之誤而遂以爲浙江武康，則其卓識洵可嘉矣。陽翟今河南密縣，京水即賈魯河，在其東，與夏都陽城（今登封縣）接隣，分臨太室山左右。按謂陽此說，誠爲創舉，不知何所據而云然。意者，史記夏本紀『禹會諸侯於江南，計功而崩，因葬焉，名曰會稽。會稽者會計也』，遂以情理推測，河爲江，京水詰曲爲象屈指乎？是則索諸冥冥之中矣。然而舊史荒湮，考詳末由，即主觀之推測亦不能謂爲無補，以蘄於眞理之發耳。

又其管子釋地云，

禹封泰山即中山經鄭北之太山，爲泰水函水所出（原註，函水即禮水，及七虎澗水，中山經作承水），呂氏春秋『伯牙鼓琴，志在太山』（按見本味）是也。所禪會稽，即黃堆山。

此則竝太山而疑之。中山經之太山，郭注，『在朱虛縣』。朱虛縣不詳，所云黃堆山亦無稽。太水，承水，水經注云、『承水東北流，太水注之。水出太山東平地，世謂之灃水也』。又引司馬彪云，『中牟有淸口水，白溝水注之』。淸口水當即靖澗水之誤文。所謂太水，承水或是賈魯河之別流，所謂太山或是嵩山之別脈，而會稽將在此間矣。

復次，以古越在河北晉地，會稽相當於河東大陽之山者，吾師錢賓四先生主之。其探賾索隱，鈎深致遠，大有造於古地理也。其言曰，

越絕書，『禹救水到大越，上茅山，大會計，更名茅山曰會稽』。吳越春秋則謂『禹周行天下，還歸大越，登茅山，以朝四方羣臣，遂更名茅山曰會稽之山』。水經注，『會稽之山，古防山也，亦謂之茅山，又曰棟山』。蓋初言大禹治水功績，極於大河而止，未及江淮。（按明徐天佑亦有『禹治水時未嘗至南方』之語。）禹之行迹，殆亦在大河兩岸，冀雍豫三州之間，當時所謂中國諸夏者耳，本未謂其遠在南越。且吳越春秋言『還歸大越』，其非江南之越可知。蓋越亦河北晉地也。逸周書世俘解，『呂他命伐越』。爲商邑近畿國，則古在河北有越也。

周秦以降，一方病文獻不足，無可稽考；一方智慧特開，互爭光寵。於是焉僞造古史，以圓其謊，托古改制，其一

端也。孟子之世，禹已神化矣。德澤沛四海，神明動天地，而為饑兆之君師者，非禹乎？於是治洪水，定九州，制貢服，別夷夏，種種經綸大法盡歸於禹，更以後世之事附麗於禹，則禹可以會諸侯於浙江矣，可以娶妻於安徽矣，不自知其矛盾也，徒轉者說之聽之而已，甚可悲也。今經先生疏剔而出，可謂厚幸矣。又其言茅山曰，

茅山者？左傳文公三年，『秦伯伐晉，自茅津濟，封殽尸而還，津亦取名焉』。然則茅山者以茅城茅津推之，其地望正在河北大陽；所謂大夏之虛也。故曰禹還歸大越，登茅山以朝四方。而呂覽淮南言九山，亦推會稽為首，良以為大禹邦國之所在也。稱大越者，越夏以聲轉而譌，如吳虞田陳之類也。以此論之，禹會諸侯於會稽，會稽山本稱茅山，以地望推之，其相當於河東大陽之山乎？水經河水注，大陽之山亦通謂之薄山者是也。（凡引先生語，皆見燕京學報第十期周初地理考。）

綜其言，有三點。一，越即夏，一音之轉，大越即大夏。二，越為商邑近畿國，在河北晉地。三，會稽本稱茅山，亦曰薄山，亦曰防山，相當於河東大陽之山。按逸周書王會解『呂他命伐越，戲，方』，孔晁注『越，戲，方，紂三邑也』。較世俘解多戲方二邑。錢先生之說，自較調陽為有據，惟二人所指之地，相距亦不甚寫遠。公量寡聞，於茲問題尚未深討，不敢遽作斷語以陷於毋妄之譏。錢先生不云乎，『稽古者，丈而量之，則得；寸而度之，則失』，此之謂也。

述調陽錢先生說竟，請試補證之；然亦不越二家範圍。

第一，國語鄭語云，『融之興也，其在芈姓乎，芈姓。䕫越，不足命也』。又云，『羌，嬴，荊，芈，實與諸姬代相干也』。按『䕫』字不見字書，疑為『夏』之古文。䕫越者，當是夏之遺族，與羌，嬴，荊以犯諸姬。成周之世，南有荊蠻，申，呂，應，鄧，陳，蔡，隨，唐；北有衛，燕，狄，鮮虞，潞，洛，泉，徐，蒲；西有虞，虢，晉，隗，霍，楊，魏，芮；東有齊，魯，曹，宋，滕，薛，鄒，莒，皆戎狄之人，雖若是其夥，皆在濟，洛，河，潁之間，是則所謂䕫越者，荊蠻之一耳。而其地望在河岸亦可知。既『不足命』，又特提之，當是蠻之勍者。韋昭云，『䕫越，芈姓之別國，楚熊繹六世孫曰熊摯，有惡疾，楚人廢之，立其弟熊延，摯自棄於䕫，其子孫有功，王命為䕫子』。有此一段歷史，䕫越非是普通之

狄益明。如雲連徒州之變為雲杜，雲土，鼓越或即世俘解，王會解之越與於越乎？

第二，賀循會稽記云：『少康封其少子，號曰於越，越國之稱始此』。其言蓋本之吳越春秋『少康恐禹迹祭祀宗廟之絕，乃封其庶子於越，號曰無余』，與史記越王句踐世家『其先禹之苗裔，而夏后帝少康之庶子也，封於會稽，而奉禹之祀』。禹蹟既不及江淮，安有少康封子者是其遠。誤會會稽在江南，戰國以還皆然矣。即如司馬遷之徵實卓越，猶不能免。於越亦嘗在大河之間。何秋濤云，『越與揚一聲之轉；會稽地屬揚州，故少康封其子命曰越國，百越之名皆緣此而生』（王會解箋釋），大誤。王會解『會稽以鼉，……於越納』，後人沿漢書顏注之誤，改於越為于越，更編於于越（王念孫讀書雜志）。孔晁注『於越，越也』，已皮相，改『於越』為『于越』尤誤。余考大荒經言姓氏者紛矣，有云，『盈民之國，於姓』，則古有姓於也，因知於越為越之一種，即鼓越亦越之一種，各冠以姓耳。諸越本河間之變，不知何以附會而至於南越？『揚』『越』二紐不若『越』『夏』二紐為近，故揚越之說不若大夏之說為可信。即此封國說觀之，越亦在河東，接近夏之邦國者也。

原其所以致誤之故，乃在民族遷徙之無常。錢先生曰，『古人遷徙無常，一族之人，散而之四方，則每以其故居遂而名其新邑，而其一族相傳之故事，亦遂隨其族人足跡所到，而遞播以遞遠焉』。此最精塙之原則也。法國 Gabriel Ferrand 氏著 Ancient Voyages to Condor Island and the China Sea（馮承鈞譯：崑崙及南海古代航行考，商務版）考證崑崙甚詳，謂先由亞洲高原之 Komr 逐次移殖，為吉蔑古波之崑崙及越南半島之Kamrum，為馬來半島之崑崙及 Kamrum。及其徙居蘇門答剌，爪哇，婆里諸島之人，為馬達伽斯伽島之 Komr 及斐洲東岸之崑崙及 Komr。其主動力則商人，僧侶，旅行家也。原則完全相同。會稽之變遷，想不出此。至其變遷狀態，嗣後如有所見，當續成之。

五月二十日，北大西齋。

論兩漢西晉戶口

譚其驤

前漢後漢二戶口統計表揭登後，顧頡剛師於第三期校後已略加論敘。今晉表既成，爰就鄙見，更為闕說此三百年間各地方戶口盛衰消長之大勢如左，用備治經濟史文化史者之借鑑焉。（按此所據晉表，係王德甫君所輯，以版本關係，與本刊第六期黄席群君之晉初郡縣戶數表小有歧異。）

一

試以淮水及秦嶺劃分國土爲南北二部分，北部有漢晉之司，豫，冀，兗，青，涼，雍，秦，幽，幷，平諸州及徐之淮北，南部有荆，揚，交，廣，梁，益，寧及徐之淮南，則西漢時北部中國有戶約九百四十八萬，口約四千三百二十萬，南部中國有戶約二百九十二萬，口約千四百四十六萬，北對南成三與一之比強；東漢時北部有戶約五百零三萬，口約二千八百五十三萬，南部有戶約四百三十萬，口約千九百三十七萬，北對南成六與五之比弱；西晉時北部有戶約百四十萬，南部有戶約百一十萬，北對南成六與五之比強。足徵兩漢之更替，禍亂局於中原，結果乃使東漢時北部戶口銳減，而南方則激增；三國之紛擾，禍亂偏及全宇，故西晉時南北戶口皆衰落，而南戶之比率反較東漢爲低。自晉氏渡江以前，蓋以東漢一時代最爲有功於南方開發。

二

試以西漢時界畫爲準，則西漢北部諸州中以兗州戶口爲最多，豫州，司隸次之，冀州又次之；東漢以豫州爲最多，兗州次之，冀州又次之，青州，司隸又次之；晉世以司州爲最多，冀州次之，幽州，兗州，豫州又次之。兗州在西漢居首位，東漢降爲第二，西晉更降爲第四；豫州在西漢僅次於兗州，東漢兗州衰落乃轉居第一，西晉驟降爲第五：可知自漢至晉，黄河下游日就衰落，齊，魯，陳，蔡之盛已漸成陳跡矣。而冀州，西漢居第四，東漢居第三，晉居第二，幽州在兩漢僅稍盛於幷涼，至晉乃一躍而居第三；可知北方之繁盛區域，漸有自山東河南移於河北之勢。自來中原亂離則河朔江南轉盛，此例十九不爽也。

南方荆，揚，益，交四州，區劃最合於自然地理，江之上游爲益，中游爲荆，下游爲揚，嶺南爲交。益州戶口最盛，荆次之，揚又次之，交最少。自漢至晉，其序不變。可知自晉氏渡江以前，南方固盛於上游而下游爲遜，迨江左南朝並以東南爲畿輔，於是揚荆遂凌駕益州而上之矣。

三

以郡爲單位，戶口之繁，西漢時北方推汝南，潁川，沛郡，戶皆在四十萬以上，口二百萬以上，三郡皆屬豫州；又有東郡，戶四十萬，口百六十餘萬，屬兗州。東漢時汝南依舊戶四十餘萬，口二百餘萬；潁川，沛國戶減至二十萬餘，口百五十萬左右；而東郡乃減至戶十三萬，口六十萬。西晉時以建都所在之河南郡爲最盛，戶十一萬餘，河北之河內陽平次之，皆五萬以上。

南陽雖屬荊州，然與豫州，司隸接壤，土沃民稠，西漢時有戶三十餘萬，口幾二百萬，爲江域諸郡之冠；東漢時有戶五十餘萬，口二百四十餘萬，且爲全國之冠。此外南方之豫章，巴郡，蜀郡，東漢時戶口亦盛；豫章戶四十萬餘，巴蜀戶三十萬餘，口並在百萬以上。西晉時丹陽蜀郡戶皆在五萬以上，則吳蜀建國影響之所致也。

四

試以現行省區爲界畫，則西漢時戶口山東有口約千二百餘萬，最多；次爲河南約千萬；再次爲河北約八百萬；再次爲安徽約四百五十萬，四川約三百七十萬，陝西三百三十萬，山西三百萬，江蘇二百八十萬，甘肅百五十萬；其餘皆不及百萬。北六省中，以東端之山東爲最盛；自東徂西，遂漸疏落。而關西陝甘二省合計不及五百萬，約當關東四省七分之一。秦漢時關中號稱富庶，太史公曰，『關中之地，於天下三分之一，然其富什居其六』（貨殖傳），蓋以土壤膏沃，水利溥興，而人口不甚繁密故也。冀，豫，魯三省當黃河下流之冲積土，蓋自晚周時已地盡其利，故人口特繁，非新興之關中所能比及。中七省中，以安徽江蘇爲盛，則以省境占有淮域一部份故也。獨四川省純屬長江流域，而其人口較之北方山，陝，甘諸省爲多，殊出吾人意料之外。計自秦惠王滅巴蜀而有之，至是僅三百年耳，進步之速，有逾於常理者矣。

東漢時戶口以河南爲最多，有口約千零五十萬；山東退居第二，約八百五十萬；河北次之，七百五十萬；再次爲四川約四百七十萬，湖南約二百八十萬，江蘇二百二十萬，雲南二百萬，安徽一百八十萬，江西一百七十萬，山西百三十萬，湖北百萬，其餘皆不及百萬。較之西漢，西北黃河上游之陝西甘肅益形落後（陝八十餘萬，甘四十餘萬，蓋迭次羌亂之所致），而南方長江中游之湖南，湖北，江西已漸次抬頭。江域七省人口在百萬以上者已占其六，惟僻在東南沿海之浙江尚未興起耳。雲南二百萬，當係傳寫之誤，不可信。（省境二郡，益州西漢舊郡，領縣十七，有口纔十一萬；永昌東漢新開，領縣八，必無有口多至百八十九萬之理也。）

西晉時仍以河南爲最多，有戶約四十六萬；河北轉居第二，約四十二萬；四川次之，約二十一萬；山東退居第四，約二十萬；再次爲湖北十七萬，山西，湖南，陝西皆十四萬，江蘇十一萬，其餘皆不及十萬。山東落後，河北轉盛，此於第二節中已論及之。

▲49—23:5

景山書社經售地理圖書目錄（上）

（1）地理學及地理誌類

地學通論　劉雩崖著　一元五角
人地學論叢（第一集）　張其昀著　一元六角
天時與地理　沈思璵譯　四角
寫本中國地理　白眉初著　八角
中國人文地理　白眉初著　二元
中國地理　白眉初著　七角
民國地誌總論（地文之部）　白眉初著　四元
中華民國省區全誌
（一）京直綏察熱　白眉初著　二元五角
（二）滿洲三省　白眉初著　三元
（三）魯晉豫　白眉初著　三元四角
（四）秦隴羌蜀　白眉初著　四元
（五）鄂湘贛　白眉初著　四元
初中中國地理　楊懋田著　八角
日本地理　周光倬著　一元二角

（2）民族類

世界人種問題　黃新民著　三角五分
現代民族問題　郭眞著　四角
各國民族性　張安世著　六角
日本德意志民族性之比較的研究　潘光旦著　四角
中國人種考　蔣智由著　八角
中國民族史　王桐齡著　七角
中國民族性的研究　傅紹曾著　二角
中國民族海外發展狀況　龔學遂著　四角
亞洲之第三紀人一周口店之發現　步達生著　二元
奉天沙鍋屯及河南仰韶村古代人骨與近代人骨之比較　步達生著　九元
甘肅河南石器時代及甘肅史前後期之人類骨與現代華北及其他人種之比較　步達生著　四元

（3）經濟地理類

經濟地理與國際問題　韓亮僊著　一元二角
現代世界觀　李達著　八角
海上權力論　林子貞著　二角五分
帝國主義者在太平洋上爭鬪　陳宗熙著　五角
世界之現狀　楊東蓴著　三角五分
世界大勢　余任民譯　五角五分
現代交通　廖芸皋著　五角
中國經濟地理　王金紱著　二元五角
中國之經濟地位統計圖　吳半農著　一元
東北經濟概況　雷雨著　七角
日本勢力下二十年來之滿蒙　陳經著　八角
滿蒙問題講話　藍孕歐著　六角
帝國主義與東三省　許興凱著　一元八角
國際競爭中之滿洲　張明煒著　一角
日本對東三省之鐵路侵略　林同濟著　七角
東路中俄決裂眞相　蕭炳光著　九角
中日俄競進下之東北鐵道　黃文灝著　三角
蘇俄的東方侵略
滿洲問題　華企雲著　二角五分
蒙古問題　華企雲著　二角五分
蒙古與中國　高博彥著　六角
膠澳租借始末電存　柳培榮輯　三角二分
日本之解剖及太平洋之現勢　戈[illegible]譯　一角
日本殖民與人口問題　包慟白著　三角
最近的日本　李宗武著　五角五分
日本經濟概況　趙蘭坪著　一元
歐洲與美洲　楊[illegible]夫譯　四角
大歐羅巴　盛沛東譯　六角
印度問題　門啓昌譯　三角

（4）沿革地理類

李峻之遺著　李峻之著　四角
中國交通史料滙編　張星烺著　七元五角
地學叢書乙編　十四元
顧氏金石輿地叢書　顧燮光編　三元
河南方輿人文志略　王幼僑編　一元
唐代長安與西域文明　向達著　二元
慧超往五天竺國傳箋釋　一元五角
高昌（第一分本）　黃文弼著　五角
高昌專集　黃文弼著　八元
西域地名　馮承鈞著　五角
契丹國志　葉隆禮著　一元八角
遼東行部志　王寂著　二角五分
皇明四夷考　鄭曉著　七角五分
殊域周咨錄　六元
上京紀行詩　五角
元大都宮苑圖考　四角
北平歷史風土叢書　瞿宣穎編　一元五角
燕都叢考　陳宗蕃著　三元五角
西康沿革考　陳志明著　六角
黑水先民傳　黃維翰著　三元
全邊略記　方孔炤輯　六元
河源紀略　八元
水經注寫景文鈔　范文瀾著　五角
兩浙金石志附補遺　阮元著　甲種　三角五分　乙種　三元
靈峯志　周慶雲輯　六角
西溪秋雪庵志　周慶雲輯　六角
盛湖志　六元
安陽發掘報告三期　董作賓著　每期一元五角
溫州古甓記　孫詒讓著　一元
端溪硯坑考　計楠著　六角
蜀中名勝記　曹學佺著　五元
妙峯山瑣記　奉寬著　五角
方志考稿　瞿宣穎著　四元
中國地方志備徵目　朱士嘉編　四角
國立北平圖書館方志目　北平圖書館編　二元五角
故宮方志目　故宮博物院編　一元
中文輿圖目錄　茅乃文編　一元
中州金石目　楊鐸著　一元
地學雜誌（近刊）　地學會編　六角
地學雜誌（舊刊）　地學會編　二角
方志月刊　張其昀編輯　二角

（5）地質類

中國地質史第一冊（古生代）　葛利普著　精裝八元　平裝七元
中國地質史第二冊（中生代）　葛利普著　精裝十一元　平裝十元
江蘇地質誌　劉季辰　趙汝鈞著　一元五角
張家口附近地質誌　巴爾博著　五元
秦嶺山及四川之地質研究　趙亞曾　黃汲清著　十二元
山西西部陝西北部上新世與黃土期間地質觀察報告　德日進　楊鍾健著　二元
中國土壤之概觀　蕭查理著　中文本　八角　英文本　一元
陝西渭水流域採集地壤標本報告　常隆慶著　一元
綏遠薩拉齊區土壤報告　潘德頓著　一元
山西大同區土壤報告　潘德頓著　一元
甘肅考古記　安特生著　二元五角

（6）礦類

煤鐵概論　郁維氏著　二角
中國鐵礦志（書二冊附圖一本）　丁格蘭著　十六元
北滿礦產誌　阿乜附特著　五元
第一次中國礦業紀要　丁文江　翁文灝著　一元
第二次中國礦業紀要　謝家榮著　三元
第三次中國礦業紀要　侯德封著　三元
第四次中國礦業紀要　侯德封著　三元

（7）遊記類

馬哥孛羅遊記導言　張星烺譯　二元
馬哥孛羅遊記第一集　張星烺譯　三元
徐旭生西遊日記　徐炳昶著　三元
西行日記　陳萬里著　八角

景山書社　北平景山東街十七號

出版者：禹貢學會。
編輯者：顧頡剛，譚其驤。
出版日期：每月一日，十六日。
發行所：北平成府蔣家胡同三號禹貢學會。

禹貢
半月刊

價目：每期零售洋壹角。豫定半年十二期，洋壹圓；全年二十四期，洋貳圓。郵費加一成半。國外全年加郵費八角。

The Evolution of Chinese Geography
Semi-monthly Magazine

Vol. 1 No. 8　　June 16th 1934
Address: 3 Chiang-Chia Hutung, Cheng-Fu, Peiping, China

第一卷　第八期
民國二十三年
六月十六日出版

提議編纂古史地名索引　錢穆
北魏六鎮的名稱和地域　谷霽光
宋史地理志考異（京城）　聶崇岐
乾隆時學者對利瑪竇諸人之地理學所持的態度　陳觀勝
禹貢之沇水　袁鍾姒
兩漢郡國縣邑增損表　史念海
山海經圖與職貢圖的討論　賀次君

內政部登記證警字第叁肆陸壹號

提議編纂古史地名索引

二　錢穆

治地理沿革的人，自兩漢以下，有各史地志，大體可據。只有先秦以上，惜無此等材料。前人多從漢書地理志上通禹貢，爲探索古地理之指針，然其成績殊嫌不夠。一則禹貢一篇所見古地名本已有限，二則禹貢篇裏的地名，亦多待考訂而後知其地望之所在。若據漢志說禹貢，則兩書年代所隔已久，仍自說了漢志並未說及禹貢也。

我覺治古史，考詳地理實是一絕大要端。春秋以下，尙可繫年論事。春秋以前，年代既渺茫，人事亦粗疏，惟有考其地理，差得推迹各民族活動盛衰之大概。惟古史地名，往往錯出。例如商人居亳，亳之爲邑便有好多處，如此之類，不遑詳說。推其原因，不外兩點。一是地名來歷，其先本是一個通名，後來始漸漸成爲專名。如『衡山』只是一排橫列的山，凡是橫山本都可叫衡山；後來漸次成爲專名，一見『衡山』兩字，便聯想到湖南的衡山上去。一是古代民族遷徙甚劇，這一地的人遷到別一地，却愛把故地的舊名來呼新地。如商人的亳，楚人的郢，盡是此例。在其間又有幾條附帶的則例：地名相同，其背景既有由於民族之遷徙，則往往文化較先之地域的地名起在前，而文化較後之地域的地名起在後，此其一。又往往在文化較盛的地域，因人事變動常常有後起的新名來掩蓋故名，而文化較衰的地域，則因人事變動少，原有地名比較的易凝定而漸漸成爲專名，此其二。亦有本是一個地名，因語言文字的轉換而寫成兩個三個以上的地名的。

古史中有許多極難解答的問題，驟看似乎不近情理，而用我上述關於古地名之探檢的方法來試爲解釋，往往可以得到意外的滿意。譬如齊桓公西征白狄『涉流沙』，流沙一名，一見便似遠在甘肅塞外，其實古代中國內地河道名流沙的儘有。齊桓所涉只在山西，則此一段歷史便覺合理，並無可怪。又如子夏『居西河』爲魏文侯師，一見西河之名便聯想到山陝間的龍門西河，然與魏文侯的都城，子夏的家鄉，以及當時各地域經濟文化的情形都不合。其實齊西衞境黃河，古人即稱西河。後來河道遷徙，這個地名便漸漸湮沉，不爲後人注意，而子夏魏文侯一段歷史便覺可疑了。

現在讓我再舉一例，稍爲詳說。國策莊辛對楚襄王說：

蔡聖侯南遊乎高陂，北陵乎巫山，飲茹溪之流，食湘波之魚，左抱幼妾，右擁嬖女，與之馳騁乎高蔡之中，而不以國家爲事。不知夫子發之受命乎宣王，繫己以朱絲而見之也。

此文高誘注『高蔡即上蔡』，此外無說。而這裏却包有兩個極重要的地名，一是巫山，一是湘水。若依現在地名說之，則巫山在西，湘水在南，和上蔡絕不相關。程恩澤的國策地名考比較是考論國策地名最詳備的一部書，却把此條滅去不論。楊守敬的歷史地圖，這是講地理沿革一部最有權威的書，他却把高蔡注在今湖南的武陵，而湘波高陂注在湘陰之南。春秋時的蔡國，何從有如此的疆土？我想這一條比較最直捷簡易而又自然的講法，並不是春秋時垂亡的蔡國，其疆土西及今之巫山，南及今之湘水；也不是說國策莊辛的話隨口胡謅，全不足信。我想定是在上蔡附近，當時另有巫山和湘水。

然而無證不信，非得找尋證據不可。我因想到宋玉高唐賦有楚王游高唐夢見巫山神女的故事。我想巫山也不應與高唐十分相遠。春秋有唐國滅於楚。漢書地理志有上唐鄉。上蔡可稱高蔡，上唐自然也可稱高唐。上蔡與上唐地望正近，可見莊辛說的巫山，與宋玉說的巫山正是一地，並不遠在西邊夔州，而只在上蔡高唐之區。

我還不甘心，還想找更多的證據。結果知道劉向新序也載莊辛事，而云

「發受命宣王，厄以淮水，塡以巫山。」

這更足證明巫山是近於淮水流域的一個山了。淮水的上源，正近上文說的上蔡與高唐一帶。莊辛說的巫山近在那邊，則莊辛所謂的湘水也自然決不在湖南了。

湘江可以不在湖南而在湖北，洞庭自然也有在湖北不在湖南之可能了。然而也須有証據。我已在兩年內絡續找出許多證據，證明戰國人所謂洞庭，大都是指湖北境內的一個水澤而言的，與證巫山近淮域的意誼恰恰相足。最近做了一篇楚辭地名考，（登載清華學報，秋間可出版）與舊稿三苗疆域考（登載燕京學報第十二期）論彭蠡衡山等本爲江北地名非江南地名之說又是恰恰相足。倘若此說成立，關於禹貢裏的九州疆域和戰國以前的所謂楚國與南方等種種觀念，盡須修改，而中國上古史也連着有一部分的變動。

上面所說，不過想證說治古史的應該看重考地的工作。而考論古史地名尤關重要的一點，即萬勿輕易把秦以後的地望來推說秦以前的地名，而應該就秦以前的舊籍，從其內證上，來建立更自然的解釋，來重新審定更合當時實際的地理形勢。

曾記兩年前有一天晚上，顧頡剛，王以中，唐立厂三先生在我處閒談，大體是討論治古史與考地的關係，當時談到有兩件基本的工作應先着手。一是繪畫各區域大小不等的影射地圖以備讀史時隨便塡注之用。一是編錄古籍地名索引，以備臨時的繙檢。當時立厂最高興，願意即日各自分認幾部古籍，開始工作，而幾度因循，並未下手。只頡剛却獨下猛功，對於繪圖的工作，經過一年餘的努力而幾於成功了。我想編著古籍地名索引的工作，還是應該做。即如上面所說，山西省太行西邊的流沙，衛國東境的西河，湖北省北部的洞庭，近於淮水的巫山，那些地名，雖早已不爲後人注意，而多半還是掩藏在古籍裏，依然保存着。在現在沒有一部詳備的索引，只靠學者個人的記憶與繙檢，實在費時太多。我對古代地理，積有許多意見而始終不敢輕易下筆寫文字，只爲苦於材料證據搜檢之不易。若得有一部古籍地名索引在手邊，則可省却許多麻煩，增添許多方便，又定可刺激我們許多新鮮的推想。我想考地望與古史既有如此巨大之關係，編著一部古籍地名索引，其對學術界之貢献，應該不在清代阮元經籍籑詁一類書籍之下。然而玆事體大，極盼國內學術機關，尤其如燕大哈佛燕京學社，引得編纂處及北平圖書館，中央及各地研究院等肯來做此工作。暫時若無此希望，我很盼望禹貢學會的一部分會員能在顧頡剛先生指導之下分部試作。不妨先定一部書，如國策，山海經或穆天子傳之類，由幾個會員分功合作；稍有成績，卽在禹貢半月刊上絡續發刊。將來全書成就，再謀正式付印。即使全書一時不成，各部儘可獨立存在，如山海經地名索引，國策地名索引之類，仍自有其相當之價値也。

至此書編纂，雖爲考古代地理之用，然秦後西漢人書若史記，淮南子，新序，說苑諸書，對於古史關係極切，亦當一并編刊。金文甲文亦應收羅。凡屬地名，須一見再見以至數十百見全列勿漏（惟如左傳史記記諸國名如齊魯等例外）。若能不避繁重，可將每個地名之上下文有其他地名相密連者摘鈔。舊注如何休注公羊，高誘注國策等亦可附錄。編纂古籍地名索引的工作並不難，只求有相當的人力與財力便可做。謹備芻蕘，以供採擇。

北魏六鎮的名稱和地域

谷霽光

北魏六鎮的名稱和地域，從來沒有一個確定的說法，一方面史籍上記載很不清楚，一方面比較接近北魏時代的唐人已經找不到明確的遺跡。材料上這樣缺乏，研究起來當然着實感到困難。我們既得不到新的材料，便不能不設法在舊有的一些記載裏面找一個比較可靠的說法。至少就現在可以知道的材料範圍以內，找到一個結論是說得過去而不矛盾。

要研究六鎮這個問題，對于六鎮一名詞首先要有清楚的解釋。有人以爲六鎮是籠統的稱號，那就是說六鎮不必準是六個，也許比六個多，也許比六個少，當中必定有興有廢，或者最初就不止六個（註一）。這個意見似乎不很妥當，六鎮始終指示固定的六個軍事統治區域，不曾混入不相干的鎮在內（註二）。至于籠統的名稱，當時人常常提到的，那就是『北鎮』。北鎮是指平城以北的鎮，六鎮當然也有在內的（註三）。

六鎮最早見於載籍上的，要算魏書文成本紀，太安五年（459A.D.）記載六鎮旱災的事情。（王先謙水經注釋卷首北史酈道元傳注以爲最早在孝文之世，便遲了三十年光景。）所以六鎮成立，當早在太安五年以前。不過六鎮設立，始終沒有明確的記載，到底是什麼時候才設立這六個鎮，是一時設立，還是先後不一樣，我們無從知道；設立的計劃和規定，我們也無從知道。我們只可以說，六鎮一定是當日的重要國防線，設立和更改，前後不準是一致的（註四）。

六鎮是那六個，前人很有幾種說法：有的是指定禦夷，柔元，懷荒，撫冥，武川，懷朔（註五）；有的是沃野，懷朔，武川，薄骨律，懷荒，禦夷（註六）；有的是武川，撫冥，懷朔，懷荒，禦夷（註七）；有的是懷朔，高平，禦夷，懷荒，柔元，沃野（註八）。四個說法中，鎮的名詞一共不過九個，共同承認的只有懷朔，懷荒，禦夷三個，其他的鎮也都在北方（洛陽以北的鎮）。

九個名稱之中，三個不在六鎮以內，似乎不成問題。

（1）高平　魏書文成本紀太安五年，『六鎮，雲中，高平，二雍，秦州災』，是高平不在六鎮以內。

（2）禦夷　魏書孝文本紀太和十八年，『詔六鎮及禦夷城人……』，六鎮之外提出禦夷，禦夷自然不屬六鎮。

（3）懷荒　懷荒也是不算在六鎮之內的，魏正光五年

(524A.D.)，北鎮叛變，最初不是沃野而是懷荒。懷荒鎮將于景被殺，可以說兵變的第一聲，跟着來的便是沃野的破六汗拔陵(註九)。但當時說六鎮叛亂都從沃野事變講起，曾不提到于景被殺的事。我們固然可以說沃野變亂的影響來得大，但推求原委，習慣上會提到懷荒的，可見懷荒在當時人心目中不在六鎮範圍以內。

除了上面三個鎮外，還有薄骨律，懷朔，武川，沃野，撫冥，柔元六個鎮。北魏六鎮是否就是這六個，還是另有幾鎮，要解決這問題，只有從事蹟和地域兩方面的合證。

從事蹟方面看，沃野鎮人破六汗拔陵最初反叛，後來各鎮也都響應，便發生當日『六鎮俱叛，二部高車亦同惡黨』的嚴重問題(註十)。所以沃野是六鎮之一，自毫無疑義。沃野叛變以後是武川(註十一)，當時軍事當局，就怕因爲六鎮的亂，牽連到幾個全州。結果武川陷賊；懷朔鎮也失守；柔玄鎮人杜洛周跟着起事(註十二)；薄骨律鎮被賊圍攻，鎮將賈顯度雖經一度死守，終于沒法維持，便帶了鎮民走到秀容(註十三)。專從這一方面看，薄骨律，柔元，懷朔，沃野，武川，就佔了六鎮裏面的五個。

再魏景明四年，宣武帝叫源思禮巡行北邊六鎮，恒朔燕三州，源思禮便彈劾了沃野和懷朔兩個鎮將(註十四)，所以沃野懷朔在六鎮以內，這也算是一個佐證。

還有一點，六鎮在當日有鎮將掌理軍事外，又有酋長的設立。酋長是否專掌民事，或許是『宗正』一類的性質，沒法證明；只知道每鎮有酋長，某鎮某鎮的酋長還是用數目字排列來稱呼。北齊神武帝便做過第三鎮人酋長。按神武世居懷朔鎮，這第三鎮一定指着懷朔講，因爲酋長的指派，一定是本鄉本土的人。除了這第三鎮人酋長外，還有第一鎮人酋長厖蒼鷹同見于北齊書(註十五)。由這點材料，可以得到兩點指示：(1)是懷朔在六鎮中算是第三鎮，(2)六鎮的次序是由東往西數的(註十六)。

六鎮的次序，既是由東往西數的，於是我們可以知道懷朔西邊有兩個鎮，懷朔東邊有三個鎮。先從懷朔的東邊看，魏孝文帝太和十八年(494A.D.)巡行到懷朔，武川，撫冥，柔元四鎮，魏書對于時間先後有明確的記載(註十七)。按照上面的說法，武川應該是第四鎮，撫冥第五鎮，柔元第六鎮；再次懷朔的西只有兩鎮，薄骨律偏在河西，無疑的薄骨律是第一鎮，沃野是第二鎮。

薄骨律到柔元，一連六鎮，中間沒有間斷，當日置鎮的設計似乎應當如此。不過東西鎮的距離，據魏書高閭傳的記載，很不符合。高閭主張在六鎮築城防守，說六鎮東西不過千里；現在計算薄骨律到柔元，顯然要超過千里的數目。在這一點，我們只好就當日道里計算不十分精確來解釋，因爲當時人對于大地域純然是一種臆測的估計，例如魏書說『東至濡源，西暨五原陰山，竟三千里』，和『東至瀚海，西接張掖，北渡燕然山，東西五千餘里，南北三千里』，這種估計，兩下一比較，更可以知道是毫不準確(註十八)。還有一個解釋，就是高閭爲了要實行他自己築城的計畫，故意的少說一些，也未可知，所以高閭說的似乎很可靠，其實也不能專憑這點來決定六鎮的地帶。

薄骨律鎮比較是偏在西北一點，不過在國防上講起來，並不是沒有理由。北魏時的邊疆問題，便是蠕蠕的侵犯。從幾次大規模去伐蠕蠕的路線，很可以看出北魏邊防重地確在正北和西北方面。一次是太武帝始光二年(425 A.D.)北伐蠕蠕，五道並進，最東是黑漠，最西是寒爾山(註十九)，寒爾山地點雖不可考，黑漠確在長川，長川正是柔元鎮附近的地方(註二十)。又一次是大延四年(438 A.D.)，東西中三路並進，中路二線：一是從六澤向涿邪山，一是從浚稽山向天山，都偏在西北一方(註二一)。六鎮既然『移防爲重』(註二二)，自然是由西北到正北按着地形險要設立的。

六鎮地點，薄骨律，沃野，懷朔，武川，柔元五鎮，水經注都有記載，也最爲可靠。至于撫冥一鎮，是在柔元武川之間的，實在地點不得而知。

註一　徐文范東晉南北朝輿地表和趙一淸水經注釋以及錢大昕通鑑注辨正都有這種意思。

註二　魏書文成本紀太安五年『六鎮，雲中，高平，二雍，秦州災』，高平不混在六鎮以內。又魏書孝文本紀太和十八年『詔六鎮及禦夷城……』，六鎮便不包括禦夷城。

註三　沃野鎮破落汗拔陵反，魏書李崇，李賁傳都說是反于北鎮。又魏書甄楷傳，鮮于修禮率北鎮流人反，也是泛指的。

註四　魏延和二年置朔方鎮，後改爲懷朔鎮(433 A.D.)，太延二年置薄骨律鎮(436A.D.)。

註五　楊守敬歷代輿地沿革險要圖北魏地形圖。

註六　顧祖禹方輿紀要歷代州域形勢說。

註七　胡三省資治通鑑注及徐文范東晉南北朝輿地表三。

註八　夏曾佑中國上古史第二篇第二章第三十節。

註九　資治通鑑梁武帝普通五年。

註十　魏書太武五王廣陽王深傳。

註十一　魏書李崇傳。

註十二　資治通鑑梁武帝普通五年。北史六齊本紀神武本紀。

註十三　魏書賈顯度傳。

註十四　魏書源賀傳子思禮附。

註十五　北齊書神武本紀上。

註十六　由東往西數方才輪到懷朔是第三鎮。

註十七　魏書孝文本紀太和十八年。

註十八　魏書太武帝本紀神䴥二年。魏書蠕蠕傳。

註十九　魏書蠕蠕傳。

註二十　水經注河水。

註二一　魏書蠕蠕傳。

註二二　魏書太武五王廣陽王深傳。

宋史地理志考異（京城）

聶崇岐

『東京……宮城……南三門，中曰乾元。』注，『宋初依梁晉之舊，名曰明德；太平興國三年改丹鳳，大中祥符八年改正陽，明道二年改宣德，雍熙元年改今名。』

按：玉海卷一百七十建隆明德門條，『建隆四年五月丁丑，明德門成』。注，『大內南門，即宣德門也』。又注，『本梁建國門，後改咸安，晉曰顯德』。是明德似非梁晉之舊名也。

又全卷太平興國丹鳳門條，『明德門，興國三年七月庚戌改丹鳳，九年七月壬子改乾元，祥符八年六月甲子改正陽，景祐元年正月（一云明道二年十二月甲寅）改宣德，政和八年十月六日改爲太極之樓，重和元年復舊名』。是乾元門自太平興國九年（即雍熙元年）以後，曾數經改名，而終以宣德爲額，非迄北宋之末皆號乾元也。志於『太平興國三年改丹鳳』之下既脫『九年改乾元』之文，而於『明道二年改宣德』之下，又曰『雍熙元年改今名』，一似乾元爲最末一名者，稽之史實無乃大謬！且雍熙爲太宗年號，在仁宗明道前四十餘年；志列雍熙於明道之下，前後次第既嫌不合，行文亦殊無法度也。

『東西面門曰東華，西華。』注，『舊名寬仁，神獸，開寶三年改今名。』

按：玉海卷一百七十太平興國東京城門條作開寶四年。

『正南門內正殿曰大慶，東西門曰左右太和。』注，『宋初曰日華，月華，大中祥符八年改今名。』

按：玉海卷一百七十太平興國東京城門條，『東西兩廊門，乾德四年八月改爲日華，月華』。注，『舊名金烏，玉兔』。

『大慶殿舊名崇元，……明道三年改今名』。

按：明道無三年。玉海卷一百六十乾德乾元殿條，『…景祐元年正月(一本作明道二年十二月甲寅)改大慶殿』。

『垂拱殿舊名長春，明道元年改。』

按：續資治通鑑長編卷六『乾德三年六月改萬春殿爲長春殿』。又玉海卷一百六十明道垂拱殿條，『垂拱殿舊曰長春，明道元年十月改勤政，十一月改垂拱』。注『實錄云，』「明道元年十月甲辰，改長春殿曰垂拱殿」』。

『皇儀殿，開寶四年賜名滋福，明道元年十月改。』

按：玉海卷一百六十開寶滋福殿條，『舊曰明德滋德，…開寶四年三月丙申改滋福，咸平三年明德太后居之，號萬安宮萬安殿，祥符七年復爲殿，明道元年十月甲辰改皇儀』。

『集英殿舊名廣政，開寶三年曰大明，淳化間曰含光，大中祥符八年名會慶，明道元年十月改今名。』

按：續資治通鑑長編卷三十一，『淳化元年二月己酉改大明殿爲含光殿』。又玉海卷一百六十淳化含光殿條，『集英殿，……明道元年十月甲辰改元和，尋改今名』。

『需雲殿舊名玉華，後改瓊華，熙寧初改今名。』

按：玉海卷一百六十需雲殿條，『瓊華』作『瓊英』。

『崇政殿舊名簡賢講武，太平興國二年改今名。』

按：續資治通鑑長編卷五，『乾德二年十月改廣德殿爲崇政殿』。又玉海卷一百六十太平興國崇政殿條，『崇政殿舊名簡賢講武，興國八年四月乙卯改』。

『延和殿，……大中祥符七年建，……賜名承明殿，明道元年改端明，二年改今名。』

按：玉海卷一百六十祥符承明殿條，『承明殿，……明道元年十月甲辰改明良，尋改端明，景祐元年(一云明道二年十二月甲寅)改延和殿』。

『延慶殿，舊名萬歲，大中祥符七年改。』另條，『福寧殿即延慶，明道元年改。』

按：此二條應合併。

『觀文殿，舊名集聖，明道二年改肅儀，慶曆八年改今名。』

按：玉海卷一百六十慶曆觀文殿條，『觀文殿，舊曰延恩，祥符五年閏十月壬申改興遊，又改集聖，明道二年十一月丁丑改肅儀，慶曆八年五月，詔以舊延恩殿爲觀文殿』。

『欽明殿舊名太和…。』

按：玉海卷一百六十治平欽明殿條，『太和』作『天和』。

『慈德殿，楊太后所居，景祐元年賜名。』

按：玉海卷一百六十景祐慈德殿條，『景祐元年，初名保慶殿，章惠太后居之。四年，改慈德』。

『西京…皇城…北二門，東曰安善。』

按：玉海卷一百七十景德太極門條，『安善』作『安喜』。

『南京…西二門，南曰順城。』

按：玉海卷一百七十祥符重熙頒慶門條，『順城』作『順成』。

『行在所…宮室制度皆從簡省，…垂拱，大慶，文德，紫宸，祥曦，集英六殿，隨事易名，實一殿；重華，慈福，壽慈，壽康四宮，重壽，寧福二殿，隨時異額，實德壽一宮；延和，崇政，復古，選德四殿本射殿也。』

按：玉海卷一百六十紹興崇政垂拱殿條，『紹興十二年十一月庚子命內侍王晉錫作崇政垂拱二殿。……崇政以故射殿爲之，朔望則權置帳文以爲文德紫宸殿，按射則以爲選德，策士則以爲集英』。又夢粱錄卷八大內條，『大慶殿…如六參起居百官聽麻，改殿牌爲文德殿；聖節上壽改名紫宸，進士唱名易牌集英，明禋爲明堂殿』。又玉海卷一百五十八紹興臨安行宮條，『乾道九年重修後殿門，淳熙初作選德殿，八年秋改後殿擁舍爲延和殿』。又輿地紀勝卷一宮闕殿條，『祥曦殿在禁中，紹興二十八年始作』。諸書所記臨安宮殿沿革，與志皆不甚同，然皆未言垂拱殿隨事易名，則志似有誤也。考臨安爲南宋都者百四十餘年，建置規模雖遠遜汴梁，然其修築增飾亦不應闕而不記。志所言僅二百餘字，於城之周迴里數，門數以及諸門名稱，孝宗以後大內之增築，皆未述及，不免過爲疏略也。

乾隆時學者對利瑪竇諸人之地理學所持的態度

陳觀勝

明末清初之際，北京的幾個耶穌會的教士曾著了不少論及全地球的書。如利瑪竇的萬國全圖，艾儒略的職方外紀，南懷仁的坤輿圖說和坤輿全圖，都屬此類。這些書對於介紹當時中國人以地理上的智識，實在有積極的貢獻，因爲這些書流行了之後，中國人才得着機會知道南北美洲的存在，和歐非各國的名稱及其大略。

我們現在的問題就是，那個時候的中國士大夫階級對於這類地理書的態度到底是怎樣？

要答覆這問題，我們就要去研究當時學者所著書籍，他們怎樣批評利瑪竇，南懷仁那些人。

乾隆的時候，內府刊行的書籍有明史，皇朝文獻通攷，大淸一統志，皇朝通典，四庫全書總目提要等，都是朝廷的學士們所編輯的。這種書的末幾卷，常論海外諸國的事。照我們看，這數卷的記載，對於我們現在研究這問題是最有價値的。如果我們想找出當時學者的態度，不得不研究這些書的記載。因爲朝廷中的翰林進士，可以說是國中學術界的威權，思想階級的領袖，他們的思想態度是足以代表當時普通社會的思想和態度的。我們現在就可從這些欽定的書籍裏找出幾個例子，作爲當時一般士大夫的思想的表示。

明史評利瑪竇，曰，『萬曆九年，利瑪竇始汎海九萬里，抵廣州之香山澳，其教遂沾染中土。至二十九年入京，自稱「大西洋人」，禮部言，會典止有西洋瑣里國，無大西洋，其眞僞不可知。其所貢天主及天主母圖，而攜有神仙骨諸物。夫既稱神仙，自能飛昇，安得有骨，則唐韓愈所謂凶穢之餘不宜入宮禁者也。……自利瑪竇入中國後，其徒來者有王豐肅，居南京，專以天主教惑衆；……更有龍華民，畢方濟，艾如略，鄧玉函，……其所言風俗物產多夸……』。又曰，『其說荒渺無考』(卷三二六)。

明史論西洋各國，其中有不少錯誤。如論葡萄牙的時候，則謂『佛郎機近滿剌加，自正德中據滿剌加，逐其王。其人久留不去，剽刼行旅，至掠小兒爲食』(卷三二五)。又疑惑和蘭的存在，說，『鄭和於永樂宣德時七下西洋，歷諸番數十國，無所謂和蘭者』(卷三二五)。從這可以知道，編明史那一班學者是看不起利瑪竇這些人的貢獻的。

皇朝文獻通攷關於這方面議論亦含有同樣的態度，其中有最嚴厲的批評，云：『至意達里亞人所稱天下爲五大洲，蓋沿於戰國鄒衍「稗海」之說。第敢以中土爲五洲之一，又名之曰亞細亞，而據其第五洲曰墨瓦臘泥加，乃因墨瓦蘭開之而名。夫以千里之地名之爲一洲，而以中國數萬里之地爲一洲，以矛刺盾，妄謬不攻自破矣。又其所自述彼國風土物情政教，反而非中華所及者，雖荒遠狉獉，水土奇異，人性質樸，似或有之。而即彼所稱五洲之說，語涉誕誑，則諸如此類，亦疑爲勦說……』(卷二九八)。

明史批評利瑪竇，斥他爲『荒渺無考』，皇朝文獻通攷則斥之爲『荒遠狂𤢖』，『語涉誕誑』，『妄謬不攷自破』，這種嚴酷的批評，在其他書籍上是不常見的。

其餘同類的書，如大淸一統志，皇朝通典，皇朝通志，雖然沒有像前述諸書那樣厲害的批判，但其中內容，亦表示當時的學者對於西洋的實事還不大明瞭。大淸一統志之『葡萄牙近滿剌加，奉佛教』之說（卷四二四之二十），皇朝通典之『法蘭西估據澳門，土產象犀』（卷九八），這種話都是表示編者的無知。雖然這些書沒有怎樣批評利瑪竇，但我們決不能因此而說當時的學者的態度曾經過一度甚麼的改變。四庫全書總目提要所斷定，就可以證明學者對於這種西洋人介紹來的地理智識還存着疑惑的心。書中說西方要紀『大抵意在夸大其教，故語多粉飾失實』（卷七八）。評職方外紀就說，『所述多奇異，不可究詰，似不免多所夸飾』（卷七一）。最嚴格的斷定，就是批評南懷仁之坤輿圖說，說西域通中國之事，此書記此事，與周密癸辛雜識之記載相同，『疑其東來以後，見中國古書，因依仿而變幻其說，不必皆有實迹』（卷七一）。從這可以看出四庫全書總目提要的批判並無前述明史或皇朝文獻通攷諸書那樣嚴厲的攻擊。

這類書的最後一本是廣東通志。這是道光二年（一八二二）編成的。雖然刊刻的比較晚，其中錯誤實不勝枚舉。如關於葡萄牙荷蘭等國的描寫，完全是鈔錄明史的。又有『英吉利國，荷蘭屬國』，『法蘭西，即明之佛郎機，初奉佛教，後奉天主教』之說。最怪的就是論咪唎𡁻國那一段，曰，『俗稱花旗，屬北亞米利加，與加那大英吉利接壤。考職方外紀諸書，利末亞爲五洲之一，其地有阨入多，近地中海，有馬邏可，弗沙，亞非利加，奴米第亞。亞米利加即亞非利加，有陸路通小西洋之如德亞。今分爲南北，南亞米利加有巴西拉巴，屬小西洋。又有巴大我尼亞國，其國近火地。其西有利馬地，至利地，屬大呂宋，產金銀。北亞米利加地甚大，……其東海中有島，……據英吉利云，其屬國也。……今各國通行字，相傳爲馬邏可所遺，用二十六字母諧聲比附以成字，各國大略相同，謂之拉丁字』。

編廣東通志的人，以美洲和非洲混爲一洲，這眞可以說是一個很大的錯誤。這種錯誤足以證明當時中國學者對於地理智識的淺陋的程度。

總而言之，在十八世紀內，中國學士對於一般耶穌教士的學術介紹始終是存着一種疑惑的態度，以爲利瑪竇這一班人的立論全是荒渺的，妄謬的，不可靠的。

禹貢之沇水

袁鍾姒

禹貢『導沇水，東流爲濟，入于河，溢爲滎，東出于陶丘北，又東至于菏，又東北會於汶，又北東入于海』。

据此，宜討論之問題有二：

(一)沇水發源問題

以沇水與出於陶丘東而入海之濟爲一水者，禹貢，漢志，水經皆如此主張：

漢書地理志曰，『河東郡垣，禹貢王屋山在東北，沇水所出，東南至武德入河，泆出滎陽北地中，又東至琅槐入海』。

水經濟水篇，『濟水出河東垣縣東王屋山，爲沇水；又東至溫縣西北，爲濟水；……至鞏縣北，南入於河，與河合流；……又東過定陶縣南；……又東北過甲下邑，入於河』。

至酈道元水經注，及胡渭禹貢錐指則說與此異。

水經注，『滎瀆又東南流，注於濟，今無水。…自西緣帶山隰，秦漢以來，亦有通否。濟水與河，渾濤東注。晉太和中，桓溫北伐，將通之，不果而還。義熙十三年，劉公東征，又命寧朔將軍劉遵考仍此渠而漕之，始有激湍東注，而終山崩壅塞。劉公於北十里，更鑿故渠通之。今則南瀆通津，川瀆是導耳』。

水經注引京相璠曰，『滎澤在滎陽縣東南，與濟隧合。濟隧上承河水于卷縣北。…言濟水［自］滎澤中北流，至衡雍西，與出河之濟會，……斯蓋滎播，河，濟，往復徑通矣。出河之濟，即陰溝之上源也，濟隧絕焉，……又南會於滎澤。然水既斷，民謂其處爲滎澤。……濟水自澤東出，即是始矣』。

又引王隱說曰，『河泆爲滎，濟水受焉』。

胡氏謂濟瀆所經之地，其下皆有伏流，遇空竇即使湧出，故一見於滎陽，再見於陶丘，不必以入河之濟爲上源。又曰，『河濟原不相通，及周之衰，有於滎陽下引河東南爲鴻溝者，而河與濟亂』。

按：濟水入河後，東流，至河南而東出滎澤之濟，中間水脈，時斷時續：或原本一水，以水道移徙，故迹填淤，後人因而溝通之；或本不相通，以其間小川密布，相距不遠，後人濬爲一水，其故莫得詳焉。如酈胡之說，沇不必爲河南之濟之上源也。

（二）沇水入海問題：

禹貢，『東北會于汶，又北東入于海』。山海經，『濟水絕鉅野，注渤海，入齊琅槐東北』（見海內東經下附錄之水經）。此皆以濟水爲直接入海者也。

水經，『至利縣西，又東北過甲下邑入河』。是以濟水乃因河入海。

水經注，『濟水東北至甲下邑南，東歷琅槐故城北；……又東北，河水枝津注之，——水經以爲入河，非也，斯乃河水注濟，非濟注河；——又東北入海』。是謂濟水雖與河合，而仍獨流入海。

按：濟水自王莽以後，絕續遷徙，禹迹久湮；即班志所載水道，今亦沒於大小淸河，不可復識。僅其支流之汶水，尙得見於山東中部耳。

玆依水經及酈注，參以胡渭說，記禹貢沇濟之源流如下。至於考定，猶有待焉。

沇水出垣縣王屋山頂太乙池，注泰澤。

垣縣故城，在今山西垣曲縣西十里。

伏流九十里，見於東丘池，池已涸；東至溫縣西北爲濟。

溫縣故城，在今河南溫縣西南三十里。

至鞏縣北，南入於河，此所謂入河之濟也。

鞏縣故城，在今河南鞏縣西南三十里。

與河合流，東出過滎澤北，即禹貢『溢爲滎』之處。

滎陽故城，在今河南汜水縣東南，澤於東漢時已塞爲平地。

又東過封丘縣北。

今河南封丘縣。

又東過平丘縣南。

平丘故城，在今河北長垣縣南五十里。

又東逕冤朐縣南。

冤朐故城，在今山東菏澤縣西南。

又東過定陶縣南。

今山東定陶縣西北四里。

又東至乘氏縣西分爲二：

乘氏縣故城，在今山東鉅野縣界。

其一水東南流，至方與縣北爲菏水。

方與故城，在今山東魚台縣北，禹貢所謂『又東至于菏』

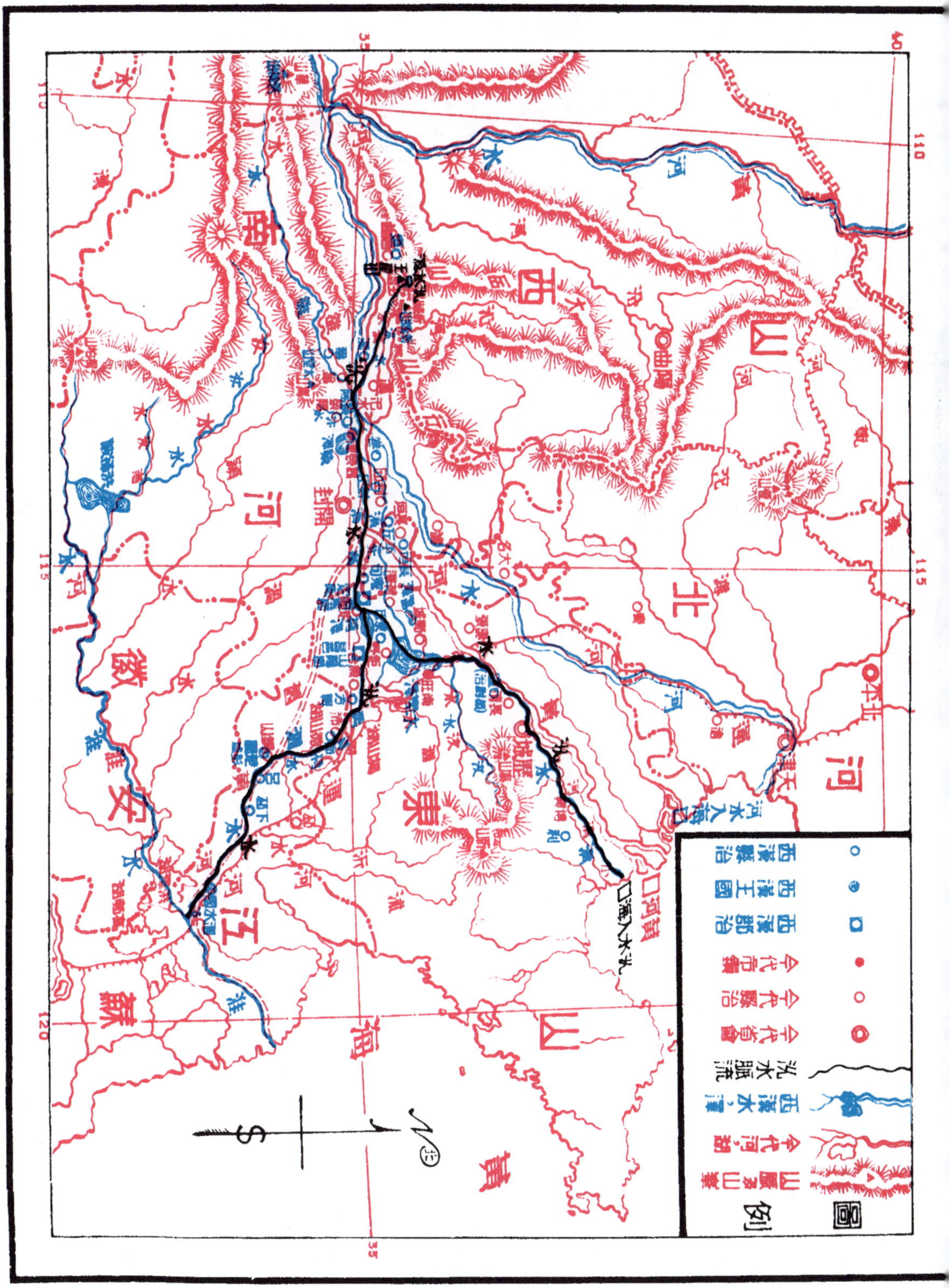

六百萬分之一比例尺

吳志顯繪圖

也；地理志謂在定陶東；水經注，『導菏澤，被孟豬，在睢陽縣之東北』。而僞孔傳以爲在胡陵，說文亦云『菏澤水在山陽胡陵』。蓋菏澤大小，隨水之盛衰而定，故有異說，今已湮涸大半矣。

此派至下邳入淮。

下邳，今江蘇邳縣。此間已濬爲運河。

其一水由乘氏縣東北流，入鉅野澤。

水經注引何承天曰，『鉅野湖澤廣大，南通洙泗，北連清濟，舊縣故城正在澤中，城之所在則鉅野也』。元和郡縣志云，『鄆州鉅野縣，大野澤在縣東五里，一名鉅野，南北三百里，東西百餘里』。按今山東鉅野縣東五里，即澤故址。元末爲河所決，今涸爲平陸。

東北過壽張縣西界，安民亭南，汶水從東北來注之，禹貢所謂『東北會于汶』。

汶水源於泰山，隋以後通爲運河。

又東北經盧縣。

盧縣故城，在今山東長清縣南二十五里。

東至利縣西，東北入海。

利縣故城，在今山東博興縣東四十里利城鎮。

兩漢郡國縣邑增損表

史念海

兩漢制度，類多相同，疆宇區劃亦然。惟中經新莽之亂，因時制宜，自不能不有所增損。即以郡國而言，或易郡爲國，或以國爲郡；或貶除舊名，更易新號；或屬縣稍異，疆土已非；至其仍因西京故名，屬縣依舊者，實甚寥寥。若夫縣邑道侯國之屬（下表皆稱之曰縣以求簡易），則更增損時聞：或因吏事繁冗，別置新城；或因地方荒蕪，兼裁舊治。至於昔屬彼國，今隸此郡者，尤爲習見。後世學人稍一不愼，動輒致誤，非指鹿爲馬，即李冠張戴。今據兩漢地志，究其增損，別其種類，列爲圖表，以見一斑；更就其增損之情形，以論兩漢地方盛衰之遞嬗焉。

一　廢省之部：

甲　郡國依舊，縣邑減省者：

(郡國名稱)	(原屬縣數)	(他併縣數)	(減省縣數)	(減　省　縣　名)
京兆尹	一二	二	四	船司空，下邽，奉明，南陵
左馮翊	二四	二	九	櫟陽，翟道，谷口，武城，

				沈陽，鄜，徵，雲陵，褱德
右扶風	二一	〇	六	渭城，盩厔，漆，郁夷，好畤，虢
河東郡	二四	〇	四	左邑，長脩，狐讘，騏侯國
太原郡	二一	三	二	葰人，汾陽
上黨郡	一四	〇	一	余吾
東郡	二二	五	三	黎，利苗，樂昌
陳留郡	一七	二	二	成安，長羅侯國
潁川郡	二〇	〇	四	郟，崈高，成安侯國，周承休侯國
汝南郡	三七	一	五	歸德侯國，定陵，安昌侯國，成陽侯國，博陽侯國
南陽郡	三六	〇	五	杜衍，新都侯國，紅陽侯國，樂成侯國，博陽侯國
南郡	一八	〇	二	郢，高成
江夏郡	一四	一	一	鍾武侯國
廬江郡	一二	〇	三	樅陽，松滋侯國，湖陵邑
九江郡	一五	一	三	橐皋，建陽，博鄉
山陽郡	二三	四	一一	都關，黃侯國，爰戚侯國，
				郃成侯國，中鄉侯國，平樂侯國，鄭侯國，留鄉侯國，栗鄉侯國，曲鄉侯國，西陽侯國
濟陰郡	九	〇	三	呂都，葭密，秺
魏郡	一八	〇	四	武始，即裴侯國，邯會侯國，邯溝侯國
鉅鹿郡	二〇	一	一四	廣阿，宋子，臨平，貰，鄡，敬武，象氏侯國，新市侯國，安定侯國，歷鄉侯國，樂信侯國，武陶侯國，柏鄉侯國，安鄉侯國
涿郡	二九	九	一五	穀丘，容成，阿陵，新昌侯國，廣望侯國，州鄉侯國，樊輿侯國，成侯國，利鄉侯國，臨鄉侯國，益昌侯國，陽鄉侯國，西鄉侯國，阿武侯國，高郭侯國
渤海郡	二六	六	一四	阜成，千童，中邑，高樂，重平，定侯國，參戶侯國，柳侯國，臨樂侯國，脩市侯國，景

				成侯國，章鄉侯國，蒲領侯國，建成
平原郡	一九	〇	一〇	重丘，瑗，阿陽，朸，平昌侯國，羽侯國，合陽侯國，樓虛侯國，龍頟侯國，安侯國
泰山郡	二四	五	九	肥城，柴，東平陽，蒙陰，華，乘丘，富陽，桃山侯國，桃鄉侯國
東萊郡	一七	〇	八	腄，平度，臨朐，育利，不夜，陽識，徐鄉，陽安侯國
東海郡	三八	一一	一五	平曲，蘭祺，建鄉，容五，東安，建陽，于鄉，都陽，郚鄉，武陽，新陽，建陵，都平，山鄉（以上除平曲外，餘均侯國），平曲侯國。
會稽郡	二六	一二	二	錢塘，回浦
丹陽郡	一七	〇	一	宣城
桂陽郡	一一	〇	一	陽山侯國
武陵郡	一三	一	二	無陽，義陵
漢中郡	一二	〇	三	旬陽，武陵，長利
犍爲郡	一二	二	三	符，郁鄢，堂琅
越巂郡	一五	〇	一	灊街
益州郡	二四	六	一	來唯
牂牁郡	一七	〇	一	都夢
巴　郡	一一	〇	一	江州
武都郡	九	〇	三	平樂道，嘉陵道，循成道
隴西郡	一一	三	一	予道
酒泉郡	九	〇	一	天依
安定郡	二一	三	一一	復累，安俾，撫夷，涇陽，鹵，陰密，安定，安武，爰得，眴卷，月氏道
北地郡	一九	一	一三	馬嶺，靈武，昫衍，方渠，五街，回獲，郁郅，大𡿺，直路，除道，歸道，畔略道，義渠道
上　郡	二三	〇	一四	獨樂，陽周，木禾，平都，淺水，京室，洛都，襄洛，原都，推邪，高望，望松，宜都，雕陰道
西河郡	三六	一	二二	富昌，騶虞，鵠澤，徒經，

					廣田，鴻門，宣武，千章，增山，武車，虎猛，穀羅，饒，方利，隰成，臨河，土軍，西都，陰山，鯢是，博陵，鹽官
朔方郡	一〇	〇	五		脩都，臨河，呼遒，窳渾，渠搜
五原郡	一六	〇	六		固陵，蒲澤，南輿，稒陽，莫䵩，河目
雲中郡	一一	〇	四		陶林，楨陵，犢和，陽壽
定襄郡	一二	三	六		都武，襄陰，武皐，安陶，武要，復陸
代郡	一八	二	五		延陵，且如，陽原，參合，靈丘
雁門郡	一四	二	一		沃陽
上谷郡	一五	二	五		泉上，夷輿，且居，女祁，茹
漁陽郡	一二	〇	三		要陽，白檀，滑鹽
右北平	一六	〇	一二		平剛，石成，廷陵，字，白狼，夕陽，昌城，驪城，廣成，聚陽，平明，寶
遼西郡	一四	三	六		且慮，新安平，柳城，狐蘇，文成，絫
遼東郡	一八	四	三		遼隊，居就，武次
樂浪郡	二五	〇	八		呑列，東暆，不而，蠶台，華麗，前莫，夫租，邪頭昧
鬱林郡	一	〇	一		雍鷄
九眞郡	七	〇	二		都龐，餘發
中山國	一四	一	三		深澤，新處，陸成
河間國	四	一	一		候井
沛郡（東漢改國）	三七	七	一〇		諷輿，漂陽，東鄉，臨都，建成侯國，栗侯國，扶陽侯國，高侯國，高柴侯國，祁鄉侯國
常山郡（東漢改國）	一八	二	六		石邑，關，桑中侯國，封斯侯國，樂陽侯國，平台侯國
濟南郡（東漢改國）	一四	一	三		陽丘，宜城侯國，猇侯國
齊郡（東漢改國）	一二	一	六		鉅定，廣饒，昭南，台鄉，北鄉侯國，平廣侯國

北海郡(東漢改國)	二六	二	一八	斟，桑犢(以上爲縣)，劇魁，鄑，平望，平的，柳泉，樂望，饒，平城，密鄉，羊石，樂都，石鄉，上鄉，新成，成鄉，膠陽(以上爲侯國)
琅邪郡(東漢改國)	五一	七	三八	梧成，靈門，邦，雩都，計斤，橫，昌，椑(以上均縣)，高廣，慮水，臨原，祓，缾，雲，稻，皋虞，魏其，茲鄉，箕，高鄉，柔，即來，麗，武鄉，伊鄉，新山，高陽，昆山，參封，折泉，博石，房山，慎鄉，駟望，安丘，高陵，臨安，石山(以上均侯國)
廣陽國(東漢改郡)	四	一	一	陰鄉
清河郡(東漢改國)	一四	○	八	清陽，信成，搰題，繚，棗彊，復陽，東陽侯國，信鄉侯國
河南郡(東漢稱尹)	二二	○	一	故市
千乘郡(東漢改樂安國)	一五	○	九	東鄒，溼沃，平安，建信，狄，高昌，延鄉，琅槐，被陽侯國，繁安侯國
臨淮郡(東漢改下邳國)	二九	五	一三	厹猶，開陽，贅其，富陵，西平，高平，開陵，海陵(以上爲縣)，樂陵，昌陽，廣平，蘭陽，襄平(以上爲侯國)
天水郡(東漢改漢陽郡)	一六	○	六	街泉，罕井，清水，奉捷，緜諸道，戎邑道
信都國(東漢改安平國)	一七	二	八	歷，辟陽，高堤，桃(以上爲縣)，樂鄉，平堤，西梁，東昌(以上爲侯國)
淮陽國(東漢改陳國)	九	三	一	苦

乙　郡國省併，縣邑亦廢者：

(郡國名稱)	(原屬縣數)	(他併縣數)	(減省縣數)	(減省縣名)
廣平國	一六	九	七	張，朝平，城鄉，南曲，平利，廣鄉，陽台侯國
眞定國	四	一	三	稾城，肥纍，緜曼
甾川國	三	一	二	劇，樓鄉
膠東國	八	五	三	昌武，梃，鄒盧

高密國	五	三	二　石泉，成鄉
成陽國	四	三	一　廬
泗水國	三	一	二　泗陽，于
六安國	五	二	三　安豐，安風，陽泉

丙　郡國縣邑皆未省廢者：

(郡國名稱)	(原屬縣數)	(他併縣數)	(郡國名稱)	(原屬縣數)	(他併縣數)
弘農郡	一一	四	河內郡	一八	〇
豫章郡	一八	〇	零陵郡	一〇	〇
廣漢郡	一三	三	蜀　郡	一五	四
金城郡	一三	三	武威郡	一〇	〇
張掖郡	一〇	二	玄菟郡	三	〇
南海郡	六	〇	蒼梧郡	一〇	〇
交趾郡	一〇	〇	趙　國	四	〇
梁　國	八	三	東平國	七	三
廣陵國（東漢改郡）	四	〇	長沙國（東漢改郡）	一三	一
魯　國	六	〇	敦煌郡	六	〇
合浦郡	五	〇	日南郡	五	〇
楚　國（東漢改彭城郡）	七	〇			

右表所載：西漢郡國，凡百有三；縣邑之數，計千五百七十八（案漢書地理志謂計千五百八十七，實誤也）。

至於東漢，則省郡國凡八，縣邑四百五十九，改併他屬者不計。

二　增置之部：

甲　郡國依舊，縣邑略增者：

(郡國名稱)	(東漢縣數)	(併來縣數)	(新置縣數)	(新置縣名)
東　郡	一五	〇	一	穀城
陳留郡	一七	三	一	已吾
汝南郡	三七	三	四	思善，原鹿，褒信，定潁（皆侯國）
南陽郡	三七	三	三	襄鄉，南鄉，順陽侯國
江夏郡	一四	〇	二	平春侯國，南新市侯國
山陽郡	一〇	〇	二	金鄉，防東
鉅鹿郡	一五	八	二	鄡，廣宗
東萊郡	一三	三	一	葛盧
會稽郡	一四	〇	二	永寧，東部侯國
豫章郡	二一	〇	三	石陽，臨汝，建昌
桂陽郡	一一	〇	一	漢寧
武陵郡	一二	〇	二	作唐，沅南
零陵郡	一三	一	二	湘鄉，昭陽侯國
廣漢郡	一一	〇	一	德陽

犍爲郡	九	〇	二	漢安，荷節
巴郡	一四	〇	四	杆水，平都，宣漢，漢昌
隴西郡	一一	三	一	鄣
武威郡	一四	三	一	左騎
酒泉郡	九	〇	一	延壽
上郡	一〇	〇	一	候官
雲中郡	一一	三	一	箕陵
玄菟郡	六	二	一	侯成
樂浪郡	一八	〇	一	樂都
南海郡	七	〇	一	增城
梁國	九	三	一	穀熟
蒼梧郡	一一	〇	一	鄣平
交趾郡	一二	〇	二	封谿，望海
常山國（西漢本郡）	一三	二	一	欒城
長沙郡（西漢本國）	一三	〇	一	醴陵
漢陽郡（西漢本天水郡）	一三	二	一	顯親
安平國（西漢本信都國）	一三	五	一	經西
陳國（西漢本淮陽國）	九	一	三	苦春，扶樂，武平

乙　郡國新置，縣邑亦增者：

（郡國名稱）	（屬縣數）	（併來縣數）	（新留縣數）	（新置縣名）
任城國	三	三	〇	
濟北國	五	五	〇	
吳郡	一三	一二	一	安
永昌郡	八	六	二	哀牢，博南
廣漢屬國	三	三	〇	
蜀郡屬國	四	四	〇	
犍爲屬國	二	二	〇	
張掖屬國	一五	〇	五	
張掖居延屬國	一	一	〇	
遼東屬國	六	五	一	無慮

丙　郡國不異，縣邑未增者：

（郡國名稱）	（東漢縣數）	（併來縣數）	（郡國名稱）	（東漢縣數）	（併來縣數）
京兆尹	一〇	四	左馮翊	一三	〇
右扶風	一五	〇	弘農郡	九	二
河東郡	二〇	〇	太原郡	一六	〇
上黨郡	一三	〇	河內郡	一八	〇
潁川郡	一七	一	南郡	一七	一
廬江郡	一四	五	九江郡	一四	三
濟陰郡	一一	五	魏郡	一五	一
涿郡	七	二	勃海郡	八	一
平原郡	九	〇	泰山郡	一二	二

東海郡	一三	一	丹揚郡	一六	〇
漢中郡	九	〇	蜀郡	一一	〇
越嶲郡	一四	〇	益州郡	一七	〇
牂牁郡	一六	〇	武都郡	七	一
金城郡	一〇	〇	張掖郡	八	〇
安定郡	八	一	北地郡	六	一
西河郡	一三	〇	朔方郡	六	一
五原郡	一〇	〇	定襄郡	五	二
代郡	一一	〇	鴈門郡	一四	三
上谷郡	八	〇	漁陽郡	九	〇
右北平	四	〇	遼西郡	五	〇
遼東郡	一一	〇	鬱林郡	一一	〇
合浦郡	五	〇	日南郡	五	〇
九眞郡	五	〇	趙國	五	一
中山國	一三	三	河間國	一一	九
東平國	七	三	沛郡(西漢本國)	二一	一
濟南國(西漢本郡)	一〇	〇	齊國(西漢本郡)	六	一
北海國(西漢本郡)	一八	一二	琅邪國(西漢本郡)	一三	七
廣陽郡(西漢本國)	五	三	廣陵郡(西漢本國)	一一	七
淸河國(西漢本郡)	七	一	河南尹	二一	〇
樂安國(西漢本千乘國)	九	三	下邳國(西漢本臨淮郡)	一七	六
彭城郡(西漢本楚國)	八	一	魯國	六	〇
敦煌郡	六	〇			

右表所列：計東漢郡國百五，縣邑千一百八十；其中新置郡國凡十，縣邑六十有一。與前表相較，則東漢郡國增二，而縣邑反少三百九十八處。

東漢郡國雖有增置，然太半均爲邊地屬國之類。此種地方區劃，實乃東漢新設，所屬縣邑，類皆由西漢郡國分併而出，別立屬國之名，初非有所增置也。若其他新郡新國，則除永昌吳郡增置三縣而外，均就舊縣設立，實無大異。故就郡國數字而言，東漢似較西漢爲多，實際論之，其情形固未少異於西漢也。

郡國之外，言及縣邑，則兩漢相差，爲數殊鉅。依前表所列，則東漢廢去舊縣，已有四百五十九處，而新置者不過六十一，所差幾及四百，殊堪注意。請一究其原因：漢自高祖建國以來，歷經文景諸帝，至於孝平，傳國既久，人民日衆，據漢志所載，孝平之時，全國之內，已有戶一二•三七六•四七〇，口五七•六七一•四〇一，故縣邑設置，次第增多。中經王莽之亂，戰禍連年，人民流離失所，死于溝壑者，想必非少。續漢書郡國志所載光武中元二年之戶口，已降至四・二七九・六三四戶；二一・〇〇七・八二〇口。中元二年上距光武開國之時，不過二十五年，而人口之數，較之孝平，相差過半。建武末年，因『邊陲蕭條』，『鄣塞破壞』，稍置縣邑，已感『空設令長，招還人民』之苦（語見續漢志引應劭漢官儀），其時地空人稀之情形，及設置郡縣之困難，可以想見矣。光武素主與民休息，減省煩役，故終其世，省去西漢舊有縣邑凡四百餘處（見續漢志）。明章諸帝雖有增置，爲數甚少。至於孝順，後漢開國已及百年，然國力仍較遜於孝平（續漢志所載孝順時全國人民，計九・三三六・〇三六戶，四七・九〇一・三八二口，較孝平時尚少三・〇三一・四三四戶，九・七七〇・〇二八口），故其縣邑之設置亦難如前代舊觀也。

兩漢郡國縣邑，設置不同，分佈亦異，在此相異情形之中，各地繁華蕭條之狀況顯然可見，今更列表於下，以作比較。表中所列，依我國長江，黃河，珠江三大流域分類：徐，揚，荊，益四州郡縣，入於長江流域；司隸，豫，兗，青，幷，涼，幽，冀諸州，歸諸黃河流域（幽州之玄菟樂浪諸郡，遠在朝鮮，似不應入黃河流域，然爲便利計，姑列於此，他準於斯。東漢朔方已省，故西漢朔方諸郡即附於幷州，不另見矣）；珠江流域，僅交州（或交趾）一區而已。

一　兩漢長江流域郡縣增損比較：

(西漢郡國)	(東漢郡國)	(西漢縣)	(東漢縣)	(廢縣數)	(增縣數)	(增損比較)
琅邪郡	琅邪國	五一	一三	三八	〇	損三八
東海郡	同	三八	一三	一五	〇	損一五
廣陵國	廣陵郡	四	一一	〇	〇	〇
臨淮郡	下邳國	二九	一七	一三	〇	損一三
楚國	彭城國	七	八	〇	〇	〇
泗水國	廢	三	〇	二		損二
廬江郡	同	一二	一四	三	〇	損三
九江郡	同	一五	一四	三	〇	損三
會稽郡	同	二六	一四	二	二	〇
丹陽郡	同	一七	一六	一	〇	損一
豫章郡	同	一八	二一	〇	三	增三
六安國	廢	五	〇	三	〇	損三
(無)	吳郡	〇	一三	〇	一	增一
南陽郡	同	三六	三七	五	三	損二
江夏郡	同	一四	一四	一	二	增一
桂陽郡	同	一一	一一	一	一	〇
武陵郡	同	一三	一二	二	二	〇

零陵郡	同	一〇	一三	〇	二	增二
南郡	同	一八	一七	二	〇	損二
長沙國	長沙郡	一三	一三	〇	一	增一
漢中郡	同	一二	九	三	〇	損三
廣漢郡	同	一三	一一	〇	一	增一
犍爲郡	同	一二	九	三	二	損一
越巂郡	同	一五	一四	一	〇	損一
益州郡	同	二四	一七	一	〇	損一
牂牁郡	同	一七	一六	一	〇	損一
巴郡	同	一一	一四	一	四	增三
蜀郡	同	一五	一一	〇	〇	〇
(無)	廣漢屬國	〇	三	〇	〇	〇
(無)	永昌郡	〇	八	〇	二	增二
(無)	蜀郡屬國	〇	四	〇	〇	〇
(無)	犍爲屬國	〇	二	〇	〇	〇

總計

二十七郡 三十郡 四六四 三八九 一〇一 二六 損七五

二 兩漢黃河流域郡縣增損比較：

(西漢郡國)	(東漢郡國)	(西漢縣)	(東漢縣)	(廢縣數)	(增縣數)	(增損比較)
京兆尹	同	一二	一〇	四	〇	損四
左馮翊	同	二四	一三	九	〇	損九
右扶風	同	二一	一五	六	〇	損六
弘農郡	同	一一	九	〇	〇	〇
河南郡	河南尹	二二	二一	一	〇	損一
河內郡	同	一八	一八	〇	〇	〇
河東郡	同	二四	二〇	四	〇	損四
潁川郡	同	二〇	一七	四	〇	損四
汝南郡	同	三七	三七	五	四	損一
沛郡	沛國	三七	二一	一〇	〇	損一〇
梁國	同	八	九	〇	一	增一
魯國	同	六	六	〇	〇	〇
淮陽國	陳國	九	九	一	三	增二
陳留郡	同	一七	一七	二	一	損一
山陽郡	同	二三	一〇	一一	二	損九
濟陰郡	同	九	一一	三	〇	損三
泰山郡	同	二四	一二	九	〇	損九
東郡	同	二二	一五	三	一	損二
城陽國	廢	四	〇	一	〇	損一
東平國	同	七	七	〇	〇	〇
(無)	任城國	〇	三	〇	〇	〇

（無）	濟北國	○	五	○	○	○
魏郡	同	一八	一五	四	○	損四
鉅鹿郡	同	二○	一五	一四	二	損一二
常山郡	常山國	一八	一三	六	一	損五
清河郡	清河國	一四	七	八	○	損八
趙國	同	四	五	○	○	○
廣平國	廢	一六	○	七	○	損七
眞定國	廢	四	○	三	○	損三
中山國	同	一四	一三	三	○	損三
信都國	安平國	一七	一三	八	一	損七
河間國	同	四	一一	一	○	損一
勃海郡	同	二六	八	一四	○	損一四
上谷郡	同	一五	八	五	○	損五
漁陽郡	同	一二	九	三	○	損三
右北平	同	一六	四	一二	○	損一二
遼西郡	同	一四	五	六	○	損六
遼東郡	同	一八	一一	三	○	損三
玄菟郡	同	三	六	○	一	增一
樂浪郡	同	二五	一八	八	一	損七
涿郡	同	二九	七	一五	○	損一五
代郡	同	一八	一一	五	○	損五
廣陽國	廣陽郡	四	五	一	○	損一
（無）	遼東屬國	○	六	○	一	增一
平原郡	同	一九	九	一○	○	損一○
千乘郡	樂安國	一五	九	九	○	損九
濟南郡	濟南國	一四	一○	三	○	損三
北海郡	北海國	二六	一八	一八	○	損一八
東萊郡	同	一七	一三	八	一	損七
齊郡	齊國	一二	六	六	○	損六
甾川國	廢	三	○	二	○	損二
膠東國	廢	八	○	六	○	損六
高密國	廢	五	○	二	○	損二
武都郡	同	九	七	三	○	損三
隴西郡	同	一一	一一	一	一	○
金城郡	同	一三	一○	○	○	○
天水郡	漢陽郡	一六	一三	六	一	損五
武威郡	同	○	一四	○	一	增一
張掖郡	同	一○	八	○	○	○
酒泉郡	同	九	九	一	一	○
敦煌郡	同	六	六	○	○	○

安定郡	同	二一	八	一一	〇	損一一
北地郡	同	一九	六	一三	〇	損一三
（無）	張掖屬國	〇	五	〇	五	增五
（無）	張掖居延屬國	〇	一	〇	〇	〇
太原郡	同	二一	一六	二	〇	損二
上黨郡	同	一四	一三	一	〇	損一
西河郡	同	三六	一三	二三	〇	損二三
朔方郡	同	一〇	六	五	〇	損五
五原郡	同	一六	一〇	六	〇	損六
雲中郡	同	一一	一一	四	一	損三
定襄郡	同	一二	五	六	〇	損六
雁門郡	同	一四	一四	一	〇	損一
上郡	同	二三	一〇	一四	一	損一三
總計						
六十九郡	六十八郡	一〇五九	七三五	三五五	三一	損三二四

三　兩漢珠江流域郡縣增損表：

（西漢郡國）	（東漢郡國）	（西漢縣）	（東漢縣）	（廢縣數）	（增縣數）	（增損比較）
南海郡	同	六	七	〇	一	增一
鬱林郡	同	一二	一一	一	〇	損一
蒼梧郡	同	一〇	一一	〇	一	增一
交趾郡	同	一〇	一二	〇	二	增二
合浦郡	同	五	五	〇	〇	〇
九眞郡	同	七	五	二	〇	損二
日南郡	同	五	五	〇	〇	〇
總計						
七郡	七郡	五五	五六	三	四	增一

吾人於上文已言及東漢人口蕭條，縣邑稀少，較之西漢，相差過多，然此僅就一般而言也。若分區論之，則各地盛衰相異，縣邑增損亦頗不同。如長江流域四州三十郡之地（西漢僅有二十七郡），於西漢時共得縣邑四百六十四處，東漢則已減至三百八十九，其間所損去者凡七十五縣，平均計之，在此流域中，西漢每郡得十七縣，而東漢則為十三縣，二郡相和省去舊縣五處。若黃河流域八州六十八郡之地（西漢時有九州六十九郡），西漢之時，縣邑設置，共千有五十九處，至於東漢，則降及七百三十五縣，兩者相較，昔日舊縣已省去三百二十四處矣。平均西漢每郡可得十五縣，而東漢尚不足十一縣，是每郡國一區，東西漢相差已至四縣矣。至於珠江流域，僅一州七郡（東西漢相同），而此七郡之內，在西漢之時已有五十五縣，及至

東漢，反多增一縣而得五十六矣。在此全國蕭條，廣損舊縣之時，珠江流域不惟未省，反能增多，可知珠江流域之情形已駕黃河長江二流域而上之矣。反觀長江黃河二流域，雖同削減舊縣，實際亦各不同：黃河流域平均每郡即廢四縣，而長江流域二郡相合，尚不過五縣，其間盛衰之情形可以推見。更証以當時人口分佈之狀況，更覺明瞭。是知東漢之時，黃河流域已不若長江流域繁華，而長江流域又不及珠江流域發達矣。

吾人更進而推求此種差別之原因。兩漢交遞之時，中原大亂，人民不惟不能安居樂業，抑且時多死亡，故人口大減，理所當然；而珠江長江兩流域，則遠處南鄙，兵戈不及，社會安逸，其情況自當較優於黃河流域矣。且長江珠江二流域，物產氣候，在在均較黃河流域爲優，人民謀生自甚便利，故相率南徙，北地漸虛，特此種遷移不若政治原因之顯而且著也。（兩漢經濟中心之不同，想與此種自然遷移略有關係。西漢之時經濟中心如臨菑，邯鄲，南陽，均在北方黃河流域；東漢時已舍此諸地，而移於益州之成都及徐州之廣陵，則已至長江流域矣。）

然此種自然之移徙，初非兩漢之時始有此現象，吾人於漢前政治區劃之分佈當可領畧其概要。皇古之時，政治區劃已難考究，姑不論及。今日所認爲最古之地理記載，當推禹貢，周禮職方及爾雅釋地三種，而此三書所記古代諸州之分佈，則長江流域僅徐，揚，荊，梁四州，其他若冀，若兗，若青，若豫，若雍，若幷，若營莫不皆在黃河流域（諸書雖皆言九州，而其名不盡相同，故列舉之）；而珠江流域，殆不及也。可知古代黃河流域之繁盛狀況，實非長江流域所及，而草萊未闢之珠江流域，固不足與他二流域相並言也。至於秦時，郡縣制興，長江流域之區劃雖尚不及黃河流域，然較之禹貢九州時代實強多多，而珠江流域亦稍稍建立郡縣（如閩中，黔中，南海，桂林，象諸郡是），漢族之政治勢力已略南漸矣。漢代百三郡國之中，長珠二流域已佔三十四郡，其情形又過於秦代矣。東漢雖多廢省，而長珠二流域已較黃河流域爲優（見上表）。自禹貢九州之時代下迄漢末，其間民族自然遷移之痕跡歷歷可見，而今日之文化，南優於北，其因固早種於古代矣。顧頡剛先生嘗言：『文化南遷，由河而淮，由淮而江，是一種自然趨勢，我們不能把五胡亂華作爲開發南方的唯一原因』，信然。

『山海經圖與職貢圖』的討論

賀次君

以中先生：

上月答應先生把山海經裏面關於各種族的材料抄出，以與職貢圖相較，現在謹簡單的寫出來請教。

讀了先生的山海經圖與職貢圖後，同時我也感到這兩種圖有相似的可能。劉秀表山海經所說這書的功用，『可以考禎祥變怪之物，見遠國異人之謠俗』的話，實在是應該認可的。

從來言山海經者有二種極矛盾的觀察。一是以此書爲禹益的遺作，以禹平水土，主山川，驅龍蛇，象百物的故事恰巧與山海經裏面的事物相似，遂拿了商頌等書所言禹的神蹟去觀察牠，竟牠爲眞實的古史，於是此書與古史俱流入神秘了。一種是以山海經爲荒誕不經，屏之於小說家者流，或等之於堪輿之書。後一種不免幼稚可笑，前者又未免太迴護牠了。關於牠的價値問題，向來沒有一定的標準，漢王景治水，明帝賜以山海經，河渠書，禹貢圖等書，是把牠適用到治水上去的。隋志納之入地理類，因之把晉人記載河流的水經附錄在海內東經的後面，也是此意。陶潛稱之爲讀博物之助，使人多識禽獸草木之名。眞所謂『仁者見仁，智者見智』，各持一體之說，鮮有能批評牠而確定其地位的。

若是拿禹主山川，驅龍蛇的故事去決定山海經的作者問題，我覺得那是沒有仔細讀過山海經的錯誤。他們都以爲當古代洪水洋溢，漫衍中國，禽獸食人，而民巢於樹木，崎嶇於邱陵，痛苦不堪。大禹是天生的聖人，爲生民計，從事平水土，驅龍蛇的工作，他把所見所聞記載下來，就是山海經一書。那樣神乎其神的說法，大半是出於想像。所謂驅龍蛇的話，在山海經裏面也找不着根據，不但沒有驅龍蛇的記載，並且龍和蛇都是非常神聖的。且看牠描寫神狀：

1 南方祝融，獸身，人面，乘兩龍。（海外南經）

2 大樂之野，夏后啟于此儛九代，乘兩龍。（海外西經）

3 巫咸國，在女丑北，左手操靑蛇，右手操赤蛇。（海外西經）

4 軒轅之國，在窮山之際，其不受者八百歲，在女子國北，人面，蛇身，尾交首上。（海外西經）

5 西方蓐收，左耳有蛇，乘兩龍。（海外西經）

6鍾山之神名曰燭陰，視爲晝，瞑爲夜，吹爲冬，呼爲夏，不食不飲不息，息爲風。身長千里，在無䏿之東。其爲物，人面，蛇身，赤色，居鍾山之下。(海外北經)

7共工之臣曰相柳氏，九首，以食于九山。……相柳者，九首，人面，蛇身而青。(海外北經)

8北方禺彊，人面，鳥身，珥兩青蛇，踐兩青蛇。(海外北經)

9雨師妾在其北，其爲人黑，兩手各操一蛇，左耳有青蛇，右耳有赤蛇。(海外東經)

10東方勾芒，鳥身，人面，乘兩龍。(海外東經)

11窫窳，龍首，居弱水中。……其狀如龍首，食人。(海內南經)

12窫窳者，蛇身，人面，貳負臣所殺也。(海內西經)

13鬼國在貳負之尸北，爲物人面而一目。一曰貳負神在其東，爲物人面，蛇身。(海內北經)

14雷澤中有雷神，龍身而人頭，鼓其腹。(海內東經)

15東海之渚中，有神人面，鳥身，珥兩黃蛇，踐兩黃蛇，名曰禺虢。(大荒東經)

16有神人面，犬耳，獸身，珥兩青蛇，名曰奢比尸。(大荒東經)

17西海陼中，有神人面，鳥身，珥兩青蛇，踐兩赤蛇，名曰弇兹。(大荒西經)

18北海之渚中，有神人面，鳥身，珥兩青蛇，踐兩赤蛇，名曰禺彊。(大荒北經)

19大荒之中，有山名曰成都載天，有人珥兩黃蛇，把兩黃蛇，名曰夸父。(大荒北經)

20大荒之中，有山名曰北極天櫃，……有神九首，人面，鳥身，名曰九鳳。(大荒北經)

21共工臣名相繇，九首，蛇身，自環，食于九土。(大荒北經)

22西北海外，赤水之北，有章尾山，有神人面蛇身而赤，直目正乘，其瞑乃晦，其視乃明，不食不寢不息，風雨是謁，是燭九陰，是謂燭龍。(大荒北經)

看了這些，知道他們理想中的神，和龍蛇有密切的關係，龍和蛇在山海經裏面是多麼神秘呵。再看一看山海經作者的例子，以龍蛇狀其形的，差不多都是爲民衆所謳歌的大人物，或者大人物的子孫，同時也是古籍裏面常見着的人物。我想在古代宗教史裏，若是能證明了龍蛇爲人崇拜的時期，也就可以因之探測山海經這一部份的著作時代。先生以爲如何？

近來顧師命我校點吳承志的山海經地理今釋，同時我又想把清儒考證和解釋山海經地理的說法搜攏來作一部集解，使我得重複讀了牠幾十遍，更正了我從前研究牠時許多錯誤的思想。

先生說『山海經為古代中國各部族間由會盟征伐及民間「十口相傳」之地理知識之圖象與記載，與後世職貢圖之性質相類似，故山海經亦可謂為職貢圖之始祖』的話，我很滿意，拿皇清職貢圖及苗民風俗圖比照，雅與相符。憶去年唐蘭先生告我，『山海經一書雖然記錄得很遲，有戰國時人記的，有秦漢人記的，但我們應當注意到牠的本身，並不完全是文字而是圖畫，因為有圖畫流傳下來，所以戰國時人可以把牠記成文字，秦漢時人又可以補一些說明』。牠的演變，是先有圖畫而後有文字，這文字是根據圖畫而來，算為說明而已，與職貢圖又不謀而相同。

山海經有圖，具載典籍，惜其不傳。其內容形像，大概與皇清職貢圖及苗民風俗圖相似，但非郭璞張駿等所得見。璞等所為讚之圖，乃山海經已記錄成文之後，讀者以意補之者。或者文人雅士，讀其文而奇其事，描繪其異獸奇禽，如現行本中的圖一樣，實不足以證古圖。古圖是亡佚了，猶有可尋究的，就是牠的成文。畢沅山海經新校正序說：『「禹鑄鼎象物，使民知神姦」。按其文，有國名，有山川，有神靈奇怪之所際，是鼎所圖也。鼎亡於秦，故其先人猶能說其圖以著於册』。拿這一段話去探討海內，海外，大荒諸經，就像有一部明白的上古職貢圖活現在眼前了。

海外，海內，大荒經裏而序述各民族(國)的事物比較詳細，描寫一國的形狀，種類，食(即生活狀況)等，亦如苗民風俗圖，皇清職貢圖一樣。茲就其所言，列表於後：

國名	形狀	種類	食
結匈國	結匈。		
羽民國	長頭，生羽。		
讙頭國	人面，有翼，鳥喙，杖翼而行。		穋楊是食。
厭火國	獸身，黑色。生火出口中。		
三苗國			
臷國	黃色，能操弓射蛇。	帝舜之後。盼姓。	食穀。
貫匈國	匈有竅。		
交脛國	交脛。		
不死民	黑色，壽不死。		甘木是食。
岐舌國			

三首國	一身三頭。		
周饒國	短小冠帶。	幾姓。	嘉穀是食。
長臂國	捕魚水中，兩手各操一魚。		
三身國	一首三身。	帝俊妻娥皇生。	黍食。
奇肱國	一臂三目，有陰有陽，乘文馬。		
丈夫國	衣冠，帶劍。		
巫咸國	右手操青蛇，左手操赤蛇。		
女子國			
軒轅國	人面，蛇身，尾交首上。		
白民國	白身，被髮，狀如狐，其背上有角。		
肅愼國			
長肱國	被髮。		
無𦝫國	無𦝫，無骨。		食魚，魚氣。
一目國	一目中其面而居。	威姓，少昊之子。	食黍。
柔利國	一手一足，反膝曲足居上，無骨。	儋耳之子。	
深目國	舉一手，一目。	盼姓。	食魚。
無腸國	長而無腸。	任姓。	

聶耳國	兩手聶其耳。		
博父國	大，右手操青蛇，左手操黃蛇。		
拘纓國	一手把纓。		
跂踵國	大，兩足亦大。		
大人國	大，坐而削船。	釐姓。	黍食。
君子國	衣冠，帶劍，好讓不爭。		食獸。
黑齒國	黑齒。		食稻。
玄股國	衣魚。		食鷗。
毛民國	生毛。	依姓，禹之後。	食黍。
勞民國	黑。		
伯慮國			
離耳國			
雕題國			
北朐國			
梟陽國	面長，脣黑，身有毛，反踵，見人笑亦笑，左手操管。		
匈奴			
開題國			

列人國			
流黃酆氏國			
貊國			
犬封國	狀如犬。		
鬼國	人面，一目。		
林氏國			
蓋國			
朝鮮			
姑射國			
闒非	人面，獸身。		
環狗	獸首，人身。		
戎	人首，三角。		
大夏			
豎沙			
居繇			
月支			
季禺國		顓頊之子。	食黍。
卵民國	民皆生卵。		

盈民國		於姓。	黍食。
季釐國		帝俊之子。	食獸。
蜮民國		桑姓。	食黍，射蜮是食。
鼬姓國		顓頊後。	食黍。
張宏國	鳥喙，有翼，方捕魚于海。		食魚。
羲和國		羲和者，帝俊之妻。	
共工國			
西周國		姬姓，帝嚳之後。	食穀。
先民國			食穀。
狄國			
沃國			鳳鳥之卵是食，甘露是飲。
寒荒國			
壽麻國			
蓋山國			
互人國	人面，魚身。	炎帝之孫靈恝，靈恝生互人。	
胡不與國		列姓。	黍食。
叔歜國		顓頊之子。	黍食。
北齊國		姜姓。	

儋耳國		任姓。	
中輪		顓頊之子。	食黍。
犬戎國	人面獸身。		
苗民	有翼。	顓頊之後，驩姓。	黍食。
賴丘國			
天毒國			
氂市國			
汜葉國			
朝雲國	人面，豕喙，麟身，渠股，豚止。	黃帝之後。	
禺中國			
列襄國			
鹽長國	鳥首。		
巴國		大皞之後。	
朱卷國			
釘靈國	從膝以下有毛，馬蹄，善走。		

國非，環狗，經不言國，而曰『其為人』，必為一種族也。

大荒四篇是釋海外經的，海內一篇是釋海內經四篇的。此表參合二篇而成，如一國名而字異音同者，從前一義，故與原文稍異，不錄某國見某經某篇。

這是簡單而有趣味的。牠把一國及一民族的形狀，生活習慣，就所知的都表現到紙上。看了牠，我們可以想見古時的山海圖是怎樣的了。

怪與不怪，本來沒有一定的標準。如有些民族食獸，食驅，食卉木，食穋楊，在我們現在感得牠是悖繆，在古代也許確確實實，就是那個樣子，食那一種東西。顧頡剛師說，『吾人所驚為怪誕者，何能判其必非作者心目中之真事實乎。何況聲聞過情，事所恒有，如經說鴟鳥人面，此僅略似人面之形耳，若謂與人面無稍異則偵矣。推此而言，必有若干事為彷彿而非必然者』。這真是至當之論。假若我們把文字去描寫苗民風俗圖，也會使沒有看過圖的人覺得奇怪的。例如這圖裏繪一個人的面孔，看起來有點像狗，用山海經的說法就是『狗首』了。但這真是和狗首相同嗎？

山海經作者對於古代帝王及其子孫之國的描寫，總有一點尊敬的意思；至於其他異種族的描寫，則多半帶有滑稽的意味。牠把少昊的子孫，黃帝的子孫，帝俊的子孫，都視之為神，也許是以作者的立場分出尊卑的畛域。又如牠所記的國裏，有朝鮮，大夏，月支，天毒等，都見於漢以下的史籍。最値得注意的就是『西周國，姬姓』，『北齊國，姜姓』。

關於海內外經的著作時代，近人都以爲是西漢時或者再後的作品。我想牠的成書固是在這時候，但是牠所據的圖或在周以前，否則周的勢力很盛，並且周時人物受人崇拜的很多，爲什麼神的圖體沒有他們的位兒，僅僅有一個同犬戎，大夏相似的小國家呢？因此，我覺得牠的時代雖不會與五藏山經同時，但也不會很遲。

匆匆寫此，敬祈教正。

賀次君敬上。六月六日。

▲61—23:6

地圖底本出版豫告

本會編製地圖底本之旨趣及方法，已於本刊第四期中加以說明。發表以後，甚得一般讀者之同情。現在業由譚其驤先生校就若干幅，陸續付印。從此繪畫歷史沿革地圖，旅行路線圖，及各種統計圖者，均得有所依據，實爲學術界至便利之事。一印依成，即行布告。

禹貢學會啓

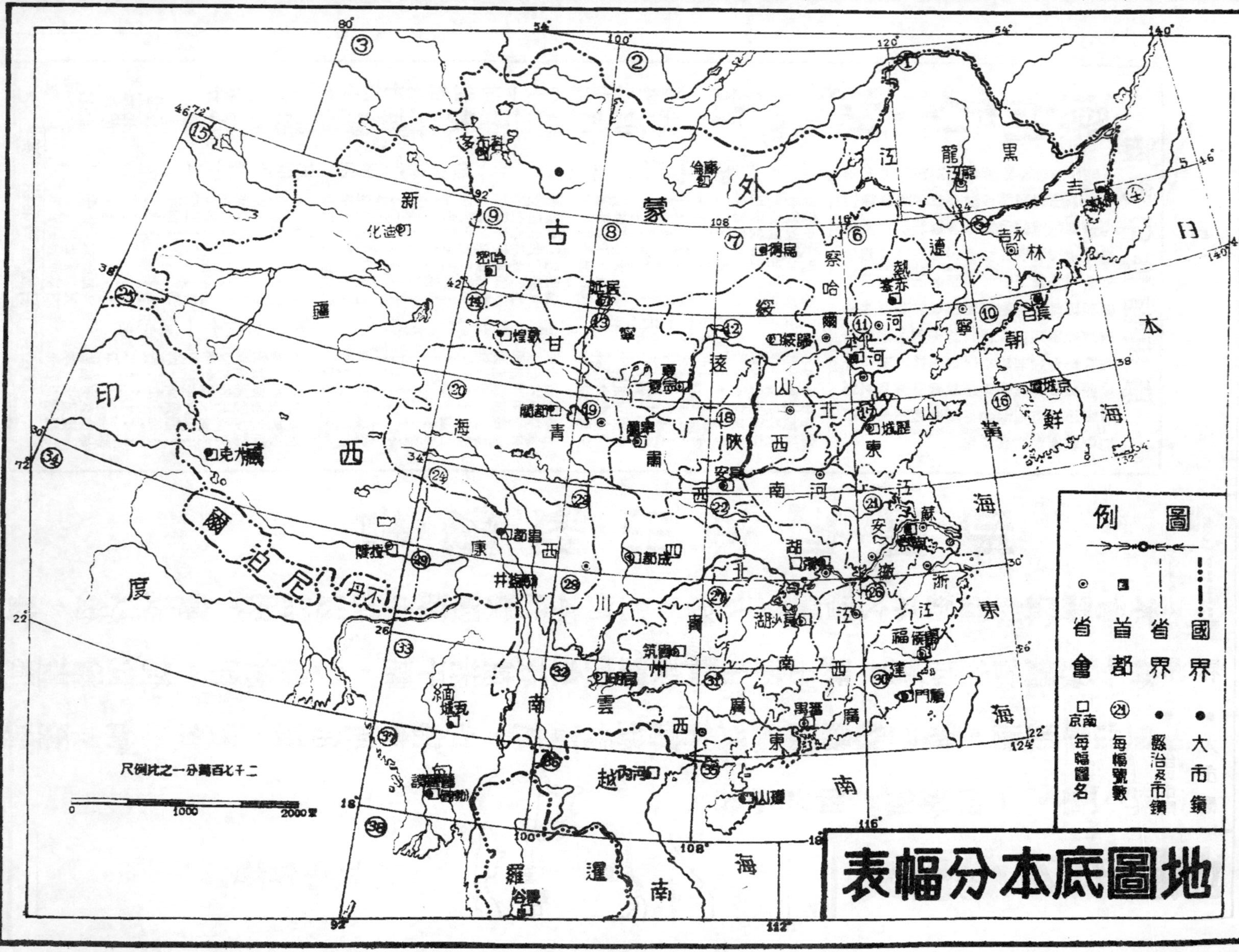

編纂者　顧頡剛　鄭德坤　校訂者　譚其驤

出版者：禹貢學會。
編輯者：顧頡剛，譚其驤。
出版日期：每月一日，十六日。
發行所：北平成府蔣家胡同三號禹貢學會。

禹貢

半月刊

價目：每期零售洋壹角。豫定半年十二期，洋壹圓；全年二十四期，洋貳圓。郵費加一成半。國外全年加郵費八角。

The Evolution of Chinese Geography

Semi-monthly Magazine

Vol. I No. 9 July 1st 1934
Address: 3 Chiang-Chia Hutung, Cheng-Fu, Peiping, China

第一卷 第九期
民國二十三年
七月一日出版

大野澤的變遷 李素英
六朝稱揚州爲神州考 劉盼遂
宋史地理志考異（京畿路，京東路，京西路） 聶崇岐
清史稿地理志校正（奉天） 譚其驤
管子中的經濟地理的思想 楊效曾
黑城探檢記 侯仁之譯
介紹到西北去的兩部書 馮家昇
沙南蛋民專號提要 許道齡
兩漢郡國縣邑增損表訂誤 于鶴年

代售處
北平北京大學史學系楊向奎先生
北平燕京大學哈佛燕京社
北平燕京大學史學系李子魁先生
北平輔仁大學史學系史念海先生
北平清華大學史學系吳存暗先生
北平師範大學國文系羅根澤先生
北平女子文理學院侯壿先生
天津河北女子師範學院珽書閣先生
濟南齊魯大學史學系張立志先生
開封河南大學史學系楊湯烈先生
南京中央大學史學系謝國楨先生
上海暨南大學汪應樑先生
杭州之江學院顧敦鍒先生
安慶安徽大學周予同先生
武昌武漢大學史學系吳其昌先生
成都四川大學文學院劉以壿先生
厦門厦門大學史學系鄭德坤先生
廣州中山大學文史研究所羅香林先生
廣州嶺南大學容肇祖先生
廣州協和神學院李鏡池先生
北平北平圖書館王以中先生
杭州浙江圖書館夏廷棫先生
蘇州江蘇第二圖書館陳源遠先生
北平景山東街十七號景山書社
北平景山大石作大學出版社
北平西單商場大學出版社營業部
北平和平門外大街文化學社
北平東安市場岐山書社
北平西單商場增華書社
北平琉璃廠松筠閣書舖
北平孝順胡同後溝三號曾紀琳先生
北平成府觀進分社
天津法租界二十六號路佩文齋
天津大經路北方文化流通社
開封新書業街龍文書莊
濟南西門大街東方書社
南京中央大學門前鐘山書局
南京太平路中市羣衆圖書公司
上海五馬路亞東圖書館
重慶天主堂街重慶書店
日本東京中華青年會魏建猷先生
日本東京神田區神保町嚴松堂書店

內政部登記證警字第叁肆陸壹號

大野澤的變遷

李素英

一　大野澤與鉅野澤

大野這地名，在我們看得見的記載裏，最早的是左傳哀公十四年：

『春，西狩於大野，叔孫氏之車子鉏商獲麟。』

這是相傳孔子所以發憤作春秋的緣故，與我們的古史有絕大關係的一件事。大野是魯國的西境的一個大澤，地點在今山東鉅野縣。杜預注云：

『在高平鉅野縣東北大澤是也。』

晉書地理志也說：

『高平國鉅野縣，魯獲麟所。』

其次是禹貢徐州的

『大野既豬，東原厎平。』

僞孔傳云：

『大野，澤名。水所停曰「豬」。』

又其次是周禮職方的：

『兗州：……其澤藪曰大野。』

爲什麼大野於禹貢屬徐州，於職方屬兗州呢？因爲它在徐之西，兗之東，周禮無徐州，所以就改屬了兗了。漢書地理志於『山陽郡鉅壄縣』下云：

『大壄澤在北，兗州藪。』

這就是爲職方作解釋的。再其次是爾雅釋地的：

『魯有大野。』

郭璞注和杜預的左傳注略同。在這幾種講古代地理的專篇裏，一說到藪澤必提起大野，它是怎樣地受人注意呵！

『鉅』與『大』同義，故秦漢以來，往往稱爲『鉅野澤』。史記彭越列傳：

『彭越……常漁鉅野澤中爲羣盜。』

水經注引何承天云：

『鉅野湖澤廣大，南通洙泗，北連清濟，舊縣故城正在澤中。』

『鉅』與『巨』又通用，故水經注云：

『濟水自是東北流出巨澤。』(依趙朱二本)

從這些材料裏，可知這澤的異名共有三個。

當西漢時，這澤曾受黃河決口的影響。漢書溝洫志云：

『孝武元光中，河決于瓠子，東南注鉅野。』

又云：

『上既封禪，巡祭山川，其明年乾封少雨。上乃使汲仁郭昌發卒數萬人塞瓠子決河。上既臨河決，悼功之不成，乃作歌曰：「瓠子決兮將奈何？浩浩洋洋兮慮殫爲河。殫爲河兮地不得寧，功無已時兮吾山平。吾山平兮鉅野溢。………」』

如淳注云：

『瓠子決，灌鉅野澤使盈也。』

大野的水勢本來已够壯盛了，再加上黄河的決口，使得它更盈溢起來了！後來漢武帝塞了瓠子，不知它恢復了常態不曾？

這澤的廣袤，周漢的篇籍中都不曾提起。第一個作具體的記載的，是元和郡縣志：

『大野澤在鉅野縣東五里，南北三百里，東西百餘里。』(卷十)

這是唐代人的估計，那時還有洞庭鄱陽的氣概。以這樣廣大的湖泊，爲什麽後來竟不見了呢？明一統志云：

『元末爲黄河所決，遂涸。』

胡渭禹貢錐指說：

『此地屢遭河患，漢元光三年河決濮陽瓠子，注鉅野，通淮泗；後二十餘年始塞。自是之後，五代晉開運初，宋咸平三年，天禧三年，熙寧十年，金明昌五年，河皆決入鉅野，溢于淮泗，或由北清河入海。自漢以來，衝決填淤凡四五度，高下易形，久已非禹迹之舊。逮元至正四年，河又決入此地。鉅野，嘉祥，汶上，任城等縣皆罹水患。及河南徙，澤遂涸爲平陸，而畔岸不可復識矣。』(卷五)

這都是說它到元末受黄河南徙影響而乾涸的。

至於這澤在鉅野縣的那一面，也有一點問題。禹貢錐指說：

『鉅野故城在今縣之西，而何承天云「舊縣故城皆在澤中」，則澤必不起自今縣之東北可知也。』(同上)

閻若璩尚書古文疏證云：

『或問：「大野澤在今鉅野縣北五里，正當卞縣之西，何如何承天言：『鉅野湖澤廣大，南通洙泗，北連清濟』？」此則亡友顧景范所云「古人言『南』可以兼『東』，『北』可以兼『西』」之例也。酈注：「菏水東與泗水合于湖陵縣西六十里，俗謂之黄水口」。黄水西北通鉅野澤，故曰「南通洙泗」，

「南」即「東」也。』(卷六下第九十三篇)

按水經注云：

『濟水東至乘氏縣西分爲二(左傳僖公三十一年「分曹地東傅于濟」，濟水自是東北流出鉅澤)：其一水東南流；一水從縣東北流入鉅野澤，又東北過壽張縣西界安民亭南。』(卷八)

這就是何承天所謂『北連清濟』了。(水經注卷八引郭緣生述征記云，『清河首受洪水北注濟。或謂清卽濟也。』) 由此可知大野澤或說在鉅野縣之北，之東，之東北，但總不能離鉅野東北之地。瓠子河則在今鄆城的西南，鉅野的東北，漢志所云『河決于瓠子，東南注鉅野』是也。

二　大野澤與梁山泊

大野這一澤，也有以爲即是水滸傳的梁山泊的。胡渭禹貢錐指引吳幼清云：

『大野澤，俗稱梁山濼。』(卷五)

又引于欽齊乘云：

『澤卽梁山泊也。梁山在壽張縣東南七十里，東平州西南五十里，東接汶上縣界。汶水西南流，與濟水合于山之東北，迴合而成濼。』(同上)

又引志(這大約是當時的方志，書名待考)云：

『大野澤之下流也。水常匯於此。金時河益南徙，梁山濼漸淤。』(同上)

禹貢錐指說：

『今按水經注：濟水自乘氏縣西分爲二：一水東南流，一水從縣東北流入鉅野澤，是爲濟瀆。又北右合洪水，又東北逕壽張縣(此亦漢縣，非今壽張縣治王陵店者也)西安民亭南，汶水從東北來注之。亭北對安民山，東臨濟水，水東卽無鹽縣界。濟水又東北逕梁山東。袁宏北征賦曰，「背梁山，截汶波」，卽此處也。梁山跨東平壽張之境，而汶濟會于其東北，匯成此濼。志以爲「澤之下流」。「下流」二字，視吳(幼清)于(欽)獨有分別。』(同上)

吳于二人都說梁山泊卽大野澤，而志和胡渭則說是澤的下流，不卽是澤。按水滸傳第十一回，柴進對林冲說：

『山東濟州管下一個水鄉，地名梁山泊，方圓八百餘里，中間是宛子城，蓼兒洼。』

後來林冲投奔梁山，碰見朱貴，書上說道：

『朱貴當時引了林冲，取了刀杖行李下船。小嘍囉把船搖開，望泊子裏去，奔金沙灘來。林冲看時，見那八百里梁山水泊果然是個陷人去處。但見山排巨浪，水接遙天。』

這書上說到梁山泊，總是周圍八百里。要是小說的話根本不可信，那自然不必提。如果水滸傳這些記載竟以真事實作背景，那麼，所謂周圍八百里者正和元和志所言『南北三百里，東西百餘里』的話合拍，這正是整個的大野澤，哪裏是大野的下流呢！如必須爲作解釋，只有說上流涸了，舊澤移到下流來了。

三 大野澤與南旺湖

梁山跨於東平壽張之境，而梁山濼在壽張東南七十里，東平州西南五十里，以圖考之，這顯然就是元明以來所稱的南旺湖。禹貢錐指引王明逸云：

『大野澤即南旺湖。』(卷五)

胡渭云：

『南旺湖在汶上縣西南三十五里，會通河之西岸。志云，「湖即鉅野澤之東偏，縈迴百五十餘里。宋時與梁山濼合而爲一，圍三百餘里，亦曰張澤濼。熙寧十年，河道南徙，會於梁山張澤濼」，是也。明永樂九年開會通河，遂甃爲二堤，漕渠貫其中。渠之東岸有蜀山湖，謂之南旺東湖，周六十五里。中央有蜀山堤，北有馬踏湖，亦謂之南旺北湖，周三十四里有奇。南旺水特高，號爲水脊，賴有閘以節其流，去閘則南北分瀉一空矣。澤體洿下能鍾水，似不應爾。東湖蓋即水經注所稱茂都澱也。(澱，水經注作淀，陂水之異名也。)酈道元云，「汶水自桃鄉四分，謂之四汶口(今東平州戴村壩即其地)，……又西合爲一水，西南入茂都澱。澱水西南出，謂之巨野溝。又西南入桓公河。次一汶西逕壽張故城東，遂爲澤渚，蓋即今南旺北湖也。三汶皆在汶上縣界，其右一汶西南流，逕無鹽故城南，又西南逕壽張故城北，又西南入濟(水經原文：「又西南至安民亭入于濟」)。此汶在東平州界，即舊注安山湖合濟水者也。茂都澱水西南出爲巨野溝，則澤在南旺之西，雖相去不遠，而湖之不得爲澤也明矣。自宋時梁山濼與南旺湖混而爲一，世遂指南旺爲大野，說經者惑焉。焦弱侯云，「大野澤，元末爲黃河所決，後遂涸，而志家以南旺湖當之，譬諸好古者執今之所鑄而堅以爲商彝也，不亦過乎？」』(同上)

岳元聲圖書編云：

『南旺湖者，古大野澤，而古今貢道之要會也。按禹貢徐州「大野既豬，東原厎平」；周禮職方兗州「

其澤藪曰大野」；地志謂大野「在鉅野縣北」；而何承天云「鉅野湖澤廣大，南通洙泗，北連淸濟」，則其地與其所鍾可知矣。或又云「鄆州中都之西南有大野陂」，鄆州，今東平州，即古東原，而中都則汶上縣也。去古已遠，陵谷變遷。求古大野未知孰是。顧今南旺湖實在汶上西南，會通濟河縱貫其中。湖界爲二，東湖廣衍倍于西湖，北接馬踏武莊陂湖以及安山，南接馬場陂湖以及昭陽諸湖，相屬綿亘數百里，而徐兗東平汶上鉅野諸郡邑又悉環列于左右，與古經誌合，是南旺湖即古大野無疑也。』

岳氏又說：

『禹治水時，大野既鍾洙，泗，濟水而成，而泗通于淮，濟通于汶，淮通于沂，汶通于洸，而泗之上源又自大野而通于濟，則是大江以北，中原諸水縱橫交織，皆于大野相聯。而當時入貢之道，若靑之浮汶，兗之浮濟，徐與揚之浮于淮泗，亦皆與大野相關，是大野在古已爲貢道之要會處矣。後世建都不同，輸將之途亦異。惟我成祖文皇帝定鼎燕師，控制上游，與堯舜禹所都同在冀州方域之內，故其經理貢賦道路亦與禹迹大略相同。濟寧之境，南迄于江，中間雖有二洪五湖之險，河淮湍激之虞，然所循者猶淮泗之故道也。至如漳御合流，直趨天津，則與遂河而達帝都者亦殊途而同歸矣。惟自濟寧抵于臨淸，上下三數百里，地勢高仰，舟楫不通，會通河雖創自前元，未底于成也。國初黃河決于原武，漫過安山，而會通河遂以湮廢。至永樂中，始以飛輓艱虞，爰命宋司空禮發丁夫十餘萬疏鑿會通以濟漕運。顧瞻南旺，適當其衝，乃用老人白英之言導汶自戴村西南流，合洸與濟伏所發徂徠諸泉之水豬于南旺，注會通。南旺分流，上下交灌，而又建閘設壩，蓄洩以時，遂使三千年已廢之大野復爲聖世利涉之用，蓋亘古而再見者也。』

王氏，岳氏皆以大野爲南旺。胡渭雖然證明了湖之不得爲澤，但南旺湖之爲梁山泊則是諸家所公認的。而且梁山泊本屬大野澤的下流，這一點胡渭也相信的。梁山泊既可爲大野澤之下流，則南旺湖自亦可爲大野澤之下流。在梁山泊南旺湖未爲人所稱之前，僅有大野或鉅野而已。年代久了，有淤塞，有遷徙，大野已不是當日的舊面目。由是下流乃潴爲梁山泊，泊比澤大，泊的名稱也就駕乎澤之上了。元明以來，所僅有的舊澤都涸盡了，而梁山泊乃一混而爲南旺湖：以前是澤藉泊以代表，至此却藉湖以代表。現在以圖考之，湖實當澤之下流，澤既不存，則假設澤已展轉變成了湖，有何不可？不過我們考古證今，但說澤衍成了湖是可以的，若說湖即是禹貢大野的舊址則不甚妥當。

四　南旺湖與會通河

大野澤與南旺湖的同異已弄明白了，茲更一述南旺湖與明代漕運的關係。明史河渠志云：

『太祖初起，大軍北伐，開蹋場口耐牢坡通漕以餉梁晉。定都應天，運道通利，江西湖廣之粟浮江直下，浙西吳中之粟由轉運河，鳳泗之粟浮淮，河南山東之粟下黃河，嘗由開封運粟泝河達渭以給陝西，用海運以餉遼卒，有事於西北者甚鮮。淮揚之間築高郵湖堤二十餘里，開寶應倚湖直渠四十里，築堤護之，他小修築無大利害也。永樂四年，成祖命平江伯陳瑄督轉運，一仍由海，而一則浮淮入河至揚武，陸輓百七十里抵衛輝，浮于衛，所謂陸海兼運者也。海運多險，陸輓亦艱。九年二月乃用濟寧州同知潘叔正言，命尚書宋禮，侍郎金純，都督周長濬會通河。』(明史卷八十五)

成祖實錄云：

『九年二月己未，開會通河。河自濟寧至臨清，舊通舟楫。洪武中沙岸衝決，河道淤塞，故于陸路置八遞運所，每所運民丁三千，車二百餘輛；歲久民困其役。永樂初，屢有言開河便者，上重民力未許。至是濟寧州同知潘叔正言「會通河道四百五十餘里，其淤塞者三之一，浚而通之，非惟山東之民免轉輸之勞，實國家無窮之利」。乃命工部尚書宋禮，都督周長往視。禮等還，極陳疏浚之便，且言天時和霽，宜及時用工。于是遣侍郎金純發山東及直隸徐州民丁，繼發應天鎮江等府民丁，并力開浚。民丁皆給賞而蠲其他役，及今年田租。命尚書宋禮總督之，遣吏部侍郎師逵以太牢祭山川城隍之神，仍命御史二員監督。』

明史宋禮傳云：

『會通之原，必資汶水，禮乃用汶上老人白英策築堽城及戴村壩，橫亘五里，遏汶使無南入洸而北歸海，匯諸泉之水盡出汶上，至南旺中分之爲二，南流接徐沛者十之四，北流達臨清者十之六。南旺地勢高，決其水南北皆注，所謂水脊也。因相地置閘，以時蓄洩。自分水北至臨淸，地降九十尺，置閘十有七，而達于衞；南至沽頭，地降百十有六尺，置閘二十有一，而達于淮。』(明史卷一百五十二)

明史河渠志又說：

『會通河者，元轉漕故道也，元末已廢不用。洪武二十四年，河決原武，漫安山湖而東，會通河盡淤。至是復之，由濟寧至臨淸三百八十五里，引汶泗入其中。泗出泗水(縣名)陪尾山，四泉並發，西流至兗州城東合于沂。汶河有二，小汶河出新泰宮山下，大汶河出泰安仙臺嶺南，又出萊蕪原山陰及寨子村，俱至靜豐鎭合流，遶徂徠山陽而小汶河來會，經寧陽北堽城，西南流百餘里至汶上。其支流曰洸河，出堽城，西南流三十里，會寧陽諸泉經濟寧，東與泗水合。元初畢輔國始于堽城左汶水陰作斗門導汶入洸，至元中又分流北入濟，由壽張至臨淸通漳御入海。南旺者南北之脊也，自左而南，距濟寧九十里，合沂泗以濟；自右而北，距臨淸三百餘里無他水，獨賴汶。禮用汶上老人白英策，築壩東平之戴村，遏汶使無入洸，而盡出南旺，南北置閘三十八，又開新河自汶上袁家口左徙五十里至壽張之沙灣以接舊河。』(卷八十五)

成祖實錄：

『九年六月乙卯，會通河成。河以汶泗爲源，汶水出寧陽縣，泗水出兗州府，至濟寧州而合，置天井閘以分其流，南流達於淮，而河則西北流也。由開河過東昌府入流臨淸縣，計三百八十五里，深一丈二尺，廣三丈二尺，役軍夫三十萬，用工十旬，蠲租稅一百一十萬二千五百有奇。自濟寧至臨淸置閘十五(數有誤)，閘置官立，水則以時啓閉，舟行便之。』

水利原是當國者所注意的。明初建都金陵，轉運多藉江淮之水，頗稱便利。惟有遼東一隅，戍卒約數萬人，運餉必須經海道，而風濤險惡，往往有船沉人溺之慘。故當時都視海運爲畏途。每次運卒要開航的時候，家人都哭着與他們訣別，彷彿預感到這一去必無生還的希望了。太祖覺得這情形太可憐，乃命遼東軍士屯田自給。由此可知海運實非當時所利賴的。成祖遷都以後，雖不能廢海運，仍命平江伯陳瑄督管。但風檣浪楫，漂溺可虞，不能不着重漕運。往日漕道是浮淮入河至揚武，陸輓百七十里，然後抵衞輝而浮於衞，未免過勞民力，故依據地理形勢，無疑的必得開濬會通；開會通必資南旺，這也是當然的。若非南旺則會通難開，只枯瀆而已 安能萬里暢行，四海帆集呢？南旺既淤，會通其道，自此以後，海運陸輸一切可能，每年漕運東南粟四百餘萬石直達燕都，如行堂奧。南旺確是有明一代漕運之要會，終明之世，藉其利者二百餘年。

現在是海運無阻，陸運有鐵道尤便捷，漕河遂名存而實亡。淤塞之處如何？南旺舊迹如何？都不得而知了。古大野澤久已不存，只因南旺尉其下流，故尚可辨認而已；若並南旺而枯涸，而湮沒，則千百年後，再求舜澤之舊，其可得乎！陵谷變遷，誰能預測將來的滄海桑田？

六朝稱揚州（今之南京）為神州考

劉盼遂

間常披覽六代文籍，屢見『神州』之文。從來說者皆以熟見史記騶衍『赤縣神州』之詞，漫不省察，遂致文義黯而不章，比比然也。盼遂竊謂六朝辭翰，美揚州為神州，蓋以南朝定都秣陵，揚州牧，丹陽尹治所亦在焉。南士張其聲趨之地，故稱為『神州』，猶之後世衆客曰『天京』曰『天都』云爾。今略舉六朝載籍數事，而加以辨訂焉。

沈約宋書卷四十二劉穆之傳，『義熙二年，揚州刺史王謐薨。高祖次應入輔。劉毅等不欲高祖入，議以中領軍謝混為揚州。穆之即密白高祖曰，「今朝議如此，宜相酬答。惟應云，『神州治本，宰輔崇要。興喪所階，宜加詳擇。此事既大，非可懸論。便暫入朝，共盡同異』。公至京，彼必不敢越公，更授餘人，明矣」。高祖從其言，由是入輔』。按此事即武帝本紀所云，『義熙三年十二月，司徒錄尚書揚州刺史王謐薨。四年正月，徵公入輔，授揚州刺史』之事。穆之所云『神州』實即揚州。此晉人稱揚州為神州之證一也。

沈約宋書卷一百自序篇『沈璞，元嘉十七年，始興王濬為揚州刺史，以為主簿。太祖召璞謂曰，「神畿之政，既不易理，云云」。在職八年，神州大治，民無謗黷，璞有力焉』。此宋人謂揚州為神州之證二也。

昭明文選卷六十，任彥升為齊竟陵文宣王行狀云，『又授使持節都督揚州諸軍事，揚州刺史本官悉如故。蒨惟淮海，今則神牧』。李善注引地里書曰，『崑崙東南地萬五千里，名曰神州』。張銑注云，『「神牧」，謂竟陵王治之如神明矣。牧，即刺史也』。盼遂按李張說皆失之。『神牧』亦即『神州』。書經禹貢『淮海惟揚州』，故彥升云舊云淮海，今之揚州矣。此齊人謂揚州爲神州之證三也。

昭明文選卷三十八，任彥升爲齊明皇帝作相讓宣城郡公第一表云，『被臺司詔：以臣爲侍中中書監，驃騎大將軍，開府儀同三司，揚州刺史，錄尚書事云云。驃騎，上將之元勳；神州，儀刑之列岳。尚書古稱司會；中書實管王言』。此語即承上文臺召官命而言，『神州』恰當揚州刺史之命，決神州即揚州也。李善注引劉淵林注吳都賦曰，『崑崙東南萬五千里曰神州』，不顧與文義難通。此亦齊人稱揚州爲神州之證四也。

梁元帝金樓子自叙云，『粤以凡庸，早攝神州，晚居外相』。又藝文類聚人部引梁元帝懷舊志序曰，『中年承乏，攝牧神州，蔭眞長之弱柳，規茂弘之舞鶴』。此二神州皆指持節都督揚州諸軍事而言。劉眞長（惔）爲丹陽尹，王茂弘（導）爲揚州刺史，故摛藻相引。此亦梁人稱揚州爲神州之證五，之證六也。

綜上六事，知南朝『神州』之稱確爲揚州。乃唐宋諸賢率皆誤解，略無能甄明之者，亦云怪矣。獨唐則天皇后光宅元年，移居洛陽，改東都爲神都（唐書本紀）。元胡三省注資治通鑑卷二百七，『則天皇后久視元年，太后擢張柬之爲洛州司馬』條，注云，『自大州長史，進神州司馬，故云擢也』。此二事猶能見六朝文采調格者焉。

宋史地理志考異

京畿路，京東路，京西路

聶崇岐

『開封府……縣十六……祥符，赤，東魏浚儀縣，大中祥符三年改。』

按，續資治通鑑長編卷七十一及元豐九域志卷一，『三年』皆作『二年』。

『長垣，附匡城縣，建隆元年改爲鶴邱，後又改。』

按，元豐九域志卷一，『建隆元年改匡城縣爲長垣』。

『東明，本東昏鎮。』

按，『東昏鎮』，太平寰宇記卷二，元豐九域志卷一，隆平集卷一郡縣條，皆作『東明鎮』。

『青州，望，北海郡，鎮海軍節度，建隆三年以北海縣置軍，淳化五年改軍名。』

按，太平寰宇記卷十八，『青州……平盧軍節度，皇朝因之』。元豐九域志卷一，『青州，平盧軍節度，淳化五年改鎮海軍』。志旣未述青州初爲平盧軍節度，而於『以北海縣置軍』下即曰『淳化五年改軍名』，辭意殊嫌含混。蓋北海縣所置之軍曰北海軍，後升濰州，而淳化五年所改之軍名，乃易平盧爲鎮海，無涉於北海軍也。

『密州……縣五……安丘，望，唐輔郡，梁改安丘，晉膠西縣，開寶四年復今名。』

按，元豐九域志卷一及隆平集卷一郡縣條，皆作『開寶四年改輔唐縣爲安丘』。

『濟南府……本濟州。』

按，『濟州』爲『齊州』之誤。

『登州，上，東牟郡，防禦。』

按，元豐九域志卷一，『登州，唐中都督府，皇朝乾德元年降上州』。宋史卷一太祖本紀，『乾德元年十二月辛卯，罷登州都督』。

『濰州，建隆三年以青州北海縣建爲北海軍，……乾德二年升爲州。』

按，續資治通鑑長編卷六，元豐九域志卷一，通考卷三百一十七，『乾德二年』皆作『三年』。

『昌樂，緊，本唐營丘縣，後廢；乾德中復置安仁縣，俄又改。』

按，元豐九域志卷一，『乾德中』作『乾德三年』。又太平寰宇記卷十八，『皇朝析壽光縣長壽鄉，營丘故縣置安仁縣，尋改爲昌樂縣』。

『淮陽軍……縣二，……宿遷，中。』

按，宿遷本屬泗州。

『應天府，河南郡，……至道中爲京東路。』

按，『河南郡』，元豐九域志卷一作『睢陽郡』。又續資治通鑑長編卷四十八，『咸平四年正月，以宋州隸京東路』。

『襲慶府，魯郡，泰寧軍節度，本兗州。』

按，宋史卷一，太祖本紀，『建隆元年正月，復兗州爲節度』。

『東平府，……大觀九年升大都督府。』

按，通考卷三百一十七，『九年』作『元年』。

『監一，東平，宣和三年復置，政和二年罷。』

按，續資治通鑑長編卷九十七，『天禧五年正月丁酉，廢鄆州東平監』。志未述罷廢年月，即云『復置』復字嫌無所承。

『單州，上，碭郡，建隆元年升爲團練。』

按，元豐九域志卷一『元年』作『二年』。

『濮州，上，濮陽郡團練。』

按，元豐九域志卷一，『濮州，建隆元年升防禦，雍熙四年降團練』。

『鄧州，……建隆初廢臨瀨縣。』

按，元豐九域志卷一，『建隆初，廢臨瀨縣入穰』。

『隨州，……乾德五年升爲崇義軍節度。』

按，太平寰宇記一四一，『乾德五年』作『四年』。

『金州，上，安康郡，乾德五年改昭化軍節度。』

按，元豐九域志卷一，『金州，晉懷德軍節度，後降防禦，皇朝乾德五年升昭化軍』。

『洵陽，中，乾德四年廢湝陽縣入焉。』

按，通考三百二十，『湝陽』作『淯陽』。

『房州，……保康軍節度。』

按，元豐九域志一『房州，雍熙三年升保康軍節度』。

『開寶中，廢上庸永清二縣。』

按，元豐九域志卷一，『省永清入房陵，上庸入竹山』。

『均州，……縣二，……鄖鄉，上。』

按，太平寰宇記卷一百四十三，元豐九域志卷一，皆言乾德六年省豐利縣入鄖鄉。

『郢州，……縣二，……京山。』

按，太平寰宇記卷一百四十四，『富水縣，乾德二年併入京山』。

『唐州，……開寶五年廢平氏縣。』

按，元豐九域志卷一，『省平氏縣入泌陽』。

『河南府，……縣十六，……洛陽，赤，熙寧五年省入河南。』

按，元豐九域志卷一，『五年』作『三年』。

『偃師，……熙寧五年省入緱氏。』

按，元豐九域志卷一，『五年』作『三年』。

『潁陽，畿，慶曆二年廢爲鎮，四年復；熙寧二年省入登封。』

按，元豐九域志卷一，『慶曆二年』及『熙寧二年』皆作『三年』。

『福昌，畿，熙寧五年省入壽安。』

按，元豐九域志卷一，『五年』作『三年』。

『伊縣。』

按，『縣』，元豐九域志卷一作『陽』。

『登封，畿。』

按，元豐九域志卷一，『乾德元年省盬陵縣入登封』。

『鄭州，……奉寧軍節度。』

按，元豐九域志卷一，『景祐元年升奉寧軍節度』。

『滑州，……太平興國初改武成軍節度。』

按，太平寰宇記九，『滑州，……義成軍節度，至皇朝避御名，改爲武成』。

『白馬，中，熙寧三年廢靈河縣隸焉。』

按，『熙寧』，元豐九域志卷一作『治平』。

『咋城，緊。』

按，『咋』，太平寰宇記卷九及元豐九域志卷一皆作『胙』。

『孟州，……政和三年改濟源郡。』

按，太平寰宇記卷五二，『孟州，河陽郡』。

『汜水，……元豐二年復置。』

按，元豐九域志卷一，『二年』作『三年』。

『河陰，中。』

按，宋太宗實錄卷七十六，『至道二年二月，……以河陰縣依舊隸孟州』。

『王屋，中，熙寧五年自河南來隸。』

按，元豐九域志卷一，『慶曆三年以河南府王屋縣隸州，復以汜水縣隸河南府。四年復置』。

『蔡州，……淮康軍節度。』

按，太平寰宇記卷十一，『蔡州，漢初升爲防禦州，至皇朝因之』。元豐九域志卷一，『景祐二年，升淮康軍』。

『淮寧府，……縣五，……商水，中。』

按，元豐九域志卷一，『建隆元年，改溵水縣爲商水縣』。

『潁昌府，……舊隸州。』

按，『隸』爲『潁』之訛。

『泰和，望。』

按，太平寰宇記卷十一，『開寶六年十一月分汝陰北五鄉爲萬壽縣，以萬壽鄉爲名』。通考卷三百二十，『升汝陰縣百尺鎮爲萬壽縣，宣和後改爲泰和』。

『汝州，……縣五，……寶豐，中，……熙寧五年省爲鎮。』

按，元豐九域志卷一，『五年』作『四年』。

『信陽軍，同下州，開寶九年降爲義陽軍』。

按，通考卷三百一十九，『唐爲申州，或爲義陽郡，開寶九年降爲義陽軍』。

『廢鍾山縣。』

按，太平寰宇記卷一百三十二，『鍾山入信陽縣』。

『信陽，中下。』

按，太平寰宇記卷一百三十二，『太平興國元年，改義陽縣爲信陽。』

『羅山，中下。開寶九年廢，雍熙二年復置。』

按，元豐九域志卷一，『二年』作『三年』。

清史稿地理志校正

譚其驤

奉天

清天命十年三月，定都瀋陽；天聰八年，尊爲盛京。

紀，天聰八年四月詔以瀋陽爲『天眷盛京』，赫圖阿拉城省『天眷興京』。盛京蓋簡稱也。

順治元年，設內大臣副都統及八旗駐防；三年，改內大臣爲昂邦章京，給鎮守總管印；

職官志疆臣年表，內大臣昂邦章京駐盛京。『元年』下當增曰：定鼎京師，以盛京爲留都。

康熙元年，改昂邦章京爲鎮守遼東等處地方將軍；

職官志疆臣年表，初改將軍，徙駐遼東，卽遼陽城，明遼東都司舊治也。

四年，改鎮守奉天等處地方將軍。光緒二十三年三月，罷將軍，置東三省總督，奉天巡撫，改爲行省。

職官志疆臣年表，乾隆十二年，改奉天將軍爲盛京將軍，移駐盛京。此脫。光緒三十三年自盛京將軍改爲督撫也。

又職官志，宣統二年，省奉天巡撫，以總督兼其事。此亦脫。

光緒三十三年，奉天吉林黑龍江始置總督巡撫，比於內省，然其前置將軍時已有『東三省』之稱。此斷以三十三年罷將軍置督撫爲改省，但於奉天府下則云『光緒三十一年爲奉天省治』，鳳凰廳下又云『光緒二年改置廳，直隸行省』，遂自相矛盾。

承德 康熙三年設縣。

職官志作二年，盛京通志[1]作四年。

（會典事例，雍正七年升縣爲直隸州，乾隆七年仍爲縣。按承德爲奉天府治，清制府治皆爲縣，不得爲州，更不得爲直隸州，此所云云，疑係誤以直隸承德府之沿革羼入也。）

瀋陽縣志[2]，宣統三年省承德縣。此脫。（職官志作二年。）

遼陽州 明定遼中衛，兼隸自在州。

當曰，明定遼中，左，右，前，後衛，東寧衛，並置自在州；遼東都司治。

康熙三年六月，縣升爲州。

一統志，盛京通志作四年。

復州 雍正四年分蓋平地置復州廳；十一年改爲州。

一統志，盛京通志，雍正五年設復州通判，十二年陞爲州。盛京通志一作十三年升爲州。

撫順 光緒三十三年(興仁縣)移治撫順城，更名。

瀋陽縣志，撫順縣志略，[3] 東三省沿革表作三十四年，[4] 是。

開原 明洪武二十年置三萬衛於元開元路故城西；二十一年徙此，改開元爲開原；永樂七年兼置安樂州。

志通例皆不及前代沿革，此獨異。依例但當曰：明三萬衛遼海衛，兼置安樂州。

按一統志改『元』爲『原』事在置衛前：蓋初改開元路爲開原路，旋罷路置三萬衛也。此置衛年月據明史地志，改元爲原年月則據盛京通志；既已罷路置衛，又改路名之元爲原，遂矛盾不可通。

今開原縣治即是元開元城，此旣曰初置衛於故城西，下不曰徙於故城而用一詞義含糊之『此』字，讀者不察，將誤以『此』與開元故城爲二地矣。

康熙三年六月置縣。 鐵嶺 蓋平 康熙三年六月置縣。

盛京通志並作四年。

蓋平 又西南六十里有熊岳防守尉，舊駐副都統，後裁。

職官志，駐防副都統，雍正五年增置熊岳一人；道光二十三年徙駐金州。

金州廳 雍正十二年置寧海縣；

東三省沿革表作十年。

一統志，盛京通志，清初地屬海城；康熙三年改隸蓋平；雍正五年設金州巡檢屬復州通判，十二年置縣。

道光二十三年改金州廳。

奉天省府廳州縣建置考[5]作二十二年，海防同知廳；後仍爲寧海縣；光緒六年裁縣復設廳。此脫。

錦州府 明置中，左，右屯三衛。

『中』上脫『廣寧』二字。府地在明共置廣寧中屯，左屯，右屯，廣寧，廣寧中，左，右，廣寧前屯，後屯，義州，寧遠十一衛，而此脫其八。

康熙三年置廣甯府並縣爲治；四年改置，徙治錦。

本志錦廣寧下並作三年十二月改置。

領州三。

『三』當作『二』：義州，寧遠州。錦州設府，仍屬奉天府；迨奉天府改尹為知府，錦州府始直隸盛京將軍。此制與內地異，當為叙明。又昌圖府，興京廳，鳳凰廳舊皆隸於奉天府尹。

錦 明置廣寧中屯衛及右屯衛。

當曰：明廣寧中屯，左屯，右屯衛。（左屯衛與中屯衛同城而治。）

康熙元年七月改錦州為錦縣，隸奉天府。

但當曰：康熙元年七月置縣隸奉天府。錦州，元代之舊制，廢已久矣；此時特置縣於廣寧三屯衛之地耳，非改州為縣也。

一統志作三年六月，蓋誤以改隸廣寧府之年月為置縣之年月也。建置考宣統□年廢錦縣，此脫。

舊駐副都統，光緒三十四年裁。

職官志，雍正五年，徙盛京副都統一人駐錦州；宣統元年省。

義州 明義州衛。

當曰：明義州衛及廣寧後屯衛。

崇德元年以封察哈爾；康熙十四年察哈爾叛，討平之；六十一年設通判；雍正十二年置州，隸府。

盛京通志，康熙十四年設義州巡檢司，屬廣寧；雍正二年移錦州府通判分轄；十年設管邊同知，並轄邊外地方；十二年陞為州。一統志，康熙十五年設巡檢司，六十一年移錦州府通判駐此；雍正十年改設同知管轄；十二年升為義州。

寧遠州 明寧遠衛。

當曰：明寧遠衛及廣寧前屯衛。

康熙三年置州，隸廣寧府。

盛京通志，康熙二年設州，隸奉天府；三年，隸廣寧府。此誤以改隸之年為初置之年。

廣寧 明廣寧衛。

當曰：明廣寧衛及廣寧中，左，右三衛。

康熙三年十二月，府移錦州，縣隸府。

會典，一統志並作四年。

綏中 光緒二十八年六月置縣。

下當增曰：治中後所。

新民府 嘉慶十八年六月分承德廣寧二縣地置新民廳。

府志[6]，縣志[7]，乾隆初年巨流河巡檢移駐新民屯；嘉慶十三年析承德廣寧地為新民廳，設撫民同知。

鎮安 明廣寧衛之鎮安堡。

下當增曰：天命七年克鎮安。以志例，凡遼東明衛所城堡皆書入清年月也。

營口直隸廳　奉錦山海關道改為分巡錦新營口兵備道，駐廳。

『奉錦』上應增『同治五年初設』六字，『改』上應增『至是』二字。

興京府　乾隆三十八年設理事通判，光緒三年改為興京撫民同知。

職官志，二十八年，增興京理事通判一人，光緒二年省；會典事例，光緒三年，改興京理事同知為撫民同知：疑二年改通判為同知，三年復改理事為撫民也。

駐副都統。

職官志，光緒元年增置。

通化光緒三年置縣。

建置考作二年，治頭道溝。沿革表分岫巖地設，治頭道江。

懷仁光緒三年置縣。

桓仁縣志作二年。建置考治六道溝。沿革表分岫巖地設，治六道河。

輯安明建州衛之鴨綠江部。

『置』，『建』之刊誤。

光緒三十八年置縣。

沿革表，建置考作二十八年；桓仁縣志作二十九年。當是誤『二』為『三』。

鳳凰直隸廳明置鳳凰城。

當曰：明東寧衛之鳳凰城堡。

乾隆四十一年設鳳凰城巡司。

一統志，盛京通志，天聰八年設兵駐通遠堡；崇德三年移此鎮守。

光緒二年改置廳。

盛京通志，四十一年設巡檢，歸岫巖通判管轄。

會典事例作三年。沿革表，二年改廳，設同知。

岫巖州明置岫巖堡。

下當增曰：天命六年降。

乾隆三十七年設岫巖城通判；光緒二年改為州。

會典事例，乾隆三十七年於岫巖城設理事通判隸錦州府；光緒三年改為州。建置考，乾隆三十八年移熊岳通判為岫巖通判；光緒三年改州。

安東光緒二年置縣。

會典事例作三年。

寬甸明東寧衞之寬甸六堡。

下當增曰：天命六年降。

長白府明建州衞之鴨綠江部。

長白徵存錄，明初屬建州，率賓，海蘭諸衞；後分隸於長白山訥殷部，鴨綠江部。

光緒三十三年置府。

徵存錄，咸同以前隸興京；光緒初屬通化縣；二十九年屬臨江縣；三十四年九月奏准設府。沿革表作三十二年九月，『二』當是『四』之誤。

海龍府　光緒五年以流民墾鮮圍塲地置廳。

建置考，縣志[10]，光緒四年置通判廳。『圍』當作『圍』。

西安二十九年移治大興鎮。

縣志略[11]作大疙疸。

昌圖府嘉慶十一年設昌圖額勒克理事通判。

會典事例作十二年。

奉化光緒三年改置縣。

建置考作四年。

康平蓿名康家屯，光緒三年移八家鎮經歷治此；

建置考作四年。

六年改置縣。

建置考作七年。

靖安光緒三十年以右翼前旗舉地置縣。

下當增曰：治白城子。

1 盛京通志，乾隆四十九年本。

2 瀋陽縣志，民國六年本。

3 撫順縣志略，宣統三年本。

4 東三省沿革表，吳廷燮撰，宣統元年本。

5 遼東文獻徵略，金毓黻撰，卷一，民國本。

6 新民府志，宣統元年本。

7 新民縣志，民國十五年本。

8 桓仁縣志，民國本。

9 長白徵存錄，宣統二年本。

10 海龍縣志，民國二年本。

11 西安縣志略，宣統三年本。

管子中的經濟地理思想（一）

楊效曾

在我們攷究管子中關於地理的思想之前，首須知道管子是什麼時候的書，因爲如果不是這樣，我們便不能夠正確的了解牠。

管子非管仲所作，早已成爲定論。但是，誰作的呢？作於那一時期呢？這却有各種不同的說法。

葉適說：

『管子非一人之筆，亦非一時之書，莫知誰所爲。以其言毛嬙，西施，吳王好劍推之，當是春秋末年。』（水心文集）

在管子中，有儒家思想，如『四維不張，國乃滅亡』；有法家思想，如『嚴刑罰則民遠邪，信慶賞則民輕難』；有陰陽五行的思想，如幼官圖；而道家（見樞言），兵家（見兵法）的思想也參雜於其中。就思想上說，已有如此的駁雜，再就時代上看，也非常的不一致：有時講『參其國而伍其鄙，……謹用其六乘』（小匡）的不百里而足的自然自給社會，有時又說到『百姓之不田，貧富之不訾（註：訾，限也）』的商業發展後土地兼并的現象；而輕重篇大談重農抑商，顯係漢武時或其後的作品。所以，由管子中的思想及時代性上看，葉適『管子非一人之筆，亦非一時之書』的話是絕對正確的。但『以其言毛嬙，西施，吳王好劍』而定爲『春秋末年』的書，這一點却是錯的。

其次，姚際恒認管子成於戰國末年，他說：

『恒案，其大匡，中匡，小匡諸篇，亦本論語「一匡天下」爲辭。……又「兵車之會六，乘車之會三」，本國語。又言「春秋所以紀成敗」，管未見春秋也。……大抵參入者皆戰國周末之人，如稷下游談等；及韓非李斯輩，襲商君之法，借管氏以行其說者也。』（古今僞書攷）

姚氏此說，較葉氏的意見高明得多，但還不如近人羅根澤的說法較爲近眞。羅君將管子分篇攷訂其思想時期，以爲大半是戰國作品，以水地，度地，地員爲漢初人作，而將參患，正世，輕重定爲文景以後人所作。（見管子探原，中華書局出版。）

羅君意見，較近眞理，我們即依羅說來定管子的時代罷。依羅說，我們所提到的管子篇目是戰國至漢初（其參患，正世，輕重三篇，本文未提，故不計入），那末，我們所尋出的下面的材料，就可說是由戰國至漢初各家思想的混合中抽出來的經濟地理的思想了。

（二）

管子中對於地的主要觀念，是『生養萬物』（地勢）。水地說：

『地者，萬物之本原，諸生之根菀也，美惡賢不肖之所生也。』

但地只是一個軀殼，地之所以能夠『生養萬物』在於牠的內部還包含着一個重要的東西——水：

『水者，地之血氣，如筋脈之通流者也。』（水地）

這稱爲『地之血氣』的水，是使地能生養萬物的唯一要素，對于居住於地上的人有很大的關係：

『夫齊之水道躁而復，故其民貪麤而好勇。楚之水淖弱而清，故其民輕果而賊。越之水濁重而洎，故其民愚疾而垢。秦之水泔最而稽，淤滯而雜，故其民貪戾罔而好事。齊晉之水枯旱而運，淤滯而雜，故其民諂諛葆詐，巧佞而好利。燕之水萃下而弱，沈滯而雜，故其民愚戇而好貞，輕疾而易死。宋之水輕勁而清，故其民閒易而好正。』（水地）

因爲把水這樣的看重了，所以又說：

『水者何也？萬物之本原也。』（水地）

因爲地有山川原隰……形勢的不同，水離地面的深淺也有差異，所以，地員的作者就按着水與地的關係來攷察地宜。

『夫管仲之匡天下也，其施七尺。瀆田悉徙，五種無不宜，其立后而手實，其木宜蚖菕與杜松，其草宜楚棘，見斯土也，命之曰五施；五七三十五尺而至於泉，呼音中角，其水倉，其民彊。赤壚歷彊肥，五種無不宜，其麻白，其布黃，其草宜白茅與雚，其木宜赤棠，見斯土也，命之曰四施；四七二十八尺而至於泉，呼音中商，其水白而甘，其民壽。黃唐無宜也，唯宜黍秫也，宜縣澤行廧落，地潤數毀，難以立邑置廧，其草宜黍秫與茅，其木宜櫄𣚕桑，見斯土也，命之曰三施；三七二十一尺而至於泉，呼音中宮，其泉黃而糗流徙。斥埴宜大菽與麥，其草宜萯雚，其木宜杞，見斯土也，命之曰再施；二七十四尺而至於泉，呼音中羽，其泉鹹，水流徙。黑埴宜稻麥，其草宜苹蓨，其木宜白棠，見斯土也，命之曰一施；七尺而至於泉，呼音中徵，其水黑而苦。……』

由於這種攷察，他把土地分作上，中，下三等。又把上土分爲粟土，沃土，位土，隱土，壤土，浮土；中土分爲𢂋土，𦃇土，壏土，剽土，沙土，塥土；下土分爲猶土，弤土，五殖，觳土，鳧土，桀土（見地員）。

土地既有肥瘠，所以，國家所處的地域的水土，於國勢有密切的聯繫。管子就以地域來分國勢的。山至數說：

『有山處之國，有氾下多水之國，有山地分之國，有水泆之國，有漏壤之國：此國之五勢，人主之所憂也。』

隨着國勢的不同，國家的政事亦有差別：

『山處之國，常藏穀三分之一。氾下多水之國，常操國穀三分之一。山地分之國，常操國穀十分之三。水泉之所傷，水泆之國，常操十分之二。漏壤之國，謹下諸侯之五穀與工雕文梓器，以下天下之五穀。此准時五勢之數也。』（山至數）

國勢既與國家的政事有這樣密切的關係，所以說：

『故聖人之處國者，必於不傾之地而擇地形之肥饒者，鄉山左右，經水若澤，內爲落渠之寫，因大川而注焉。乃以其天材地之所生，利養其人以育六畜。……天子中而處。此謂因天之固，歸地之利。』（度地）

不過，國家所處的地域，不能盡如人意的來選擇，而且，即便是肥饒的地方罷，地也不會自己生利，『地大而不耕，非其地也』（霸言）。是以善爲國者，還必須『辯於地利』。

『知其緣地之利者，所以參天地之吉綱也。』（侈靡）

那末，怎樣『務地利』呢？管子中講這方法，約可分爲以下幾項：

一，除害　要務地利，須先除害：

『故善爲國者，必先除其五害。……水，一害也；旱，一害也；風霧雹霜，一害也；厲，一害也；蟲，一害也：此謂五害。五害之屬，水爲最大。五害已除，人乃可治。』（度地）

二，以時立政　其次是按時宜以行政事：

『均地分力，使民知時。』（乘馬）

『是故春三月，以甲乙之日發五政，……修溝瀆，……修封疆，正千伯（阡陌），……其時號令賞賜，……時雨乃降，五穀百果乃登。……』（四時）

『山林梁澤以時禁發而不正也，草封澤鹽者之歸之也，譬若市人。』（戒）

『審天時，物地生，以輯民力。……』（君臣下）

『山林雖廣，草木雅美，禁發必有時。……江海雖廣，池澤雖博，魚鱉雖多，罔罟必有正。船網不可一財而成也，非私草木愛魚鱉也，惡廢民於生

穀也。』(八觀)

三，提倡　對於應行之事，人主當力加倡導：

『主好本則民墾草萊。……』(七臣七主)

『好本事，務地利，重賦斂，則民懷其產。』(立政)

『所謂六興者何？曰：辟田疇，利壇宅，修樹藝，勸士民，勉稼穡，修牆屋，此謂厚其生。發伏利，輸墆積，修道途，便關市，愼將宿，此謂輸之以財。導水潦，利陂溝，決潘渚，潰泥滯，通鬱閉，愼津梁，此謂遺之以利。……』(五輔)

四，絕淫巧　淫巧足以惑百姓，害民務，是必須禁絕的：

『今工以巧矣，而民不足以備用者，其悅在玩巧。農以勞矣，而天下飢者，其悅在珍怪方丈陳於前。女以巧矣，而天下寒者，其悅在文繡。』(五輔)

『地博而國貧者，野不辟也，……故末業不禁則野不辟，……』(權修)

『凡爲國之急者必先禁末作文巧，末作文巧禁則民無所游食，民無所游食則必農。民事農則田墾，田墾則粟多，粟多則國強。……』(治國)

國君能夠按照上述的幾項辦下去，則地一定辟舉，粟也生產多了，國就富強了。所謂——

『山澤救於火，草木殖成，國之富也。溝瀆遂於隘，障水安其藏，國之富也。桑麻殖於野，五穀宜其地，國之富也。六畜育於家，瓜瓠葷菜百果備具，國之富也。工事無刻鏤，女事無文章，國之富也。』(立政)

管子裏敷陳了這樣的『務地利』——即是治國——的大道，也即以此作爲觀察國家貧富的標準。在八觀裏說：

『行其田野，視其耕耘，計其農事，而飢飽之國可以知也。其耕之不深，耘之不謹，地宜不任，草田多穢，耕者不必肥，荒者不必墝，以人猥計其野(注：猥，衆也。以人衆之多少，計其野之廣狹也)，草田多而辟田少者，雖不水旱，飢國之野也。

『行其山澤，觀其桑麻，計其六畜之產，而貧富之國可知也。夫山澤廣大，則草木易多也；壤地肥饒，則桑麻易殖也；薦草多衍，則六畜易繁也。山澤雖廣，草木毋禁；壤地雖肥，桑麻毋數；薦草雖多，六畜有征：閉貨之門也。』

以上所述，是管子中『辯於地利』的系統。在述完這系統之後，我們還須考一下所謂管子的大政策——『官山海』。我們知道，『官山海』政策只有實行於商業發展的國家，如果交換經濟不發達，『山海』雖『官』，也沒有什麼用處的。因爲『國多寶則遠者來』（牧民），必須在城市發達的時候，所謂——

『市者天地之財具也，而萬人之所和而利也。』（問）

齊國的商業發達較其他國家都早，所以管仲能夠實行這種政策。管子裏也有這種政策的注解，如：

『關者，諸侯之陬隧也，而外財之門戶也，萬人之道行也。明道以重告之，征於關者勿征於市，征於市者勿征於關，虛車勿索，徒負勿入，以來遠人。十六道同。』（問）

不但這樣重視關市，而且提倡侈靡以促進其發達：

『與時化若何？莫善於侈靡。』（侈靡）

這是商業初發達時的現象，與管子中『辯於地利』的系統相矛盾，絕淫巧與提倡侈靡是不能共存的。在這一點上，也可證明管子內容的駁雜。

黑城探檢記

侯仁之譯

原作者斯文赫定（Sven Hedin）先生，爲世界有數的地理學者並中亞著名探檢家，本年六十九歲。他二十歲時即已開始旅行生活，十年之中到我新疆考察者前後已達四次。其著名遊記如長征記，鱗佛勒斯峯，探險生涯（又名亞洲腹地旅行記）均已由李述禮先生譯成中文。他如關於一九二七年與我國合組的西北科學考察團的科學專著以及外喜馬拉亞山，南藏等十餘冊巨著，則尚未見譯本。本文乃專記一九三一年至三二年斯文赫定亞洲探檢隊（Sven Hedin Asia Expedition）在我寧夏黑城一帶最近工作重要結果之一部，不容忽視。原文載本年英國 The Listener 二月號，原題名：The Black City' of the Gobi Desert.——譯者。

在已往兩年中，我們考察團中的古物學家貝格滿博士（Dr. Folke Bergman）曾經集中他的研究工作在額濟納河（Etsin-gol）流域。這是在這大沙漠中一條很可注意的河，在某幾方面也是很著名的。貝格滿是一位熱心的青年研究家，在我們的考察團中，他算是屬於老練而富於經驗者的一流。因為自從一九二七年我們第一次開始工作的時候，他就已在中國的內部從事工作了。在第一年中，他忙着蒐集石器時代的遺物和繪製石器時代原人奠居地域的地圖。因此，他曾走遍了內蒙古，額濟納河流域，大戈壁沙漠，東土耳其斯坦，以及西藏和新疆的北部，他和他的中國合作者把蒐集品運送到北平去的約有一萬五千餘件。

這期間，他回國去住了不久的工夫，又第二次整裝向北平出發。（譯者按，貝格滿與赫定先生同為瑞典人。）這次他伴同一個設備周全的大旅行團一同回來。和他結伴同行的還有鮑林博士（Dr. Bolin）郝奈先生（Nils Hoerner），與白克蘇博士（Dr. Bexell）。這個大旅行團的領隊者是約翰生先生（Dane Johannesn）。他施展他的最大的幹才，居然很成功的把貝格滿的蒐集品平平安安的送到北平——這真是非同小可的一件事。這次考察團按照各種專門的工作範圍，分作了好些小組。鮑林起初專心致力於他專門的石器時代的研究，既待他來到了布魯雄齊（Boro-Sench）之後，因了重要的歷史發現的結果，他遂不顧一切的轉移到古物學的工作範圍來，而且在這一方面他竟達到了開創新紀元的成績。那幾乎是叫人不能相信的；他居然能把那被人遺忘已久的一個時期中的生物與事實，從保存不善的廢墟與大戈壁焦燥不毛的荒蕪中發掘出來，並加以有系統的整理。貝格滿也掘出了兩千年前古代中國的廢墟和荒蕪的沙洲以及這帶草原城上備禦蠻夷的邊防。當他們在額濟納河上長時期的逗留期間，貝格滿把工作報告書交託給東來的商隊帶到帕斯圖（Pasto）去，到那兒再由傳教士代為發送，這樣他始終沒有間斷過。我相信每一件報告都無慮的收到了。他所發現的漢代（紀元前二百年至紀元後二百年）鈔本的數目，繼長增高，到現在為止，其數目已經超過一萬件了。這些東西的出土處是在大戈壁沙漠中——特別是沿額濟納河的兩岸。額濟納河從祁連山——即南山（Richthofen Mountains — Nan Shan region）（註1）一帶發源，北流注入嘎順諾爾（Gashonor，譯者按即居延海），索果諾爾（Sogonor）二鹹水湖。

一個叫作毛目（Maumu）的圍牆頹敗的小城，坐落在離額濟納河口一百七十哩的地方。在附近差不多一整列的邊陲堡寨——一種附有碉樓的邊牆建築——被發現了。這道邊牆與斯坦因（Sir Aurel Stein）（2）所發現的同屬一條。在戈壁的中央，額濟納河的邊陲的古老的文化地帶上，又發現了一帶城堡一類的建築，與萬里長城是極相像的。貝格滿把額濟納河以東的邊牆作為主要研究的對象。城牆差不多是與額濟納河平行並進，直到河身寬闊下去的地方爲止。在河的對岸，有一條水道接近城牆。這條水道有十六哩長，從外表上推測起來也當是與城牆的建築同一時期所開掘。據貝格滿的觀察，這一帶地方最有趣味的建築要算是 Taraling 。此等誘人的荒城，早已被發現了，不過還沒有斷定其時代。貝格滿足以指出此等城砦與那著名的『

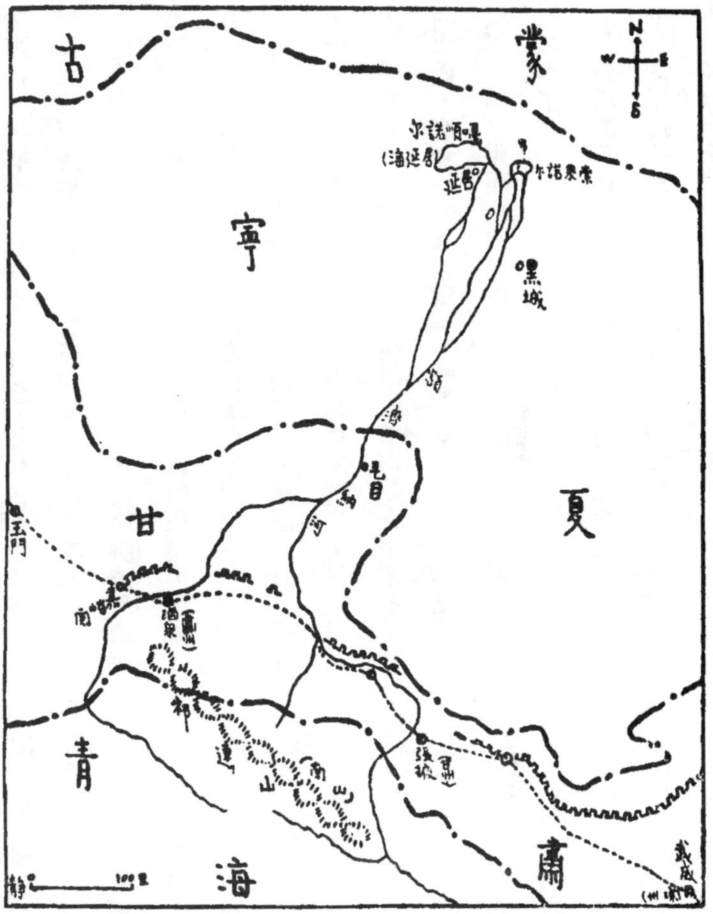

黑城』('Black City')(3)——哈喇和闐(Chara Choto) —— 大約是同一時期的建築，並且在漢朝被利用過作衛戍的重地。探掘者從這兒發現了書簡，貨泉，箭簇，青銅的武器，木製的羹匙飯碗以及絲織品。圍着這個小城(據我們的經驗來推測)，這道邊牆應該是在東北方面引伸成一帶彎曲的部分。在萬里長城的工程上是有許多類似的建築格式的。貝格滿在這道邊牆之內又發現了兩座巨大而堅固的砲台，在北邊的一座——如鈔本所示——居於比較重要的地位。在這一些廢城之北，沿着額濟納河的方向，又有三十八處其他的廢城，就中有三十二處是屬於漢朝的。此等廢城只有一個例外，就是加添了望樓的建築。在這些砦堡之中，並沒有發現什麼遺物，因爲其地基過低，河中的溼氣浸漬進來，以致所有的木器都朽爛了。就中有一座守望樓証明了是一個很完善的古物保藏的地方，因爲貝格滿在這兒發現了一冊書卷，是七十八件書簡，用繩索釘在一起。

最大和最豐富的發現還在北方，是靠近額濟納河的一帶地方。大概城牆是一直展延到布魯雄齊去——因為在那兒還有兩座守望樓。但是在這一帶草木鬱茂的低地中，貝格滿覓一點東西都沒有找到。在額濟納河與布魯雄齊之間，有二十八座頹敗的堡寨，約略在一條幹線上。在布魯雄齊的那邊，還有十五座堡寨，是以石板代磚而築成的。在哈喇合圖與額濟納河之間，有四座守望樓的土堆和一座堡壘。這些廢城形成一長列，與河身平行。在額濟納河的西岸也有一帶邊牆，上面約有二十八座守備的望樓，造成了恰如一座小城寨的形式。在河身開展而從河口三角洲的尖端向北方伸展下去的地方，這一列城壘，漸漸凸起。這條城不大容易辨識；附近的地帶多半為草木遮掩，以致常常失去了線索。在北方，沿一條從額濟納河分支下來的乾涸了的水道，來到一個『乾湖』(Dry Lake)中，在那兒郝奈發現了一列自西而東的漢朝的砦堡。由此証明這個湖是被圍繞起來了。

貝格滿的工作已經証明得清清楚楚：在漢朝的時候，哈喇合圖附近的地方，曾是人煙稠密的地帶，如今則因為乏水的緣故完全遺棄而荒蕪。再者，當唐，宋，元三朝的時期，這兒一定是一帶文化發達的中心。在哈喇合圖之東又發現了一百五十處的農舍，清眞寺，和砦堡。在那時，這一帶地方的生之命脈就是現在已經涸竭了的通到『乾湖』來的額濟納河的那條支流。哈喇合圖——『黑城』——第一次在一九〇九年被俄羅斯的柯斯羅夫上校（Colonel Kosloff）所發現。他把他的發現寫成一本書，書中他辨識明白這座城就是馬哥孛羅的 Etsina 城（一二七二）[4]。斯坦因也曾來到過這兒，在城牆中從事發掘。他得到了很豐富的遺物。以後我也曾和團裏的幾位同伴一塊兒去過，只是沒有留在那兒從事發掘。去年冬天，貝格滿繼續着他的研究工作。在春天，他在他的報告書中寫道：『「黑城」仍然包含着許許多多前人所未曾注意到而尚待解決的問題。我相信，在這道城牆之中，一定有一個漢朝的城鎮，可是我還沒有証明』。無論如何，他曾經希望能在唐朝時代的村落中找到一些遺物。的確，他在那兒找到了中國的古寫本，而且最後他終于發現了手寫的原本眞跡，其寫法是前此所未嘗見過的。

『我眞幸運』，貝格滿說，『在別人從來沒有搜索過的一堆廢物中，我覺得到了對於古代的一個最重要的大發現。到現在，我們已經明白哈喇合圖並不同於其他邊陲戍留地，不過其特殊的建築格式我們未曾注意能了。那兒還有一處無疑的是比較古老不過規模較小的廢基，我還不能確定他的年代。以我看來，無論如何那當是一個唐朝的城鎮，因為在哈喇合圖附近，曾發現了一些唐朝的遺物』。

供給附近一帶村落與農田以河水的額濟納河，止於離這個城鎮數哩的地方，那麼，其水的供給就只有鑿井與水泉。

我上面已經說過，貝格滿的蒐集品現在已經搬運到北平來，存放在Sinological Institute中，而且現在正對這些東西加以研究。柯羅倫教授(Prof.Karlgren)與中國的學者正從事翻譯那些鈔本。貝格滿他自己也回到北平來，為的是研究他那些石器時代的蒐集品。北平是他作研究工作的最好的中心點，因為在那兒他可以有機會與同事者比較他的蒐集品。科學的世界裏當在期望着一種非常的驚人的消息吧！

註一：李希霍芬（Ferdinand von Richthofen.1832—1905）係德國著名地質學家並為開創中國地質學研究的第一人。當四十餘年前本文作者赫定先生遊學柏林研究地理地質學時，曾就教於李氏（見探險生涯頁四四—五）。李氏於一八六八年初來中國，開始地質工作。一八七七年於柏林出版『中國』一書，推為地學界偉作。（去年五月五日為李氏百年誕辰，赫定先生為作小傳，可供參考。譯文載方志月刊七卷四期）。本文中稱祁連山為 Richthofen Mountains，當即由李氏得名。

註二：斯坦因（Sir Aurel Stein），英國考古家，一九〇〇—一年由印度政府遣派領隊來新疆和闐一帶考古，其重要報告書為 Ancient Khotan. Oxford, 1907. 2vols.）。一九〇六—八年再來甘肅燉煌及其西北部長城故壘，從事發掘，發見漢簡甚多，即世所謂『流沙墜簡』。一九〇七，斯氏在燉煌千佛洞一石室中取得許多古文書，古佛經手寫本，古畫卷之類，滿載而去，現大部陳列倫敦博物館中。是為燉煌大發現之始。其主要報告書為（Serindia. Oxford, 1921, 5vols.）Thousand Buddhas. Lond. 1913. Documents Chinois etc.(par Chavannes). Oxford, 1913.

註三：見註四

註四：一九〇七年俄國柯斯羅夫探檢隊入蒙古作考古旅行。一九〇九年發現此西夏時代的黑城的遺址，其主要報告書為 Mongoliyai Amdo, Maskva; Petrograd, 1923. 關於黑城的外觀，徐旭生先生有比較詳細的描寫如下：『黑城爲一正方土城，東西，南北各半里餘，垣堞大體完整。城外西南角有一廟，建築上爲一大圓頂，前爲一大圓門，門向東南，餘三面亦有小門，不似中土式。內多積土，佛像全無，圓頂已缺一小部分，露天；然餘部分有些地方，石灰尚未脫落。若專就外形觀，時代似非太早。……少休息，到城內（從西門進，城只有此一門。）瞭草一看，城正中爲一土台，或當年的瞭望樓在其上；北面正中牆未全倒，旁有琉璃瓦片，建築似頗宏壯。土台前有一佛龕，神像無存，但間泥佛像頗多』（徐旭生西遊日記頁一二二）。赫定先生在他的長征記中對於黑城也有一段比較詳細的敘述，錄如下以與徐先生文較：『……透着哈喇合圖西南城牆和一列突出的城樓，西南角是一座清眞寺。……城牆頗爲完整，只東面和西面有門〔徐謂只一西門〕。城作不正的四角形……南面長四百二十五，西三百五十七，北四百十五，東四百零五公尺，城內有房屋的遺跡，城牆內外堆成沙丘，高達城雉，而在西門內却聳起一座孤丘，位置正處在劇烈的西風六百年來掃過這開敞的城門所遂得到的地點』（長征記頁一四八）。

介紹『到西北去』的兩部書

馮家昇

近年來，『到西北去』的口號喊得很高，什麼日記，筆錄報告等等文字也很多。然而有的走馬看花，太覺浮淺，有的亂抄『年鑑』，『公報』，翻來翻去還是一篇符文章。果能從實地精密調查，源源本本，勒成巨帙的，我還沒有看到。好了，現在介紹給有志『到西北去』的兩部書吧。

綏遠概況，民國二十三年，綏遠省政府編印。二冊十四編。第一編總論：沿革，土地，人口，山脈，河流，土質，氣候，物產，凡八章。第二編交通：鐵路，電政，郵政，道路，河道，凡五章。第三編農林業：農村經濟，農業經營，農產物之數量，各縣農業概況，農業之改進，林業，凡六章。第四編墾務：沿革，墾務現狀，凡二章。第五編水利：河流，河套，薩托民生渠，各縣水利，水利章則，凡五章。第六編牧畜：概論，各縣牧畜業狀況，牲畜及皮毛之產銷，牧畜事業之改進，牲畜之主要疾病，凡五章。第七編工業：現代工業，手工業，凡二章。第八編礦業：礦產之種類及分佈區域，調查較詳之各種礦產，各礦開採情況，凡三章。第九編商業：概論，本省貿易概況，各縣商業狀況，凡三章。第十編金融：本省金融之沿革，省會金融之狀況，各縣金融狀況，信用合作事業，凡四章。第十一編教育：學校教育，社會教育，民衆教育，蒙旗及同族教育，私塾，凡五章。第十二編保安：保衛團，公安局，鄉鎮僟蟲，凡三章。第十三編社會概況：禮俗，生活狀況，宗教，救恤制度，凡四章。第十四編烏伊兩盟概況。

此書所述甚爲詳盡，所列表格尤其細密。如第九編商業：貨物入境統計中，紙張分列十六種，什麼大白蔴紙，中西信封……小黃表……各種信紙，藥材類有硃砂，蔻仁……無極丹，避瘟丹之類：看來好像瑣碎，其實惟其是瑣碎的材料，我們才能發生出問題，才能就所發生的問題去作研究。再者，此書所收材料，最近一二年內者居多，大抵從十八年至二十二年底，非如中國年鑑一類書的陳陳相因者可比。

此書不但詳細而且精密，如第一編總論中，土地，山脈，河流，土質，氣候……不但卓宏謀的蒙古鑑比不上，就連花楞的內蒙古紀要也比不上。說得遠一點，日本一宮操子的蒙古土產，日本參謀本部的蒙古地志，日本農商務省的現代蒙古及其他調查報告等書，拿來比較，也是相形見絀。據本書第一編總論之沿革，綏東豐，集，興，陶，涼等五縣是十八年一月由察省劃入的，而亞新地學社十九年出版之大中華民國分省圖竟說是十七年。攷內政公報第二卷第一期是十八年一月，所以本書是，而亞新社圖所說非。至于坊間十八年以後翻版之地圖更誤人不少，有的連綏東五縣仍劃在熱河。鑒定牠是否爲奸商的翻版，這也是個好方法！

臨河位綏遠之西，河渠交錯，地脉肥沃，農產之富爲全省冠。有汽車公路，南通寧夏，北達五原包頭，交通頗稱便利。據呂咸等二十年所編之臨河縣志卷上，麥子，莞豆運包頭銷十之五，運蒙古銷十之二，本地銷十之三。糜穀運包頭十之三，蒙古銷十之三，本地銷十之四。胡蔴運寧夏十之五，本地銷十之五。蔬菜運寧夏十之三，本地銷十之四，運包頭十之三。而本書第三編第三章竟謂爲本地食用而不外銷。以富庶之臨河僅足自給，他縣又當如何？恐怕本書也不盡可據吧？又本書第一編第三章人口，臨河縣男二萬七千九百五十五人，女一萬八千六百三十八人，總計四萬六千五百九十三人。縣志，男三萬四千二百五十三人，女二萬二千三百四十八人，總計五萬六千五百九十三人。區區四五萬人的小縣，而二書所記竟差至一萬人，這不能不說是重大的錯誤了。然而這個錯誤究歸何書，我們沒有第三種調查記錄可資訂正，僅就綏遠省政府民國十九年度年刊所載，臨河縣男女人口總數爲五萬零九百三十八人，似乎和縣志相近。或者說：縣志人口總計表下的人數係十八年調查，年刊是十九年調查，本書則是二十一年調查，因調查年代不同，所以人口數目不同。然按地志調查在前，本書調查在後，年刊居中，人口理應增加，何以今反減少？且三年之中，四五萬人就減少一萬，除非有特別緣故如大地震，大疫癘，纔會這樣。不然的話，本書的眞確性就要發生疑問了。

民國十八年以後，山西省銀行的紙幣大落，一元僅値幾分現洋，因而商號倒閉，農村破產，說者謂爲山西三大禍之一。綏遠因與山西有政治上的關係，也大受其害，如歸化之大盛魁有數百年之歷史，握中蒙商業開經濟之命脈，也在這時期中犧牲了，由綏遠回來的商人都大罵老閻不已，而本書竟不提及，大概是有意的隱諱吧？今天報紙載山西省銀行紙幣有擠兌的風潮，同時綏遠銀行也發生擠兌，因庫銀不足，綏遠銀行一時停閉了。可見綏遠今日的金融仍擺脫不了山西省銀行的羈絆。

此外如征稅之種類，蒙人和漢人間的關係，都應詳爲紀述，而本書却忽略過去，這也不能不說是美中不足。

第二部書是十九年綏遠省政府的年刊，大要分十類。(一)省政府諸委的序文。(二)影片。(三)各機關，歲入歲出，田賦，災情，訴訟……等統計表。(四)中央與本省法規：民政，財政，建設，教育，司法，墾務，蒙務，賑務。(五)會議：議事錄，提案摘要。(六)任命。(七)報告。(八)調查。(九)行政，交通，農工業各種計劃。(十)重要文件。

此書爲該省十九年度的成績報告，各項紀載應有盡有。看過後，不但感覺該省近年努力之可欽佩，並可仔細的明瞭該省之狀況。

總之，這兩部書是研究西北的絕好的參考，比較中國年鑑等等價値高得多多。可惜均爲非賣品，坊間不易售得。春間顧先生旅行綏遠，承該省省政府贈予，我方得借讀一過。甚願省政府中能公開售賣，使有志『到西北去』的人更有明確的把握和堅強的意志。

廿三，六，九。

沙南蛋民專號（嶺南學報第三卷第一期）提要

許道齡

緒言

嶺南學報出一個沙南蛋民專號，這是我們民族史裏可以紀念的工作。該專號的內容豐富，材料充足，足備其他調查民族者的參考。今節錄其文，以告同好；但爲篇幅所限，掛一漏百，在所難免，請讀者原諒！

提起蛋家兩字，大概南方人民都會知道他們是一種過水上生活的民族。由此足以窺見他們活動範圍的廣大，所居地位的重要，和人口數量的衆多。但他們總人口的確數究竟有多少呢？據民國二十一年的人口調查會員的報告書謂廣州蛋民人口總數爲九萬餘。但據嶺南大學的調查，謂廣州蛋民至少要在十萬至十五萬之間。民國二十一年廣州市人口調查，謂廣州共有人口一百零四萬餘。若把蛋民與廣州全市的人口相比，那麽前者至少佔後者十分之一。十個廣州人之中，至少有一個蛋民，可見他們在廣州市民中佔了相當重要的地位，實有研究之價値。

沙南爲廣州城外的一個村子，接近嶺南大學，共有一百二十九家，六百零九人。若把沙南這一部分的蛋民人口與其全人口相比，不過佔總數百分之〇・五。以這個數目來做標準，覺得有點不彀。但是他們的日常生活和風俗習慣都相差不多，我們看到了這篇文章雖不能說見全豹，但總可說窺了一斑。然而我們斷不能以此爲滿足，還望關心該問題的人們繼續努力去研究其他部分的蛋民，漸漸至於全體，得到一個總結論。

第一編

（一）民族及人口

1. 一百二十九家的姓氏及總人口的百分比：沙南蛋民共有十四姓，一百二十九家，六百零九人。其姓別和總人口的百分比如下：

姓別	總人口的百分比
梁	二九・五六
馮	二三・三二
李	二一・八四
陳	九・〇三
黃	三・四五
何	二・六三
范	二・六三

羅	一・六四
盧	・九八
孔	・八二
葉	・八二
鍾	・八二
郭	・三三
彭	二・一三

2.沙南家庭人口多寡的分配及其形式：沙南蛋民每家的人口最少的是一人，最多的是十三人。其家庭的形式是：㈠獨居家庭，㈡小家庭，㈢大家庭。

3.沙南六百零九人的性別：男性二百七十七人，佔全人口百分之四五・五；女性三百三十二人，佔百分之五四・五。每家平均兒女出生率爲三・八二；死亡率爲一・六七。

(二)　職業

職業種類	操業人數	每人每月平均收入
1 蠔務	一二九	一九・一八元
2 搖船	八一	一一・七五
3 田工	九二	九・〇四
4 商業	三三	一四・一五
5 航業	一八	三六・七八
6 傭工	一〇	一六・〇〇
7 機器工人	七	四七・八五
8 籐工	五	二・五〇
9 建築	四	八・〇〇
10 縫紉	四	八・〇〇
11 接生婦	一	一六・〇〇
12 醒婆	二	二四・〇〇
總數	三八九	一五・五〇

(三)　家庭經濟

1.沙南一百二十九家，每月總收入爲六千零二十七元五角。總收入平均，每月每家爲四十六元六角五分，每月每人爲九元八角八分。總支出平均，每月每家爲三十一元四角二分，每月每人爲六元六角五分九釐。

2.沙南住屋及艇的價值：岸上屋共有七十一間，每間價值約一百九十九元八角；水棚共有八十九間，每間價值一百三十九元一角；艇共有七十八隻，每隻價值九十七元六角一分。合共價值三萬四千一百七十九元二角八分。

(四)　教育及健康

1.沙南蛋民的教育統計：受教育的人數：計現在

小學念書的男子五十八人；女子二十五人。合計七十五人，佔全人口百分之十二•三。成年識字的男八十二人，女十八人，共合一百人，佔全人口百分之十六•四。

2.沙南居民的疾病狀況： 在一九三二年調查得的結果是有病症三十五種，病人數目爲一百一十三人，佔全人口百分之十八•五五。

第二編

(一) 住屋與服飾

1.住屋： 沙南的屋子，大約可分爲木屋和磚屋兩種。木屋是建在岸邊的，屋內多分做四格：第一格是寮頭，第二格是廳，第三格是房，第四格是廚房。屋的形狀是長方形，只有一層樓。磚屋是起在岸上的，形狀和木屋略同，大小也相差不多。

2.服飾： 他們的服飾，男子穿的是對襟衫褲，女子穿的是大襟衫褲。平時常光着脚，到結婚時才把鞋襪穿上。

(二) 婚姻制度及兩性結婚的年齡

1.婚姻制度： 他們的婚姻觀念，是生子傳宗，即所謂「不孝有三，無後爲大」。所以婚姻是家族的事而不是個人的事。跟這個觀念而來的，就是盲婚制度。沙南的一切婚姻，都是由父母包辦的。童養媳的風氣，在沙南很盛。入贅的數目，在一百二十九個的家庭中共有五個。

2.結婚年齡： 他們的結婚年齡，男子多在十七八歲，女子多在十六七歲。若過了二十而不娶，尤其是不嫁，村人咸視爲例外。

(三)沙南婦女的地位，職業和教育。

1.地位：沙南婦女在社會上的地位很低，遠不如男子。

2.職業：她們多數是搖艇，其次是削竹，做佃工等等。

3.教育：教育很不發達，二十歲的婦女多是沒有受過學校教育的。近年來，受了新潮流的影響，女孩入校讀書的較前稍多；但是她們受了兩年教育後，多數都出去營生了。

(四)沙南居民的職業(已見前，不複舉)

(五)沙南各種會社的概況

沙南各種會社，大多數是經濟性質的。此外還有關于神誕的，或聯誼的性質的。但參加者大都爲清閒一點的未婚青年。會社約有如下幾種：

1.月會——會友每月照章集資一次。會友中某一人之有急需者，即以若干利息投得所湊集的欵項，然後每次開會時依期清還。 2.起會——該會性質與前者相彷彿。 3.廣東省下河程鹽裝包起落工會——該會宗旨爲聯絡同業者的感情。 4.安人會——該會是一般窮苦的父母爲其子女的婚事用費，籌謀互助的組織。 5.案兄弟會——該會的會員，通通是未婚的少年。入會的最大目的是會員娶妻的時候，其他的會友便要負幫助之責。 6.金蘭會——該會的會員，通通是未婚的妙齡女郎。金蘭會最熱鬧的時節是乞丐節(七月七日)，她們常將會中一年之收入悉供此一宵之娛樂，故這個節又名兒女節。總之：案兄弟會和金蘭會，是沙南青年男女娛樂生活的中心。 7.春社和秋社 8.公所 9.國技會

(六)沙南的治安

沙南毗連東山，頤養園，嶺南大學等高尚區域，故治安不生問題。維持治安的機關有(1)番禺分區和(2)沙南鄉團。

(七)沙南居民的娛樂

1.茶樓，酒館中的生活 2.鴉片 3.龍船(競渡) 4.音樂和戲劇。 5.唱歌謠 6.國技 7.說故事 8.談話 9.象棋 10小說及傳奇 11游泳 12兒童游戲。

(八)沙南的各種時節

1.新年節(廢曆新年) 2.土地誕(二月初二日) 3.洪聖誕(二月十三日) 4.清明節(掃墓) 5.端午節(五月初五日) 6.乞丐節(七月初七日) 7.盂蘭節(七月十四日) 8.中秋節(八月十五日) 9.重陽節(九月九日) 10冬節(十一月間) 11除夕(臘月末日晚上) 12春秋兩社(春季和秋季) 13月節(初一和十五兩日) 14神功——答謝神的醫治功效的大恩 15生日 16滿月

(九)沙南賭博的調查

沙南賭風頗盛，居民每于工作餘閒，三五成羣的賭博。聚人最多而輸贏最利害的要算番攤，其次爲麻雀和鋪票，骰子和紙牌次之。

(一〇)沙南的衛生狀況

沙南人民衣的食的都不很清潔；住的屋子裏，空氣非常汚濁；公共衛生更不講究。但他們因爲住在河邊且多勞動，故身體大概都很好。

(一一)沙南的慈善事業

1.對于病者的幫助 2.對于死者的幫助 3.對於外人遇患難者的幫助。

(一二)沙南的教育狀況

1.在公所開設的學塾——該學塾開辦於清代，學費每名至少三元，至多十元，白米之數每名亦由三斗至十斗不等。該學塾因爲辦理不得其人，學生逐漸減少，沒法維持，即於民十二年底宣告停辦。 2.新民學社——該社于民國十

三年元月十六日開學，創辦係該村的起釁工頭梁逵湖。

3.方社學校——該校是南大一九二六年級方社同學在河南（珠江之南）所創辦的，後來由方社獻給青年會接辦；青年會接辦後，又演變成沙南民衆學校。近來這民衆學校和番禺三十二小學合併，稱爲番禺第二區立第三十二小學校。

（一三）沙南人民的種種迷信

1.家神　2.土地　3.門官　4.灶君　5.洪聖大王　6.華光大帝　7.天后元君　8.中央的中社　9.東邊的東社　10西邊的西社　11天官或天公　12護舟龍神　13波羅神　14娘媽神　15三界神　16華陀菩薩　17龍武姑娘　18關平帝　19觀音菩薩　20關帝　21七姐　22齊幽鬼　23水鬼　24吊頸鬼　25鬼仔鬼女　26大聲鬼　27長聲鬼　28猪鬼　29牛鬼　30雞鬼　31鴨鬼　32百怨鬼　33回魂鬼　34冤鬼　35家鬼。

（一四）沙南的歌謠和婦女的哭辭

此類很多，茲爲篇幅所限，僅各舉一首如下：

1.歌謠：　月光歌：

月光光，照地堂，年卅晚，摘檳榔；檳榔香，買猪腸；猪腸肥，買牛皮；牛皮薄，買菱角；菱角尖，買馬鞭；馬鞭長，頂屋樑；屋樑高，買張刀；刀切菜，買籮蓋；籮蓋圓，買隻船；船浸底，浸死兩個番鬼仔：一個浮頭，一個沉底。

2.哭辭：　哭父：

亞爹啊！養大孩兒唔用使啊！你養猪養牛都取利錢啊！養女紅蓮有有用啊！你女歸陰條路不掛親爺啊！你夾萬（銀箱也）打開咪使盡（未化完也），留番低年（弟弟）使未遲啊！

（一五）沙南的言語：

沙南和廣州相接近，所以他們的言語和廣州方面的沒有什麼大差異。

二三，五，二七。

兩漢郡國縣邑增損表訂誤

于鶴年

讀禹貢半月刊第一卷第八期，見此表前半所列增損縣邑的名稱可與周明泰後漢縣邑省併表相參證，乃對校一過，除周表中有若干訛字外，此中亦發現不少的錯誤。雖此表重在統計，而因爲事實的誤記，已使數字發生變化。今將校出各條列舉於下，盥作者及其他同志指正。如能更爲研尉，重新訂正，成一完美的統計表，以備任何人之參考，豈不人己兩便。再者，有一部分錯誤由於手民的誤排，校對的疏忽，這是編輯先生的責任。因爲禹貢半月刊是學術刊物，非比尋常，應保持其尊嚴的地位，錯字力求減少，勿使讀者對於禹貢感覺其不足信，此於學術前途甚有關係。而作者及讀者亦應從旁盡力幫忙，以便建設研究的基礎。

一　廢省之部：

甲　郡國依舊，縣邑減省者：

汝南郡未列陽城。

南陽郡誤列博陽，原無此縣。

江夏郡未列襄。

鉅鹿郡鄡即後漢之鄡，未省。

涿郡容成應作容城。

泰山郡肥城應作肥成。章帝紀鳳皇集肥城，或復置。

東萊郡育利應作育犁，陽識應作陽石，陽安應作陽樂。

東海郡容五應作容丘。後漢劉虞封容丘侯，見本傳。

漢中郡甸陽應作旬陽。

犍爲郡符即後漢之符節，未省；郁鄢應作郁鄢。

巴郡江州，後漢未省。

酒泉郡天依應作天陈。

北地郡馬嶺應作馬領，歸道應作歸德。

西河郡臨河應作臨水。

五原郡河日應作河目。

雲中郡楨陵即後漢之箕陵，未省。

右北平郡驪城應作驪成。

遼西郡新西平應作新安平。

樂浪郡吞列即後漢之樂都，未省。

沛郡甗與應作甗與。

常山郡關即後漢之欒城，未省。

濟南郡鯱應作猇。

琅琊郡雩都應作雩段。

千乘郡廷信應作建信；狄即後漢之臨濟，未省。

天水郡罕非應作罕开。

信都國辟揚應作辟陽。

淮陽國苦未省；未列固始。

乙　郡國省併，縣邑亦廢者：

膠東國挺即後漢拒，未省。

六安國安豐，安風，陽泉，後漢均屬廬江郡，未省。

二　增置之部：

甲　郡國依舊，縣邑畧增者：

汝南郡未列征羌。
南陽郡順陽卽前漢博山，非增置；未列成都。
鉅鹿郡郻應作鄡，見前。
犍爲郡苻節見前。
巴郡枳水非縣，誤列。
雲中郡箕陵見前。
玄菟郡候成應作候城。
樂浪郡樂都見前。

常山國欒城見前。
安平國經西，西字衍。
陳國苦春應作苦，非增置，誤列。

乙 郡國新置，縣邑亦增者：

張掖屬國候官，左騎，千人，司馬官，千人官五縣名均未列。

廿三年，六月廿六日。

景山書社經售地理圖書目錄(下)

(7)遊記類(續)

我的探險生涯(上下冊)	斯文赫定著 孫仲寬譯	四元
哈爾次山旅行記	馮至譯	四角
南洋見聞錄	傅紹曾著	一元
目睹的蘇俄	盧白著	一元
環球視察記	李鵠昌 孟憲章合著	一元二角
日本視察記	王桐齡著	八角
東遊雜感	王桐齡著	五角
西征隨筆		宣紙五角 毛紙六角
南居印象記	沈美鎭著	二角
旅蜀日記	羅文幹著	五角
峨眉遊記	張志和著	六角
東北視察記	何西亞著	八角
三萬里海程見聞錄	孟憲章述	三角
河朔訪古隨筆	顧燮光著	二角八分
河朔訪古新錄	顧燮光著	洋紙一元八角 粉紙三元
閩南遊記	陳萬里著	一元
遊記第二集	俞頌華等著	三角
陝西旅行記	王桐齡著	五角
江浙旅行記	王桐齡著	五角
廬山遊記	胡適著	二角
新都巡禮	張若谷著	四角
旅京必攜	雨花社編	六角
香港	李史翼 陳湜編	五角

(8)地圖類

中國地理教授掛圖	白眉初著	五元
河北分縣全圖	白眉初繪	四角
中華民國詳細輿圖	白眉初繪	一元五角
中國總圖	白眉初繪	六角
中華民國改造全圖	白眉初繪	二元五角
中國國恥圖	白眉初繪	四角
中國國恥地理	白眉初著	四角
最新北不全市詳圖	白眉初繪	二角
黃河流域全圖	蘇甲榮繪	一元
中國地質測約圖	蘇甲榮繪	八角
中華全國地文概勢圖	蘇甲榮繪	八角
西部高原(新疆西藏)圖	蘇甲榮繪	一元
福建江西湖北湖南合圖	蘇甲榮繪	五角
廣東廣西合圖	蘇甲榮繪	五角
江蘇浙江安徽合圖	蘇甲榮繪	五角
丙種新體中華地理掛圖	蘇甲榮繪	二元
中國地理沿革圖	蘇甲榮繪	三元五角
閩浙贛粵蘇皖湘鄂形勢圖	蘇甲榮繪	三角
中日兩國形勢圖	蘇甲榮繪	四元
中華地文圖	蘇甲榮繪	三角
百萬分之一東三省大地圖	蘇甲榮繪	八元
最新北平全市詳圖	蘇甲榮繪	五角
太原榆林幅	地質調查所繪	三元
太原榆林幅說明書	地質調查所編	一元五角
南京開封幅	地質調查所繪	三元
南京開封幅說明書	地質調查所編	一元五角
中國地形圖	地質調查所繪	一元
清乾隆內府輿圖	故宮博物院出版	一百○八張精裝一匣 每匣一百元
景山照片(二包)	故宮博物院出版	每包五角
中華民國省區全圖	傅鑄繪	二元二角
最新湖楓明細大地圖		一元六角
上海中日大戰明細圖	洪懋熙繪	

(9)補遺

六十年來中國與日本	王芸生輯	每冊一元五角
日本在南滿	陳哲際編	三角
日本論叢(第一冊)	繆鳳林編	一元二角
日本侵略下之工商地誌	胡式編	一角
印度之研究	于卓著	六角
庚子交涉隅錄	程德全著	四角五分
西北地理	王金紱編	二元
滿洲實錄		一元一角
新疆禮俗志	王樹枏著	一元二角
新疆訪古錄	王樹枏著	一元二角
松漠紀聞	洪皓著	二角七分
邊略五種	高拱著	六角五分

(一)本社歡迎外埠函購，目錄函索即寄。

(二)函購書籍，郵匯費統歸購書者負擔。

(甲)書價在五元以下，郵票十足通用。

(乙)郵票以二角以內為限，二角以外及外國郵票或限省貼用與污損水濕者恕不收用。

(丙)寄費加一，多少找補。

(丁)來信須掛號。發貨如須掛號，每包加掛號費八分，否則以本社發貨簿上郵記為憑，遺失不負責任。

(戊)所購之書，書名著作者及所寄地點請用正寫，以免錯誤。

(三)購書諸君如不知書價及折扣，可開一書單及洋若干元，先行寄下，本社即行配書，由郵局代收貨價奉上，以期迅速簡便。

景山書社 北平景山東街十七號

潛社

史學論叢

第一冊（六月終出版）

總目

悼孫以悌……錢穆
彭家屏收藏明季野史案……孟森
燕京新考……唐蘭
五藏山經試探……顧頡剛
書法小史……孫以悌
畿服說成變考……王樹民
楚民族源於東方考……胡厚宣
殷代銅器探討……高去尋
圍棋小史……孫以悌
「帝」字說……楊向奎
獵碣釋文……張政烺
評鄭振鐸「湯鑄篇」……楊向奎

都二十萬言每冊定價六角

總代售處北平景山書社

出版者：禹貢學會。
編輯者：顧頡剛，譚其驤。
出版日期：每月一日，十六日。
發行所：北平成府蔣家胡同三號禹貢學會。

禹貢

半月刊

價目：每期零售洋壹角。豫定半年十二期，洋壹圓；全年二十四期，洋貳圓。郵費加一成半。國外全年加郵費八角。

The Evolution of Chinese Geography

Semi-monthly Magazine

Vol. I No. 10 July 16th 1934
Address: 3 Chiang-Chia Hutung, Cheng-Fu, Peiping, China

第一卷 第十期
民國二十三年
七月十六日出版

我的研究東北史地的計劃 馮家昇
四國解 唐蘭
山海經之版本及關于山海經之著述 賀次君
跋山海經釋義 張公量
清代學者關於禹貢之論文目錄 王重民
方志之性質 傅振倫
青海前言 周振鶴
評綏遠省分縣圖 吳志順
評馮承鈞譯西域南海史地考證譯叢及續編 聞宥

代售處

北平北京大學史學系楊向奎先生
北平燕京大學哈佛燕京社
北平燕京大學史學系李子魁先生
北平輔仁大學史學系史念海先生
北平清華大學史學系吳春晗先生
北平師範大學國文系羅根澤先生
北平女子文理學院侯堮先生
天津河北女子師範學院班書閣先生
濟南齊魯大學史學系張立志先生
開封河南大學史學系楊鴻烈先生
南京中央大學史學系謝國楨先生
上海暨南大學江應樑先生
杭州之江學院顧敦鍒先生
安慶安徽大學周予同先生
武昌武漢大學史學系吳其昌先生
成都四川大學文學院劉以壎先生
廈門廈門大學史學系鄭德坤先生
廣州中山大學文史研究所羅香林先生
廣州嶺南大學容肇祖先生
廣州協和神學院李鏡池先生
北平北平圖書館王以中先生
杭州浙江圖書館夏廷棫先生
南京中國日報社黎光明先生
北平景山東街十七號景山書社
北平景山大石作大學出版社
北平西單商場大學出版社營業部
北平和平門外火街文化學社
北平東安市場岐山書社
北平西單商場增華書社
北平琉璃廠東口寶德堂書舖
北平孝順胡同後溝三號曾紀琳先生
北平成府競進分社
天津法租界二十六號路佩文齋
天津大經路北方文化流通社
開封新書業街龍文書莊
濟南西門大街東方書社
南京中央大學門前鍾山書局
南京太平路中市華東圖書公司
上海五馬路亞東圖書館
重慶天主堂街重慶書店
日本東京中華青年會魏建猷先生
日本京都中京區彙文堂書店
日本東京神田區神保町巖松堂書店

內政部登記證警字第叁肆陸壹號

我的研究東北史地的計劃

馮家昇

二

我國學者對于自己的邊疆素少研究，在前清時代，和別國起了境界問題的交涉時，已不知吃了多少大虧。就是民國以來，一旦遇上這類問題，仍是受人欺騙。譬如東北四省，就歷史上，地理上，法律上說，明明是中國的領土，而日本人爲了伸展領土的野心，早幾年前就在國際間宣傳他們的『滿蒙非支那論』，可憐我國學者沒有一個能起來加以有力的反駁的。同時日本人爲了實現此種基調起見，就雇用了大批學人專門致力於『滿鮮學』或『滿蒙學』，研究的成績很能獨樹一幟。迴顧我國，九一八以前，東北史地簡直無人過問；九一八以後，則爲了欲證明東北是中國的領土起見，才臨時作起文章來。我嘗說：憑日本人對于東北研究的成績，也可以把東北取走了。假使國際聯盟注重學術上研究的話，憑我們臨時作的幾種小册子，是要失敗的，東北四省仍是要送掉的！再如班洪，問一問士大夫們是不是屬于中國？能不能從歷史上，地理上給英人來個証明？這是沒有人敢立刻回答的。因此，這問題到現在依然未能解決。據傳，『刻正調查卷宗，準備與英交涉』。嗚呼！『卷宗』！不知何時才能把你調查清楚呵！

邊疆史地的研究起于道光咸豐之間，那時北邊有俄羅斯的進迫，南邊有英法的侵略，一班士大夫們感覺到邊疆問題的重要，遂注意到史地的研究。如張穆的蒙古遊牧記，何秋濤的朔方備乘，魏源的海國圖志，都足以代表這個時代的趨向。但這種風氣不久又轉變到元史方面，經過洪鈞，屠寄，一直到柯紹忞，才給它一個總結束。至于東北方面，却沒有人研究。從乾隆欽定的滿洲源流攷，盛京通志，熱河通志等書出現以後，經過吉林通志，吉林外紀，黑龍江外紀，一直到曹廷杰的東三省輿地圖說，吳廷燮的東三省沿革表，中間毫無進步。大概因爲東三省是滿清的發祥地，研究的時候免不了追根究底；但一追根究底，又免不了觸犯滿清的忌諱，此其一端。再說『欽定』的書本如金科玉律，誰有膽量去繩愆糾謬！研究歷史的人看過滿洲源流攷就夠了，研究地理的人看過幾種通志也夠了。爲了這個緣故，中國人對于東北的研究遠不若西北的研究的有成績。

十八年夏，我初讀遼史。爲什麼我不讀史記，漢書，或唐書，明史，偏要讀這種乾燥之味而又不爲人所注意的遼史呢？只因那時我翻讀史漢以至五代諸史差不多都有東夷傳，惟遼金元三史是沒有的，因爲契丹，女眞，蒙古都是東胡族，自然不會有東夷列傳。我就想把這三史作個研究的基礎：由遼金史上探到鮮卑，烏桓，由元史下迄現在的旗，盟（蒙古遊牧記觀現在各旗各盟的分佈都是因元太祖子孫而定的），旁及西北史地。當時我和些朋友們談起這個意見，就得着三派的反駁，說：（一）你何必幹這種偏僻工作，讓別的有產的遊閒階級當解悶去幹吧。你要幹，將來是不會從這種東西裏找出飯碗來的。（二）範圍太大了，一部斷代史，已經使人一輩子弄不出頭，譬如柯鳳孫先生一生弄了一部元史，也就止于元史，那裏還能讀遼金史？（三）日俄學者對東北的研究很有貢獻，人家既然幹的很好了，咱們再幹也不過徒隨其後，拾人牙慧而已。我聽罷這三個駁論之後，腦子裏常常去想。因爲他們說的很有情理，所以不得不去仔細研究。可是愈想愈覺得他們說的不盡然。第一，在這年頭，研究時髦的東西，固然容易找出路，但是麕聚的人太多了，出路反而不容易了。偏僻的東西如果幹的眞好，這價值是不能埋沒的。不要說法日諸國對于中國的老古董有很多人集中精力去幹，就是最新式的蘇俄不也是有一班學者正在研究嗎？第二，精通了元史，研究西北史地時固然得到許多便利，但元史專家未必即是西北史地專家，譬如錢大昕，柯紹忞，我不信他們對邊疆史地就勝過了張穆和何秋濤。我只希望熟讀遼，金，元三史，對當時的掌故能運用裕如，就好了。第三，人家幹的固然比我們好，但我們對自己的東西不應當徒然依靠人家，自己反而不管。如果因爲人家幹的好，我們就不幹了，那末我們簡直沒有可幹的了。試想一想，人家那一樣不比我們幹的有聲有色呢？科學，人家幹的不好嗎？醫學，不好嗎？哲學，文學，不好嗎？人家的歷史不好嗎？何必我們也要去研究？我以爲學問無止境，他們雖然幹的好，未必我們就沒有可以着手努力的地方。以東北史地而論，日本人雖然從秦漢一直貫串下來直到清代，但如魏，隋，唐三史中就有許多的民族還沒有考究出來。金，元史上的問題似乎已解決了不少，但遼史的問題則一個也沒有解決，這是很明顯的。至于闕錯的地方，也不知有多少，我們還可以矯正他們。再者，學術雖無國界，但對這一項——邊疆史地——却該有國界。如果以爲人家幹的好，我們就可坐享其成了，那末矢野仁一的滿蒙非支那論，我們作文章的時候豈不是可以照抄了？滿洲國歷史，滿洲國地理，豈不是就可當作中華民國的中學或大學的課本了嗎？

爲什麼我讀了好幾年的遼史，對於研究的成績既不大滿意，對其他的東胡民族也沒有成績呢？這有兩個理由。第一，因爲遼史爲前人所不讀，向來是廿四史中的一部廢書，裏邊問題太多，又太複雜，讀的時候，牽衣掛肘，很不方便。近來稍稍整理一遍，于不知不覺之中就費了好幾年的工夫。第二，因爲契丹在東北是一個承前啟後的民族，我們看前史的記載，有好許多部族，自從被契丹吞併，遼史以後也就不見了。在遼代却有兩大部族最活動，在遼史中亦常見，他們承襲了契丹人的文化，建立兩代大帝國——金，元。因爲遼代如此的重要，遼史如此的難讀，所以於不知不覺之中破費了四五年的光陰。好在現已把遼史粗粗整理一過，雖然不能按照原來的計畫，得到滿意的結果，但因此却使我讀了它十幾遍。一個小部族，一個小地名，假使有人問我在書中某處，我固然不能立刻說在某卷第幾頁，至于說在某卷裏總還可以。這于研究東北史地時是很有許多便利的，因爲遼史雖然分量不大，但生澀的部族名詞却比前史多的多。

現在把這幾年中久蓄而未實行的一些零零碎碎的意見綜合起來，寫在這裏，以請教於同志們：

〔一〕搜集並整理材料的計畫：

（甲）原料：

（一）正史之東夷列傳，前人多不仔細讀，所以字句艱澀，譌奪亦多。我想拿善本來校勘一次，然後施以標點符號，另外抄出，編爲東北史料第一集。（注釋一項的工作不容易，或者過幾年，中外材料搜集齊備時，仿裴松之注三國志之例行之。）

（二）雜史筆記大半都在叢書內，閱讀非易，册府元龜裏有不少好材料，翻檢也麻煩，應當按照前法，整理一下，編爲史料第二集。（日人內藤虎次郎曾刊滿蒙叢書，惜未完成。金毓黻擬作東北叢書，亦未實行。聞金氏近刊行遼海叢書，不知是否即係從前的計畫？）

（三）古器古物應設法摹拓，即使不能得到原物而能得到轉手的東西，亦未爲不可。例如原田淑人之樂浪完全是圖版，也可以當作原料看。又如一二年來日本人對於新羅舊城之發掘，渤海舊京之發掘，當然可以拾取他們的報告。這樣新的舊的合攏起來，按年代之遠近而排列，爲史料第三集。

（乙）副料：

（一）後人之研究如在叢書內，則由叢書內抄出；如係單本兼含他事，則只擇有關者抄出；其登在雜誌內的亦分列別出：爲東北副料第一集。

(二)擇外國學者之著作之有關於東北史地者盡量翻譯之。如德國Grube之女眞文研究，法國沙畹對于宋人行程記的注釋，俄國人之幾種學術報告，日本人各種雜誌，各論叢，悉按年代排比，爲東北副料第二集。

此外又當注意朝鮮方面的材料，如高麗史，史略，李氏實錄，……朝鮮古跡圖譜及朝鮮總督府編印的幾種古物報告書。

根據以上的史料，似乎已很可作出一部滿意的東北史地來，但我覺得還是不足。閉上門讀死書是從前人的習慣，現在卻要從實地做工夫；而且史料是不斷的發現，只守舊有的和人家發現的，終久還是追隨人後，所以又定了主要的一項——遊歷。

〔二〕遊歷不是隨便看看就完事的，其中含有三種意思：一是實際調查，二是實地攷古，三是攷察外國人所藏的古物或研究的情形。

(甲)實際調查，現在東北已在日本人宰制之下，恐已辦不到；我們拿調查的名義去，不但不歡迎而且會發生危險的。無可如何，只可相機旅行，和當地的土著居民談話，注意其風俗，宗教，文字，語言，如欽定三史語解說如今黑龍江索倫語與契丹語相近達呼爾即唐代大賀氏之後裔，是否如此，作一番實地的調查。(俄人史祿國(Shirokogoroff)曾做過此項工作，刊行著作數大本；惟他係人類學家，自然忽略了歷史方面必須的東西。)

(乙)實地攷古，因爲有了以上情形，也沒法辦到。不過發掘雖辦不到，參觀古跡或者還能辦到。最近幾年內，如熱河遼慶陵的發現，吉林渤海故都的發現，黑龍江古器物的發掘，遼寧遼金舊墓的發掘等等，均爲研究上很重要的資料，應往參觀。至于瀏覽現存古物一事，亦非常要緊，如熱河之大白塔，遼寧之喇嘛寺塔等，在歷史上俱有極大的價值的。

(丙)最好能去俄國日本住上一二年，看看人家所得的東省古物究竟是些什麼，人家研究的情形究竟怎樣。若能跟上外國專家實地工作幾年，當然可以獲得很廣的智識。

〔三〕自己的預備：

(甲)工具方面，最要緊的是語言和文字。第一類，滿，蒙，朝鮮語言和文字必要好好研究。現在我對蒙文已可自己用功，滿文和蒙文相類似，大概再從師學習幾時也可以自修了。惟朝鮮文現在還一字不懂，希望有機會得到充分的學習。第二類，日，俄，法，德文，因他們的學者研究工作已做得很多，故有同樣的重要。現在我對日文書籍已可閱讀和翻譯，對法文書籍也可懂十之四五，惟對俄，德文尚不懂，希望作幾年的努力，打開這個困難。(乙)基本知識，如製圖術，統計學，在研究史地上很占重要，都應熟練。其次如考古學上的普通知識也該知道，不然，連別人的考古報告也不會全懂。再次，則多讀西洋人著的古社會學或關于現在野蠻民族的研究報告書。這樣，一方面可以看人家怎樣整理這種材料，一方面又可拿來和東北民族互相比較。

[四]期限：現在在這不寬裕的環境中，只敢暫定爲十年，希望以後還能繼續研究。這十年的分配法如下：五年搜集和整理材料，二年遊歷並整理外國所見之材料，三年作成一部東北史地。

[五]期望：(一)我希望把正史中的東夷傳，用裴松之注三國志的方法，加以注釋。(二)同時着手作東北史地，以東北民族爲主體，打破向來以中國朝代爲段落的老套。主旨在說明：(a)各民族之文化概況，(b)各民族間之關係，(c)各民族與中國文化及政治上之關係。心中要作的東西太多了，明知件件要做是辦不到的。今僅就十年內能辦到的寫出來，盼望我的環境順利，不致妨碍了我的研究工作。

在國家這種情勢之下，有志研究邊疆史地的同志一定不少。願借禹貢半月刊的聯絡，使我也得看見他人的計畫書，和他人的意見相比較，而獲得觀摩砥礪的效果。

「四國」解

唐蘭

周人好稱『四國』，其義與『四方』同。蓋商人稱『國』爲『方』，今卜辭所見皆然。稱『四方』者，猶『四海』內之『方』也。盤庚曰：『底綏四方』，微子曰：『般其弗或亂正四方』，並其證。商書無『國』字，周書，周易及詩始習見之，則『國』殆周人語也。金文『國』字多作『或』，則『國』字乃晚周後起字也。周人稱『方』爲

『國』，則以『四方』爲『四國』，如多士曰：

昔朕來自奄，予大降爾四國民命。

多方曰：

王若曰：猷告爾四國多方。

又曰：

今我曷敢多誥，我惟大降爾四國民命。

曹風鳲鳩曰：

其儀不忒，正是四國。

下泉曰：

四國有王，郇伯勞之。

豳風破斧曰：

周公東征，四國是皇。

周公東征，四國是吪。

周公東征，四國是遒。

小雅十月之交曰：

四國無政，不用其良。

雨無正曰：

降喪饑饉，斬伐四國。

青蠅曰：

讒人罔極，交亂四國。

大雅民勞曰：

惠此京師，以綏四國。

抑曰：

有覺德行，四國順之。

崧高曰：

四國于蕃，四方于宣。

又曰：

揉此萬邦，聞于四國。

江漢曰：

矢其文德，洽此四國。

皆其例。金文亦恆見之。如毛公㾓鼎曰：

康能四或。

周王㝬鐘（即宗周鐘）曰：

㝬其萬年，畯保四或。

成鼎（嘯堂集古錄上卷十三葉）曰：

用天降火喪于四或。

皆其例。

言『四國』者，舉東，南，西，北也。故詩，書及金文每有『東國』，『南國』，『北國』之稱。稱『東國』者，如康誥曰：

周公初基作新大邑于東國洛。

魯侯彝（周金文存五卷八葉）曰：

隹王命明公遣三族伐東國。

毛班彝（西清古鑑十三卷十二葉）曰：

伐東或痟戎。……三年，靜東或。

皆是。稱『南國』者，如小雅四月曰：

滔滔江漢，南國之紀。

大雅崧高曰：

于邑于謝，南國是式。

常武曰：

旣敬旣戒，惠此南國。

中鼎（嘯堂集古錄上卷十一葉）曰：

王命中先省南或。

周王㝬鐘曰：

南或㞷孳敢臽虐我土。

皆是。而成鼎曰：

廣□南或東或，至於歷寒。

則二者並舉也。稱『北國』者，如大雅韓奕曰：

奄受北國，因以其伯。

是其例。獨『西國』之名，未見稱述。則以周本西土，故每逕稱爲『西土』也。

『四國』之稱，有不指『四方』而但以示多國者。大雅皇矣曰：

皇矣上帝，臨下有赫，監觀四方，求民之莫。維此二國，其政不獲；維彼四國，爰究爰度。上帝耆之，憎其式廓，乃眷西顧，此維與宅。

此所謂『此二國』及『彼四國』，並是泛指多國，猶言『此諸國』及『彼諸國』耳，故下文總以『上帝耆之，憎其式廓』，因而西顧王季文王也。毛傳誤以四國爲四方，遂不得不實『二國』爲『殷夏』。然夏之亡舊矣，毛說自是牽強。鄭玄因改以『二國』爲『殷紂及崇侯』，而以『四國』謂是密，阮，徂，共。然下文所謂『密人不恭，敢距大邦，侵阮徂共』者，只密是國名，來侵阮而徂共，故『王赫斯怒』，整其旅以却『徂共』之旅也。『阮』『共』皆非周之敵國，『徂』是動詞，則鄭說之誤可知。其實『二國』與『四國』只是行文之便：如必欲以國名實之，則以詞害意矣。

泛指四方之『四國』，亦有誤以國名實之者。破斧云：『周公東征，四國是皇』，又云：『四國是吪』，又云：『四國是遒』，此皆稱美周公之詞，言東征以後，四方得以匡救，化成，堅固也。然作詩序者已誤以『四國』爲實有其國，故云：『破斧，美周公也，周大夫以惡四國焉』。不知詩本無『惡四國』之義。惡之者，如云：『戎狄是膺，荆舒是懲』，『膺』，『懲』之語與破斧相反，則知詩序誤也。毛傳承序說，故以四國爲『管，蔡，商，奄』，然彼時叛者實不止此四國。書序云：『武王崩，三監及淮夷叛，周公相成王，將黜殷，作大誥』。又云：『成王東伐淮夷，遂踐奄，作成王政』。由此可知東征之役，所伐者實有殷及三監——管，蔡，霍，——淮夷，奄，凡六國，則毛說之誤可知。（漢書地理志云：『薄姑氏與四國共作亂』，蓋取毛說。）

多方云：『我惟大降爾四國民命』，書正義引王肅以四國爲『四方之國』，甚是。僞孔傳則云：『我惟大下汝四國民命，謂誅管，蔡，商，奄之君』，乃取毛傳之說。然孔傳實未通文義。多方下文又云：『乃有不用我降爾命，我乃其大罰殛之』，此所謂『我降爾命』者，卽上文之『我惟大降爾四國民命』也。『四國民』爲一詞，猶『四方民』（師訇毁云：『肆皇帝亡斁，臨保我有周，雩四方民，亾不康靜』），亦猶『中國民』（梓材云：『皇天旣付中國民越厥疆土于先王』）。此用以助『爾』字，故多士，多方之言『大降爾四國民命』者，卽大降爾命也。然則若如僞孔傳以爲『誅四國君』，則此二書全文皆不可通矣。

多方云：『四國多方』，驟視之頗不可解。蓋周初承殷，多襲殷語，『多方』者以周人言之，是多國也；然亦時有周語混雜其間，以殷人言『四國』，則當云『四方』矣。多方之語，卽謂四方諸國之義，特以殷周文化之方始錯雜，故有此奇異之詞例耳。

後世訓『方』爲『方向』，而不知『方向』之義乃引申於『方國』。故於『四國』之稱，不知其爲泛稱，而往往刻舟以求劍。古書本義，每爲傳注所掩，此其一例也。

山海經之版本及關於山海經之著述

賀次君

山海經一書，漢書藝文志本七略而入之於形法家，以之與堪輿之書同科，隋志納之入地理類，淸四庫全書又入之於小說家。王景以之爲治水道之方，陶潛稱之爲讀博物之助。論之者或視爲禹益舊作，或斥爲荒誕不經，徒以一己之觀念出發，強爲片面之剖判。於其眞正之價値地位鮮有能予以恰當之批評者。宜此書沈埋千年，幾於亡佚也。

自郭璞注而下，明劉會孟，王崇慶，楊愼等有釋義，補注。然楊愼僅拾郭璞之餘，無所發明；王崇慶雖有新論，終以其文鄙見棄，不為人所知。迨至清代，考證之風大盛，吳任臣，汪紱，畢沅，郝懿行諸家出而攷覈之，以其中字義地名，與漢晉文章，隋唐史志，及其他地志雜記等書相比照，使之得有頭緒可尋。稍後有呂調陽出而作五藏山經傳，吳承志作地理今釋，純粹以研究古代地理材料之態度為之闡明，且於編次之錯亂，文字之譌奪，尤多是正。如此工作，雖不能即還其舊有之面目，然吾人今日亦彷彿得古本而讀之矣。

茲就余繙讀所獲，取現行本之種類及其篇目，錄之於後，庶讀是書者略得窺其源流。其已佚者暫弗搜考，以俟他日。質之同好，幸垂教焉。

六月二日

山海經三卷

清毛扆手校

宋尤袤本

是本見張金吾愛日廬藏書續志，其序目為

晉郭氏璞傳

郭璞序

劉秀校定山海經上言

淳熙庚子尤袤跋文

己亥文彭跋文

乙酉毛扆手跋

此書晉唐舊本，今日已無由遇之；即宋代刊本之遺存於今日者，亦殊不多見。尤氏遂初堂書目地理類載有秘閣本，池州本，郭璞山海經圖贊等書，可見當南宋初年山海經之板本尚夥，惜今俱不得而見矣。

山海經三卷三冊

南宋刊本

見書見山東聊城楊紹和楹書隅錄卷三，記之曰『宋本山海經三卷三冊，每半葉十行，行二十一字，無序文年月可稽，而以板式度之，尚是南宋初刻本』。

楊氏引宋陳振孫之直齋書錄解題，謂此雖無尤氏之跋文，然究屬尤氏之校定本。

山海經一函四冊

元刊本

是書見天祿琳瑯書目卷五元板之部，為清內府所藏，其目為

山海經一函四冊

十八卷，前漢劉秀進書表，晉郭璞序。

闕補卷一，七。

此爲元刊本之僅存者。

山海經十八卷四册

明鈔本

亦見楹書隅錄，日本小川琢治氏謂其本爲清內府所藏元板山海經之複本。此係吳匏庵手鈔，甚爲名貴。想其先爲明內府所藏，而留遺至於淸者。後有吳氏跋文云：『是書余手錄，始於成化乙酉（元年）十二月一日，畢於明年正月六日，元本得之方庵先生，先生蓋從內府錄出云。吳寬』，是其所據爲元刊本無疑。

山海經十八卷

明成化庚寅（六年，一四七〇）國子監刊本。江安傅氏雙鑑樓藏，商務印書館四部叢刊借以影印。

是書郭序之後，有行書四行，云『監學今刻郭璞注山海經，貢諸公庫，摹印流傳，永爲士大夫博學之助。成化戊子夏五月，朝列大夫國子祭酒襄陵邢讓等識誌』。劉表之後，又有行書七行，云『國學新刻山海經卷帙殺混，行列參聯，尙多譌舛，閣老彭先生嘗是正之。予手爲編校，以便檢閱。若夫正所未正，猶有望於博雅君子。成化庚寅春正月穀旦，後學古吳陳鑑緝熙識』。是此書乃先刊於邢讓，復修改於陳鑑者。每半頁九行，每行十八字。

四部叢刊再版本書末有山海經校勘記二頁。林志烜跋云，『此書黃蕘翁嘗以宋本，黃省曾本，吳匏庵手抄本匯校於古今逸史本上。甲寅冬，江安傅沅叔先生得見黃校於京華廠肆，因屬吳君慈培迻寫宋本吳抄兩校，箋於所藏明嘉靖前山書屋潘侃本之上，以宋本罕覯，吳抄亦不傳於世也。叢刊再版，蒙以迻校本珍重郵示，謂可錄附叢刊成化本後。檢勘數過，其長處不勝枚舉。古書非校不可讀，宜乎前賢之不憚其煩也。……己巳（民國十八）中元，閩縣林志烜識』。

山海經十八卷

是書爲皕宋樓所藏，明前山書屋覆宋刊本。皕宋樓藏書志卷六十四，載此書，中有嘉靖十五年（一五三六）馮世雍序及同年潘侃跋。

山海經十八卷

是書爲明嘉靖間吳郡黃省曾刻本，清乾隆癸酉天都黃曉峯刻本，又項氏重刻本。黃氏刻本係與水經注合刊。

天祿琳瑯書目第八明板之部載有『水經，山海經，三函，二十四册』，據其解題，有嘉靖甲午（十三年）黃省曾序文，但因其刊字仿宋，故書賈將『靖』字改爲『定』字，以假充宋刊本也。

山海經補注一卷

明楊愼撰

是書收入升庵外集，函海及藝海珠塵中。函海本有校定者李調元序文，但不載楊愼自序。畢沅於山海經新校正序言『今按楊愼所著，多由蹈虛而非徵實，其于地理全無發明』，是以此書爲不足道也。

愼之序云：『左傳曰，「昔夏氏之方有德也，遠方圖物，貢金九牧，鑄鼎象物，物物而爲之備，使民知神奸，入山林不逢不若，魑魅魍魎莫能逢之，此山海經之所繇始也。神禹旣錫玄圭，以成水功，遂受舜禪，以家天下，於是乎收九牧之金以鑄鼎；鼎之象，則取遠方之圖，山之奇，草之奇，木之奇，禽之奇，獸之奇；說其形，別其性，分其類；其神奇殊彙，駭視驚聽者，或見，或聞，或恆有，或時有，或不必有，皆一一書焉。其經而可守者具在禹貢，奇而不法者則備在九鼎，九鼎旣成，以觀萬國。……則九鼎之圖，其傳固出於終古，……謂之曰山海圖，其文則謂之山海經』。此論作經之年代與其方式，足以自樹一幟。

山海經釋義十八卷

明王崇慶撰

嘉靖十六年（一五三七）刻本，（北京大學圖書館藏）。其首有序山海經釋義一篇。

崇慶字德徵，開州人，正德戊辰（一五〇八）進士，官至南京吏禮二部尚書。著述除釋義外，尚有周易議評，五經心義，海樵子三種，均入四庫總目存目。據總目云山海經釋義附有圖三卷，余所見嘉靖十六年刻本無之。首題曰『南山經第一』，經文注文皆與他本有異同。最顯著者，北山經第三之『又東北二十里，曰少山云云』之文三十二字及注文全不見，此當爲原文之誤脫也。日本內閣藏書寮及日本富岡氏各藏有此書，有嘉靖十六年王氏自序及嘉靖十七年趙維垣序。趙序爲十七年，是後於北京大學圖書館所藏嘉靖十六年本矣。

崇慶此書，詞旨膚淺，剽掇舊文，罕所心得。其箸作之意在明道而闢邪，故視山海經爲治世敘倫之書，傎矣！又對於郭璞注多所非薄。其釋錘山云，「錘山未詳何縣，而曰「見則其邑大旱」，似若難考；至謂錘山「有子曰鼓，人面而龍身」，何無稽也！又曰「鴀欽，帝乃戮之，化爲大鶚」，然則鴀欽何物，其始何如而戮，旣戮又何如而化也？郭氏號晉之博物，旣不能一辨其謬，而又引歸藏啟筮以濟其誣，謂之何哉？』（卷之二，頁一二）。釋西王母云『吾聞古有王母，蓋亦仙屬，故世多繪圖以稱壽，未必其狀如人□□豹尾虎齒也。果爾，是異物非王母矣。郭氏不正其□，方引穆天子傳以誇大其事，而不自知其自相矛盾也』（卷之二，頁一七）。彼在儒者旗幟之下言『先王大道』，本不足怪。惟其中亦有高人之見，不可厚非。其於五藏山經之結論云，『此所謂「禹曰」，吾未敢信也。何者？夏書禹貢凡治水九年之較，天下之名山大川，固自昭昭也。而又自以「禹曰」紀之，寧有是哉！是故紀事莫要于實，開來莫大于正，正而實，禹莫待矣』。又云，『夫封禪，秦以後也，而曰「七十二家」，所以戒人主之侈心也，又何「得失」之可分哉？觀封禪之說，其不爲禹益所撰又一明驗也矣』。山海經爲禹益所作，千百年承之無異說，自劉秀以至於畢沅，俱信而不疑。崇慶有此發現，毅然指爲秦漢間人所作，甚可欽重。特以其文筆淺陋，無人知之，直至今日始爲吾人所發見，不可歎耶？

山海經廣注十八卷

清吳任臣著

是書有崇義書院本，玉經山樓本，及官本；以玉經山樓本爲最陋，然書肆本有更陋於此者。玆參閱各本，錄其目次如左：

康熙六年柴紹炳序
錢塘王嗣槐序
吳任臣序
引用書籍
讀山海經語
山海經雜述
山海經圖五卷
本文十八卷

吳任臣，字志伊，仁和人。此書四庫著錄，判定其書之價值曰：『於名物，訓詁，山川，道里，皆有所訂正，雖嗜奇愛博，引據稍繁，……雜述一篇亦涉冗蔓，然掎摭宏富，多足爲考證之資。所列逸文三十四條，自楊愼丹鉛錄以下十八條皆明代之書，所見實無別本，其爲稗販誤記，無可致疑。至應劭漢書註以下十四條則或古本有異，亦頗足以廣見聞也』。

『引用書籍』，今不見。四庫提要云『又前列引用書目五百三十餘種，多採自類書，虛陳名目，亦不瑣錄焉』，想係後人因此批評而删去之耶？

提要評其圖云：『舊本載圖五卷，分爲五類：曰靈祇，曰異域，曰獸族，曰羽禽，曰鱗介，云本宋咸平舒雅舊稿，雅本之張僧繇。其說影響依稀，未之敢據，其圖亦以意爲之。無論不異出雅與僧繇，即說果確實，二人亦何由見而圖之？故今惟錄其註，圖則從刪』。

是書亦載郭註，其自註則書『任臣案』。吳氏每考一事，必博徵羣籍。其論泛而不決，勞而無功。如註南山經濰山曰，『今本作「鵲」。三才圖會有鵲山之神，即此山也。又濟南，汝寧，太原，順德皆有鵲山。搜神記仲子隱于鵲山，蓋濟南鵲山。通鑑李世民與竇建德戰，西薄杞水（玉經山樓本誤作「杞木」），南屬鵲山，汝寧鵲山也。非此』。其注靑邱之山曰，『淮南子「堯繳大風於靑邱之澤」，劉峻辯命論「大風立於靑邱」，唐昭仁寺碑「大風之作梗靑邱，有苗之稱亂丹浦」，王勃九成宮頌「命繳靑邱，桃野見其亡之兆」，沈約詩「煙極晞丹水，月表望靑邱」，許敬宗詩「靑邱絢春組，丹谷耀華林」，儲光羲詩「軒后靑邱埋猰貐」，趙時春禦敵論云「奮靑邱之神劍，還紫宮于彝庚」，即斯地也。十洲記曰『靑邱山上有紫宮，天眞仙女多遊于此』，乃海外靑邱山，非此』。其所註大多如此。畢沅曾痛斥之云：『任臣則濫引路史，六朝唐宋人詩文，以及三才圖會，駢雅，字彙等書，以證經文。路史錯繆，既不足取；詞章所稱，又豈經證？至於三才圖會，駢雅等書，近世才人託俗本經文撰述成帙，字跡譌謬，百無一得。任臣所註，多在於斯，經之戹也，故無取』。諸此非難之點，皆中肯綮。然如涉獵古今羣書而成之雜述一篇，其博引旁徵之所得，甚可供參攷之資料，不應以其蕪雜不純而棄之也。

山海經存十八篇九卷

清汪紱釋

是書僅有光緒二十一年石印本，署『慕立雪齋原本』，共四冊，爲汪氏未刻遺書二十餘種之一，婺源余家鼎等校補付印者。有圖。首載明楊愼序及劉秀疏，而於郭璞序則略而不載。茲錄其目：

明楊愼注山海經序

漢劉秀上山海經疏

卷之一　南山經圖十四　南次二經圖九　南次三經圖九

卷之二　西山經圖二十九　西次二經圖九　西次三經圖三十一　西次四經圖十五

卷之三　北山經圖三十　北次二經圖九　北次三經

圖二十四

卷之四　東山經圖十　東次二經圖十　東次三經圖八　東次四經圖十

卷之五　中山經圖四　中次二經圖五　中次三經圖九　中次四經圖四　中次五經圖二　中次六經圖四　中次七經圖八　中次八經圖十二　中次九經圖八　中次十經圖二　中次十一經圖十六　中次十二經圖六

卷之六　海外南經圖八　海外西經圖十一　海外北經圖八　海外東經　圖十(此經圖原闕，刻時補)

卷之七　海內南經圖九　海內西經圖三　海內北經圖七　海內東經圖一(此卷圖亦後補)

卷之八　大荒東經圖九　大荒南經圖十三　大荒西經圖二十五　大荒北經圖九

卷之九　海內經圖二十一　時慶萊跋文一篇

汪紱，字燦池，婺源人。是書間錄郭傳，以意釋經，而頗嚴謹可取；其不能釋者則闕如。其中於地理之解釋亦有所得，甚可貴也。

此書開卷題『南山經第一』。按瞿氏藏書目錄卷十七中載有宋本山海經十八卷，云首行頂格，題『南山經第一』，汪氏此本，殆本諸宋板耶？其文中亦有與他本異者，如南山經『又東三百餘里，曰基山，其陽多玉，其陰多怪石』，汪氏注云：『廣之南，及閩之澎壺島中多產怪石』。『怪石』二字，諸本均作『怪木』，如郝本所言『太平御覽引此經「多怪木」上有「多金」』。又畢本亦作『其陰多金，多怪木』。獨汪氏此本作『怪石』，是為一異本也。又西山經之末闕於崦嵫之山之鳥，有『其鳴自號也』句，汪氏注云：『號，一作詨，詨亦號也』。但他本郭注均作『或作設，設亦呼耳』，郝氏懿行證『設』為『詨』字之誤，而此本獨作『詨』，恐非後人見郝注而改之，乃其原本作詨也。若謂為郝注牽涉而改，郝所言多矣，何獨此一字耶？以此推之，汪氏之原本必為宋本也。

此書於每經之後，殿以圖若干幅，原闕卷六，卷七，為刋時所補。時慶萊跋文云：『讀其(余家卅)大父韜山年丈所編汪先生年譜，知汪先生工繪事，貧傭於江西景德鎮畫瓷窯，規矩寡言笑。時方居喪，食蔬斷肉，市儈羣訕侮之。間為詩歌以見志，同人以為謗，不合而去。此殆當時所涉筆者歟？攷其圖，較吳氏郝氏本為尤詳』。按此跋所謂『較詳』者，亦不過想象中多添枝葉耳。汪氏所據既為宋本，推想其圖，或亦以宋本為底耶？是與吳任臣山海經廣注圖所云『本朱咸平舒雅舊稿』者其同所出耶？無論是否，汪氏此書殆亦不可多得者。

山海經新校正十八卷

清畢沅著

經訓堂叢書本，浙江書局刋二十二子本，其他翻刻本。

首篇開端，題『山海經第一』，先刋劉秀疏，次題『南山經』，次載本文。於山海經第一下有『晉記室參軍郭璞傳，兵部侍郎兼都察院右副都御史巡撫陝西西安等處地方贊理軍務兼理糧餉欽賜一品頂帶畢沅新校正』雙行題。玆錄其卷首之次序如左：

畢沅山海經新校正序乾隆四十六年

郭璞注山海經序

山海經目錄

山海經古今篇目考

畢氏爲清代大學者，尤爲研究山海經之大功臣。按此書最先見於目錄者，爲班固漢書藝文志，採自劉向七略，云『山海經十三篇』。此漢本十三篇與現行本之篇目比較，其間異同，及相當於現行本何部份，實爲研究是書者所應先決之問題。畢氏致力此書，於篇目之論，考覈最爲精透，其提綱曰『山海經三十四篇，禹益所作。十三篇，漢時所合。十八篇，劉秀所增。水經二卷，撰人闕，郭璞注。十八卷，郭璞所注。古圖亡；又圖十卷，梁張僧繇畫，亦亡。圖讚二卷，郭璞撰，張駿亦作。音二卷，郭璞撰』。其所謂『山海經三十四篇』者，蓋指現行本之五藏山經及海外海內兩經，此三經即漢志之十三篇也。玆分列之如下：

五藏山經五篇：

(一)南山經第一　南次二經第二

南次三經第三

(二)西山經第四　西次二經第五

西次三經第六　西次四經第七

(三)北山經第八　北次二經第九

北次三經第十

(四)東山經第十一　東次二經第十二

東次三經第十三　東次四經第十四

(五)中山經第十五　中次二經第十六

中次三經第十七　中次四經第十八

中次五經第十九　中次六經第二十

中次七經第二十一　中次八經第二十二

中次九經第二十三　中次十經第二十四

中次十一經第二十五　中次十二經第二十六

海外經四篇：

(一)海外自西南陬至東南陬第二十七

(二)海外自西南陬至西北陬第二十八

(三)海外自東北陬至西北陬第二十九

(四)海外自東南陬至東北陬第三十

海內經四篇：

(一)海內東南陬以西第三十一

(二)海內西南陬以北第三十二

(三)海內西北陬以東第三十三

(四)海內東北陬以南第三十四

(分計共三十四篇，合計則爲十三篇)

至畢氏謂十三篇爲漢時所合者，其所持之理由有三：第一引漢志形法家不言十八篇而言十三篇之語；第二舉南山經以下十三篇，謂皆劉向校經時所題也；第三謂班固作藝文志取之於七略，而無大荒經以下五篇也。畢氏之論，至爲有見。於地理方面，其考訂多有可取，蓋乾隆之世，地理學甚發達，畢氏足跡又廣，其幕中尤多才士，故能有此超卓之成績。

孫星衍後序云，『秋颿先生作山海經新校正，其考證地理則本水經注，而白九經箋注，史家地志，元和郡縣志，太平寰宇記，通典，通考，通志，及近世方志，無不徵也』。又云，『先生開府陝西，假節甘肅，粵自崤函以西，玉門以外，無不親歷。又皆勤民灑通水利，是以西山經四篇，中次五經諸篇，疏證水道，爲獨詳焉。常言北山經泑澤涂吾之屬聞見不誣，惜在塞外，書傳少徵，無容附會也。其五藏山經，郭璞道元不能遠引，今輔其識者奚啻十五，恐博物君子無以加諸！』此許允矣。

山海經箋疏十八卷，圖讚一卷，訂譌一卷，敘錄一卷

清郝懿行著

有阮氏琅嬛仙館原刊本，上海江左書林重校石印本。參合兩本，除圖讚等卷外，其內容如左：

阮元山海經箋疏敘嘉慶十四年四月

審定校刊爵里姓氏

山海經敘錄劉秀表，郭璞山海經序，經注字數

經文十八卷

上海江左書林重校石印本，更於篇首列光緒七年上諭，又增圖一卷。

郝懿行之時代稍後於畢氏，其爲學精博則不相讓。阮元一序，暢論此書優於畢吳之特色，其言曰『吳氏廣注徵引雖博，而失之蕪雜。畢氏校本于山川考核甚精，而訂正文字尚多疏略。今郝氏究心是經，加以箋疏，精而不鑿，博而不濫，粲然畢著，斐然成章』。光緒上諭亦稱爲『精博邃密，足資考證』。按郝氏優於吳氏廣注之點，在取水經注（酈道元首取山海經以釋水經），爾雅，玉篇，事文類聚，廣雅，文選注，離騷等書，與以精細之考覈，而校讎經文及郭注。至於文字之訂譌，則搜集他種書中引用此經之文句，比較而斟酌之。其書又有精密之處，則爲其妻王照圓計算經文及注文之數，記載於敘錄之下，蓋據明道藏本而重校之，此從來學者所未注意者也。

清代學者注意山海經之古本面目而考訂其篇目者，必推畢郝二氏。郝氏於箋疏自敘中述此書古本之篇目云：『山海經古本三十二篇，劉子駿校定爲一十八篇，即郭景純所傳是也。今考南山經三篇，西山經四篇，北山經三篇，東山經四篇，中山經十二篇，幷海外經四篇，海內經四篇，除大荒以下不數，已得三十四篇，則與古經三十二篇之目不符也。隋書經籍志「山海經二十三卷」，舊唐書「十八卷，又圖讚二卷，音二卷，竝郭璞撰」，此則十八卷又加四卷才二十二卷：復與經籍志二十三卷之目不符也。漢書藝文志「山海經十三篇」在形法家，不言有十八篇；所謂十八篇者，南山經至中山經本二十六篇，合爲五藏山經五篇，加海外經以下八篇，及大荒經以下五篇，爲十八篇也。所謂十三篇者，去荒經已下五篇，正得十三篇也。古文此五篇皆在外，與經別行，爲釋經之外篇。及郭作傳，據劉氏定本，復爲十八篇，即又與藝文志十三篇之目不符也』。郝氏解釋大荒經以下爲釋經之外篇，其說與畢沅同。

郝氏於地理山川之解釋，因襲畢說，無所發明，然其考訂之依據俱斟可崇。吾人必承認山海經一書，自畢郝而後方可讀也。

山海經纂說

陳逢衡著

是書之名見碑傳集補卷四十八陳徵君傳中。徵君字逢衡，又字穆堂，爲揚州名藏書家。傳云：『平居著書，戛戛獨造，力避恆蹊，能爲今人所不能爲，及古人已爲而未覺其爲者。苦心研思，遲之數年或數十年而後卒業。已刊行者如竹書紀年集證，逸周書補註，穆天子傳註，山海經纂說數十百卷。未刊者博物志考證，爲晚年訂本，辯論尤精覈』。知此書本已刊行，而余遍尋不獲，深以爲憾。

五藏山經傳五卷

清呂調陽撰

觀象廬叢書本，蜀中刻。無目次，以一方爲一卷。

調陽，四川彭縣人，所著有觀象廬叢書，其中地理書尤夥，有羣經釋地，古史釋地，諸子釋地，越南圖說，漢地理志詳釋等。此書承畢郝諸人治山海經之流風，所有山川均一一爲之指證，怪誕之說不預焉，體例頗爲嚴謹。其書不載郭注，逕書經文，以一山爲一節而釋之，所釋不免傅會其詞。如於南山經雒山麗麐之水云：『雒山，即達穆楚克山，雅魯藏布江之所源也。雅魯藏布即赤水，其源有池，斜銳，水自東北流出，會池北一源，象雒仰地張喙之形，故山得名焉。招搖之山在雒山西五十里，即狠阡喀布山。……招搖亦象水爲名。「麐」，當作「旨」，因「麗」下體譌衍。「旨」，古文作𣅀，從爪從廿，即指字。麗旨者，指膠于飴，不得開也』。又如釋杻陽之山，怪水云：『「杻」，當作丑，羞也。丑陽之山，今郭拉嶺也，以居怪水之陽，故名丑陽。怪水今佳隆魯河，出山之西南，東北流會翁楚河，象穿窬，故曰怪。又象淫者，故曰丑。「怪」，古作㤳，从心从𦥑，盜穿壁也。𦥑即叟字。丑古作𠃢，从二乃，乃者以指斥也』。按前人釋地，均隨字形作解，呂氏本此原則而推演之，雖有因依，終覺其危險耳。

海內經附傳一卷

清呂調陽撰

觀象廬叢書本。

呂氏於首云：『此經先秦人之作，尚爲蹤實。舊別有海內經與海外，大荒二經，竝荒忽譎怪，十洲，神異之類；削之，直題此爲海內經』。其意以爲此海內經四篇爲先秦之作，其餘海外經四篇，大荒經四篇，海內經一篇則不足取。其作附傳，主於釋此經山川之名。海內東經附錄之水經，題作『海內水經』。

山海經地理今釋六卷

清吳承志纂

吳興劉氏求恕齋叢書本。雖刊於民國而流傳不廣。首有劉承幹序一篇，無目次，就其卷內標題，爲：

卷一　西山經上

卷二　西山經下

卷三　北山經上

卷四　北山經下

卷五　東山經　中次九經

卷六　海外南經　海外北經　海內南經　海內西經　海內北經　海內東經　大荒東經　大荒南經　大荒西經　大荒北經　海內經

吳承志，字祁甫，錢塘人，精輿地之學。是書專釋山海經地理，尋山覓川，以今準古，故曰『今釋』也。山海經為古代地理之專書，前人已識之，東漢之初，王景治水，明帝賜以山海經，河渠書，禹貢圖等，是山海經為實用地理之工具也。吳氏此書，專致力於地理，草木禽獸則略焉。自畢沅而後，以地理之觀點整理山海經者，此書洵蔚然大觀矣。其地理之常識既富，攷覈亦多適當，且於經文之編次，字形之譌奪，均一一爬梳而抉摘之，厥功偉矣。惜稿成而人旋物故，篇帙散亡。越二十餘年，劉承幹搜得是稿，理而刊之。其中南山經全不具，中山經惟存中次九經一篇。

吳氏所本經文，與畢沅新校正稍異。例如『又西二百里，曰翠山，其上多椶柟，其下多竹箭；其陽多黃金玉，其陰多旄牛麢麝』。此『其陽多黃金玉』，與各本均異，畢沅本作『其陽多黃玉』而無『金』字，郝懿行箋疏本作『其陽多黃金』而無『玉』字，吳任臣廣注本作『其陽多金玉』而無『黃』字，汪紱山海經存與之同，吳氏則兼有『黃金玉』三字矣。其釋灌水為瀍水，符禺之水為戲水等等，均為創論。

鄭德坤先生評此書云，『吳氏的一種根本錯誤，乃是要在古人粗淺的地理智識中求文明人的地理智識。他錯認古人有山脈支幹的思想，又錯認山海經為整個的著作。……他的書起自西山經；其注與畢注頗多不同，或相差千里，但是都很有他的理由的。……吳氏或者是在這一帶弄成功了，所以硬要東北一帶也在海外，遂使山經的作者東游日本，北至西伯利亞，未免天淵之差了』（層化的河水流域地名及其解釋，燕京學報第十一期）。此評確中其病，蓋吳氏生於淸末，其時始有世界地理之智識，故彼欲強山海經而同之也。

跋山海經釋義

張公量

頁十行　行二十字　明王崇慶撰

是書之名，見於吳任臣山海經廣注雜述中。他如畢郝諸家，搜證最備，而皆未言及。四庫館抑之存目，復詆其膚淺，故爾傳本遂稀。崇慶事蹟，朱彝尊經義考引姓譜云，『字德徵，開州人，正德戊辰進士。歷南京禮吏二部尚書』。著述頗富，據千頃堂書目有周易議卦一卷，書經說略一卷，詩經衍義七卷，禮記約蒙，春秋析議五卷等書；惟淺薄無聊，純是村學究味兒。顧山海經釋義一書，雖亦無甚精義，卻自有其版本上的價值。北京大學圖書館藏有嘉靖丁酉年刊本，首冠序山海經釋義一篇，云：

甚哉，先王之道不明於後世也！異言出而教衰，邪音奏而雅亡。甚哉，先王之道不明於後世也！今夫經，常也，道之體也。一日而缺常，是缺道也。是故聖人履常，所以神化也；君子信道，所以照訓也；先王守一不二，所以正人也。山海經何爲者歟？是故以之治世，則頗而不平；以之敘倫，則幻而鮮實；以之垂永，則雜而寡要：惡在其爲經也？歷世既久，傳者寖廣。大荒而後，又甚焉。仁者見之，則曰『理無往而不可體也』。知者見之，則曰『言無往而不可察也』。是何怪其混六籍而並行至於今也！雖然，晉之郭璞，吾亦奇其人而偉其傳也。然而弗信理而信物，不語常而語怪也，此吾釋義之所由作也。君子尙有擇於斯乎？尙有感於斯乎？明嘉靖歲丁酉夏六月丁未，溷淵後學端溪子王崇慶序。

其對於山海經之觀感，與夫箸書之宗旨，有如此者！編次悉依古本，凡十八卷。余曾取以參校各本，頗多違異，於郭注尤甚。按畢沅似尙未見明成化本（江安傅氏雙鑑樓藏本，四部叢刊景印本），故如南山經鹿吳之山『蠱雕，其狀如雕而有角』句之注

雕似鷹而犬尾長翅

八字全脫；句餘之山郭注『句餘縣』之作『句章縣』等，皆無論列。而崇慶此本，復與成化本不同。最明顯者，北山經第三（北次三經）中：

又東北百二十里曰少山。今在樂平郡沾縣。沾縣故屬上黨。其上有金玉，其下有銅。清漳之水出焉，東流于濁漳之水。清漳出少山大黽谷，至武安縣南暴宮邑，入濁漳。或曰，東北至邑城，入於大河也。

之一段正文三十二字，注文四十四字，完全不見。其他或散拆，或竄易，未能僂指（別詳余箸校勘記）。日人小川琢治山海經篇目考謂此非刻本之脫誤，當爲原文之脫簡，而王氏勉從原本，不敢妄補。故此本流傳於明，保存一異宋本

之而曰，殊可珍貴。四庫總目提要所評，或有沒卻此書長處之嫌（蔣徑三譯，載廣州中山大學語言歷史研究所週刊）。按小川琢治氏究心山海經逾二十稔，所見傳本甚夥，其言自有根據。氏又稱日本内閣藏書寮及富岡各藏一本，有嘉靖十六年王氏自叙及十七年趙維垣序，惟缺圖三卷（按四庫總目提要作二卷），體裁與瞿氏所藏明刊本類似，篇首題『南山經第一』。按余所見嘉靖丁酉本，丁酉即十六年也，無十七年趙維垣一序，則非即日本内閣與富岡所藏明甚。葢此書本子有三：

一，明嘉靖十六年（丁酉）本，首有王崇慶自叙一篇。

二，明嘉靖十七年（戊戌）或十七年以後之刊本，增趙維垣序一篇。

三，明萬曆間覆刊本，即四庫總目所謂通行本，附圖二卷，提要云，『其圖亦書肆俗工所臆作，不爲典據』。則原刊無圖，圖爲後人贋造也。

二十三年六月二十四日

清代學者關于禹貢之論文目錄

王重民

頡剛案：王重民先生在北平圖書館擔任索引組工作有年，其新著之清代學術論文索引，彙集清人文集百餘種而成，鱗次櫛比，煞費苦心，貢獻於學術界者至切且鉅。知予近年治尚書，出尚書學之索引成稿見示，予因請以禹貢一部分先在本刊發表；承其允可，曷勝感荷。書此，道謝。廿三，六，三十。

讀禹貢　吳育　吳山子遺文一下

書禹貢後　王寶仁　舊鄉居文稿（一〇）一上

禹貢說　孫葆田　校經室文集（一）三下

禹貢鄭氏略例　何秋濤　一鐙精舍甲部藁（三）一上

上

鄭注禹貢引地理志不盡本班志說　皮嘉祐　沅湘通藝錄（一）一〇

漢書地理志載古文禹貢　陳壽祺　左海經辨（上）二八上

『刊木』解　顧震福　隷經雜箸甲編（下）九下

『島夷』解　陳偉　詁經精舍四集（二）一上

『碣石入河』義　俞正燮　癸巳類稿（一）二一上

考碣石　王舟瑤　默盦集（二）二上

碣石考　楊守敬　晦明軒稿（上）六二上

『九河既道』解　蔣湘南　七經樓文鈔（一）二六上

『九河既道』解　汪士鐸　汪梅村先生集（二）一二下

九河考　汪之昌　青學齋集(二)一一下
『桑土既蠶』解　黃以周　詁經精舍三集(三)一六上
禹貢蠶桑說　朱壬　詁經精舍文集(三)三六上
『怪石』解　章梫　詁經精舍課藝七集(二)九上
『怪石』解　蔣敬時　詁經精舍課藝七集(三)一〇上
『怪石』解　韓昌諤　詁經精舍課藝七集(三)一一上
『蘄包』解　崔適　詁經精舍課藝七集(三)一一下
『蘄包』解　王師渾　詁經精舍課藝七集(三)一四上
夏書『蠙珠』許書係於『玭』篆說　吳宗讓　沅湘通藝錄(一)一二上
『玭珠』　陳壽祺　左海經辨(下)二七上
『鱣魚』爲魚名說　顧震福　隸經雜著乙編(上)七下
『逵于渮』辨　蔣湘南　七經樓文鈔(一)二九上
『浮于淮泗，逵于河』解　孫傳鳳　洨氏遺文　三上
『淮海惟揚州』聀義　陳玉澍　後樂堂文鈔續編(一)八下
禹貢三江辨　朱鶴齡　愚菴小集(一二)四下
三江論　楊椿　孟鄰堂文鈔(七)一一下
三江考　李紱　穆堂初稿(一九)一三上
答禹貢三江震澤問　趙一清　東潛文稿(下)八四上
禹貢南江辨　程廷祚　靑溪集(四)一上
禹貢三江依經說義篇　程瑤田　禹貢三江考(一)一上
三江辨惑論二篇　程瑤田　禹貢三江考(一)九上
論三江惟主一江乃不破禹貢命名中江北江之義　程瑤田　禹貢三江考(一)一八上
荊州『江漢』揚州『三江』異名同實說　程瑤田　禹貢三江考(一)一九上
鄭注『三江分於彭蠡爲三孔』解　程瑤田　禹貢三江考(一)二二上
鄭注『三江分於彭蠡』『於』字解　程瑤田　禹貢三江考(一)二四上
論導江篇『東迤北』『北』字即指謂漢水之義　程瑤田　禹貢三江考(二)三一上
論禹治南條水要害在『匯澤爲彭蠡』之義　程瑤田　禹貢三江考(二)三二上
論禹匯漢水爲彭蠡澤以治揚州三江之理　程瑤田　禹貢三江考(二)三四上
論鄭註補南江必於『東迆者』句之義　程瑤田　禹貢三江考(二)二九上
分江水考　洪亮吉　卷施閣文甲集(九)五上
論以大江爲北江，分江水爲南江，其誤始於酈氏注　程瑤田

禹貢三江考(二)三七上
再論酈注南江之非及不見中江之寫於辭　程瑤田　禹貢三江考(三)四三上
論震澤為治水一大法　程瑤田　禹貢三江考(二)四六上
論疏河為治水一大法　程瑤田　禹貢三江考(二)四八上
論治水以豬水為洩水地　程瑤田　禹貢三江考(二)四九上
全氏謝山經史問答論三江諸說辯　程瑤田　禹貢三江考(三)五一上
禹貢漢水入海說　程瑤田　禹貢三江考(三)七〇上
述瀆　程瑤田　禹貢三江考(三)七二上
彭蠡三江說　管世銘　韞山堂文集(二)一下
彭蠡三江說　洪榜　湖海文傳(一五)一〇下
三江辨上下篇　錢塘　溉亭述古錄(一)一一上　湖海文傳(一三)一上
禹貢三江說　許宗彥　鑑止水齋集(一四)一上　湖海文傳(一五)一二上
三江考　張澍　養素堂文集(一〇)一四上
三江考　張海珊　小安樂窩文集(一)一上
南江考　邢澍　守雅堂文集
禹貢三江說　蕭穆　敬孚類稿(一)九上
三江說　汪士鐸　汪梅村先生集(三)一上
三江彭蠡東陵考　鄒漢勛　敩藝齋文存(一)九下
中江考　顧觀光　武陵山人雜著二八下
南江考　顧觀光　武陵山人雜著三一上
與翁查麓書　顧觀光　武陵山人雜著四四上(論三江)
禹貢三江解　陳一麒　詁經精舍續集(一)一一上
『三江既入』考　黃家辰　詁經精舍四集(二)一一上
禹貢三江九江辨　黎庶昌　拙尊園叢稿(四)五上
論近人考禹貢南江之失　王舟瑤　默盦集(二)一上
三江說　胡薇元　玉津閣文略(一)八上
答張廉卿書　吳汝綸　桐城吳先生文集(一)六六下(考三江)
再復張廉卿論三江書　吳汝綸　桐城吳先生文集(一)七一上
漢水入江考　蔣湘南　七經樓文鈔(一)三四上
汝淮泗注江說　鄒漢勛　敩藝齋文存(二)一上
汝漢淮泗注江考　汪之昌　青學齋集(一一)四上
震澤太湖辨　朱鶴齡　愚菴小集(一二)七下
震澤考　張澍　養素堂文集(一〇)一八上
『震澤厎定』解　汪之昌　青學齋集(二)一五上
震澤考　汪之昌　青學齋集(二)一六下
竹箭　陳壽祺　左海經辨(下)二八上
揚田下下說　俞正燮　癸巳類稿(一)一九上
『惟金三品』鄭王異義說　朱淵　詁經精舍四集(二)一七上

『惟金三品』鄭王異義說　陳遹聲　詁經精舍四集(二)二〇下
『惟金三品』鄭王異誼說　許宗衡　詁經精舍六集(三)二八上
九江考　惲敬　大雲山房文稿初集(二)一上
九江考　張澍　養素堂文集(一〇)一六下
九江考　鄒漢勛　斆藝齋文存(一)八上
九江辨三篇　莊有可　慕良雜著(一)一上
九江考　汪士鐸　汪梅村先生集(二)三上
九江考　胡元玉　璧沼集(二)三下
答魏默深舍人問江沱潛漢書　林昌彝　小石渠閣文集(三)一三上
荊州『沱潛』馬注釋　胡元玉　璧沼集(三)八上
『雲土夢作乂』解　胡元玉　璧沼集(三)九下
『雲土夢作乂』辨　汪之昌　青學齋集(二)一八上
『砮丹』解　胡元玉　璧沼集(三)一二下
『包匭菁茅』解　蔡維芳　詁經精舍六集(二)三〇上
『浮于潛，逾于河』解　蔡啟盛　詁經精舍六集(三)三四上
與嚴祺先辨黑水書　董以寧　文友文選(二)三下
黑水考　李紱　穆堂初稿(一九)一六上
黑水解　俞正燮　癸巳類稿(一)二三上
黑水說　陳澧　東塾集(一)一上　學海堂三集(三)八上
黑水考　沈丙瑩　詁經精舍三集(三)一七下
黑水考　黃以周　詁經精舍三集(二)一九上
梁州『黑水』辨　汪之昌　青學齋集(二)二一下
『蔡蒙旅平』說　汪之昌　青學齋集(二)二三下
梁雍二州『織皮』厥上厥下說　施崇恩　詁經精舍課藝七集(二)七上
梁雍二州『織皮』厥上厥下異讀說　毛宗澄　詁經精舍課藝七集(二)五下
梁雍二州『織皮』厥上厥下異讀說　汪之昌　青學齋集(二)二五上
『原隰』『豬野』非地名說　李祖望　鍥不舍齋文集(一)一九下
禹貢『涇屬渭汭』說　楊守敬　晦明軒稿(上)六六上
禹貢昆侖辨　萬斯同　羣書疑辨(一〇)一上
昆侖虛異同考　張穆　㐆齋文集(一)三下
禹貢山水說　徐乾學　憺園文集(一六)九下
導山論　楊椿　孟鄰堂文鈔(七)一四下
三條四列　胡賡善　新城伯子文集(一)三五上
禹貢三條四列說　張大昌　詁經精舍四集(二)二五下
禹貢三條四列說　張蔭榮　舫廬文存外集一上
敷淺原說　秦瀛　小峴山人文集(一)九上
禹貢道水次第說　陳澧　東塾集(一)二上

『導黑水至于三危』解　謝瑤　詁經精舍六集(二)三六上
禹貢『南海』解　失名　小萬卷齋文稿(二)三〇上
禹鑿龍門考　陳鴻壽　詁經精舍文集(六)一七下
『北過洚水至于大陸』說　王昶　春融堂集(三五)一一下　詁經精舍文集(六)一上
禹貢『北過降水至于大陸』考　洪頤煊　詁經精舍文集(六)三三下
禹貢『北過降水至于大陸』考　洪震煊　詁經精舍文集(六)三五下　筠軒文鈔(一)九上
禹貢『北過降水至于大陸』考　汪家禧　詁經精舍文集(六)四〇下
禹貢『北過降水至于大陸』考　孫同元　詁經精舍文集(六)三九上
禹貢『北過降水至于大陸』考　蔣炯　詁經精舍文集(六)三七下
禹貢導河曰『播』曰『逆』，孟子曰『疏』，其意是否相同說　汪之昌　青學齋集(二)二八下
嶓冢漾源辨　朱鶴齡　愚菴小集(一二)一〇上
釋嶓冢　汪士鐸　汪梅村先生集(一)二五下
滄浪三澨考　金鶚　求古錄禮說(一〇)一三上
『東迆北會于滙』『滙』字解　程瑤田　禹貢三江考(二)二七上
北江中江證　蔣湘南　七經樓文鈔(六)四四上
『至于東陵，東迆北會于匯，東爲中江』解　吳承志　遜齋文集(一)一八上
禹貢東陵考　阮元　揅經室一集(四)一上
『錫土姓』解　張澍　養素堂文集(三〇)八下
『錫土姓』解　黃以周　詁經精舍三集(二)二〇上
『錫土姓』解　胡元直　介堂經解三上
『夷，蔡，蠻，流』解　施則順　詁經精舍課藝七集(三)一五下
『錫貢』解　俞正燮　癸巳類稿(一)二二上
禹貢『錫貢』辨　吳承志　遜齋文集(一)九下
揚州豫州『錫貢』異同解　陳瑑　六九齋饌述稿試草七上
禹貢九州貢賦解　張士元　嘉樹山房外集(下)二上
禹貢九等賦解　金鶚　求古錄禮說(一三)一〇上
禹貢田賦九等解　崔述　無聞集(二)二三上
禹貢田賦不同考　吳承志　遜齋文集(一)一三下
九州　胡賡善　新城伯子文集(一)三六上
九州說　蔡瀛　小峴山人續文集(一)一五上
禹貢九州考　梁啓超　飲冰室文集(五二)一上
禹分九州以山川爲疆界論　汪之昌　青學齋集(二)三〇上
禹貢兗州地理考　畢亨　九水山房文存(上)一上

禹貢揚州貢城考　汪士鐸　汪梅村先生集（二）一上

梁州在殷周九服之外考　張宗泰　質疑删存（上）二下

讀禹貢合註一　辨弱水　萬斯同　群書疑辨（一〇）三上　合註，夏彝仲撰。

讀禹貢合註二　辨崑崙　萬斯同　群書疑辨（一〇）五上

讀禹貢合註三　辨積石　萬斯同　群書疑辨（一〇）六上

上俞曲園先生書　吳承志　遜齋文集（一二）一上　論禹貢一條

方志之性質

——中國地方志論略之一——

傅振倫

吾國方志，導源甚古。周官：外史掌四方之志；誦訓掌道方志；小史掌邦國之志；職方掌天下之圖；司會於郊野縣都，掌其書契版圖之貳。四方之志也，方志也，皆爲地方之志，亦即地方之史也。邦國之志，亦國別之書；書契版圖，記戶籍，土地，形象，即地志圖經之類：皆方志之流也。孟子所稱晉乘，楚檮杌，魯春秋，墨子所稱燕，宋，齊，周等春秋（見明鬼篇下）及百國春秋（史通六家篇引墨子佚文），孔子所見百二十國寶書（公羊疏引閔因語），以及春秋左氏傳所引周鄭諸志，皆周禮外史所掌四方之志也。漢初，蕭何得秦圖籍，備知天下要害；武帝時，計書俱上太史：郡國地志，固咸在焉。考志之記事，殆甚周備。後世有作，率紀疆域，山川，風俗，物產。晉世摯虞依禹貢，周官作畿輔經，其州郡縣邑之分野，封略，事業，國邑，山陵，水泉，鄉亭，城郭，道里，土田，民物，風俗，先賢，舊好，靡不具悉。齊時陸澄聚百六十家之說，依其前後遠近，編而爲部，曰地里書。任昉增以八十四家，謂之地記。其後陳顧野王又抄撰舊言，爲輿地志。隋大業中，普詔天下諸郡，條其風俗，物產，地圖，上於尚書，故其時有諸郡物產風俗記，區宇圖志，諸州圖經，都三百六十卷（見隋書經籍志小序）。然管穴之見，究不出禹貢圖經範圍。惟昔人目爲雜史載記之越絕書及華陽國志二書，猶不失方志之規模。蓋方志本爲地方志四方志之簡稱，實國別體之史書，不名之史傳而典制往聞已備，不名之地理而形勢疆界已舉。顧其書雖兼記史地，而究與紀傳與地之書有別，此方志體例之所以難言也。降及李唐，方志仍與輿地混爲一談；晚唐而後始獨成一科，規復舊制。歷元明清三朝，體愈精而書益多，且下至鄉里，亦撰志乘。統計方志之流傳於今者，不下五千種，約計十萬卷。較之清修四庫全書史部所收及存目，猶多出三千種，三萬卷。汗牛充棟，蓋亦博矣。

方志之書，自有其特異之性質。雖兼誌史地，而與史地不無異點。即與其所包各類，以及方志別派之方記，均不盡同。茲分述其區別，以考求方志之性質。

(一)方志與地記　吾國輿地之書，率記疆域，山川，風俗，物產，史書則記一代之典制故實。一縱一橫，相需始爲完體。方志載事雖以一隅爲限，而其內容實兼賅地里史書之全。故方志之於地記，其記事範圍，論方域則地記爲廣，論時代則方志爲久。蓋地里除沿革地理而外，多主斷代，與方志通述之體不同，此爲研究方志者所不可不知者。

(二)方志與史書　吾國史籍，可大別爲編年，紀傳，紀事本末，政書四體。方志爲地方之史，其載事類兼具諸體。顧史書與方志，雖皆爲記事之作，然亦有不同者焉。蓋方志繫乎地，國史則繫於朝，一爲國別之體，一主紀傳之體。良史之作，唯取證於古；方志則兼詳於今。國史所載，不及現存之人（倫案清史稿后妃傳之載郭博勒氏，則史之特例），以論定必待蓋棺也；而方志所錄，則可不拘。官師，選舉諸表，與名宦列傳，以及藝文志所載生存人物之事多矣；他如列女節烈一門，年例已符（章學誠永清縣志節烈例，以「夫死在三十年內，行年歷五十外，中間孀處，亦必滿三十年。不幸夭亡，亦須十五年後，與夫四十歲外」爲合格），即可編入，固不問其死亡與否也。且方志爲外史所領，義備國史取裁，猶春秋之必資百二十國寶書。故方志爲史料記注之書，而國史乃依據方志及其他史材撰成之書。惟其然也，故史主簡要，而志貴詳備。章實齋云：『史志之於人文，史如日月，志乘如鐙。鐙者，所以補日月所不及也。故方志之於人物，但當補史之缺，參史之錯，詳史之略，續史之無，方爲有功紀載』（見遺書補遺），意謂此也！

(三)方志與方記　章實齋史籍考，地理部列方志門，稗史部雜史門又有方記一目。釋例云：『方記與地理志，方隅之記，名同而實異』。蓋方志爲地方之志，唯與地志及列傳二者有沿革之義，其他諸門則側重現代，其意在懸爲一地行政之典則，施諸實用。至若方記之書，既非一國記載，又非地志圖經，乃雜史支流，爲一隅之歷史，而記事範圍斷限又不及方志之明確。方志方記之別，即在於此。

(四)方志與諸志　古今方志，以其記事之範圍言，有大一統志，總志，通志，郡縣志，鄉土志，都邑志諸種。各志之限斷不同，體制亦異。今姑就通志與州縣志言之：通志爲一省之史，州縣志爲一州一縣之史，體裁不同，互見詳略。州縣志宜詳密周備，通志則貴簡明要當。合郡縣諸志以爲通志不可，分通志以爲諸郡縣志亦不可。且流寓可載州縣志，而通志則可删除。是說章學誠方志辨體及湖北通志凡例言之頗詳。其書具在，茲不復錄。

方志，諸志與史地及方記之分別，略如上述。斯義既明，則方志之性質思過半矣。又考司馬光嘗患遷固以降，文字煩多，人主日有萬機，不暇周覽，乃删削冗長，舉撮機要，取其有關國家興衰，繫民生休戚，善可爲法，惡可爲戒者，編爲通志。神宗謂其所載明君良臣，切摩治道，威福盛衰之本，規模利害之效，良將之方略，循吏之政教，甚爲周備，因賜與書名『資治通鑑』。今案地方志所記一域之事亦甚周備，尤詳現代，有裨實用，古人所謂『觀民設教』，『體國經野』者，是誠足以當之。名之曰『地方官吏之資鑑』，亦無不可也。

綜以上諸說，則方志性質可歸納出下列諸點：

(1)方志爲一域之國別體史；

(2)方志記一地之地理及史事；

(3)方志記事周備，爲國史約取之資；

(4)方志古今並載，尤側重現在，切乎實用，實地方行政之借鏡；

(5)現存之人，事例年例已符，即可錄入方志；

(6)方志種類甚多，體製各異。

民國廿三年立夏日草於北平松公府。

『青海』前言

周振鶴

義皇以上，漢族來自西方湟中一帶；證諸考古發掘，在新石器時代已有居民。其後黃帝且思歸老崑崙之墟，巴顏哈拉山脈即崑崙之正幹也。夏禹去古未遠，其治水也，導河積石，亦青海地也。今人倘有不知青海奚若，而當時言之津津者，其何故歟？祖若宗之來路，弗敢忘也！然則青海之於中國，實居荒古史之第一頁矣。

青海準位置于東經百度左右，約當中國全境之中心；其所處地位，初非漭離，亦公共集會之中心地點也。不過海運發達以來，輕視陸道耳。嚮昔漢唐以來，中西文化之接觸，青海實當出入之孔道；關中河內，帝王所居，指控西陲，厚置戍衛。逮乎金元，以迄明清，定都燕京，領馭西邊，漸感困難。現在奠都金陵，雖改青海爲行省，然于西北邊疆，鞭長莫及之勢更顯著矣。一旦英俄入侵，會將衝突于青海新疆間矣。年來日德亦陰謀分潤，虎視狠欲，日緊一日；而國防如何，吾不忍言。一旦瓜分鯨吞，青海一失，秦，隴，蜀，新各地，我恐將無安枕之一日矣。故知經營青海，非可緩也。

青海之于中國歷史及國防關係既如此，今復請以青海地理而構成中國本部之地勢者述之。崑崙諸脈，自葱嶺歷新藏之間，磅礴東來，至青海西部岐爲三大幹：北幹緣青海北境北走，而爲陰山山脈；中幹橫貫中央，沿江東走，發端中國中部之北嶺山脈；南幹南折成雲嶺山脈，更東分布于長江之南，而演繹成南嶺山脈：茲三者，皆爲形成中國地勢高下之主脈也。其中谷又爲黃河大江之發源地：大江由川湖下皖吳；黃河繞沙漠，直走燕齊。中國大勢分南北中三部者，青海實握其樞紐。中國以農立國，二水實促成之。青海既爲中國之山脈江河之發軔地，飲黃河長江之水者，必有思其源者矣。則越陰山兩嶺之巇者，豈能忘其祖乎？

更由文化上覘之：青海人類複雜，滿，漢，蒙，回，藏，土，莫不畢具，就中華民族接觸機會而言，舍此恐更無當意者矣。集如許民族于一區，于文化上之交換，其影響必有可觀者。惜乎種族界限未能泯滅，感情不洽，動輒用武。如能教育開導，則事半功倍；獎勵婚媾，則人種優秀：強國之基，肇於斯矣。青海既具此特質，地點又適中，化諸族於一爐，其策同濟，野心家之政策又焉得施哉？

青海南連康藏，西負回疆，東南接蜀道，東北依隴右，掌漢同蒙藏交通之管鑰。固西北之疆場，阻英俄之侵略，舍此莫由。果能置重兵於青海，不參內戰，不重民負，屯田墾荒，築路闢徑，有事則荷戈戍邊，外侮其禦，數日可至；復置政治中心於中部，專理西徼，開通民智，廣置縣市，而直隸於中央：則中央既少西顧之憂，而西陲以青海爲軍政中心，監督控制，受命於中央而授令於西陲，如是則內政統一，外患無憂矣。此青海于政治上特有之價值也。

我國現在大患爲「三多」：一曰兵多，二曰匪多，三曰游民多；其增多之根本問題，爲民生之不起；而其解決之方策，則移其民於河源是也。中國兵數占全球之第一，考其能力，不但不足以抵禦外患，反使延長內亂；而國庫支出，以軍費爲最大，人民加重負擔而已；教育，實業等事業遂不得發展。若決意裁兵，則又增添若干土匪，每致弄巧成拙。土匪爲軍閥歷年來直接或間接造成者，撫之爲兵，亦非澈底辦法；剿之則散作游民。游民雖爲少數官僚，軍閥，資本家，吸收財富，壟斷政權，貧富不均所致；然生產不足，人浮於事，亦一重大原因。今若能移兵青海，開墾，築路，以編遣費爲移殖，安置等費用，並依原組織，酌派長官，指導監督；久之，生計充裕，自然安居樂業。若一旦邊防有事，且可選擇召集，剿匪遠戍；輔以精良軍隊，監督防範，共同作工：既可免地方之患，又可收化莠爲良之效。至於無業游民，其有智力者，可担任各種事業之開創，指導，管理等責；有勞力者，可担任實業，交通等事業之開採，修築，製造等工作。青海各種事業，莫不亟待開發，倘此種失業者由政府設法移送，使各得其用，各展所能，其利不僅在消極方面可除社會之患，而在積極方面又收開發事業之效矣。

自海禁大開，列強資本主義侵入中國，與國內封建殘餘狼狽爲奸；倘國際資本主義不能推翻，封建殘餘無法肅清，我國民族終無法覓得一出路。然以傷痕斑斑，力竭氣喘之中國，欲與帝國主義更相搏戰，難矣！故繁榮生產，恢復民力，作根本休養生息之計劃，爲沼吳之圖謀，此治本之法也。然以次殖民地之中國，何處爲我休養生息之所耶？東南則陷於國際資本主義包圍之中，東北又新在日本國帝主義鐵蹄之下，西南爲英法之勢力範圍，西北亦零落殘廢。惟有青海一隅尙屬完璧，努力經營，收效必速；蓋其地產業豐富，爲發展民族資本最適宜之場合也。

中國人口，據清道光二十二年之調查，十八省爲四一三•○二一•四五二人，當時占全世界總數三分之一。二十世紀初，僅占四分之一矣；今則或謂僅及五分之一矣。而南北美洲在百年前，總數不過四五千萬，白色人種不過十餘萬；今則已超過二萬萬，白色人種占其四分之三，其增加之速度至可驚。推其原故，蓋歐人得美洲爲其過剩人口適宜宣洩之所，移殖之後，發榮倍速；中國人安土重遷，坐失移殖機緣，困處內地，生計偪促，生機遂不能不日益萎縮也。現在外國適於移殖之地，皆已爲列強之禁臠，限制華人之插足；甚至酷暑之南洋，亦排斥黃種。茫茫大地，除東亞片土外，已不許吾人生息長養其間矣。若再不向地廣人稀之青海等處隙地以求宣洩，則吾族生機必將日蹙。此移殖青海與民族之生長發育問題有至密切之關係者也。

青海有如許重要性，而國人猶多忽之；近雖有調查團之組織，然終不出湟中一帶也。又以地屬荒服，記載不詳。清代用兵西海，而偏於東境；且僅關政治，聊示恩威，略加羈縻，非有遠略也。征夫筆記，更屬闃焉無聞。民國以來，亦未遑經營。湟中一帶，畧有調查報告；然自七年以後，內亂迭起，此地視爲邊陲，不加注意，與中央政府若即若離，即此種統計亦不能多覯矣。報紙雜誌，亦鮮記載。青海籍之東出負笈者，又寥寥不多。故材料搜集，困難萬狀，即外人記載亦爲鳳毛麟角；蓋地處腹部，外人雖冒險成性，亦未敢深入也。一八八四年，俄人 Przewalsky 往來青海新疆西藏間，其目的純爲政治作用，記載亦無多，且錯訛橫生，遺笑識者。幸民國初年，有生入君者，逸其姓氏，曾西入青海，將其經過詳載于北京出版之地學雜誌；惜乎未能窺其全豹，祇及青海北部而止，海南玉樹諸族闕如也。迨乎民國三年，因隴蜀爭地玉樹，派員勘查，周君希武隨行記之，有玉樹土司調查記及寧海記行之作。同行尚有某君，亦著有玉樹乘槎記，堪與前書對照，刋入甘肅出版之邊聲周報，雖未見完作，然而海南諸族，已瞭如指掌矣；與生入君之記載，合而觀之，思過半矣。其後司文哈定之游記亦出版問世，然可參考者無多。迨及民國十九年，南京新亞細亞月刊出版，偏重於邊疆問題之研討，關於青海之材料漸多；然此時本書已脫稿待梓二年矣，極好材料，遺珠可憾，懊憹久之。一二八閘北之役，原稿幾乎殉難；事定之後，復於瓦礫之下發得殘稿，然破缺不全，勢難汗簡，乃易稿重作，材料亦加豐。蓋前書脫稿之後，對於各種書報之有關於青海者，一鱗一爪，吉光片羽，莫不什襲藏之；重纂之時，南京又有新青海月刊之發行；參攷材料既增，校勘價值亦重，滙而輯之，乃成斯書。故雖非親歷，其取材敢云準確，非杜撰也。

參考書報之外，又須檢閱地圖。坊間謀利之圖，大都不適於專門研究之需要，即爲較有價值之瀋陽故宮內府地圖，日本參謀部支那地圖，中國參謀部五十萬分一地圖、英國陸軍部實測四百萬分之一東亞地圖中國諸幅，實業部地質調查所七百五十萬分之一中國地形圖，青海民政廳青海省全圖，以及武昌亞新地學社甲丙兩種析類分省地圖等類，莫不瑕瑜互見，或以簡略過甚，或以境界伸縮，或以經緯不明，或以位置不準，舍短取長，並參以實地調查者實測地圖，乃克有濟。讀圖之難，有如是者。

材料既取夫準確，內容自宜就材料之豐嗇而定。本書分前言，位置及境界，氣候，地形，山脈，水系，沙漠，種族，歷史，政情，民生，教育，宗教及寺院，交通，產業，風俗，後語等十七章，字字有根，語語有證，知者知之，不知者缺之；蓋學者態度當如是也。而後語一章則爲著者編餘計畫之作，就實論事，亦數年來研究之心得。然乎？否乎？尙有待於邦人士之指教者也。

附目錄

第一章　前言
第二章　位置及境界
第三章　氣候
第四章　地形
第五章　山脉
第六章　水系：（一）江河流域，（二）柴達木內陸流域，（三）蒙古內陸流域
第七章　沙漠
第八章　種族：（一）源流，（二）分布及人口，（三）語言及文字
第九章　歷史：（一）沿革史，（二）建置史（都市，長城附），（三）移殖史，（四）邊務史
第十章　政情：（一）黨務，（二）政制，（三）自治，（四）軍警，（五）財政，（六）司法及監察
第十一章　民生
第十二章　教育
第十三章　宗教及寺院：（一）喇嘛教，（二）回教，（三）耶穌教，（四）天主教
第十四章　交通：（一）陸路，（二）水道，（三）航空，（四）郵政及電信，（五）交通工具
第十五章　產業：（一）鹽業，（二）羊毛業，（三）農作，（四）畜牧，（五）畋獵，（六）藥材，（七）魚產，（八）森林，（九）動物，（十）礦藏，（十一）雜藝，（十二）商情
第十六章　風俗：（一）衣飾，（二）飲食，（三）居處，（四）婚嗣，（五）生死，（六）信仰，（七）社交，（八）衛生，（九）道德，（十）雜志
第十七章　後語

吳志順

評綏遠省分縣圖

樊庫編繪，民國二十三年一月綏縣省民衆教育館出版，可索贈。

現在中國出版的地圖，連各省測量局實測的基本圖在內，全都不敢說是精確。因爲根據地球是圓形的原理，要打算測量廣大面積的地形，決不能當作平面看，非辦大三角測量是不能精確的。至於大三角測量，國民政府先前雖有這種提議，但是爲了種種阻礙，到現在尚未實現。所以中國的地圖，根本就沒有精確可言。倘使你把各處出版的地圖比較一下，一定發現各種不同之點，莫衷一是。我們只有把某圖作者的經驗如何，和是否經過本地人的調查，作爲審查的標準而已。

現在中國行政方面，正在力求改善，所以省界的變遷，縣和設治局的新置和改名，均時有所聞。你若要尋覓一冊省界正確，縣治及設治局完全，縣區市邑的位置準實的地圖（縣界還不用提），就是內地各省也很難得。至於邊陲各地，國人向來淡視，更加談不到了。又內地各省，有省，府，縣志可查，多少總有材料可得；而邊陲各地則向來有志書的甚少，例如大清一統志是一部怎樣鄭重的書，而竟無邊陲的圖，其他還說什麼！今日國難重重，大家早已感覺邊防的緊要，而大家得不到參考的材料，這是何等煩悶的事！

這次顧頡剛先生到綏遠去，帶回一本綏遠省分縣圖，是今年新出版的。作者樊中府先生（屏），是綏遠省民衆教育館的館長。他對於本省地理十分留心，著有綏遠省分縣調查概要，搜集的材料豐富極了，其熱心毅力眞夠人欽佩。這本地圖，列有綏遠全圖一幅，歸綏縣，臨河縣，五原縣，包頭縣，豐鎮縣，集寧縣，陶林縣，托克托縣，和林格爾縣，固陽縣，沃野設治局，薩拉齊縣，東勝縣，安北設治局，興和縣，清水河縣，武川縣，烏蘭察布盟，涼城縣，伊克昭盟分圖二十幅。圖後各附以說明，作一簡單而清楚的表解。這是實地調查的結果。要是邊陲各省區全都能有這樣的有心人，豈不使我們的國防加幾重的堅固！

按照測圖技術方面，地圖的種類可分爲（一）正式測圖，（二）迅速測圖，（三）調查測圖。（其詳細說明，及按面積和使用目的之分類，當另題發表。）這一部地圖，自然應該用了『調查測圖』的眼光來看它。這一類圖能供給與我們的利益，是關於地物方面——即天然和人爲的諸物與地面相連繫的，例如山脈，河流，湖泊，道路，建築物等。我們現在就從地物方面來評判這一部地圖的價値。

綏遠省，在清代是察哈爾右翼四旗，歸綏道（均屬山西）和內蒙古的西二盟地。民國初年改爲特別區。自從設了行省之後，時常有某縣劃歸他省，及他省的縣劃歸本省的事。因爲有了這樣的交互錯綜，所以對於一般地圖，我們都不敢輕易信任。現在這部地圖，經作者多年的調查而後編繪，不但省界分的很清楚，就是縣界和區界也很清楚，這眞是我們求之不得的一種需要的供給。以後即使再有綏遠省的某縣劃歸他省的事，我們也可以根據它的縣界來重定它的省界了。

在邊陲各省區，新置和改名的縣治和設治局，其設治的地點，我們眞是太模糊了。舉一個例罷！綏遠的沃野設治局，我們近來在報紙上常看見這名詞，但是我找了好許多的圖本，總找不到這個設治局的位置，更不用說它的境界了。現在一看這圖，就明白啦。至於綏遠各縣的區和村等，別的圖即使有，不是太簡單，就是太老；要不，就是位置不對，或是地名不符。現在這本圖按縣調查，不但區村等詳盡無遺，且把盟旗界和各縣區界也繪畫完備，鐵路，汽車路，大道，河流，小支流，湖泊等亦皆應有盡有，眞可算得一部『民國二十三年來最新綏遠省分縣調査圖』！假使我們中國，凡是沒有實測到的地方，全都有人這樣辦，中國出版的地圖就不至再有各不相同的弊病了。

有人說，這部圖上沒有經緯度，是一種大缺憾。但我們須知道，它只是調查測圖而不是正式測圖。既然不是正式測圖，沒有經過三角和地形的測量，又沒有經過專門人才按着製圖規則去繪製，當然不必胡亂畫上經緯線來騙人。就是它對於地貌（地面固有的性質，如地形起伏凹凸等）上，因爲有了以上的原因，我們也不能作嚴格的責備。

圖後所附的各縣說明，也頗有益於研究的人。例如托克托縣的沿革云，『古雲中城所在地，趙國趙武靈王所築。秦爲雲中郡。漢爲雲中郡之雲中，沙陵，陽壽，楨陵四縣地』。依我所見的歷史地圖，多有把托克托縣放在定襄郡界以內的。孰是孰非固尙有待於考證，但其足以給我們一個啟發，則是顯然無疑的事。至於位置，面積，縣界，所屬地旗，鄉鎮，區村及戶口數，地勢，物產，交通各項，也都提綱挈領，要言不煩。

但我還有希望於樊先生的幾件事。其一，在各縣城的注記旁邊，應把原有地名記上。例如集寧縣的設治地是老娃嘴子，就當於注記『集寧縣城』之外，再注記『老娃嘴子』，那麼，參考的時候就方便多了。其二，各地的郵局和郵政代辦所，在地理上頗占重要地位；尤其是邊陲之地，道路和人口均可就此推考，更不容闕。將來這圖再版時，似可定一圖例，把它調查準確，添入圖內。其它如長途電話，電報局，亦均應有固定的圖例。其三，一地的人口多寡，是地理學上最重要的事件。若能按照人口數及戶數，把村鎮定出幾種圖例，例如人數在一百以上的作一種符號，在五百以上的又作一種符號，在一千以上的再作一種符號，……使讀者一翻了圖就可瞭然於那一縣的人口概況，豈不更佳！其四，各圖既有比例尺，就當把比例分數注記出來。中國的圖有許多有了比例尺而沒有若干分之一的比例分數，這是全由於從測量局出來的工生技士們雖學過繪圖術而未入過正式的測量學校，他們製圖之時，一經縮放就算不出比例數來，只得畫上一個比例尺完事，徒然使得外國人看了大大譏笑。這種錯誤，是我們必須矯正的。這是我對於本圖的求全責備的一點管見，不知樊先生以爲如何？

廿三年四月廿四日

評馮承鈞譯西域南海史地考證譯叢及續編

聞宥

馮承鈞君頻年迻譯歐洲學人（尤以法人爲多）關於東方史地之論著，數量既富，質尤精審，久爲吾人所欽服。近頃復集伯希和費瑯諸家短文二十五篇，爲此二集。不但省重譯之煩，且得資稀帑之便，其垂惠於史地學界者更鉅。

雖然，馮君此二書，在譯事上似稍不及其舊業。其首使吾人感覺者，即文字稍冗，不若已往之嚴潔。此於內容關係尙少，其較大者，則爲聲音方面譯名之未安。集中所收諸作，大半皆以語言爲基礎，故其所需聲音學上之專門術語較多。而馮君所譯，往往與現時通行者不同，有時且得其反。例如第一篇康車阿克蘇爲什之古名注二中，言『慈字同茨字是用強音聲母發聲的』；注十二及十四中，言『現在的「和闐」Khotan，漢朝作「于闐」，元朝作「斡端」Odon，皆無呼聲』，『還有一種用呼聲又不用呼聲的例子，這就是「奄蔡」同「闔蘇」兩名的讀法』。此『強音聲母』與『呼聲』兩名，皆非吾人所習見。作者手頭無原書，無以比勘。以理推之，『呼聲』疑即 Aspiration，『強音聲母』則猝不能舉其原語爲何。第三篇魏略西戎傳中之賢督同汜復中，言『漢語「汜」「復」兩字的發音，從唇聲發音轉到雙唇呼音，又轉到齒唇呼音』（頁二十）。此顯然指汜復兩字由雙唇塞聲，轉爲雙唇擦聲，更轉爲唇齒擦聲，先爲方法之變，更爲地位之變，而所用名詞皆淆混不易明瞭。其下又言：「『等若濁音古發聲之p，又等若清音古發聲之b。……宋本姓解音帆，張澍的撰述音梵，這兩個字古發聲是清音，已有證明』（見同頁。又以下所用清濁兩字意義皆同，故知非偶然筆誤），則更大誤。清濁兩字在舊日字母圖中之含義，前者本等於Sourdes，後者本等於Sonores，今皆通沿用，亦正若此；而馮君稱p爲濁，稱b爲清，豈非適得其反。若此之類，可商榷者尙多，是皆有待於再版之勘定者也。

又馮君於地望史實方面，間下按語，皆極精諦，足以補苴原文。而於聲音方面之可加注者，則未見拈出。例如中國載籍中之梵衍那中，言『延字在較近譯寫中，常在摩訶延Mahayana同那羅延Narayana兩名中用之，則可見其確無g-音發聲』，此本伯氏舉以破馬迦特『延』古讀有g-發聲之說者。實則以諧聲系統言，從延者有誕發d'an，有涎Zian，其本有舌尖聲之痕跡甚明，則同時不能復有舌根聲，自無疑義。又諸蕃志譯注正誤注二十七中，言『可是「路」字從來沒有聲母收聲』，此語亦未瑩澈。路本從各得聲，與路同從各聲者，如酪洛之類，亦皆有-k尾。故無論此路字之尾，或如高本漢較早假定之-g，或如最近假定之-k，而其初必有聲尾則甚明。（夏德此項比勘之可信，高本漢在Philology & Ancient China p. 137中本已言之，伯氏此文尙作於一九二二年，今亦當已不持此疑也。）凡此皆一檢高氏字典即極顯白者。蓋集中諸作者雖博通東方古今諸語言，而要皆不過爲一種手段，與專門之學不同，故爲說亦或有可商。惜乎馮君之未能從事於此也。

要之，馮君於聲韻之學，未嘗專力，在其舊譯序言中已自言之（忘其爲何書）；而文字之稍冗，間亦以健康未復，倩人筆受之故。凡此皆吾人所當深諒，而仍爲此嘵嘵者，則以馮君之譯本，其價值已等於一種著作，決非時下亂談介紹者可比，吾人欽服之深，言之者亦不期而自切。此則更願馮君有以相諒者也。

商務印書館出版

史地考證要籍

史地叢考……馮承鈞譯 一册 定價四角
史地叢考續編……馮承鈞譯 一册 定價四角
秦代出平南越考……馮承鈞譯 一册 定價四角
中國長城沿革考……馮承鈞譯 一册 定價四角
中國史乘中未詳諸國考證馮承鈞譯 一册 定價五角
中國西部考古記……馮承鈞譯 一册 定價三角
西突厥史料……馮承鈞譯 一册定價一元五
西康疆域溯古錄……胡吉廬編 一册 定價四角
東蒙古遼代舊城探考記……馮承鈞譯 一册 定價四角
滿蒙古蹟考……陳念本譯 一册 定價九角
蘇門答剌古國考……馮承鈞譯 一册定價三角五
崑崙及南海古代航行考……馮承鈞譯 一册定價四角五
交廣印度兩道考……馮承鈞譯 一册 定價四角
景教碑考……馮承鈞著 一册 定價三角
元代白話碑……馮承鈞著 一册 定價二角

勺園圖錄考

洪煨蓮著

連史紙精裝一厚册定價三元五角

米友石風流氣節，蜚聲於啓禎之間。其山水畫清秀拔俗，與董玄宰並稱；其勺園別業，幽邃出塵，與李園媲美。先生卒後，畫既少存，園亦頹圮。燕京大學前得先生所繪勺園修禊圖於天津陳氏，洪煨蓮先生又經八九年之搜討，參考百餘種書籍，爬羅剔抉，爲錄二百餘條，將勺園故址，考證清楚。今將圖攝影製版，與錄考合併刊行，並附引得及海淀鄰近水道，盈附根園鄰近，集賢院遺址，集賢院鄰近等圖。關懷故都掌故者，當人手一編也。

發行者 燕京大學引得編纂處

水經注引得

鄭德坤編

二厚册 定價十元

酈道元水經注，列敘千餘水道，兼及郡邑沿革，古蹟遺聞，首尾詳盡，有條不紊，爲治古地理者所必讀。其所引用古書四百餘種，現時存者十不二三，又爲輯佚者所必資。至其鋪叙山水，狀寫景物，詞致生動，更爲歷來愛好文藝者所欣賞。惟全書四十卷，遍讀匪易，尋檢綦難，學者苦之。廈門大學教授鄭德坤君，年來致力山水二經，頗著成績，特用餘暇，將水經注作爲引得，以爲檢査之助。該書前由燕京大學引得編纂處校訂編排，現已出版。愛好水經注者，當快先覩也。

地學叢書

乙編上册 一厚册 定價五角

地學叢書爲已故中國地學會會長張蔚西先生所輯，所收皆屬精博之作，詳目列下：

一，中國地圖學考原……陶懋立
二，西遊錄今註……張蔚西
三，湛然居士年譜……張蔚西
四，成吉斯汗園寢發見記……張蔚西
五，辨成吉斯汗園寢書……屠敬山
六，成吉斯汗陵寢辨證書……張蔚西
七，答成吉斯汗陵寢辨證書……屠敬山
八，再答成吉斯汗陵寢辨證書……張蔚西
九，成吉斯汗陵寢之旁證……張蔚西
十，灤口黃河橋古爲碣山淤湖說……蔣觀雲

發行者 中國地學會 北平北海公園團城

▲68—23:7

出版者：禹貢學會。
編輯者：顧頡剛，譚其驤。
出版日期：每月一日，十六日。
發行所：北平成府蔣家胡同三號禹貢學會。

禹貢

半月刊

價目：每期零售洋壹角。豫定半年十二期，洋壹圓；全年二十四期，洋貳圓。郵費加一成半。國外全年加郵費八角。

The Evolution of Chinese Geography

Semi-monthly Magazine

Vol. I No. 11 August 1st 1934

Address: 3 Chiang-Chia Hutung, Cheng-Fu, Pelping, China

第一卷 第十一期

民國二十三年八月一日出版

周南召南考 劉節
桂蕚的輿地指掌圖和李默的天下輿地圖 王庸
宋史地理志考異（河北路） 聶崇岐
安西四鎮之建置及其異同 大谷勝眞著 周一良譯
唐代鑛物產地表 鄧嗣禹
中國地學論文索引序 王庸

代售處

北平北京大學史學系楊向奎先生
北平燕京大學哈佛燕京社
北平燕京大學史學系李子魁先生
北平輔仁大學史學系史念海先生
北平清華大學史學系吳春晗先生
北平師範大學國文系羅根澤先生
北平女子文理學院侯堮先生
天津河北女子師範學院班書閣先生
濟南齊魯大學史學系張立志先生
開封河南大學史學系楊鴻烈先生
上海暨南大學江應樑先生
杭州之江學院顧敦鍒先生
安慶安徽大學周予同先生
武昌武漢大學史學系吳其昌先生
成都四川大學文學院劉以嶓先生
成都四川大學賀幼于先生
廈門廈門大學史學系鄭德坤先生
廣州中山大學文史研究所羅香林先生
廣州協和神學院李鏡池先生
北平北平圖書館王以中先生
杭州浙江圖書館夏廷棫先生
南京中國日報社黎光明先生
北平景山東街十七號景山書社
北平景山大石作大學出版社
北平西單商場大學出版社營業部
北平和平門外大街文化學社
北平東安市場岐山書社
北平西單商場增華書社
北平琉璃廠東門寶德堂書舖
北平隆福寺街修綆堂書舖
北平孝順胡同後溝三號曾紀琳先生
北平成府競進分社
天津法租界二十六號路佩文齋
天津大經路北方文化流通社
開封新書業街龍文書莊
濟南西門大街東方書社
南京中央大學門前鍾山書局
南京太平路中市羣衆圖書公司
上海五馬路亞東圖書館
重慶天主堂街重慶書店
日本東京中華青年會魏建猷先生
日本京都中京區叢文堂書店
日本東京神田區神保町巖松堂書店

內政部登記證警字第叁肆陸壹號　中華郵政特准掛號認為新聞紙類

周南召南考

劉節

一　『南』爲樂詩

二『南』之爲樂詩，其說倡於宋人王質詩總聞，程大昌詩論並言之。程氏復創爲南和雅正之說，二『南』但取其風之和，非以其地之限，以斥小序『王化自北而南』之解；其於二『南』疆域，尙未得要領也。淸儒治經，非薄宋學，魏源詩古微引申程說，謂以地別二『南』，不以化區二『南』，又惑於周召分陝與疆理南國爲一事，則二『南』疆域必南及荆梁，北底岐雍，東西橫亘豫陝之境，此說之必不可通者也。朱右曾詩地理徵有同病焉。夫二『南』疆域乃高密以來未決之論，晚世崔述馬瑞辰翟始稍稍董理之，而持論鈎輈與魏氏等，不可不辨也。欲明二『南』疆域，必先論『南』爲樂詩。程大昌之言曰：

『蓋「南」「雅」「頌」，樂名也，若今樂曲之在某宮者也。「南」有周，召，「頌」有周，魯，商，本其所從得還以繫其國土也。』

『凡詩雜取無擇，至考其入樂，則自邶至豳，無一詩在數也。享之用鹿鳴，鄉飲酒之笙繇庚，鵲巢，射之奏騶虞，采蘋，諸如此類，未有出於「南」「雅」之外者，然後知「南」「雅」「頌」之爲樂詩而諸國之爲徒詩也。鐘鼓之詩曰：「以雅以南，以籥不僭」。季札觀樂，有舞象，箾，南籥者。詳而推之：南籥，二「南」之籥也；箾，「雅」也；象舞，「頌」之維淸也。其在當時，親見古樂者，凡舉「雅」「頌」，率參以「南」，其後文王世子又有所謂「胥鼓南」者，則「南」之爲樂古矣。』

以『南』爲樂之傳說，始於呂氏春秋音初篇，謂『禹行功見塗山氏之女，禹未之遇而巡省南土，塗山氏之女乃令其妾候禹於塗山之陽，女乃作謌。謌曰：『候人兮猗』，實始作爲南音，周公及召公取風焉，以爲「周南」「召南」』。其說以南土之音爲南音。自是以後，毛詩鐘鼓傳，韓詩章句，文王世子注，白虎通禮樂篇皆謂：『南夷之樂曰「南」』。近人郭沫若氏考之般虛文字，以『南』爲樂器，其說可信。然則南土之名反以樂器之產地見稱，故文王世子言『胥鼓南』，而周禮大司樂『龡南呂』，楚印中鐘稱鐘曰『南和鐘』：則『南』之爲樂器審矣。二『南』

既爲樂章，必自有次第，魏源謂『周南』自關雎以迄麟趾，『召南』自鵲巢以迄騶虞各十一章乃正風房中之樂；『召南』甘棠，何彼襛矣，野有死麕三章乃變風之詩，東周以後所增入者：其說未免附會太甚。然考之儀禮鄉飲酒合樂，周南關雎，葛覃，卷耳；召南鵲巢，采蘩，采蘋，是二『南』篇章入樂之次乃成周以來沿習不廢之事，其爲樂詩又復奚疑？惟詩采自南國，前人言地理者每於其詩中測定南國之疆域，然南國疆域之廣袤因時代而不同，於二『南』之詩中求之尙不足以盡其義，故復取吉金史傳之文以證之。

二　金文中所見之南國東國

近人之說古史者，每以『南夷，東夷』與『南國，東國』等視，證以吉金史傳之文，亦不盡合。夷方之名所見甚古，甲骨文字中屢有『征夷方』之文。彝器中若般甗，若小臣艅尊，亦記征夷方事。殷人與夷方本屬同族，迨周人東侵，殷民南徙，故周金中所見之東夷南夷及東國南國，偶亦泛舉殷民與淮夷，徐戎，荆，舒諸族而言。然按之時代，其名稱地域亦大有分別。當成康之世，三監初平，東夷未定，故是期所作之器，皆曰『征東夷』，『伐反夷』，或曰『伐東國』，若周公東征鼎，白懋父設，毛父班彝，明公尊，疐鼎，寧鼎，周公設是也。武庚之亂，三衞皆畔，周公平亂，以其地封康叔。逸周書作雒解曰：『俾康叔宇于殷，俾中旄父宇于東』。殷即衞，東即鄘。衞既爲殷之故地，則東即殷人所稱之夷方，亦即周金中所見之東夷。庸伯封設言『王伐逑魚，錫庸伯封貝十朋』。白懋父設言『以殷八師征東夷，十又一月遂東陕伐海眉』。所謂『逑魚』『海眉』，皆東夷之地。王國維先生嘗考鄘國即後來之魯地：逑魚海眉不外齊魯之疆，而魯頌曰：『乃命魯公，俾侯于東』；又曰：『奄有龜蒙，遂荒「大東」，至于海邦，淮夷來同』。論語孔子之言曰：『夫顓臾，昔者先王以爲東蒙主，且在方域之中矣，是社稷之臣也，何以伐爲？』此皆可證魯即庸，初爲東夷之地。明公尊曰：『唯王命明公遣三族伐東國』。東國實指殷衞故地，三族即毛班彝之呂伯，毛公，吳伯。明公即魯侯，然則三族者皆明公之族屬矣；而逑魚，海眉，東蒙之屬，又東國以東之夷人也。仲旄父，孫詒讓先生考之即康伯髦，則金文中伐東夷之伯懋父即就封東國之康伯髦，或即逸周書所稱中旄父之兄也。以此與經傳相證，魯之就國必在伯懋父平定東夷之後。夷人之族屬甚多，魯與徐奄相接，故費誓曰：『徂茲淮夷徐戎並興』，乃合東夷與南夷言之也。

虎方之名亦始見於殷虛文字，曰：『虎方其涉河』（前編卷六，頁六十三），又曰，『命𠂤乘𣥅興𠈌虎方』（佚存第九四五），則其地當在河洛之南。甲骨文字中亦見『天邑商』之文，商即後來宋都，今之商邱也，其地與淮北相接，虎方必更在其南。中鼎曰：

『隹王命南宮伐反虎方之年。王命仲先省南國庸行。』

伐虎方而先省『南國』，其地必更在南國之南，是『南國』非虎方可知矣。金文中伐楚荆伐虎方之役在昭穆之世，伐南淮夷之役在厲宣之世，此二役史有明文，可與吉金字相印證。古本竹書紀年曰：『昭王十六年伐楚荆，涉漢，遇大兕』。又『十九年，喪六師於漢』。此外若左傳，呂氏春秋，天問皆言之。其在金文中若夨令𣪘曰：『隹王于伐楚伯，在炎』。禽𣪘曰：『王伐楚侯』。過白彝曰：『過從王伐反荆』。遹𣪘曰：『遹從王伐荆』。鈇彝曰：『鈇馭從王南征，伐楚荆』。又小臣夌鼎曰：『王□于楚彔』。大保鼎曰：『隹公大保來伐反夷』。大保𣪘曰：『王伐彔子聽』。此皆昭穆時所作之器。其所指楚荆，必在江漢之區。至於厲王以後，所征者為南淮夷。後漢書東夷傳曰：『厲王無道，淮夷入寇。王命虢仲征之，不克』。

虢仲盨曰：『虢仲與王南征，伐南淮夷』。敔𣪘曰：『隹王十月，王在成周，南淮夷遱及內伐』。鄦冀𣪘曰：『隹王十又三年，正月初吉，壬寅，王征南淮夷』。此厲王時事，其主要將帥為虢仲，為敔。迨後宣王之世，則有召穆公虎，南仲，師寰，成諸人。他如彔㦰卣，競卣，仲稱父鼎，唯叔鼎，亦作于厲宣之世。然則昭穆時所伐之楚荆，與厲宣時所伐之南淮夷，不可等量齊觀矣。前言東國與東夷非指一地；以今考之，南國與南夷亦自不同。其在金文中連舉之者，亦唯成鼎與宗周鐘而已。成鼎曰：

『亦唯噩侯馭方率南夷，東夷，廣伐南國，東國。』

噩侯即鄂侯，乃楚之族屬，故率其族人內伐二國。是南夷與南國決非同地。更以前舉之南宮中鼎伐虎方先省南國之說互證，益可知南國之非南夷矣。宗周鐘，諸家皆以為昭王時器。孫詒讓先生以為與召伯虎𣪘同時，則亦作於厲宣之世。（鐘銘言『遣間來逆邵王』者，與孟子引逸書『紹我周王見休』同義。紹即邵，訓為見。）銘曰：『南國服孳敢陷虐我土』。服孳者，南國之附庸也。是役王師大捷，南夷東夷具見二十又六邦。證以經傳，江漢，常武兩詩足以當之。江漢之詩曰：『江漢浮浮，武夫滔滔，匪安，匪遊，淮夷來求』。常武之詩曰：『戒我師旅，率彼淮浦，省此徐土』。是役並征淮夷徐戎，故有『南夷東夷具見廿又六邦』之盛事也。南夷既平，東南底定。東國爲三監故地，南國則爲召穆公虎所闢，而南人以爲昭王時事。今更於經傳中推證疆理南國之時代。

三 由大武樂章中推證疆理南國之時世

周代舞樂，其大舞曰『大武』，小舞曰『勺』，曰『象』。勺爲大武之一章，即周頌之酌。象舞維清之詩，見於詩序。而『武』與『象』之別，則呂氏春秋始發之。古樂篇曰：『武王即位，以六師伐殷。六師未至，以銳兵克之於牧野。歸，乃薦俘馘於京太室。乃命周公爲作大武。成王立，殷民反。王命周公踐伐之。商人服象，爲虐於東夷。周公遂以師逐之，至於江南，乃爲三象以嘉其德』。春秋左氏傳宣公十二年，楚莊王曰：『武王克商作武』。匡卣曰：『懿王在射廬，作象舞，匡甫象鱳二』。然則武，象二樂起源甚古，雖不能確信爲武王時所作，而成周以來必已有之。大武樂章之次第，具詳樂記。六成之說，以解疆理南國與周召分陝爲二事，最爲確切。樂記曰：

『夫樂者，象成者也。摠干而山立，武王之事也；發揚而蹈厲，太公之志也；武亂皆坐，周召之治也。且夫武，始，而北出；再成，而滅商；三成，而南；四成，而南國是疆；五成，而分周公左，召公右；六成，復綴以崇天子。夾振之，而駟伐，盛威於中國也；分夾而進，事早濟也；久立於綴，以待諸侯之至也。』

分陝之說，乃『分夾』之演義。樂記曰：『夾振之』，又曰：『分夾而進』。夾爲舞具，未嘗明言分陝也。分陝之說，實始公羊傳。史記樂書引樂記亦作『分陝』。正義引申其說曰：『舞者至第五奏，而東西中分之，爲左右二部，象周太平後周公召公分職爲左右二伯之時』。此分陝之說所由來也。周自太王以來遷於周原。緜之詩曰：『周原膴膴，堇荼如飴』。皇矣之詩曰：『度其鮮原，在岐之陽，在渭之將』。閟宮之詩曰：『后稷之孫，實惟太王；居岐之陽，實始翦商』。據此而言，宗周之發祥地當今陝西關中道境內，其國邑不大。故孟子曰：『文王以百里』。鄭玄尚書西伯戡黎注曰：『蓋文王爲雍州之伯，南兼荆梁』。其說出於逸周書大匡解曰：『三州之侯咸率』，程典曰：『文王合六州之侯奉勤於商』。夫大匡，程典，未可篤信。文王之武功遠不如其子，而西北迫於戎狄。緜之詩曰：『行道兌矣！混夷駾矣！維其喙矣！』皇矣之詩曰：

『依其在京，侵其阮疆；陟我高岡。無矢我陵，我陵我阿；無飲我泉，我泉我池』。其提攜戎狄之情見乎辭。故孟子曰：『太王事獯鬻，文王事昆夷』。詩序曰：『文王之時，西有昆夷之患，北有玁狁之難』。迨武王立，北平戎狄，東觀兵於孟津，即樂記所謂『始而北出，再成而滅商』也。

三監既叛，周公東征。踐奄之後，東夷底定。其後諸王曾數事南征，直至宣王之世，然後蕩平。與於斯役者，召伯，南仲，申伯諸人是也。崧高之詩曰：『亹亹申伯，王纘之事；于邑，于謝，南國是式。王命召伯，定申伯之宅。登是南邦，世執其功』。又江漢之詩曰：『江漢之滸，王命召虎，式辟四方，徹我疆土；匪疚，匪棘，王國來極；于疆，于理，至于南海』。又常武之詩曰：『赫赫明明！王命卿士，南仲大祖，大師皇父，整我六師，以修我戎；既敬，既戒，惠此南國』。此疆理南國之史實見於經傳者也。故樂記曰：『三成而南，四成而南國是疆』。皆盛述周人兼幷之功，其後先次第如是。疆理南國，並不在武王周公之世也。當武王之末，周公攝政七年，成王踐祚於豐。周公欲宅洛邑，使召公先相宅；召公既相宅，周公往營洛邑。成周既成，遷殷頑民，然後周召夾輔而治。其見尚書。至厲王之末，國人叛周，王出奔於彘。召公周公二相行政，號曰『共和』，其見史記。故樂記曰：『五成而分周公左，召公右』，蓋指此而言，非謂成王之世也。是以樂記敍爲第五成。而鄭氏詩譜謂：『文王受命作邑於豐，乃分岐邦周召之地爲周公旦召公奭之采邑，施先公之教於己所職之國』，其說與事實乖違殊甚。當文王之時，武王冢子，尚未秉國政。且岐雍之地不大，文王末爲天子，周召分陝之制何從而起。即以樂書之文解之，分陝亦當在周召共和後。故公羊傳以爲分陝東西而治。其實分陝之說又有別解，不當與疆理南國混爲一談。則二『南』疆域北底岐雍之舊說不攻而自破矣。

四　周召分陝解

疆理南國雖非成康時事，而周召分陝之說則出於二公述職南國之史實。樂記無『分陝』之文，而云『五成而分周公左，召公右』者，蓋指周召共和之治也。經傳中言周召分陝者，始於公羊傳隱公五年，初獻六羽條，曰：

『自陝而東，周公主之；自陝而西，召公主之。』

史記樂書引樂記曰：『五成而分陝，周公左，召公右』。燕世家亦曰，『其在成王時，召公爲三公，自陝以西召公主之，自陝以東周公主之』。水經河水注曰：『河南卽陝城，昔周召分伯，以此城爲東西之別』。漢書王吉傳：『昔召公述職，當民事，舍於甘棠下而聽斷焉。是時人皆得其所』。說苑貴德篇引詩傳曰：『自陝以東則周公主之，自陝以西則召公主之。召公述職，當桑蠶之時，不欲變民事，故不入邑中，舍於甘棠之下而聽斷焉。陝間之人皆得其所』。是韓魯二家同主周召分陝之說，其爲西漢以來諸儒共同承認之傳說，乃二公述職南國之事，假樂記分夾之說演繹而成之故事也。

夷考先儒所記周召采邑與『二南』疆城實屬兩地。說詩者不察，往往紊而爲一，於是周召分陝與疆理南國混淆不分矣。鄭氏詩譜曰：『周召，禹貢岐山之陽，地名，今屬右扶風美陽縣』。孔穎達毛詩正義曰：『豐在岐山東南三百里餘，文王既遷於豐，而岐邦地空，乃分賜二公，以爲采邑』。按分賜采邑非在文王之世，前已辨之，鄭孔之說亦出自班固。漢書地理志曰：『右扶風美陽縣：禹貢岐山在西北，周文王所居也』。二公采邑既相傳在岐邦空地，其名可考者有二，曰周城，曰召亭。水經渭水注：『雍水東經召亭，故召公之采邑』。陸德明經典釋文亦曰：『召，地名，在岐山之陽，扶風雍縣南有召亭』。金文中有召尊，其字體與盂鼎，矢段相似，乃昭穆以前所作器，銘曰：『王自穀事，賞畢土方五十里。召勿敢忘王休異，作郜宮旅彝』。左傳僖公二十四年傳曰：『郜，雍，曹，滕，畢，原，豐，郇，文之昭也』。郜與畢皆關中地，則召亭爲召公采邑之說或可信。水經渭水注又曰：『岐水經周城，南歷周原。其北則中水鄉成周聚。又東經姜氏城，南爲姜水。又東注雍水，又南經美陽縣之中亭』。此所稱周城卽周公城，皇甫謐帝王世紀所謂『美陽縣西北有岐城舊址』，卽其地也。括地志亦曰：『周公城在岐山縣北九里』。杜預左傳釋例曰：『周，扶風雍縣東北周城也』。美陽縣乃後魏所徙置。故魏收地形志曰：『雍縣有故城』。太平寰宇記：『周城一名美陽城』。據此以論，前人所指二公采邑，周城召亭者皆在今關中鳳翔府境內，於南國疆域相去甚遠。蓋成王以後，二公世及。周公之裔，世謂周公；召公之裔，世謂召公：下迄厲王之後，以至於東周。二公巡狩述職，采風南國。周公所採，謂之周南；召公所採，謂之召南。彼南國之音與雅樂不同，爲二公所共賞。呂氏春秋謂『塗山氏作爲南音，周公及召公采風焉，以爲周南，召南』。此周召二公乃厲宣以後人，故二南中東遷以後之詩皆有之。汝墳之詩曰：『魴魚赬尾，王室如燬』，崔述以爲指驪山亂亡事。甘棠之詩曰：『勿翦，勿伐，召伯所茇』，此所言召伯，余友陸侃如定爲宣王時征南淮夷之召穆公虎。何彼襛矣之詩曰：『平王之孫，齊侯之子』，顯爲桓王以後之詩。魏源就二南之詩以推測二公述職之境。其在周南者有汝墳，有江漢，是其境東南至汝水，西南至江漢。摯虞謂周南在今之洛陽。張晏曰：『自陝以東皆周南地』。則周公述職之境顯在東道。召南之詩曰『南山之陽』，曰『江有沱』。南山即終南太一。禹貢：『岷山導江，東別爲沱』，地理志謂沱江在蜀郡郫縣。是其境北至漢中，南轄荆梁二州之一部，則召公述職之境顯在西道。然則分陝之說雖由分夾演繹所出，而二公述職之境確分東西兩道固爲不可掩之事實也。

五 南國疆域

『二南』地域，就詩觀察之，北底河，南至江，奄有今陝南，豫西，川東，鄂北，四省之境。關雎之詩曰：『關關雎鳩，在河之洲』。古詩所謂河皆指黃河而言。足證摯虞謂周南即今之洛陽，亦非無據。草蟲之詩曰：『陟彼南山』。殷其雷曰：『在南山之陽』。南山即漢志『武功縣：太一山，古文以爲終南』。錢坫曰：『終南，左傳作中南；淮南子作終隆，亦曰太白山。在今鄠縣東南四十里。故山在今鄠縣南者曰終南；在今西安府南者，古北稱南山』。今案終南山當今陝南全境，所謂秦嶺是也。其陽即漢水流域，當今漢中之地，與南陽，南郡毗連。至於周召采邑，皆處關中，適在南山之北也。故采蘋所謂南澗，亦在南山；樛木漢廣之『南有』即指南國。汝墳之詩曰：『遵彼汝墳，伐其條肄』。汝水在今河南汝陽道之北。又漢廣之詩曰：『漢之廣矣，不可泳思！江之永矣，不可方思！』江，漢，即今之江，漢。江有汜之詩曰：『江有沱，之子歸』。漢志言江沱者三：蜀郡之汶江，郫縣之沱江，南郡之枝江。班固郭璞皆以郫縣之沱當禹貢江東別之沱，是其地在今蜀北。則二南詩中所見之地名，與前所舉『二南』疆域相切合。

南國之名不僅見於詩經及吉金文字，自春秋以迄漢末經傳中亦屢見之。逸周書史記解曰：『昔南氏有二臣貴寵，力鈞勢敵，競進爭權，下爭朋黨，君弗能禁，南氏以分』。史記夏本紀『夏之後有男氏』，世本作『南氏』，潛夫論志氏姓有南國南氏。論語『南人有言曰』，孔注：『南人，南國之人也』。詩泮水『大賂南金』傳：『南，謂荆揚也』。揚子方言：『衆信曰諒，周南，召南，衛之語也』。又曰：『陳，楚，周南曰甕』。太史公自序：『留滯周南』。是證南爲地名，自成周以來學者共知在河洛之南也。『二南』之地雖爲周召二公述職之境，然成周時之南國必無如是之遼濶。春秋之後，南國疆土已爲諸侯所幷兼，故左傳國語中已不得南國之踪跡。周人之兼幷南夷，自昭穆以迄厲宣不稍懈。其最後蕩平南土者爲召穆公虎，而就封南國之人則爲申伯。故大雅崧高之詩曰：『申伯之功，召伯是營』。又曰：『王命召伯，徹申伯土田』。是可證周人於南土篳路藍褸之功，皆召伯一人之力也。國語周語：『齊，許，申，呂，由太姜』。是申國，姜姓，于姬姓爲舅甥之親。故詩曰：『往近王舅，南土是保』。漢志曰：『申在宛北』。王符潛夫論志氏姓曰：『申在宛北序山下』。故詩曰：『崧高維嶽，峻極于天；維嶽降神，生甫及申』。其國邑本處嵩陽之下，於南土爲近，是以就封之地爲謝城。詩曰：『于邑于謝，南國是式』。又曰：『王命申伯，式是南邦；因是謝人，以作爾庸』。毛傳曰：『謝，周之南國也』。是申伯作邑于謝，其地初亦爲召伯所營。故黍苗之詩曰：『肅肅謝功，召伯營之』。申伯就國之時，道出南山，而王餞之于郿。故詩曰：『申伯信邁，王餞于郿；申伯還南，謝于誠歸』。謝之名又見於國語鄭語：『桓公曰：「謝西之九州何如？」史伯曰：「唯謝郟之間是易取也」』。韋昭注曰：『謝，申伯之國，今在南陽』。劉昭注續漢書郡國志引荆州記曰：『棘陽東北百里有謝城』。水經泚水注：『謝水出謝城北，城周迴側水，申伯之都也』。其地正當嵩陽漢北之境，與韓詩周南序其地在南陽南郡之間者正相切合。水經江水注曰：『江安縣，南郡治。吳以華容之南鄉爲南郡。晉太康改曰南平』。楚地記曰：『漢江之北，爲南陽；漢江之南，爲南郡』。今案古之南陽即今南陽府汝州之境，則南國之中區不離乎此。而其邊邑，東則逵于淮北，西則至于岷山，南至於江，北底於河，即前所舉『二南』之疆域。若再南溯，即南夷之地，則淮南湖北之境皆在焉。由是而知南夷之名與南國不同，而南國之本部又非二南中所見之地域。此治古地理者所當先決之問題也。南國雖建於厲宣之世，而春秋以後已爲諸國所幷兼。金文中有南姬鬲，又有南姬彝，又有南旁毁，南公有司鼎及南季鼎。鬲之時代稍晚，亦東周時器。此南國文獻之僅存者也。楚自若敖蚡冒篳路藍褸以啓山林，至於春秋，國勢日強，故經傳所言南人皆指楚國。左傳成公九年：『晉侯觀于軍府，見鍾儀，問之曰：「南冠而縶者誰也？」有司對曰：「鄭人所獻楚囚也」。使稅之。召而弔之，再拜稽首。問其族，對曰：「泠人也」。公曰：「能樂乎？」對曰：「先父之職官也，敢有二事」。使與之琴，操南音』。足證春秋之世，南國已滅。故左傳僖公二十八年：欒貞子曰：『漢陽諸姬，楚實盡之』。是所得者，南國之地。楚人既滅南國，又復兼并諸夷。其見於春秋經傳者：若僖公十二年：楚人滅黃。文公四年：楚人滅江。五年：楚人滅六，并蓼。十二年：羣舒叛楚。夏，子孔執舒子平，及宗子，遂圍巢。十六年：庸人帥羣蠻以叛楚。麇人率百濮聚於選。秦人，巴人從楚師，遂滅庸。楚自滅庸之後，遂統率諸夷以抗北師。春秋之世，晉楚屢戰，無異於周人與楚人之爭，而宗周以來征服南疆之政策一蹶不振。此又治二南地理者不可不知之史實也。

二十三年六月改定

桂萼的輿地指掌圖和李默的天下輿地圖

王庸

中國古來達官貴人的著作，常有請人代作而寫上自己的姓名的；所以那些人的專著和文集裏面，所收的文章，是否都是自撰，往往可以成問題。據說現在有名的著作家，還可以廉價收買『無名小卒』的稿子，署上自己的大名，更以重價出賣的辦法，那自然尤其精妙了。可是，文章之請人代庖，差不多已經成為一種公開的秘密，不足為奇；却從未聽說有取別人製的地圖作為自撰的。去年年底，我在稽考明代地圖之際，無意中發見了一件盜襲的疑案，——就是明代李默所作的天下輿地圖，疑即桂萼的輿地指掌圖的問題。這『案件』對於地理和圖籍之學，雖沒有什麼重大的關係，却在圖書史上是一件稀有的故事，而且還沒有聽見目錄學家和明史家提到這件事；所以現在把我對於此案所發見的事實，特為記述如下，以充禹貢的篇幅。

桂萼奏進輿地圖事，載於明世宗實錄。

明世宗實錄嘉靖八年六月：『戊辰，大學士桂萼進輿地圖十有七，各有敘記。上曰：「覽圖敘明白切要，具見體國經濟至意；圖本留覽，還寫副存留內閣」』。

四庫全書存目著錄桂萼輿圖記敘二卷。

四庫全書提要地理類存目輿圖記敘：『是編即嘉靖八年為大學士時所上。首總圖，次則兩京十三省各爲一圖，附以四夷圖。但略具兵馬錢糧之總數；併府州縣衛之名亦不具列。所述利病亦皆敷衍之詞。其奏進疏乃稱披此圖如祖宗之親歷地方者然；世宗批答，亦稱其明白切要，具見體國經濟：皆不可解也。』

這輿圖記敍當然就是實錄中所說的輿地圖。這個圖本，現在我們可以從何鏜編的修攘通考（萬曆刻本）中見到，圖名叫做皇明輿圖（見每頁版口），卷首附有大明一統輿圖奏稿。圖的內容和奏稿，同實錄及四庫提要所言都相合。圖本不但遠不如羅懋先的廣輿圖以及陳組綬的職方輿圖，就是附說亦粗略得很，四庫提要的輕視之談，並不冤枉；可是，那裏知道這樣粗略的地圖，還是從李默那裏盜襲而來的呢。

李默的天下輿地圖（一卷）與桂圖一同著錄在千頃堂書目裏。明史李默傳沒有講到他作圖的事情。康熙甌寧縣志李默傳却提到這圖，現在節錄他的傳略於下：

康熙甌寧縣志名臣傳：『李默，字時言，高陽集墩人。……第進士（據明史本傳在正德十六年），選翰林院庶吉士。……改戶部主事，陞兵部員外郎。……謫入吏部。……常因計吏條上地方事宜，論次爲輿地圖數卷，凡形勢，要害，賦兵，修攘之略悉具。冢宰桂萼，見而奇之，特爲奏聞。世廟嘉悅。文武會試，皆充同考官。因辨論賓禮位次，忤王司馬（按明史本傳此事在嘉靖十一年）。……所著有羣玉樓稿，孤樹裒談，建安人物傳，朱子年譜，輿地圖，行於世。』

此處明言桂萼當冢宰時以李圖上奏，而桂萼之入閣當大學士，是從嘉靖八年二月起，後來曾經免職而又復任，到十年正月即以病乞歸，八月便卒（據明史本傳及宰輔年表），可見李圖之上奏，總在此兩年之內（嘉靖八年二月至十年正月），與桂圖之上奏（八年六月）時期略同。在這二年之內，桂萼該不至於一面奏自己的圖，一面又代奏李默所著性質相同的圖。即使可以如此，那麼桂圖原本上及明實錄，明史上亦該提及。所以，我們推定桂氏輿圖和李默所製是『二而一』的東西，許不能算是大膽的武斷吧？而且何鏜修攘通考序中還有這樣的話，說：

『安仁桂公咨諏述職以詔救政；而甌寧載筆，論列要領，悉得利害，於是爲大明輿地圖。』

所謂甌寧自然是指李默而言。可見桂圖之爲李作，在當時亦是一種公開的秘密，而何鏜的序言，又說得圓通一點，好像這圖是『桂公』主編的，至於桂氏是否眞的主持這事，他可以隨便說說，我們亦無從細考了。

李圖既經桂萼冒襲，所以明清兩代書目多著錄桂萼的圖而李圖不彰。明明記錄李圖的，除千頃堂書目是與桂圖并錄外，我們只看見世善堂書目裏有李默大明輿地圖六十卷（卷數疑誤）。脈望館書目有輿地指掌圖而不著作者。著錄桂圖的名稱亦多參差不一。除四庫提要稱『輿圖記叙』，修攘通考本稱『皇明輿圖』外，千頃堂書目稱『大明輿地指掌』，明史藝文志作『明輿地指掌圖』，百川書志作『大明輿地指掌圖』，讀書敏求記及也是園書目稱『一統輿圖』（與修攘通考本卷端所題『大明一統輿圖奏稿』相合），都是一圖的異名。至於此圖卷數亦不一致。四庫目作二卷，也是園目并列兩一攘輿圖，一作一卷，一作二卷。其他目錄多作一卷。圖數，則讀書敏求記言『爲圖十六』，但百川書志說有十七圖。今查修攘通考本確有十七圖：計兩京十三省共十五圖，首冠一統圖，以四夷圖爲殿。敏求記所謂十六圖，疑有缺失。至於世善堂書目所錄李圖有六十卷之多，疑因十六圖之誤而再誤的。

又考千頃堂書目，桂氏的大明輿地指掌著錄在他的歷代地理指掌之後，下註『嘉靖六年十二月進呈』，這年月和前引明世宗實錄及修攘通考本一統輿圖奏稿所記的八年六月初一日不同。我疑惑那年月是桂氏進歷代地理指掌的年月，和奏進明輿地指掌的年月不相干。可惜北平圖書館藏的明實錄恰巧是嘉靖六年九月到十二月那一本沒得看到，一時無從查明，只能付之待考了。

宋史地理志考異（河北路）

聶崇岐

『大名府，魏郡，慶曆二年建爲北京。』

按：大名府舊爲天雄軍節度。

『開德府……本澶州……縣七，……觀城，望。』

按：元豐九域志卷二，『端拱元年省臨黃縣入觀城』。

『衛南，中』。

按：元豐九域志卷二，『雍熙四年，以滑州黎陽，衛南二縣隸州』。

『滄州……縣五，……清池，望。熙寧四年省饒安縣爲鎮入清池。』

按：元豐九域志卷二，通考卷三百十七，『四年』並作『五年』。又太平寰宇記卷六十五，『長蘆縣，皇朝乾德二年入清池縣』。

『無棣，望。治平中徙無棣縣治保順軍。』

按：元豐九域志卷二，『治平中』作『治平元年』。又續資治通鑑長編卷十一開寶三年五月，『以滄州無棣縣爲保順軍』。

『冀州，……縣六，……武邑，上。』

按：元豐九域志卷二，『嘉祐八年省武邑縣爲鎮入蓨；熙寧十年復置』。

『河間府，……關南，太平興國元年改名高陽關。』

按：元豐九域志卷二，隆平集卷一，續資治通鑑長編卷二十三，『元年』皆作『七年』。

『縣三，河間，望。雍熙中，即縣治置平虜砦，景德二年改爲肅寧城。』

按：隆平集卷一，『二年』作『元年』。

『棣州，……建隆二年升爲團練，俄爲防禦。』

按：續資治通鑑長編卷七，乾德四年閏八月，『以棣州團練使何繼筠爲本州防禦使』。

『縣三，……商河，中。』

按：太平寰宇記卷六十四，『商河』作『滴河』。

『雄州，……縣二，歸信，中。』

按：元豐九域志卷二，『太平興國元年改歸義縣爲歸信』。

『容城，中，建隆四年復置。』

按：元豐九域志卷二，『建隆四年以唐省全忠縣地置容城』。

『德州，……宋初省歸化縣。』

按：元豐九域志卷二，『乾德六年省歸化縣入德平』。

『濱州……大中祥符五年廢蒲臺縣。』

按：元豐九域志卷二，『省蒲臺縣入渤海』。

『恩州，唐貝州，……周爲防禦，宋初復爲節度，……』

按：宋史卷一太祖紀及續資治通鑑長編卷一建隆元年八月壬申，皆作『復貝州爲永清軍節度』。

『永靜軍，同下州，唐景州，太平興國六年以軍直屬京，……景德元年改軍名。』

按：太平寰宇記卷六十八，『周顯德二年廢景州爲定遠軍，隸滄州』。

『信安軍，……破虜軍，景德二年改爲信安。』

按：隆平集卷一，『二年』作『元年』。

『保定軍，同下州。太平興國六年以涿州新鎮建平戎軍。』

按：太平寰宇記卷六十八作『莫州新鎮』，元豐九域志卷二作『涿州新鎮』，續資治通鑑長編卷二十二作

『雄州新鎮』。

『眞定府……開寶廢九門石邑二縣。』

按：元豐九域志卷二作『廢九門入槀城，石邑入獲鹿』。

『端拱初，以鼓城隸祁州。』

按：元豐九域志卷二，『端拱初』作『端拱二年』。

『淳化九年，以束鹿隸深州。』

按：元豐九域志卷二・『九年』作『元年』，通考卷三百十六作『淳化初』。

『縣九，……靈壽，次畿，熙寧六年省爲鎮入行唐，八年復。』

按：通考卷三百十六，『八年』作『元祐初』。

『相州，……縣四，安縣，緊，熙寧五年省永和縣入焉。』

按：元豐九域志卷二，『天聖七年改永定縣爲永和』。

又『五年』作『六年』。

『臨漳，緊，熙寧五年省鄴縣入焉。』

按：元豐九域志卷二，『五年』作『六年』。

『中山府……建隆元年以易北平並來屬。』

按：元豐九域志卷二，『易，北平』作『易州北平縣』。

『太平興國初改定武軍節度。』

按：續資治通鑑長編卷十七，開寶九年十月，『改義武軍爲定武軍』。

『縣七，安喜，緊。』

按：元豐九域志卷二，『康定元年廢陘邑縣入安喜』。

『濬州，……端拱元年以滑州黎陽縣爲軍。』

按：元豐九域志卷二，『滑州』作『澶州』。

『天聖元年改通縣爲安利。』

按：元豐九域志卷九，『明道二年復爲通利』。

『懷州，……建隆元年升爲團練，俄爲防禦。』

按：元豐九域志卷二，『建隆四年升防禦』。

『縣三，河內，緊，熙寧六年省武德縣爲鎮入焉。』

按：通考一百三十六，『武德縣，元祐初復』。

『衞州，望汲郡，防禦。』

按：元豐九域志卷二，『至道三年升防禦』。

『深州，……雍熙四年廢陸渾縣。』

按：元豐九域志卷二，作廢陸渾縣入靜安。

『縣五，……束鹿，望，淳化中自眞定來屬。』

按：元豐九域志卷二，『淳化中』作『淳化元年』。

『磁州，……舊名慈，政和三年改作磁。』

按：磁州曾於唐哀宗天祐三年以與河東慈州同音，改作惠州，後唐復名磁州；此後直至宋代，相沿未改。地理志云舊名慈州，不知有何根據？

『縣三，滏陽，上，熙寧六年省昭德縣為鎮入焉。』

按：元豐九域志卷二，『太平興國元年改昭義縣為昭德』。

『祁州，……縣三，蒲陰，望。』

按：元豐九域志卷二，『太平興國元年改義豐縣為蒲陰』。

『慶源府，……縣七，……隆平，中。』

按：元豐九域志卷二，『開寶五年改昭慶縣為隆平。』

『保州，……縣一，保塞。』

按：元豐九域志卷二，『太平興國六年改清苑縣為保塞縣』。

『永寧軍，同下州，……寧邊軍，景德元年改永寧軍。』

按：元豐九域志卷二，『景德元年改永定，天聖七年改永寧』。又續資治通鑑長編卷一〇八，天聖七年九月辛未，『改永定軍為永寧軍，避眞宗陵名也』。

『廣信軍……威勇軍，景德元年改廣信軍。』

按：元豐九域志卷二，『威勇』作『威虜』。

安西四鎮之建置及其異同

—原文載白鳥博士還曆紀念東洋史論叢—

大谷勝眞著
周一良譯

一

安西四鎮之名散見於新舊唐書，乃指唐代西域安西都護府治下之四鎮，夫人而知之。然此名稱之施用始於何時，其所指四鎮又為何，斯不能不加考核。且此名所指雖在新舊唐書內，亦前後不同。安西都護府之移動與四鎮名稱之異同深有關於唐世西域勢力之消長，其考察須亙西域全體，玆者祇就安西都護府之建置及四鎮名稱之異同抒鄙見焉。

安西都護府之設立乃太宗貞觀十四年事，至其建置前之淵源具見於舊唐書西戎傳，唐書西域傳；玆先述其大要。

高祖武德二年平李軌，收河西地方，置涼甘瓜肅四州，屬涼州都督府治下，以固邊防，備突厥及吐谷渾之侵害，併撫綏諸胡。太宗貞觀二年据夏州窺河西地之梁師都亦滅，尋以李大亮為涼州都督，當經略撫綏之任。當時監視西方交通頗嚴，尤禁人出關塞，極致力於邊防。慈恩三藏法師傳二謂：『時國政尚新，疆埸未遠，禁約百姓不許出蕃。時李大亮爲涼州都督，旣奉勅，禁防特切』。此貞觀三年八月玄奘出塞時狀況也。至四年突厥頡利可汗敗，其部遁亡西方，不內屬者多据伊吾（哈密）。李大亮爲西北安撫大使，撫綏散亡諸胡，遂使歸唐，伊吾舉七城屬于唐。唐以爲西伊州，後單稱伊州。此唐在西方塞外擴張領土之始，安西都護府建置前之大略也。伊吾旣入唐，直接感覺唐之壓迫者遂爲西鄰之高昌。

高昌昔親隋，與之通婚，唐初其王麴文泰亦一度入朝。然高昌本隸屬於西突厥，在其勢力下。隋末亂，磧路塞，諸國之貿易及貢獻者不能出焉者，乃取道高昌至唐以爲常，高昌被利頗深。又壓留西域商胡，抑貢使，不惟獨占諸國商利，且壅斷交通。諸國皆不便之，焉耆請唐開大磧路，由是商賈皆不經高昌，逕遶玉門關。高昌怨而侵焉耆，又畏唐之已取伊吾，因私結西突厥爲備，且收留漢人之亡命者，不令還唐，於是太宗乃有討高昌之舉。高昌之討伐爲貞觀十三年事，阿史那社爾契苾何力等進逼之。唐兵出磧口時，高昌王麴文泰已死，田地城交河城皆陷，其王麴智盛降。貞觀十四年八月高昌全平，以其地爲西州，乃設安西都護府。

舊唐書（卷三）太宗本紀記安西都護府之建置曰：『貞觀十四年八月癸巳，交河道行軍大總管侯君集平高昌，以其地置西州。九月癸卯，曲赦西州大辟罪。乙卯，於西州置安西都護府』。唐會要卷七十三更詳記月日：『貞觀十四年九月二十二日，侯君集平高昌，於西州置安西都護府』。通典（卷三十二）册府元龜（卷九百九十一）皆系於貞觀十四年。舊唐書西戎傳謂平高昌後『以其地置西州，又置安西都護府，留兵鎮之』。其他則記西州之設，不及安西都護府之建置。然舊唐書（卷八十三）及唐書（卷百十一）郭孝恪傳記孝恪貞觀十六年拜安西都護西州刺史，則安西都護之建置自是十六年以前，且必在西州也。但十四年九月高昌平後即置都護府，時以何人爲都護則不明耳。据新舊唐書阿史那社爾及契苾何力傳，似暫止兵，安西都護西州刺史之正式設置蓋始於郭孝恪乎？其後貞觀十八年討焉耆，孝恪猶爲安西都護，見新舊唐書本紀及西域傳，西戎傳。

焉耆苦於高昌之寇掠，助唐伐之，恢復已失之五城。然焉耆本與西突厥關係極深，据唐書突厥傳，西突厥咄陸可汗尼孰久在焉耆，其弟咥利失可汗亦在焉耆。平高昌時，焉耆王女嫁西突厥屈利啜之弟，相約互助。故雖恢復五城及被捕男女，一度與唐和親，而與唐之關係竟未能繼續，反引西突厥以防唐。安西都護郭孝恪之伐焉耆者，理由雖不明，要因其間關係欠圓滑也。時適三王弟來投，因扶以攻焉耆，破之。王之從父薛婆阿那支引突厥自號瞎干，逐唐所立王栗婆準。阿那支以得龜茲援而舉事，於是貞觀二十一年唐伐焉耆及龜茲。阿史那社爾郭孝恪等先討焉耆，捕王阿那支，立故王弟那準爲王，於其地置焉耆都督府。社爾更攻龜茲，取其都城，郭孝恪移鎮之，社爾尋又擒王訶黎布失畢於撥換城。斯時龜茲相那利遁奔西突厥，借兵襲殺郭孝恪。倉部郎中崔義起，將軍曹繼叔：伊州刺史韓威等內外相應，敗那利；社爾更拔龜茲五大城，降小城甚多，國內悉平，以舊王弟葉護爲王。新舊唐書本紀皆謂此事始於貞觀二十一年，翌年十月龜茲平，西域傳及阿史那社爾傳亦言始於二十一年，西戎傳獨以爲貞觀二十年事，誤也。然西域傳及西戎傳皆有移安西都護府於龜茲事，西域傳於討平龜茲後謂：『始徙安西都護府於其都』，然不記何人爲都護。自西戎傳『太宗既破龜茲，移置安西都護府於其國城』之文觀之，則事實上係安西都護郭孝恪居守其國城，非徙都護府於龜茲也。郭孝恪不久與其子待詔皆戰死，似未可即以此爲都護府之移徙，本紀及他處之不記遷於龜茲者，蓋因是乎？阿史那社爾等之擒其王訶黎布失畢及相那利歸唐，据本紀在二十三年。其年五月太宗遂崩。苟使都護府曾有移徙事，太宗死後即有阿史那賀魯之反，蓋遂仍之；且高宗慮民多勞，使棄龜茲以西，則郭孝恪死後安西都護府蓋暫時中絕也。

二

雖然，舊唐書（卷四）高宗本紀及册府元龜（卷九百九十一）又記永徽二年置安西都護府於高昌故地，通典亦謂高宗永徽中始置安西大都護府於高昌地。册府元龜（卷九百九十二）外臣部述貞觀十四年設都護府後，謂：『永徽二年十一月丁丑，以高昌故地置安西都護府，以尚舍奉御天山縣公麴智堪爲左驍衛大將軍，兼安西都護府州刺史，往鎮撫焉』。舊唐書本紀與此文前半同。通典（卷三十二）都護條：『大唐永徽中始於邊方置安東，安西，安南，安北四大都護府，後又加單于，北庭都護府』。唐六典亦紀此事。安西以外都護之建置年代，安東在總章元年；安北乃總章三年瀚海都護府改稱；安南至永隆二年始置。永徽中建置之事不惟舊唐書，他處亦不見，則此記載蓋未可信也。舊唐書（卷四十）地理志及唐會要（卷七十三）又記顯慶二年置安西都護府於高昌事。舊唐書地理志曰：『安西大都護府：貞觀十四年侯君集平高昌，置西州都護府，治在西州。顯慶二年十一月蘇定方平賀魯，分其地置濛池崑陵二都護府。……於是西盡波斯國皆隸安西都護府，仍移安西都護府理所於高昌故地。三年五月，移安西府於龜茲國，舊安西府復爲西州』。唐書地理志亦云：『安西大都護府初治西州。顯慶二年平賀魯，……又徙治高昌故地。三年徙龜茲』。唐會要紀之更詳：『顯慶二年……其月（十一月）十七日……又以賀魯平，移安西都護府於高昌故地。至三年五月二日移安西都護府於龜茲，舊安西復爲西州都督，以麴智堪爲之，以統高昌故地』。綜而觀之，一說以爲永徽二年十一月；一以爲顯慶二年十一月。前說出新舊唐書本紀及册府元龜；後說出唐書，舊唐書地理志及唐會要。麴智堪以高昌王後爲天山縣公，永徽二年爲安西都護，已如上述，故此後安西都護府實在高昌地，此參考唐書西域傳龜茲條即明。据西域傳，高宗初復封龜茲王訶黎布失畢，使與擒來之相那利將軍羯獵顚同歸國。那利不愼，國再亂，高宗倂召之，囚那利，更護其王還國。然羯獵顚拒而不納，唐復欲使王征賀魯，未及進兵而卒。乃遣將軍楊胄討破羯獵顚，於龜茲地置都督府。『更立其子素稽爲王，授右驍衛大將軍，爲都督。是歲徙安西都護府於其國，以故安西爲西州都督府，即拜左驍衛大將軍兼安西都護麴智堪爲都督。西域平』。此文中所謂『是歲』者，與新舊唐書本紀，册府元龜等對照之，確爲顯慶三年，唐書高宗本紀亦系征羯獵顚事於顯慶三年。由是觀之，是永徽二年以來麴智堪繼續爲安西都護，顯慶三年移都護府於龜茲，乃拜麴智堪爲西州都督，而安西府之在高昌故地則由此可充分推知矣。謂顯慶二年十一月移安西府於高昌故地者，明係謬誤，貞觀十四年以後再度置安西都護府於高昌故地乃永徽二年事，系於顯慶二年者亦誤也。

初太宗時討龜茲，移安西都護府於其國都，自都護郭孝恪於貞觀二十二年爲國相那利攻死，無暇再立都護。太宗崩後尋有阿史那賀魯之叛，且舊唐書西戎傳謂高宗嗣位後不欲廣地勞民，『復命有司棄龜茲等四鎮，移安西依舊於西州』。考其年代蓋永徽二年事，以此知謂還安西都護府於高昌故地事在顯慶二年者殆不可能也。至都護府之不能徙於龜茲，蓋爲龜茲國內之紛亂，而阿史那賀魯之叛亦與力焉。

据突厥傳，阿史那賀魯乃西突厥之祖室點密五世孫曳步利設之子，貞觀七八年時因咄陸可汗爲葉護，居多邏斯川，統處月處密以下努失畢五姓部落。咄陸可汗奔吐火羅時，爲乙毗射匱可汗所逐而內屬，唐居之庭州，爲瑤池都督。此事在貞觀二十二年，唐討龜茲時曾爲前驅。但唐書西域傳高昌國條：『初麴文泰以金厚餉西突厥欲谷設，約有急爲表裏，使葉護屯可汗浮圖城。及君集至，懼不敢發，遂來降，以其地爲庭州』。此葉護即賀魯，欲谷設即突厥傳之乙毗咄陸可汗，約與高昌策應而未發，遂降唐。其年代雖未明言，然取突厥傳之記載比較之，或是貞觀二十二年抑二十一年以前事乎？其爲瑤池都督，据唐書本紀在二十三年二月，蓋以與討龜茲有功。然未幾乘太宗之崩，賀魯略取西州及庭州，後受高宗慰撫，遣子運咥內侍。運咥拜右驍衞中郎將，遣還，因勸賀魯略取咄陸可汗地。賀魯依千泉號沙鉢羅可汗，併十姓諸部，以運咥爲莫賀咄葉護，屢寇庭州。据舊唐書本紀此永徽二年事，以麴智堪爲安西都護，重建都護府於高昌故地者，蓋爲此乎？永徽三年以後屢屢討伐賀魯，永徽四年廢瑤池都督。咄陸可汗子眞珠葉護又請伐之，顯慶二年蘇定方，任雅，蕭嗣業等與阿史那彌射，阿史那步眞相應討賀魯。進破之於碎葉水，更追至石國，執之，遂全平定，乃顯慶三年事也。賀魯既平，其所領遠至吐火羅之地域悉歸唐，西突厥諸部及諸國皆羈服於唐。龜茲亦以是年平，故安西都護府之徙於龜茲不可謂非常然也。然賀魯之討平，唐書本紀及册府元龜謂顯慶二年十二月破於金牙山，收所据地；唐會要以爲在十一月；舊唐書本紀謂顯慶三年二月丁巳以後至六月間破賀魯，追至石國擒之。所記日期雖各異，而其底定蓋在顯慶三年；地理志系於顯慶二年者，非也。据舊唐書本紀，顯慶三年置濛池崑陵二都護府以統賀魯故地，又西併地迄於波斯，悉屬安西都護治下。

要之，安西都護府之初建在貞觀十四年，二十二年移之龜茲。太宗崩後有賀魯之反，高宗復有棄龜茲以西之意，都護府遂未確立。永徽二年以高昌故王麴智堪爲安西都護，置安西都護府於高昌故地，蓋所以應付賀魯之叛，非積極之設施，乃消極之防禦耳。爾後八年間安西都護之地位爲麴智堪所占，顯慶三年阿史那賀魯討平後，唐之勢力始達所謂安西四鎭之全境，安西都護府之移於龜茲國都亦由此也。此後安西都護府遂確立，統轄四鎭，而都護府之治所亦不復自龜茲移徙他處。惟咸亨元年吐蕃略取龜茲，四鎭皆爲所奪，安西都護府一旦中絕。至長壽元年王孝傑，阿史那忠節共破吐蕃，復四鎭，安西都護府又治龜茲。但都護府之廢史無明文，永淳元年王方翼以安西都護討三姓咽麪之叛，築碎葉城，則當時都護之名猶存也。儀鳳二年十姓可汗阿史那都支與李遮匐叛時，誘吐蕃部落謀襲安西。前安西都護裴行儉至西州，召四鎮酋長，謀擒都支送碎葉城，則四鎮又非完全叛唐而去矣。唐書西域傳以四鎮之覆沒在儀鳳中，蓋因都支結吐蕃襲安西而誤。長壽元年四鎮克復後，再立安西都護府於龜茲，尋因郭元振保有四鎮，得免於吐蕃之患，俱見新舊唐書吐蕃傳及唐書(卷二百二十二)郭元振傳。

三

安西四鎮之名稱，新舊唐書所載有二說。唐書西域傳龜茲國條：『始徙安西都護府於其都，統于闐，碎葉，疏勒，號四鎮』。舊唐書西戎傳龜茲條亦謂：『太宗既破龜茲，移置安西都護府於其國城。……兼統于闐，疏勒，碎葉，謂之四鎮』。皆以碎葉爲四鎮之一，此一說也。第二說則爲唐書及舊唐書之地理志所言，與上文四鎮之名頗有出入。唐書(卷四十三下)地理志載安西都護府所屬如下：

四鎮都督府州三十四。(咸亨元年吐蕃陷安西，因罷四鎮。長壽二年復置。)

龜茲都督府(貞觀二十年平龜茲置。)領州九。

毗沙都督府(本于闐國，貞觀二十二年內附。初置州五。高宗上元二年置府，析州爲十。)領州十。

焉耆都督府(貞觀十八年滅焉耆置。有碎葉城，調露元年都護王方翼築，四面十二門，爲屈曲隱出伏沒之狀云。)

疏勒都督府(貞觀九年疏勒內附置。)領州十五。

此文舉安西都護府治下之四都督府，且記建置之時。舊唐書(卷四十)地理志『安西都護府所統四鎮』下亦列右四都督府，附注設置年代。但誤『毗沙』爲『昄沙』，其他附注則較此爲詳，茲不贅引，止舉其主要不同之點。龜茲都督府下言：『貞觀二十二年阿史那社爾破之，虜龜茲王而還，乃於其地置都督府。……至顯慶三年賀魯平，仍自西州移安西府置於龜茲國城』。昄沙都督府下謂：『其王伏闍信，開元二十二年入朝。上元二年正月置昄沙都督府』。『開元』乃『貞觀』之誤。疏勒都督府下言：『本疏勒國，……貞觀九年遣使朝貢，自是不絕。上元中置疏勒都督府』。焉耆都督府下言：『貞觀十八年，郭孝恪平之，由是臣屬。上元中置都督府』。要之，二說一列碎葉於四鎮，一以焉耆代之，爲最著之異點。此不同何由而致，當如何解釋之，斯問題也。

唐書西域傳謂太宗滅龜茲，移安西都護府於其都城，併統治于闐，疏勒及碎葉城，號四鎮，是不可不承認當時唐之勢力尚未及碎葉。唐書地理志焉耆都督府下注有碎葉城，然不聞焉耆治下有所謂碎葉城之存在。蓋此碎葉城亦稱『碎葉鎮』，『素葉城』，或謂之『素葉水城』，在今吹河流域脫列瑪克附近，乃西突厥領域內之要地也。唐初玄奘於此謁西突厥統葉護可汗，即由龜茲踰凌山，過熱海之南達素葉水城。唐書地理志之記道里，謂北道由北庭渡伊麗河，至碎葉界，『又西行千里至碎葉城』，固不能視為通鑑所言『碎葉城屬焉耆都督府界』矣。唐書西域傳及舊唐書西戎傳焉耆條無一言及碎葉城，亦與地理志『有碎葉城』語相矛盾。碎葉城在太宗時尚為西突厥要地，貞觀十五六年時，西突厥沙鉢羅咥利失可汗分國為十姓，碎葉為咄陸五部弩失畢五部之界，可想見也。貞觀二十年，咄陸可汗之子眞珠葉護請討阿史那賀魯，唐遣元禮臣為冊命使，使至吐火羅，抵碎葉之西，為賀魯所拒而返。冊府元龜（卷九百六十四）曰：『永徽六年，遣〔元〕禮臣往西突厥，冊拜頡苾達度設為可汗，頡苾達度設者咄六可汗之子也，初為眞珠葉護，與父不遵朝化。及賀魯之叛，咄六死後，方遣使歸順，頻表請兵，誅討賀魯之叛，故有此授。禮臣至碎葉城西，賀魯兵拒之，不得前。又眞珠葉護部下廬帳幷被賀魯兼併，人衆寡弱，不為蕃夷所附，禮臣遂不冊而還』。後遣程知節等討賀魯，顯慶二年蘇定方又破之，此時碎葉城無疑為西突厥之重地也。舊唐書突厥傳謂西突厥乙毗射匱可汗請婚時，太宗命割龜茲，于闐，疏勒之地為聘禮，而不及碎葉。足以知太宗時代之四鎮猶不包含碎葉。尋有賀魯之反，碎葉當然為其所有，故以之列於四鎮實不可能也。截至高宗顯慶三年賀魯之平定，無確證可證明碎葉城為唐有。以之備太宗時代之四鎮者，則係記載謬誤。唐書地理志於焉耆都督府下記碎葉城乃指碎葉城列於四鎮時而言，仍以舊唐書地理志無此文者為正也。

賀魯平定之後，為鎮撫其故地，碎葉城乃成重要之地，蓋不難想像。唐書突厥傳謂裂其地為州縣，立濛池崑陵二都護統治之，『其所役屬諸國皆置州，西盡波斯，幷隸安西都護府』。使阿史那彌射為崑陵都護與昔亡可汗，領五咄陸部；阿史那步眞為濛池都護繼往絕可汗，領五弩失畢部。據唐書地理志及突厥傳碎葉城在界畫兩部之碎葉水之西，與呾羅斯同為弩失畢部之要地，濛池都護府或置於此地亦未可知也。冊府元龜（卷九百六十四）謂阿史那步眞之子步利設斛瑟羅後為池州大都護竭忠事主可汗，武后聖曆三年以平西大總管鎮碎葉城，則似碎葉城以前已是治理此地都護之治所也。至池州大都護與濛池都護之不同，固不待言。

以上之考察苟不誤，則四鎮之成立及其名稱之見施用嘗在收碎葉城隸屬安西都護府治下之後，唐書所謂『兼統于闐，疏勒，碎葉，謂之四鎮』者，蓋適合於高宗時代之安西都護府，非指太宗時言也。惟太宗時安西都護府有第一次移徙至龜茲，高宗時又有第二次之移徙，兩者誤混。於是於第一次移徙強舉四鎮之名，如第一說；於第二次移徙乃舉後四鎮，如第二說是也。地理志所謂四鎮，蓋碎葉城已他移，以焉耆備四鎮以後之事。唐書西域傳焉耆條曰：『開元七年，龍嫩突死，焉吐拂延立。於是十姓可汗請居碎葉，安西節度使湯嘉惠表以焉耆備四鎮。詔「焉耆，龜茲，疏勒，于闐征西域賈客，食其征」，由此道輸臺者征之，訖天寶常朝貢』。蓋碎葉由是入十姓可汗手，乃以焉耆代之，以備四鎮也。

唐代鑛物產地表

鄧嗣禹

余讀唐書地理志，見其所著物產土貢，頗感興趣。適禹貢編者徵文亟，乃臚列成表，以就正高明。表中所據，主新唐地理志，因舊唐書不志物產土貢也。惟元和郡縣志紀述亦不尠；緣取此書，參雜糅和，統列於後；並注明卷葉，以示區別。此外唐六典卷三戶部郎中員外郎一條，亦有數則，爲前二書所未備，可補史闕，並附錄之。他如通典，唐會要，兩唐書食貨志，通考，太平御覽，太平廣記以及玉海等書，一鱗片爪，皆略言及。然性質不同，可供論述之資，不能爲作表之用；時促事繁，概付闕如。茲表職志，僅在省學人些許精力耳。倘能促起世人之注意，廣事蒐研，鑒古觀今，知富藏於地之可惜及土地之可愛，從而保護之，開採之，以挽實業不振之狂瀾，則更屬莫大之奢望矣。

道名	州名	縣名	礦物：金	銀	銅	鐵	錫	鉛	鹽	石類	雜類	備考
關內道	華州	櫟陽							×			
	同州	朝邑							×			
		韓城				×						
		奉先							×			
	商州	洛南	×		×	×						
	隴州	汧源				×						
	渭州	平凉		×	×	×						縣西南六盤關有銀銅及鐵
	均州	中部			×							
		宜君				×						
	靈州								×			土貢
		廻樂							×			
		懷遠							×			有鹽池三

	威州	溫池							×			鹽池
	會州	會寧							×			有河池，因雨生鹽
	鹽州								×			土貢
		五原							×			鹽池四所
	夏州	朔方							×			鹽池二
	宥州	長澤							×			鹽池
	豐州								×			土貢
												(以上唐書卷三七)
河南道	河南	伊陽	×	×	×		×					太和山有銀銅錫，伊水有金○元和志卷六，銀鉚窟在縣南五里，每歲稅銀一千兩
	汝州	魯山		×								在堯山
	陝州	安邑		×								元和志七，在雷首山，一名中條山
		平陸		×	×				×			有銀穴三十四，銅穴四十八
	虢州	朱陽				×						
	許州	舞陽				×						
	蔡州	新息										
	徐州	彭城				×				玭坑玉　紫石		土貢
	濠州										雲母	土貢
	宿州	虹縣			×							
	齊州	歷城				×					雲母	土貢　在華不注山
	淄州	淄川				×				理石		土貢
	登州	蓬萊		×								
	萊州			×								元和志十三，土貢黃銀
		掖縣							×			鹽井二
		昌陽		×		×						有銀，有鐵，有黃銀坑
		膠水							×			
		即墨							×			
	棣州	渤海							×			
	兗州									紫石	雲母	元和志十一，貢紫英石
		萊蕪			×	×	×					有鐵冶十三，有銅冶十八，銅坑四；有錫
	沂州			×						紫石		元和志十三，貢紫石，黃銀○唐六典，沂兗等州貢紫英石
		永縣				×						
		沂水			×							
	密州	諸城							×			
		莒縣							×			(以上唐書卷三八)
河東道	河中	河西				×						
		解縣			×				×			有銅穴十二，有鹽池，又有女鹽池
		安邑		×					×			
	晉州	岳陽				×						
		汾西				×						
	絳州	曲沃			×							
		翼城			×	×						在澮高山
		絳縣				×						
		聞喜			×							有銅野
	慈州	吉昌				×						
		昌寧				×						
	隰州	溫泉				×						
	太原	太原	×							礬石　礜石	黃石鉚	土貢銅鏡，鐵鏡，黃石鉚，礬石，礜石○唐六典，太原貢礬石，鋼鐵○元和志卷十六，牢山有金鉚
		盂縣			×	×				玉		元和志十六，白馬山其陽多玉，其陰多鐵及赤銅○原仇山出鐵鉚
		交城		×		×						元和志十六，少陽山多赤銀，狐突山出鐵鉚
	汾州									消石		土貢○按消石一作芒硝，即硫酸鈉
	沁州					×						
	憲州	玄池				×						
	忻州	秀容				×						在繫舟山

	代州	五臺		×	×	×					
	蔚州	飛狐			×						有錢官○元和志十八，三河冶銅山約數十處，銅鑛甚多
	潞州	黎城			×						
		涉縣				×					
	澤州	陽城			×	×	×			石英	土貢
河北道	相州	鄴縣				×					
		林慮				×					元和志二十，林慮山多鐵，下有鐵官
	邢州	沙河				×					元和志十九，黑山出鐵
		鉅鹿							×		
		內丘				×					
	惠州									磁石	土貢
		武安					×				
		昭義				×					
	鎮州	井陘				×					
		平山				×					
	滄州	青池							×		
		鹽山							×		元和志二二，鹽山在縣東南八十里
	定州	唐縣			×	×					
	幽州	薊縣			×						
											(以上唐書卷三九)
山南道			×								厥貢金
	峽州		×							芒硝	唐六典，峽州貢金
	歸州	秭歸							×		
		巴東				×			×		
	夔州	奉節				×			×		
		雲安							×		有鹽官
		大昌							×		有鹽官
	澧州	石門				×					
	忠州	臨江							×		
		南賓				×					

	涪州	涪陵			×	×					元和志三一，開池在縣東三十里，出銅鐵，土人以爲文刀
	萬州	南浦	×						×		唐六典，萬州貢金；有鹽官二
	鄧州	南陽			×						
	均州	武當							×		有鹽池
	房州	豐利					×			蒼礬	
	興元	西縣				×	×				
	利州					×					唐六典，利州貢金鋼鐵○元和志二五同
		綿谷				×					元和志二五，穿山一名胡頭山，出好鐵
	鳳州	梁泉		×		×					
		兩當		×							
	興州									丹沙	上貢○元和志二五作硃砂
		順政				×					
		長舉				×				硃砂	元和志二五，接溪山出硃砂，百姓採之
	成州	上祿							×		元和志二五，仇池山有土，可以煮鹽
		長道							×		元和志二五，有鹽井，在縣東三十里○按唐志此州無此縣
	通州	宣漢	×						×		
	開州	萬歲							×		
	閬州	閬中							×		
		南部							×		
		新井							×		
		新政							×		
	果州	南充							×		
		相如							×		
		西充							×		

	渠州	溝山				X						
隴右道	秦州	成紀		X	X	X						
		隴城		X								
		清水		X								
		長道							X			
	渭州	鄣縣							X			
	涼州	姑臧							X			元和志四十，武興鹽池，眉黛鹽池
	沙州									黃礬		土貢
										石膏		
		敦煌								石膏		元和志四十
	瓜州									絳礬		土貢
	甘州	張掖							X			
	肅州	酒泉	X									元和志四十，洞庭山在縣西七十里，出金
		福祿							X			鹽池
		玉門	X						X			元和志，金山在縣東六十里，出金○獨登山在縣北十里，出鹽，鮮白甘美
	伊州	伊吾	X			X						元和志四十，天山在州北一百二十里，出金鐵
		納職							X			有鹽池（以上唐書卷四十）
淮南道	揚州	江都			X							按土貢金銀銅器青銅鏡，已屬工業品
		六合			X	X						
		海陵							X			
		天長			X							
	楚州	鹽城							X			
	滁州				X							有銅坑二
	廬州	廬江			X							
	蘄州	蘄水							X			
江南道			X	X								厥貢金銀
	昇州	上元			X	X						
		句容			X					礬		
		溧水			X							
		溧陽			X	X						

	蘇州	吳縣			X							
		嘉興							X			有鹽官
	湖州		X									貢金
		武康			X							
		長城			X							
		安吉			X		X					
	杭州								X			有鹽官
		餘杭			X							
	睦州			X	X					白石英		土貢白石英石花銀，有銅坑二
		建德			X							
		遂安			X					白石英		元和志二六，白石山在縣西七十里，出白石英
	越州									丹沙石		土貢
		會稽					X					
		山陰				X						
		諸暨		X						紫英石		有銀冶○元和志二七，烏帶山在縣北五十里，出紫英石
	明州	奉化			X							
	衢州	西安		X								
	婺州	金華			X							
	溫州	安固			X							
	台州		X									土貢
		臨海				X						
		黃巖				X			X			
		寧海				X			X			
	福州	長樂							X			
		福唐				X						
		連江							X			
		長溪							X			
		尤溪		X	X	X						
	建州	建安		X	X							
		邵武			X	X						
		將樂	X	X		X						

泉州	晉江							×		
	南安				×			×		
汀州	長汀			×	×					
	寧化		×		×					
	沙縣			×	×					
宣州							×			土貢銀銅器，鉛坑一
	當塗			×	×					有銅有鐵。元和志二十九，赤金山在縣北一十里，出好銅與金類
	南陵		×	×	×					元和志二九，梅根監并宛陵監，每歲共鑄錢五萬貫。銅井山出銅，利國山出銅，供梅根監。唐志鳳凰山有銀
	寧國		×							
歙州	績溪		×				×			
池州					×		×			土貢鐵，有鉛坑一
	秋浦		×	×						
	靑陽		×	×						
洪州				×						有銅坑一
江州	潯陽		×	×						
	彭澤			×						
鄂州			×							土貢
	江夏				×					
	永興			×	×					
	武昌		×	×	×					
岳州	巴陵				×					
	華容								雲母	元和志二八，方臺山出雲母
饒州			×	×						土貢銀，有銅坑三。元和志二九，饒州鄱縣，永平監署在郭下，每歲鑄錢七千貫
	樂平	×	×	×	×					元和志二九，銀山在縣東二百四十里，每歲出銀十餘萬兩，收稅山銀七千兩
虔州	南康					×				

	雩都	×								
	大庾						×	×		
	安遠				×	×				
袁州				×						有銅坑一
	宜春				×					
信州				×			×			有銅坑一，鉛坑一
	上饒	×		×	×		×			
	弋陽		×							
	玉山		×							
撫州		×								土貢
	臨川	×	×							
潭州	長沙	×		×					雲母	元和志三十，雲母山在縣北九十里，列仙傳，長沙雲母，服之不朽。銅山在縣北百里，楚鑄銅處
衡州									水銀	元和志三十，元和貢水銀
永州	祁陽				×					
	湘源	×			×					
道州	延唐				×					
	江華					×				
	永明		×		×					
郴州				×						土貢赤錢。元和志三十，桂陽監錢官在城內，每年鑄錢五萬貫
	義章		×	×			×			
	平陽		×	×						元和志三十，銀坑在縣南三十里，所出銀至精好，別處莫及。亦出銅鉚
黔州									丹沙	土貢
	彭水							×		
辰州									丹沙水銀	元和志三十一，貢水銀
	麻陽								丹穴	
錦州									丹沙	土貢
溪州									丹沙	

劍南道	漢州		×								丹沙（以上唐書卷四一）	土貢
	蜀州	新津				×						
	嘉州	平羌				×						
		峨眉	×			×						
		夾江				×						
	眉州	彭山							×			
	邛州	臨邛			×	×						
		蒲江							×			元和志三二，鹽井距縣二十里
		臨溪				×						元和志三二，孤石山在縣東十九里，有鐵鑛，大如蒜子，甚剛，因置鐵官
		火井							×			元和志三二，縣有鹽井
	簡州	陽安			×				×			元和志三二，陽明鹽井在縣北十四里
		金水			×							
		平泉							×			元和志三二，上軍井，下軍井，並鹽井，在縣北
	資州	盤石							×			
		資陽							×			
		內江							×			元和志三二，鹽井二十六所，在管下
		龍水							×			
	巂州	昆明				×			×			元和志三二，鹽井在縣城中
	雅州	盧山			×				×			
		嚴道				×						元和志三三，鐵石山在縣東三十五里，有礬石，火燒成鐵，極剛利
		榮經			×							元和志三三，銅山今出銅鑛
	茂州										丹砂	土貢
	維州	薛城							×			
	梓州	九郪							×			

		通泉				×			×			元和志三四，赤車鹽井在縣西北三十三里，又別有鹽井十三所
		玄武							×			
		鹽亭							×			
		飛烏			×				×			元和志三四，哥耶山等八山，並出銅鐵
		永泰							×			元和志三四，大汁鹽井在縣東九里，又有小汁鹽井
		銅山			×							中南可象山，西北私鎔山，皆有銅，附鑄錢官
		涪城							×			
	遂州	方義							×			元和志三四，縣四面各有鹽井，凡一十二所
		長江							×			
		蓬溪							×			有化鹽池○元和志三四，有鹽井十三所
	綿州	巴西	×	×		×			×			在富樂山
		昌明				×			×			在北芒山
		魏城				×			×			
		羅江							×			
		神泉							×			
		鹽泉							×			元和志三四，陽下鹽井在縣西一里
		西昌				×						
	合州	石鏡				×						元和志三四，銅梁山在縣南九里，出鐵
		巴川				×						
	龍州	江油	×				×					元和志三四，婺壘山出錫，涪江經油城至東，共水出金
	普州	安岳							×			元和志三四，縣有鹽井一十一所
		安居							×			元和志三四，縣有鹽井十四所
		樂至							×			
		普康							×			元和志三四，縣有鹽井三所
		普慈										元和志三四，縣有鹽井一十四所

	渝州	巴縣							×			
		璧山							×			
	陵州	仁壽							×			元和志三四，陵井縱廣三十丈，深八十餘丈，益部鹽最多，此井最大
		貴平							×			
		始建				×			×			元和志三四，鐵山在縣東南七十里，出鐵。
		籍縣							×			
	榮州					×						元和志三四，貢利鐵
		應靈							×			元和志三四，有鹽井四所
		旭川							×			
		公井							×			同上，有鹽井十所
		和義							×			同上，有鹽井五所
		資官				×			×			
		威遠							×			同上，有鹽井七所
	昌州	永川				×						
	瀘州	江安							×			
		富義							×			同上。富義鹽井，在縣東南五十步，月出鹽三千六百六十石，劍南鹽井惟此最大。其餘亦有井，七所。案此縣唐志失記，殊堪詫異
	曲州	朱提		×								元和志三四，朱提，山名，出美銀，因山名郡縣。按此州不見唐志劍南道，亦可怪也
												(以上唐書卷四二)
嶺南道	廣州			×							膽石	
		懷集				×						在縣山
		化蒙					×	×				元和志三五，鉛穴山在縣西六十里，出鉛錫
		東莞						×				
		湞陽				×						
		新會						×				
	韶州	曲江		×						玉		元和志三五，玉山在縣東南十里，有採玉處；銀山在縣西二十二里，出銀
	潮州	海陽						×				
	康州		×	×								土貢金銀
	瀧州			×								土貢銀
	端州			×								土貢銀
	新州		×	×								土貢銀
	封州			×								同上
	潘州			×								同上
	春州			×								同上
		陽春						×				
	勤州		×	×								同上
		銅陵	×									
	羅州			×								同上
	辯州			×								同上
	高州			×								同上
	恩州		×	×								同上
		陽江		×								
	崖州		×	×							珠	同上
	瓊州		×									同上
		瓊山							×			
	振州		×	×								同上
		寧遠							×			
	儋州		×									同上
		義倫							×			
	萬安		×	×								
	邕州		×	×								有金坑。唐六典，邕州貢銀
	澄州		×	×								
	橫州		×	×								土貢
	潯州		×	×								同上
	巒州		×	×								同上
	欽州		×	×								同上

貴州		×	×				×				土貢金銀鉛
襲州			×								土貢○元和志三六，開元貢銀二十兩
象州			×								元和志三六，開元貢銀二十兩○唐六典，融象二州貢金
藤州			×								土貢
	鐔津						×				
巖州		×									
宜州			×							丹沙	
桂州			×								唐六典，桂邕昭柳等五十餘州貢銀○唐志，土貢銀銅器
梧州			×						白石英		
賀州			×								元和志三六，元和貢銀三十兩
	臨賀			×							橘山有銅冶
	桂嶺				×						元和志三六，糯閫在縣東南一百二十里，朝岡在縣東北四十五里，並有鐵鋤，自隋至今採取
	馮乘					×					有錫冶三
	富川					×					
連州	水銀									丹沙水銀	
	桂陽		×		×						
	陽山				×						
	連山	×		×	×						
柳州			×								元和志三六，開元貢銀二十兩
富州			×						石英		唐六典，富州貢石英
昭州			×								唐六典，昭柳等五十餘州貢銀

蒙州			×								土貢
嚴州			×								同上
融州		×									唐六典，融象二州貢金○元和志三六，元和貢金二兩
思唐			×								元和志同上，開元貢銀十兩
容州			×							丹沙水銀	土貢
牢州			×								同上
白州		×	×						珠		同上
順州			×								同上
繡州		×									同上
黨州		×	×								同上
竇州			×								同上
禺州			×								同上
廉州			×								同上
義州			×								同上
安南	陸州		×								同上
峯州			×								同上
愛州	九眞		×								元和志三七，居風山在縣西四里，出金
驩州		×									土貢金，金薄，黃屑
長州		×									土貢
福祿										紫鉚	土貢紫鉚
湯州		×									土貢金
演州		×									土貢
武安		×									同上
籠州										紫鉚	同上

(以上唐書卷四十三上)

中國地學論文索引序

王庸

民國二十年秋，余來北平圖書館任職，同事茅乃文先生，告余以擬作各雜誌地學論文索引。余謂國人之研究地學，非通論地學文字繁雜之爲難，而以中國地理之材料，多散見於雜誌，不易搜集之爲難也，曷不以中國地理爲範圍，而編一中國地學論文索引乎？茅先生然之，卽本此旨，着手翻檢各雜誌，鈔錄彙輯，稍二年有餘而成是編。總計自始事至出版，殆及三年之久。外間知此事者，屢函催詢，故吾等雖努力將事，俾副海內學者殷殷之期望，總以不能及早出版爲歉。但若轉念此種工作，大抵出一二人之手，且於普通公務之暇，始以餘力及之，則其不能從速告成，或不無可以鑒諒者歟？

中國地理之研究，今猶在篳路藍縷之際，故國內出版界，除中小學地理課本外，關於中國地理之專著，尚不可多得。學者如欲研究中國地理，其文字上之材料，除報章零星記載外，不能不以雜誌論文爲主要之來源。故是編之作，對於有志此道而苦於材料之貧乏者，當不無小補。惟地理之學，亦貴實驗。文字上之材料，不免有謬誤失實，不可盡信者；且所論卽使皆爲確實，而地學內容至繁，現有之述作尚未能盡副學者之需要。故吾人欲從事於中國地理之研究，一面固可於舊材料中發見新問題，一面又當開拓新知，作實際上專門之考查。若徒恃雜誌上之材料，轉輾襲取，掇拾成文，則此等索引不幾類於「策府統宗」之檢目乎？是非吾儕之本旨也。

本編所錄論題內容，稍加檢閱，則知其中浮泛簡陋之作實未可以一二數。亦有論題博大，文章「冠冕」，而按其內容則一無可取，令人失望者。吾人編製索引，固不可以內容之優劣妄操去取之權，只能「一視同仁」，兼收併蓄。至於鑑別眞僞，衡量虛實，端在學者自爲之耳。

國人之講普通地學者，鮮知以人文地理學相尚。惟人地之學，實建築於區域地理基礎之上。中國區域地理之研究，方在萌芽；而其論證之材料不豐，則自然區域之劃分，及其人地相應之故，亦不易得充足之發明。故是編於編目之始，擬按地域分編，藉供研究中國區域地理者以參考之利便。但因事實上編制之困難，且以區域編目，則於分門研究特種地理者又將感覺不便，故仍放棄初意，而於卷末作一地名索引以彌其缺。學者苟由此檢得之材料，並參其他地理圖籍，更進而考察各區域之實際狀況，以研究其人地關係之故，俾吾國之區域地理得建立一堅實之基礎，則國人之講究中國人文地理者，庶可以歸眞反樸，不致徒作空論矣夫！

雜誌論文既繁且雜，學者已成之作，其發表於雜誌者每爲同志所不知；故常有疊牀架屋，枉費筆墨者。蓋科學之作，與藝術異。苟其問題相同，方法正當，則無論何人爲之，其結果大抵相類，無需重費心力。學者有志於本國某種地理之研究，則於着手之前，一檢此書索引，以覘他人已往之成績，然後始作更進之研究，從而補其缺失，發明新知，或可免浪費心力，徒勞而無功乎。

是編所錄論題，其範圍至爲寬大，自地質氣象以及政治經濟，凡文字之涉中國而含有地方性者，均在採納之列。故若按所採論題之內容與性質論之，每有溢出於地學範圍以外者。此非吾儕之「貪多務得」，淆亂學術系統，其所以立此寬大之範圍者，蓋有下列二因：

(一)近代所謂人文地理學，固非若一般人文誌之包羅萬象，如百科全書然；惟其研究之對象，則凡一切自然環境與人文狀態多有相當之關係。是編主旨，既在供研究中國地理學者以搜集材料之便，並非地學著述；而某種人事，表面上似與地理毫無關係，及經學者之研究，又安知不與自然環境有深切之影響。故吾人若拘墟於地學上理論之瑣細，而摒棄實際上有用題材於不採，則此索引工作者不啻事倍而功半耳。此非吾人之本意也。

(二)吾國地理學，秉承往古地誌之舊習，其複雜混淆，由來已久。故近今地學雜誌中之文字，若以嚴格之地學觀念繩之，即有超出範圍，未足爲眞正之地學著作者。吾人爲之編製索引，既不能置此等刊載於地學雜誌之文字於不錄，而非地學雜誌中之文字，其性質與此相類者，又無理由可以令其「向隅」；更有一文之中，其一部分不涉地理，而其他部分確可入於地學範圍者，亦不能擯而不取；於是乃因緣牽連，遂成此兼容併包之局。學者苟欲「堅壁淸野」，驅除地學中之「閒雜人等」，固非吾儕編索引者所應負之責也。

總之，編輯索引與著書異。著書以濫雜爲病，而索引則惟恐其缺漏；著書可以自由去取，索引則因人成事，不易別擇。以是吾儕乃抱此寧濫毋缺之主張；遂不期而與通俗之地理觀念相一致，蓋亦事勢之不得不然者耳。且此索引之範圍既寬，不僅可供地學本身之參考，彼研究經濟政治等科而苦中國實際材料之不易得者，亦可引是編以資參考焉。故範圍狹，則於地學本身不能盡其利，範圍寬，則不但不以繁多爲累，而又有副作用可取，是則吾儕又何樂而不爲寬大之計哉。

吾國學術，每有外人越俎代謀而勝於國人之所爲者，地學亦其一例也。蓋外人對於中國地理之研究多由實際考查而來，而於邊疆史地之作尤爲詳確，非若國人之文，每不脫八股策論之窠臼，徒託空談也。是以國人居今日而研究中國地理，更不能不參考外人已成之作。吾人因不揣謭陋，擬另編一西文中國地學論文索引以補是編之不及。倘亦治地理學者之所樂聞歟？

索引之作，最易失誤。吾人希望閱者之指正，並非普通序例上照例之語。關於分類編目，因題義之錯雜參互，其困難實非始料所及。今此暫定之目，雖頗費斟酌，而私衷仍感未妥。海內明達，苟能於此中分合去取之方不吝商榷而教正之，曷勝欣幸！

是編工作，自搜輯編錄，以及校勘付印，大半皆出茅先生一人之手。余惟於分類編目上參加意見，並於排印之際略爲一校而已。故此事之成，對於學術上如有相當貢獻，則皆茅先生之功也。此外趙篤生先生襄助繕校，鄔秉乾先生助編地名及著者索引，亦與有力焉。

民國二十三年五月二十二日，王庸識於北平圖書館

附例言

一 本索引所收各雜誌，自清光緒二十八年起，至民國二十二年六月止，其中因時局關係，交通阻礙，定購雜誌每不能按期收到，未能收入者容待續補。

二 所編錄論文，性質不限於純粹地理學，凡所述自然狀態及人文事實之有地域性質者均在收編之列，故本編但可供研究地理學者搜集材料之資，即從事經濟，政治，社會及其他人文現象之研究者，亦可以此書爲參考。

三 所收論文，皆以關於中國地理者爲限，無地域性質之地學通論，及中國地域以外之論著，概不編入；惟論題之兼涉中國與外國者，亦一併收錄。

四 本編按各論文性質，分類編輯，惟各文內容不能一一閱過，大半依題目所標者「望文生訓」，酌量編列；其有題意不明，未易確定其性質者，始參閱本文以定門類。其有內容雖含中國地理材料，而論題爲概論性質，不指明中國地方者，一律不收。

五 分類方法，並不全依地理學嚴正之科目分編，大半以事實上論文之多寡而分合之，故有地理上重要科目，因論文較少而分目甚簡者（如歷史地理只四類），亦有論文較多而分目頗細者（如商業類既分八小類而各小類中又分細目），亦有論文較多而在性質上無法分類者，則以

地域分目，如各地商品產銷一項，即按省區分目是。且無論大類小類，或一細目中各論文次序，亦略按地域編列之。

六　類目之以地域分而論文較少者，往往以鄰近省區併為一項。亦有因實際上各論題之地域範圍參互出入，故類目標題不免有交錯矛盾之處，如鐵道一項中既有「貫各省線」之目，而「東三省與蒙古」之鐵道又另立一目，不免重複出入，但因關於東三省與蒙古之論文較多之故，乃不得不另立專項以便檢查。

七　論文太少，不便別立類目者，往往併為一類，或附見於其比較性質相近之類中，如「造紙與火柴工業」合為一類，「生物」與「測量」附入地文是。亦有因論題表面之性質似應入某類，而內容實偏重他類者，則仍以事實為主，如「開發與建設」，理論當入政治地理，但仍按事實上之偏重，編入經濟類中。

八　「水利」工程屬於人事，但因其與河流關係甚密，不能強為劃分，故與河流併為一類。

九　河道之支流與其流入之幹流，編列一處，如睢水沂水等之歸淮河，永定大清等河之歸海河是。亦有因分類條目之便利及地位關係，不依河流本身之關係分，而按其所在地域分者，如論漢江上游之文字，不列入長江項下而歸入陝西省河流是。惟各省水利以黃運等大河為主者，不分屬於各省而歸入黃河等各項下。如關於河南省水利之論文不多，則因其大部分在黃河項下之故。

十　凡述本國某種事件之與外國關係者，則按本國事件之性質分編，如我國鐵礦與日本國防及工業之關係編入礦業項，而國防及工業項下均不編錄。

十一　論題性質，及地域複雜，不能僅入一類者，則用複見例。其有不複見而可互相參考出入之處，則於目錄標題下註明之。

十二　特種地理記載，按其性質分編各門類中，不複見於「地志與遊記」。如北票煤鑛調查記僅編入經濟類礦產項下。

十三　歷史地理論題有特種門類分編者，亦不複見於歷史類中，如關於黃河變遷史之論文僅見於黃河項下，歷史類中並不複見。

十四　油，糖，顏料等農產製造，統歸工業項下。

十五　商港列入經濟類商業都市項下。軍港見政治類防務項下。

十六　關於外人在華航行權問題，入交通類水運項下。

十七　關於地理教育及地理教材，因已有郜爽秋所著之教育論文索引可以參考，本索引並未編入。

十八　茲爲便利讀者以地域與著者之檢查，特附以筆畫排列之地名索引及著者索引；其凡例另冠於各該索引之首。

十九　本編錯誤缺漏之處必不少。編者敬以至誠希望參閱者隨時加以指教，俾得於再版或作續編時改正。來教請寄北平圖書館輿圖部茅乃文收爲幸。

民國二十三年三月，編者識。

正誤

本刊第九期大野澤的變遷一文中引圖書編，謂爲岳元聲作。按圖書編係章潢所著，岳元聲乃校訂是書之人，特此更正，乞讀者鑒諒。此啟。

出版者：禹貢學會。
編輯者：顧頡剛，譚其驤。
出版日期：每月一日，十六日。
發行所：北平成府蔣家胡同三號禹貢學會。

禹貢

半月刊

The Evolution of Chinese Geography

Semi-monthly Magazine

Vol. I No. 12 August 16th 1934

Address: 3 Chiang-Chia Hutung, Cheng-Fu, Peiping, China

價目：每期零售洋壹角。豫定半年十二期，洋壹圓；全年二十四期，洋貳圓。郵費加一成半。國外全年加郵費八角。

第一卷 第十二期

民國二十三年八月十六日出版

北魏六鎮考 俞大綱
附案語 譚其驤
宋史地理志考異（河東路） 聶崇岐
地理與歷史的中心關係 楊效曾
畬民見聞記 胡傳楷
客家研究導論提要 許道齡
再介紹『到西北去』的一部書 馮家昇
豐潤小志 楊向奎
關於兩漢郡國縣邑增損表 史念海
編後 顧頡剛

內政部登記證警字第叁肆陸叁號

中華郵政特准掛號認為新聞紙類

北魏六鎮考

俞大綱

季龍兄：

後魏六鎮鎮名，綱嘗有所攷釋。嗣讀沈垚落帆樓文集六鎮釋，取元和郡縣志紀載，以沃野為從西第一鎮，懷朔第二，武川第三；又取孝文紀巡行四鎮之文，以撫冥為第四鎮，柔玄為第五鎮；而配以東端之懷荒為第六鎮（綱按此係指自西至東次序而言，後魏時固不以數目字替鎮名，此觀元和志以沃野為從西第一鎮可證），與綱所見相同。惟沈君淹博，釋文精細，遠勝於綱，故未敢更費筆墨。頃讀禹貢第八期谷君霽光攷釋六鎮之文，引齊神武世居懷朔，又曾為第三鎮人酋長，指懷朔為第三鎮（此當係指懷朔為從西第三鎮，谷君原文「六鎮次序，是從東數到西的」，當係筆誤）。如是不得不取薄骨律為從西第一鎮，去最東之懷荒而不言矣。其說至為新穎可喜；惟綱試再尋繹史文，詳加銓定，則谷君之論似有未安。

按沃野為從西第一鎮，見元和志。以李吉甫之博雅，又曾請復置宥州，自夏州至天德軍置廢館十一所；又請移天德軍理所於舊城，此皆沃野鎮舊址側近地域也。沃野，天德，同為河套雄鎮，魏唐規模，實承一脈；且唐人去魏日近，吉甫所紀尤不應有舛誤。又太平寰宇記雲州條下引入塞圖，自翰海至晉陽凡兩道，其一自懷荒，其一自沃野，則懷荒沃野實為入塞要道，列之六鎮東西兩端 亦可推知當時建置非無因也。

懷荒鎮，谷君不取，其言曰：『北鎮叛變，最初不是沃野而是懷荒。懷荒鎮將于景被殺，可以說是兵變第一聲；跟着來的是沃野的破六汗拔陵。但當時說六鎮叛亂，都從沃野事變說起』。按于景被殺事，見通鑑；魏書北史本紀不載其事。魏書無于景傳。趙萬里君近輯冢墓遺文，五之六十四有于景墓志，志稱景為懷荒鎮將，『猶能樹德沙漠，綏靜北邊，使胡馬不敢南馳，君之由也。至正光之末，限滿還京，長途未窮，一旦傾逝，以孝昌二年歲次丙午六月遘疾，暨十月丁卯朔八日甲戌薨于都鄉之蔡陽里』。據墓志所言，景無被殺事。即使撰志者諱而不言，則景雖被殺，猶能歸葬北邙，則當時懷荒之變遠不及沃野紛亂。谷君以當時言六鎮之亂者不說懷荒，視此情由，理宜不說。谷君之論，未足證懷荒非六鎮之一也。

今請更進一說以證懷荒必為六鎮之一。魏書廣陽王元深傳，載其論北鎮之文曰，『皇始以移防為重，盛簡親實，擁麾作鎮』，按魏皇始三年移都平城，其所謂『移防』『作鎮』，即所以拱衛平城者也。懷荒直當平城東北，其爲雄鎮，可想而知。換言之，魏平城一日爲帝京，懷荒一日不失其重要地位也。今考六鎮之號最早見於太安，則六鎮設置必不後於太安。太安時魏仍建都平城，懷荒仍不失爲衝要。其所以拱衛神京者，自遠較僻在河西之薄骨律爲重要矣。列之六鎮，似較薄骨律爲合理也。

谷君舉薄骨律爲六鎮之一，其言曰：當日六鎮之叛，沃野倡首，武川繼之，終于懷朔，柔玄，薄骨律亦相繼被陷（節錄原意）。此數鎮者，已佔六鎮之五。其意蓋謂六鎮俱叛，史文未嘗詳載六鎮鎮名，薄骨律既陷於賊，亦應爲六鎮之一。按沃野叛後，高平酋長胡琛繼起反叛，高平既非六鎮，而其時實與逆舉，若援引六鎮俱叛之文，亦指高平爲六鎮之一，豈不大謬？蓋其時諸鎮紛叛，不獨六鎮，薄骨律高平皆其例也。

今更請以輿地爲證。按薄骨律鎮址，在唐靈州迴樂側近，今河套西南隅，與六鎮南北懸絕。後魏人每以北鎮統稱六鎮，而薄骨律高平則稱河西二鎮（見于景墓志），故刁雍爲薄骨律鎮將，稱爲西藩，與北鎮不相混稱也。然或者有以沃野亦較偏南，與武川等鎮不齊者。惟今按沃野鎮址，似非漢沃野舊境。元和志紀沃野鎮，在天德軍北六十里，則亦在河套之北。元深謂高闕戍主御下失和，拔陵殺之，遂相率爲亂，高闕戍自當屬沃野鎮。水經注紀高闕置戍，而高闕亦在河套之北。是六鎮鎮址，東西並峙，橫列塞外，不若薄骨律之遠處西南隅也。又高閭請城六鎮，有『東西不過千里』之言。今考寰宇記雲州下所引入塞圖，平城正東行二百二十里至高柳城，又東行一百八十里至代郡城，又東北行一百七十里至大甯，從大甯西北行百里至懷荒鎮；又一道從平城西北行五百里至雲中，又西北行五十里至五原，又西北行二百五十里至沃野鎮。核其路程里數，則自懷荒至沃野，南遶平城，于代郡，大甯，懷荒之間又盤紆回折，而總計亦僅一千四百七十里，高閭之說尚非謬言。若以薄骨律爲第一鎮，則築城當遶河套而行，直至靈州境，寧止千里；興工費役，又豈能以時日爲限邪？

又谷君以爲神武世居懷朔，其後屢遷第三鎮人酋長，指第三鎮爲懷朔。按六鎮未嘗以數目稱，亦無鎮人酋長之號，僅有『領民酋長』，『第一領民酋長』之稱。（魏書此例甚多，不限于六鎮。）雖當爾朱榮破葛榮之後，六鎮人轉徙并肆，神武因得爲第三鎮人酋長，時勢地域不同，容有創設之官號，然同時叱列延慶爲都督西部第一領民酋長，則第三鎮酋長之稱不能明其所指。即使所指者為六鎮中之第三鎮，亦未必即指懷朔而言。龐蒼鷹為第一鎮人酋長，實非第一鎮人。（北齊書神武紀，從爾朱榮據并州，抵揚州，邑人龐蒼鷹止團焦中。）則凡為某鎮人莫長者，不必即為某鎮人矣。

弟俞大綱。八月一日。

其驤案：自宋以來輿地諸家紛言六鎮，其說不一，而以清沈垚之六鎮釋最為精密。（沈氏，嘉道間人，學博思精，究心於西北史地，多發前人所未發，著有道光地道記十卷，元史西北地叢測二卷，西域小記一卷，元和郡縣志補圖一卷等，編在集中；又徐星伯西域水道記之成，沈氏亦有參校之功焉。）惟沈文考訂六鎮地域雖詳，於稱名則但舉六鎮名，而未言其所以以此六鎮名為六鎮之故，仍不足以釋後學者之疑。今幸得谷俞二君之討論，此千餘年來之懸案蓋可以指日解決矣。校讀之餘，爰就鄙見贅語二則如左：

一，谷文通篇不一引元和志，深可怪異，豈以引元和志便自破其說乎？然元和志之記載終不容忽視也。沈俞據元和志三鎮，益以撫冥，柔玄，懷荒，定為六鎮，實較可信。俞謂薄骨律鎮僻在河西，不能列入拱衛平城北邊之六鎮之中，此言最合情理。今按魏書孝文紀，『太和十二年，詔六鎮、雲中、河西及關內六郡各修水田』，則河西固不在六鎮範圍之內也。

一，谷文引前人之說，頗涉誤會。如楊守敬圖彙引方輿紀要及元和志二說，徐文范東晉南北朝輿地表彙列八邊之鎮凡八，意皆在並存俟考，初來嘗定以何者為六鎮。乃文中竟謂楊以禦夷，柔玄，懷荒，撫冥，武川，懷朔為六鎮，徐以武川，撫冥，懷朔，懷荒，禦夷為六鎮（當是脫一柔玄），誠不知何所據而云然。顧祖禹方輿紀要以武川，撫冥，柔玄，懷朔，懷荒，禦夷為六鎮，而此文又誤引作沃野，懷朔，武川，薄骨律，懷荒，禦夷。考證貴謹慎，谷君之文想係匆促寫成，致瑜不掩瑕，實為遺憾。

沈文刊在落帆樓文集中，此書坊間不多見，因特轉載全文於次，備與谷俞二文相互參證焉。

附沈垚六鎮釋（落帆樓文集卷一，頁一——三，劉氏嘉業堂吳興叢書本）

後魏六鎮，沃野最西，懷荒最東。沃野，懷朔，武川三鎮，詳元和郡縣志。柔玄鎮，見水經注灅水篇。懷荒鎮，見太平寰宇記雲州下。獨撫冥鎮，地志家皆不言耳。魏書高祖紀，『太和十八年秋八月，行幸陰山；癸丑•幸懷朔鎮；己未，幸武川鎮；辛酉，幸撫冥鎮；甲子，幸柔玄鎮』，自西而東，則撫冥在武川之東，柔玄之西矣。『詔六鎮及禦夷城年老孤貧廢疾者，賜粟，宥罪，各有差』，則禦夷在六鎮外矣。

元和志，『西受降城正東微南至天德軍一百六十里；天德軍東南至中受降城二百里；中受降城東至東受降城三百里；東受降城東北至單于都護府一百二十里。沃野故城在天德軍城北六十里，後魏六鎮從西第一鎮。懷朔古城在中受降城界向北化柵側近，後魏六鎮從西第二鎮。武川城在東受降城北三百里（元和志原文作『在軍北三百里』。按軍即振武軍，景龍二年張仁愿於東受降城置振武軍。天寶四年，節度使王忠嗣移於單于大都護府。『在軍北』者，據振武未移而言，振武軍北即東受降城北也），後魏六鎮從西第三鎮』。

按水經河水注，『白道中谿水發源武川北塞中，南流逕武川鎮城；又西南出山，於雲中城北南注芒干水。塞水出懷朔鎮東北荒中，南流出山，西南入芒干水。芒干水又西南注沙陵湖（即唐金河泊）』。元和志，『東受降城在勝州榆林縣東北八里。金河泊在縣東北二十里，周回十里。雲中故城在縣東北四十里』。沙陵湖及雲中故城皆在東城東北，則塞水亦在東城界，然則懷朔鎮在中城東北界，西去沃野鎮遠，而東去武川鎮近矣。

水經灅水注曰，『灅水東逕潘縣故城北，又東逕下洛縣故城南；又東左得于延水口：水出塞外柔玄鎮西，長川城南小山；東南流逕且如縣故城南；又東南逕馬城縣故城北；又東南於大甯郡北，右注雁門水；又東南逕小甯縣故城南；又東南逕大甯縣故城南；又東南逕茹縣故城北；又東南逕鳴雞山西；又南逕且居縣故城南，東南注於灅水』。寰宇記雲州雲中縣下引入塞圖云，『平城直東行二百二十里，至高柳城；又東行一百八十里，至代郡城；又東北行二百七十里，至大甯城，當涿郡懷戎縣北三百里也；從大甯西北行百里，至懷荒鎮』。按懷戎縣，唐爲嬀州治，今宣化府保安州地，本漢潘縣。大甯城當懷戎縣北三百里，則是後魏大甯郡。懷荒鎮在大甯西北百里，則西去柔玄鎮甚近。柔玄鎮，唐爲天成軍東北境地。懷荒鎮，唐爲納降守捉地。元和志，『單于大都護府東南至靜邊軍一百二十里；靜邊軍東至雲州一百八十里；雲州東至清塞城一百二十里；又東至天成軍六十里；又東至納降守捉九十里，與幽州分界』。計自單于都護府至天成軍四百八十里，而武川鎮又在單于府西北，柔玄鎮又在天成軍東北，武川至柔玄約六百餘里，而撫冥在其中間。然則六鎮相距遠近約略可知矣。

以今輿地言之，沃野鎮城在吳剌試旗西北；懷朔鎮城在吳剌試東北；武川鎮城在歸化城西北；柔玄鎮城在正黃旗察哈爾東南；懷荒鎮城在正黃等四旗牧地南。歸化城之東為四子部落地；歸化城之東南為鑲藍旗察哈爾地。四子部落之南為鑲紅旗察哈爾地；鑲紅旗察哈爾之東為正紅旗察哈爾地；正紅旗察哈爾之東為正黃旗察哈爾地；正紅旗察哈爾之南為太僕寺右翼牧地；正黃旗察哈爾之東則正黃等四旗牧地也。自正黃旗察哈爾西至歸化城五百餘里，不知撫冥鎮在今何地。然則六鎮故城不可攷者，獨撫冥耳。

宋史地理志考異（河東路）

聶崇岐

『太原府，太原郡，河東節度，太平興國四年……降為緊州軍事，毀其城，移治於榆次縣。』

按：續資治通鑑長編卷二十，太平興國四年五月，『毀太原舊城，以榆次縣為并州』。

『又廢太原縣。』

按：元豐九域志卷四，『太平興國四年省太原縣入榆次』。

『元豐為次府。』

按：通考卷三百十六，『并州，……嘉祐四年復為太原府，河東節度使』。

『縣十，……交城，次畿，開寶元年自大通監來隸。』

按：開寶時，交城尚屬北漢。『開寶元年』，通考卷三百十六作『寶元二年』。又元豐九域志卷四，『太平興國四年以交城縣隸大通監；寶元二年，交城縣復隸府』。又續資治通鑑長編卷一百二十五，寶元二年十一月甲午，『以河東大通監隸并州，仍命京朝官為知監兼交城縣事』。

『平晉，中。』

按：宋史卷一太祖本紀，乾德元年八月辛卯，『以樂平縣為平晉軍』。又元豐九域志卷四，『建隆四年（即乾德元年）以晉陽縣為平晉軍；太平興國四年廢為縣』。

『隆德府，……昭義軍節度，……建中靖國元年改為軍，崇寧三年升為府。』

按：通考卷三百十六，『潞州，……建中靖國初升為府』。

『平陽府，……縣十，……趙城，上，熙寧五年省為鎮，隸洪洞；元豐三年，復爲縣。』

按：『元豐三年』，元豐九域志卷四作『二年』。

『和川，中下，太平興國六年廢沁州，以縣來屬。』

按：『太平興國六年』，元豐九域志卷四作『五年』。又元豐九域志卷十，『沁州，陽城郡，太平興國六年廢州』。

『代州，上，鴈門郡防禦。』

按：元豐九域志卷四，『代州，唐都督府，皇朝乾德元年爲上州』。

『景德二年廢唐林縣。』

按：元豐九域志卷四，『廢唐林縣入崞』。

『繁畤，下，有…義興冶。』

按：『冶』，元豐九域志卷四作『治』。

『憲州，…初治樓煩，咸平五年移治靜樂軍，縣遂廢，軍又廢。』

按：續資治通鑑長編卷四十六，咸平三年，『置靜樂軍，實嵐州靜樂寨也』。又隆平集卷一，『咸平三年以嵐州靜樂寨爲靜樂軍』。又元豐九域志卷十，『咸平二年升憲州靜樂縣爲軍；五年，廢』。又通考卷三百十六，『憲州，…移治靜樂軍靜樂縣』。

『縣一，靜樂，中，咸平九年廢天池玄池二縣入焉。』

按：咸平無九年。元豐九域志卷四，『咸平五年…省天池玄池二縣入靜樂樓煩』。

『慈州，下，團練。』

按：太平寰宇記卷四十八，『慈州，文成郡』。

『府州，中，靖康軍節度，本永安軍，崇寧元年改軍額。』

按：通考卷三百二十二，『府州……崇寧元年爲靜康軍，後又改保成軍』。

『縣一，府谷，下，有安豐，寧府，百第三寨。』

按，『百第』，元豐九域志卷四作『百勝』。

『威勝軍，…太平興國三年於潞州銅鞮縣亂柳石圍中建爲軍。』

按：『太平興國三年』，元豐九域志卷四，隆平集卷一，續資治通鑑長編卷十八，皆作『二年』。

『縣四，銅鞮，中，太平興國初與武鄉自潞州來隸。』

按：『太平興國初』，元豐九域志卷四作『二年』。

『綿上，中，寶元二年自大通監來隸。』

按：元豐九域志卷四，『太平興國六年以沁州綿上縣隸大通監』。

『寧化軍，同下州。』

按：續資治通鑑長編卷二十三，太平興國六年八月，『初北漢置固軍於嵐州。北漢亡，廢爲寧化縣。甲戌，復號寧化軍』。

又通考卷三百二十二，『寧化軍，本嵐州地，劉崇置固軍。太平興國中徙軍城稍南，改爲寧化縣；五年置軍』。

『火山軍，……治平四年置火山縣，四年廢之。』

按：元豐九域志卷四，『熙寧四年廢火山縣』。

『保德軍……淳化四年析嵐州地置定羌軍，景德元年改。』

按：『景德元年』，元豐九域志卷四作『二年』。隆平集卷一與地理志同。

地理與歷史的中心關係

楊效曾

讀了蒙文通先生的論古水道與交通（禹貢第一卷第七期）之後，不禁要說幾句關於地理與歷史的話。

蒙先生在那篇文章的開端卽說：

『長江在古雖爲巨流，而無益於交通』。

現在看來，長江是長江各省的經濟活動的樞紐，在古代『無益於交通』的話，好像是不大可信。但是，由歷史上，蒙先生爲我們證明了『吳楚之戰，楚之陸師自淮而不自江，舟師亦自淮而不自江，惟吳亦然』。

『楚人西通巴蜀，東連吳越，皆不由江。則長江固無與於交通之事。在春秋猶然，知長江於古不得爲有利之水也。』

長江之爲長江，沒有什麼大的變動，而其與人類社會的意義竟有如此的不同，這是什麼緣故呢？要解答這個問題，必須先理解地理與歷史的關係。

地理與歷史有密切的關係，誰也知道，但普通的看法都看得太簡單，太機械，不能夠把握着二者關係的中心。因此，把地理與歷史的關係看成呆板的；換句話說，非辯証法的。例如，梁啟超先生說：

『讀史不明地理，則空間觀念不確定，譬諸築室而拔其礎也。』（中國地理沿革圖序言）

梁先生以地理是確定空間觀念的意見，不用說，沒有把握着地理與歷史的關係的中心；很明白的，地理對於人類社會的作用，在這兒被忽却了。

禹貢的發刊詞上，將這種意見說得更爲詳細：

『因為歷史是記載人類社會過去的活動的，而人類社會活動無一不在大地之上，所以尤其密切的是地理。歷史好比演劇，地理就是舞臺。如果找不到舞臺，哪裏看得到戲劇。所以不明白地理的人，是無由了解歷史的；他只會記得許多可佐談助的故事而已。』

的確，我們要研究歷史，必須先明白地理。但是，為『看得到戲劇』去找舞臺，仍和梁先生的意見相似，還是不夠的。在這裏，我想再補充上一點。

就以演劇（歷史）和舞臺（地理）的比喻來說罷。舞臺與演劇是絕對分不開的，這是毫無疑問的事。可是，舞臺的佈置與所演的戲劇的關係却非常的密切。不用說演新劇的舞臺佈置與演舊劇的舞臺佈置有很大的差異，就是在舊劇之中，也因為劇目的相異，舞臺的佈置亦隨之而不同；而且，即便是同一劇目，也因為演於天橋或開明戲院的差別，舞臺的佈置亦有繁簡之殊了。這樣說來，舞臺的佈置，或者說舞臺的作用，是隨着所表演的戲劇而轉變的，演劇是主，舞臺是副；演劇雖離不開舞臺，而舞臺却因演劇的不同而變其作用了。

地理與歷史的關係正是如此。

因為人類社會有文化程度的高低，地理對於人類社會的作用亦隨之而有差異。例如長江，在現在雖為長江流域經濟活動的樞紐，而『於古不得為有利之水』。因此，我們要了解地理與歷史的正確關係，必須先把握着人類社會的文化程度；而決定人類社會文化程度的是經濟，決定經濟的是生產關係，決定生產關係的則是生產方法。所以，我們要正確的理解地理與歷史的關係，必須先探求人類社會的生產方法：即在某種生產方法之下，地理環境對人類的作用是如何；亦即在某時代，人類社會能征服自然環境的程度是如何。有了這種理解與把握，則地理環境對於人類社會的作用便可按時代而略加規定了。

由於這種觀點，有人把地理與歷史的關係分成三個時代：

1.河流時代
2.內海時代
3.大洋時代

這種分法雖是大體的，但是很正確。我們說牠是大體的原因：

1.人類在最初是棲息於森林之中；所謂河流時代，應從漁牧時起，最初一段未曾列入。

2.河流有巨細，不能一概而論，如在春秋時淮有利而江爲無益之水。

3.內海的作用亦因其位置的關係而有差異，如渤海對中國的作用，無疑的，不如地中海及北海之對于西洋中古時期之有利。

4.山脈，平原等沒有提到，只是就水來說的。

這種大體的說法雖不能包括無遺，可是按時代上說則爲不可改易的定則。因爲在河流時代（原始社會），內海不唯無利，且爲障碍物。內海時代（封建社會），大洋如河流時代之內海一樣，也是障碍物。但到了資本主義社會，大洋却成爲有利的了。

這樣看來，地理與歷史的關係，可說是：地理不唯是人類社會活動的舞臺，而且，因爲人類社會扮演的戲劇的不同（時代的不同），這舞臺的作用也生了差異。如果不明白人類社會的戲劇的內容（生產方法）的人，是無由了解史地的關係的，他只會記得某地某時有過怎樣的故事而已。

我們知道了地理與歷史的關係，即地理環境的作用是受時代的限制，換言之，人類社會利用自然環境是由生產方法來決定，則對某時代的地理研究上有了大致的範圍，不至多費一些無益之力了。

研究史地，我覺得這樣的見解是不可缺乏的。但這並非說，有了這種見解就可以不去仔細研究地理；恰恰相反，這更需要正確的史事來証明牠。而且，我敢相信，研究得愈近史實，將愈証明這種說法是不錯的。蒙先生的研究，就是一個證明。不過，我希望禹貢學會的朋友們不要以考證爲終極的目標，我們的目的應當以整理史實爲理解歷史進化的初步手段，而由歷史進化的過程中來把握未來社會的去向，那末，我們的研究才不是學院式的，而是指示方向的探討了。

二三，七，一八，於西山。

畲民見聞記

胡傳楷

山谷有畲民，　裝飾與常殊。
或云自盤瓠，　然兮其否兮？
乍見官長來，　遠立羣趦趄。
欵欵命之前，　其行紆以徐。
冒詞劇鈍拙，　跪拜何龐如。
老少紛然集，　酒漿更盤于。

淳悶渾天性，　風將太古俱。
枝鹿與狂猱，　何庸繪爲圖。

——陳治策畬民詩。

浙江省南部處州一帶，有一個特別的民族叫做『畬民』。處州人通常叫他們爲『畬客』。(光緒龍泉縣志卷十一風俗說：畬音奢，火種也。民以畬名，其善田者也。)

民國二十年，我到麗水十一中學去教書，看見麗水街上很多奇怪裝飾的婦人，有人告訴我這是畬民。我當時引動了好奇心，便想探探這個神秘民族的內幕。我從許多處州人方面打聽得許多關于畬民的故事，我又曾由一位畬族的學生的介紹，到過幾家畬民的家裏去觀察了幾回，因此我很得到些畬民的消息。

據說這些畬民是槃瓠的遺種(即猺族的一支)。他們是從廣東福建遷徙來的，人數約二十萬光景，散布在福建和浙江交界的山谷中，而以處州爲最多。他們另外有一種語言，但是他們住在處州的大半能說處州話。他們僅僅祇有四姓，就是姓『鍾』，姓『藍』，姓『雷』及姓『槃』。他們的結婚也就是四姓互相結婚。近來也有與漢人通婚的，大多是畬民的女子嫁給漢人爲妻。他們以耕種爲生，大都爲漢人佃戶；也有做抬轎和役工的。他們的居住，大概都是茅舍，而且多半是靠着山谷。他們自結村落，漢人稱之爲『畬客寮』。

據沈作乾的畬民調查記曾說起一段關於畬族起源的神話。他說：

據畬民說：他們的始祖實爲一狗，在上古時畜於宮中。時國君與敵戰，不勝，國家很危急，國君不得已，因下令國中：『如有人能斬酋長首級來獻者，令尚公主』。狗聞而往敵營，狀很馴服；酋長很愛之，留於帳中。狗乘酋睡，嚙斃之，銜酋首奔歸，見帝；帝頗有難色，犬忽作人聲道：『將我囚在銅鐘之中，七日七夜，就可變爲人』。帝如言試之。到六日，公主怕他餓死，將銅鐘開了一看，狗頭人身，尚未全變。狗出，負公主逃奔山中。後來子孫繁殖，就是現在的畬民。

這種神話的傳說，到了現在依然是很盛行的。而且畬民自己也都承認。所以畬民中，家家都還供奉了一個狗頭人身的像，遇有重要的祭祀，或節日，便供奉在堂中，大家團着歐拜。

他們是婦女當家的，主婦爲一家之主。他們的服裝是一律的，無論男女老幼，一概都穿青色土布。可是婦女衣飾却異常奇特。凡已成年的女子及婦人，用直徑寸餘，長約二寸的竹筒一個，斜截其二端，作菱形，外包以紅布，覆在頭頂的前面，下圍以髮。壓髮的簪，寬約寸餘，長約四寸，突出於腦後的右邊；其前端有紅色絲條二組，垂於耳旁。她們這種裝飾，很像狗頭形，所以溫州處州人又稱畲婦為『狗頭公主』！

年長一點的婦女，頭上披着一方紅布，從頭頂披到背部，那便是一家之主的主婦的符號。

她們個個都赤足放胸，雖然皮膚焦黑得可以，我們看不出美感來；但那一副壯健的神氣，在我們漢族中是挑選不出的。她們雖在娠孕之中，負百餘觔，走數十里，一點不覺得費力。攀山越嶺，如行平地。所以她們體格之強壯，也就可想而知了。

但是性很愚昧，所以文化極低。他們雖也有子弟出外讀書，然不過千百之一而已。清代嘉慶八年時，浙江巡撫阮元，學使文寗，奏請皇上，許畲民一體考試。後來道光六年，住溫州的畲民也有要求應考的，然而究竟不多。民國以來，畲民曾受高深教育的，據說只有一人，就是前南京高等師範畢業的藍洵。三年前，麗水十一中學有兩個學生，是畲民的子弟。名字，我記不得了。

畲民有一種特別的藝術，就是無論男女都會唱歌，會唱各種各樣的歌。每當春天時候，畲民的少年男女在山上斫柴做工，這便是他們追求異性的機會。一個畲民的男子，看中了山上的畲民的女子，他便用他祖傳的求愛的法子，唱一首求愛的歌。那女子要是看中了他，她就回唱一首歌，表示她心中也有同樣的傾慕。要是她不願意接受他，或是她心中已經有了中意的男人，她也會回答他一首歌，表示不能接受。

他們往往在很短時期，不費什麼手續，就實行同居生活的。但也有經過很隆重的典禮的。他們所謂隆重的典禮，我們看了委實可笑。大約這樣：雙方有了婚約之後，到了結婚的時候，男家要到女家去親迎，就是請了幾位男客陪同新郎走到女家。也不坐轎，也不乘車，步行去的。女方呢，也請了幾位男客，招待新郎。到了就席的時候，新郎和許多男客坐滿一桌，但是桌上什麼東西也沒有。於是先要新郎唱一首歌，歌裡的意思說是『杯，筷，碟子都須擺上了』。於是那廚房裡也就回唱一首歌，表示『好吧，我們馬上就把杯筷碟子擺上來了』。杯碟上來，但還沒有菜，于是新郎又唱一首上菜的歌。歌完時，廚房裡也答唱一首歌。如此一首一首的唱下去，要什麼，便唱什麼的歌；櫥房裡也就送上一樣什麼東西，回唱一首什麼東西的歌。總之，桌上的東西全是要唱出來的，這叫做『答歌』。到了吃完之後，新郎又須唱一首一首的歌，把席上的所有東西一件一件唱回去；櫥房也唱着來收席。吃完了酒席，不多一會，新郎和新娘交拜成禮。然後懸一狗頭人身的祖像於堂中，大家圍着歌拜。拜畢，新娘便跟着新郎往男家去，不坐轎也不乘車，只是步行。但是新郎和新娘各人右手拿一把雨傘，傘半張，將頭蒙着。新郎在前，新娘在後。新郎和新娘的周圍——就是沿傘的周圍——各繞着一堆人，新郎的周圍繞着一堆男人，新娘的周圍繞着一堆女人。這不算奇，新郎口裡還唱着歌；新郎唱過，新娘應和。一邊走着一邊唱，一邊唱完一邊和。走到了男家的門前，也就唱到了男家的門前；這時候男家也已請好了許多人，等候迎接，一看見新郎接新娘來了，裏面便同唱着歌迎接。于是新娘拜過了公婆，婚禮便算完成。

他們能唱很多歌，這便是畲民的特點。他們的歌，彷彿像山歌。我們是聽不慣的，聽了也不知是在唱什麼。

據說浙江教育廳曾經有一度派了一位人員到處州去調查畲民的生活，他擺了一棹酒在山上，請了幾個畲民婦女來唱歌。那幾個畲民最初不敢來，後來經人再三婉勸才始來。聽說那位先生聽了之後，一點也不懂，連說『不好聽！不好聽！』

畲民最怕漢人到他家去，怕的有什麼暗算他們。聽說有一次，有個麗水城裏的商人到一家畲民家裏去問另外一個畲民的地址，那畲民家的人一見漢人來了，忙把門關上；那商人推開了門進去，畲民便躲進房裏去；商人進了他的房，畲民便縮到牆角不敢動。商人問一句，他才答一句；但是問他另一畲民的地址的時候，他就說不知，總不肯告訴。

他們大多是很勤儉的，除了衣食外沒有什麼另外的消費，所以他們的生活尙可自給。他們性很老實，所以到城裏來買布買雜貨，店舖都肯放賒給他們，知道他們可靠。

據一個雲和的學生告訴我，有些畲民往往把洋錢埋在地下，每年夏季挖出來，放在太陽底下曬，爲的是怕洋錢生了銹，將來不好用。但有的畲民也委實窮困得不堪，所以處州人常有童謠說：『公會做，婆會做，做得有腳沒有袴』。

他們以番薯爲上等食品，玉蜀黍次之；如果有熟悉的漢人到他家去，他們常拿番薯和玉蜀黍敬客。米飯也是常常吃的，但不視爲重要的食料。他們還歡喜飲酒。

最有趣的是畲民的會客的地方。他們雖也有堂前，但遇有高貴的客來，常常引到灶前去談天。灶前可算是他們最恭敬的會客處。

畲民中一定還有許多奇異的消息，可惜他們不肯傳布出來。我有一個處州的同事，他的妻子就是一個畲民。現在她的一切生活習慣也都跟從漢俗了，他們夫妻感情非常好，但是他問她關于畲族的內情時，她却不肯說出。彷彿這是神聖的秘密，不可與外族道似的。

關于畲民的調查和研究，東方雜誌第二十一卷第七號有沈作乾作的畲民調查記一文，中央研究院曾出版一册英文本的調查報告，可供專門研究畲民的人作參考。至於處州各縣的方志雖也有些記載（如光緒青田縣志卷十三藝文有吳楚椿的畲民考；同治雲和縣志，同治景寧縣志及光緒龍泉縣志等書的風俗篇中均有關于畲民的記載），但可惜所記均太簡略了。

現在我再引徐望璋的一首畲民詩，作爲這篇記的結尾：

衣斑斕，
履芃査，
薪擔壓肩走風雨；
髻簪銙箇綴石珠，
面目瘠且黧，
自稱槃瓠我之祖。
鉤輈獠語何支離。
名稱更可怪，
呼畲作畬終無稽。
耕不療飢歎歲仍，
賑災休問官倉陳。
麻布單衣着兩層，
朔風吹壁寒欲冰；
爇來茅草蓬蓬火，
促膝團坐溫如春。

廿三，七，廿六。

客家研究導論提要

許道齡

緒言

羅香林先生著作這本客家研究導論，是一部很好的民族史書，可供一般研究民族史者的參考。該書命名客家研究導論，顧名思義，知道這是羅先生研究客家問題的初步；同時，也是教給人們研究客家問題的一種門徑。他的意思是想引起大家對於這問題做擴大的研究，以完成這一部分的工作，而解決這爭辯多年的民族問題。這種意思是很好的。我現在爲什麽反過來把牠縮小？難道要學孔老先生的删書定禮？小子不敏，豈敢！豈敢！事實是這樣：因爲我們禹貢半月刊需要這類文章，但刊物的園地過小，容不下『長篇大論』，因此，顧師命我把牠縮到越小越好的境地，以便發表，爲一般對這問題不想專門研究，只欲得到一個概念的人們經濟一些時間和腦力。意在斯乎？意在斯乎？

這書共十餘萬言，我僅節錄出一萬幾千字來，若從表面上說，確是很爲提要了；但實際上我所提出的免不了攙雜一些主觀的意見在內，那麽，在客觀方面看來，也許會成了『拋要』。如果眞的這樣，那我除了虚心領教以外，還十分誠懇地請求原諒！

第一章　客家問題的發端

華南——廣東，廣西，江西，福建——有一支由北方遷往的『民系』（說詳羅香林先生的著作民族與民系一文中；該文見國立中山大學文史研究所月刊第一卷第一期），一般人都稱他爲客家。他在中國底文化，政治，軍事，教育……上，都佔有相當的地位。他的確是一個優秀的民系，值得人們的注意，但他在過去曾被其他民系忽視，這是什麽緣故？照我個人看來，一是因爲中國前代的學者原不喜歡考覈各民族民系實在的情形；一是因爲從前客家民系，人口不多，土地敷用，經濟方面可以自給自足，不需要向外發展，所以很少和外間人發生關係。

時代的巨輪迅速的推轉，人們的思想和社會的經濟都隨之而起變化。上面所說的客家被人們忽視的原因，到了明末清初就漸漸地消失而不復存在。那時候，因爲客家的人口增加，勢力日擴，本土出產不足以維持生活，因之，一方面向海外發展，一方面在內地擴張。在海外的因其民性耐勞善賈，經濟勢力日趨雄厚，漸引起中西人士的注意。在內地的因其利害與鄰居衝突，而言語和習俗又不大相同，致引起鄰居之惡感，初則以惡言相加，繼則以兵戎相見；二三有見地的學者咸然憂之，乃漸有一些關於客家源流變革及語言，風俗的講述。

考最先提述客家問題的作品，是嘉慶十三年和平徐旭曾口述的客人源流及其語言習俗，其弟子博羅韓生爲之筆記，栽於旭曾豐湖雜記；次是鎮平（今蕉嶺）黃釗著石窟一徵，特闢二卷，敘錄客家語言。——這算爲客家問題的發端時代。

此後客家問題漸入研究時期，茲分爲四個階段來說：

第一階段　道光末年（西元一八五〇年）到光緒三十年（西元一九〇四年）：

(研究者姓名)	(篇　名)	(書　名)
E. J. Eitel	客家人種志	中日記錄及訪問
Ch. Peton	客家源流與歷史	中國評論報
George Compbell	客家源流與遷移	教務雜誌
Ch. Rey		客家辭典
D. Maciver		客家辭典
林逵泉	客說篇	
溫仲和	方言篇	嘉應州志
鍾用龢	士客源流考	香港某報
黃遵憲	書林太僕客說後	

第二階段　光緒三十一年（西元一九〇五年）到民國五年（西元一九一六年）：

(研究者姓名)	(篇　名)	(書　名)
溫廷敬	與國學保存會論種族問題書	
楊恭桓		客話本書
胡曦	廣東民族考	
章炳麟	嶺外三州語	新方言

第三階段　民國九年（西元一九二〇年）到民國十九年（西元一九三〇年）：

(研究者姓名)	(篇　名)	(書　名)
E. Huntington		種性
S. M. Shirokogoroff		中國東部及廣東的人種
李濟之		華民組成論
王　力	兩粵音說	見清華學報五卷一期
謝廷玉	客家的源流的遷移	

第四階段　民國十八九年（西元一九三〇年）到現在：

(研究者姓名)	(篇　名)	(書　名)
古　直		客人對
Bernard Mercer		漢課客語
山口縣造	客家與中國革命	見東洋雜誌

第二章　客家的源流

中國所謂漢族，乃是混合了無數民系而成的一個大民族。在殷周時代，民系至爲複雜，界限至爲明顯。經過了嬴秦大統一，車同軌，書同文之後，諸民系開始起同化作用，繼之以漢朝幾百年的眞正統一，諸民系同化作用就告完成，而居住于今之山東，河北，山西，陝西，甘肅，河南，安徽，江蘇，湖北等地。因爲當時國名爲漢，所以就叫這一大羣人們爲漢族。

漢族南遷的第一期

漢族經過了漢朝政治上幾百年的安定，生殖日繁，原來居住的土地不敷分配，內部自然而然地起了一種向外發展的傾向，赤眉黃巾亂於前，八王五胡繼其後，加以外力之鞭策，於是，便相率向南遷移。這是漢族南遷的第一期。

考漢族第一期南遷情況，可分爲三個支派。第一支派從秦雍（卽今陝西，山西一帶地）向荊州（卽今湖北一帶地）南徙，沿漢水流域，逐漸徙入今日湖南省的洞庭流域，及廣西的東部一帶。第二支派：從幷司豫諸州南徙至今之安徽及河南，湖北，江西，江蘇一帶地，其後又沿鄱陽湖及贛江流域而徙至今日的贛南及閩邊諸地。第三支派：從靑徐諸州集於今日的江蘇南部，復沿太湖流域徙至今日的浙江及福建的北部。

中古時代漢族大遷移的情況已略如上述，現在進一步來探討客家這一民系的源流。按客家人士最重視譜牒，雖歷代迭遭兵燹，文籍散失不備，然就其少數的保存者中也可以淸淸楚楚地尋出他的先民的源流來。玆把他的幾姓譜牒中關於該民系遷移的記載，分錄如次：

興寧劉氏族譜所錄劉氏姓族源流云：

『……自五胡亂華，永嘉淪覆，晉祚播遷，衣冠南徙，永公（劉永，劉備次子）之裔亦遷居於江南。……唐僖宗乾符間，黃巢叛亂，海內騷然，居民流離轉徙，於時有……天錫公，棄官，奉父祥公避居福建汀州府寧化縣之石壁洞，後世遂以祥公爲寧化始徙之祖。……』

又興寧廖氏族譜云：

『……五世誠希公（原籍汝南），因五胡雲擾，太元九年，復遷江南。……』

又崇正同人系譜鍾氏條云：

『……族皆處中州。東晉末，有鍾簡者，世居潁州，生三子，長曰善，次曰聖，三曰賢，元熙二年，避寇南遷，……賢則徙居江西贛州。……』

又同書賴氏條云：

『今賴氏郡望亦稱松陽。遇子匡，顯於義熙時；後見晉室陵夷，遂告歸。其子碩，字仲方，晉末丁世變，避居南康。……』

看了上面的紀載，知道客家先民的南徙實以東晉的南渡爲始機。又客家各姓譜乘往往謂其祖先原日嘗居河間（卽晉代司豫二州的交界地），及安徽東南，江西西北等地，而此等地域卽東晉第二支派南徙漢人的居地；據此推考，則客家先民的南徙是屬第二支派。今且更舉正史所述以爲印証。晉書卷十四地理志豫州條云：

『永嘉之際，豫州淪於石氏。元帝渡江，於春穀縣僑立襄城郡及繁昌縣。成帝又僑立豫州於江淮之間，居蕪湖。時淮南入北，乃分丹陽，僑立淮南郡，居於湖口。又於當陽縣流人渡江，僑立爲縣，幷淮南，廬江，安豐，並屬豫州。』

又同書司州條云：

『後以弘農人流寓於尋陽者，僑立爲弘農郡。』

看了這兩段正史，益足以証明『客家先民南徙，以東晉的南渡爲始機』之說之不謬。

漢族南遷的第二時期

漢族第二次遷移的動機，可說由於唐末黃巢的造反。舊唐書卷二百下黃巢傳云：

『……黃巢，黃揆昆仲八人，率盜數千依讓（尙讓），月餘衆至數萬，陷汝州，擄刺史王鐐，又掠關東；官軍加討，屢爲所敗，其衆十餘萬。尙讓乃與羣盜推黃巢爲王，號衝天大將軍。……』

觀此，可知黃巢聲勢的浩大，行爲的暴戾。據史書所記，黃巢自發難至稱帝中間曾經其屠殺的，以今日省分計之，前後殆達十省，就中尤以今日河南西南部；湖北東南部；湖南東北，東南二部；廣西東南部；廣東中部，西北部；江西中部，北部；福建西北部，北部；及安徽南部，西南部，受禍最烈，而第一次逃難後客家先民的居地，乃適當黃巢展轉寇亂的要衝，爲着救死求生，於是他們不得不再擇一比較乾淨土而作第二次的遷移。當時全國擾擾，民無寧居，惟江西東南部，福建西南部，及廣東東部，東北部，僥倖未受巢害，可以安居樂業，故客家先民第二次爲避亂計，卽向這地帶遷移。

以上是就正史推証出來的遷移的事實，現在再就客人家譜直接的紀錄，拿來比聚一下。嘉應劉氏族譜云：

『一百二十一世祖諱祥公，妣張氏。唐末僖宗乾符間，黃巢作亂，攜子及孫，避居福建汀州府寧化縣石壁洞。……祥公原籍，自永公家居洛陽，徙居江南；兄弟三人，惟祥公避居寧化縣，其二人不能悉記。』

始興平陽堂饒氏重修族譜云：

『始祖諱元亮，……世爲饒之鄱陽人，……仕唐德宗，晚寓南城（屬信府），生五子。……後遭兵燹，遷移無常，不能悉數。……』

興寧廖氏族譜云：

『……唐時我祖由江西雩都避亂，遷汀州寧化石壁寨。後子孫因亂，又遷順昌，廖氏居於閩者遂衆。……』

拿了正史和客家譜系的紀載比較結果，可以斷定黃巢造反確是促成客家先民第二次的遷移運動。這次遷移，其遠者已達循，惠，潮等地；其近者則達福建寧化，汀州，上杭，永定等地；更近者，則在贛東，贛南各地。其後宋太祖統一中國，結束了五季分爭割據的局面，而陸續南下的漢族始得稍爲安適。

漢族南遷的第三期

宋朝稍爲安定的局面，不久又被蒙古南侵的勢力所打破。當時客家先民迫於外患，不得不再作第三次的遷移。五華魏氏族譜云：

『三十九世淑玉公（原住江西石城縣）……生四子，曰：元，亨，利，貞。時值宋末，天下混亂，有文天祥，陸秀夫，張世傑三人，扶宋主，在贛州，霸截水道。元主起兵二十餘萬，從建昌而來，殺戮人民，在此經過，是誰敢當？我祖兄弟驚恐流涕，商議只得移別處逃生，……以是兄弟四人行經寧化，不得已號泣分袂，移居三郡。元公至惠州長樂（今五華），爲一世開基祖。……』

興寧黃陂曾氏族譜云：

『……悖，官封魯國公。宋政和壬辰年，由南豐徙福建化縣石壁下居焉。生子仲輝，輝子楨孫，佑孫，因宋元兵擾，不能安居，由寧化徙廣東長樂縣家焉。……』

看了上面的紀載，知道客家先民第三次的遷移是因爲胡馬南牧，贛閩兩地都受蹂躪，不得寧居，故南宋末年多數客家先民又向廣東方面作第三次的遷移。——此即今日廣東客家民系人口較他省爲多的緣故。

第三章　客家的分佈及其自然環境

自來研究客家問題的人，對於客家的住址和人口都沒有詳細的說明；至於他們所處的自然環境如何，更沒有人注意及之。這些事情是很重要的，所以現在特分三段說明如次：

第一爲居地：客家居地，以現行的縣區爲單位，可分爲兩種來說：一爲非純客住縣；一爲純客住縣。茲分述之如下：

(一)江西省純客住縣：

尋鄔　安遠　定南　龍南　虔南　信豐　南康　大庾　崇義　上猶

非純客住縣：

贛縣　興國　雩都　會昌　寧都　石城　瑞金　廣昌　永豐　萬安　遂川　吉安　萬載　萍鄉　修水　吉水　泰和

(二)福建省純客住縣：

寧化　長汀　上杭　武平　永定

非純客住縣：

清流　連城　龍巖　歸化

(三)廣東省純客住縣：

梅縣　興寧　五華　平遠　蕉嶺　大埔　豐順　和平　龍川　紫金　河源　連平　始興　英德　翁源　仁化　赤溪

非純客住縣：

南雄　曲江　樂昌　乳源　連縣　連山　陽山　惠陽　海豐　陸豐　博羅　增城　龍門　寶安　東莞　花縣　清遠　佛岡　開平　中山　番禺　從化　揭陽　饒平　信宜　徐聞　陽春　三水　防城　合浦　臨高　陵水　欽縣　廣寧　惠來　儋縣　定安　崖縣　化縣　澄邁　萬寧　潮陽　新豐　羅定

(四)廣西省非純客住縣：(廣西省沒有純客住縣)

武宣　馬平　柳城　藤縣　桂平　平南　貴縣　博白　鬱林　陸川　北流　賀縣　象縣

(五)湖南省非純客住縣：(湖南省也沒有純客住縣)

汝城　郴縣　瀏陽　平江

(六)四川省非純客住縣：(四川省也沒有純客住縣)

涪陵　巴縣　榮昌　隆昌　瀘縣　內江　資中　新都　廣漢　成都

(七)臺灣島非純客住縣：(臺灣島也沒有純客住縣)

彰化　諸羅　鳳山

第二爲人口：客家人口，總計純客住縣和非純客住縣，共一千六百五十四萬八千零七十四人，佔中國全人口(四三六，〇九四，九五三人)百分之三又小數七九。

第三爲自然環境：客家的自然環境可分五項來說：

(1)地勢：客家居地已達一百三十餘縣，其間所包含的地方有臺灣，福建，江西，廣東，廣西，湖南，四川等處，在這種情形之下，要想把客家住地的整個地勢詳細說明，一時還沒有方法，只好概括的一說。大體上，東亞大陸南部，及其濱海小島，下自北緯十八度的崖縣起，上至北緯三十一度的四川廣漢縣止；橫自東經一百零三度廣漢縣起，東至一二一度彰化縣（在臺灣島）止：這是客家的分布地域。其主要居地，當南嶺山脈要衝，故境內山嶺到處皆是，雖說普通的不過一千尺，至高的不過二千尺，然而連續不斷，中間很少至一百方里的平谷，與其稱它爲平原或盆地，毋寧稱它爲山地，比較來得恰當。

(2)河流：客家住地有贛江，汀江，梅江，東江，北江，韓江經流其間。但此類河流，多數皆爲各主水的上源，河身狹小，急淺多灘，不便航行。

(3)氣候：客家居地雖極多山，但其氣候尚稱寒暖得宜。溫度：至熱時高至華氏寒暑表九十五六度，至冷時降至三十二度上下。

(4)物產：動物：牛，猪，雞，鴨等類。植物：煙葉，竹料，靛青，茶葉，棉花，桐油，樟腦，花生，苧蔴，藥材，茴香，米穀，蔗糖等物。

(5)鑛藏：煤，鐵，錫，鉛，銅，鎢，鉬，錳，銻，鉍等類。

第四章 客家的語言

客語原是漢語的一種，雖曾經過了若干演變，音調有許多和漢語不同，然若探索其源流，則幾乎沒有不同的。例如：客語的名詞之後，通常必加「袛」或「巳」等類接尾字，如棹「袛」，蟲「巳」，而「袛」「巳」兩字與北平語「子」「兒」等名詞音尾性質相同。「子」與「袛」，一舌葉音，一舌尖音，位次相近，故易轉變。「兒」與「巳」，一半升音中韻，一半降音前韻，位次相接，亦有轉通可能。歸根結底說來，客漢語的確出自一源。既然這樣，此處可不詳述，僅舉其韻部，聲組與四聲說之如次：

(一)韻部 客語韻部，計有I單韻母七，其中分爲三類：(1)開口韻母，共有四個，以國音羅馬字母示之：即a，o，e(ɛ)，e(ə)是(以下注音符號同是國音羅馬字母)。(2)介母韻母，共有兩個：齊齒一個，即i是；合口一個，即u是。(3)鼻音韻母僅有一個，即ŋ是。II複音韻母十四，其中分爲兩類：(1)元音韻母，共有五個，即ai，ui，oi，au，ou是；(2)附聲韻母，共有九個，即aŋ，oŋ， uq，am，an，on，en，in，im等是。III結合韻母十六，其中分爲兩類：(1)齊齒結合共有九個：陰聲四個，即ia，ie，iu，iau是；陽聲五個，即iaq，ioq，iuq，iam，ien是；(2)合口結合，共有七個：陰聲三個，即ua，uo，uai是；陽聲四個，即uaq，uoq，uan，uen是。

(二)聲紐　客語聲紐共有二十六，凡複聲母六，單聲母二十。茲錄之如次：

單聲：h，h'，g，k，ng（舌後）；g'，k'（前後間）。

複聲：j，ch（前葉間）。

單聲：sh，gn（前葉間）。

複聲：j，ch（翹舌尖）。

單聲：sh（翹舌尖）。

複聲：tz，ts（舌葉）。

單聲：s（舌葉）。

單聲：d，t，n，l（舌尖）；b，p，m（兩唇）；f，v（唇齒）。

(三)四聲：客語聲調，平入二聲可分陰陽，惟上與去則陰陽不分，有時讀入陽位，有時讀入陰位。其各聲高低，亦頗與普通音調略異：大抵陰平最高，上聲最低，入聲最短。

第五章　客家的文教上

文教是民族或民系至可寶貴的靈魂，也是民族或民系所以資養的無形之財產；牠是推測或範圍人類生活的一種勢力，也是人類所以行動的一種工具。

要想了解客家民系的構成，客家民系的活動景況，客家民系的將來趨勢，都不能不注意客家文教的研究。茲把客家文教分述如次：

第一爲愛國思想。客家民系最富愛國思想，如宋末胡馬南牧，龍南人鍾克俊糾集義師勤王，知勢不可爲，遂赴龍頭江死。又如明末清初，客家之抱倒清復明的思想者更多，如寧化李世熊，上杭劉坊，曲江廖燕，寧都魏禧兄弟等，都不斷地做復明運動。

第二爲一般信仰與特殊宗教。客家一般信仰與其他漢人無異：如崇拜祖宗，迷信鬼神，占卜，和風水；信仰釋教，道教等。至客家特殊宗教，有所謂『眞空教』（又名空敎，或拜道敎）。該教創立人爲江西尋鄔廖帝聘。廖字達章，號兆空，道光七年四月九日生于尋鄔桂嶺水東村，年二十一出家拜禪，越六載悟儒釋道短長利弊，以爲人世本原不離空眞二義，人生的追求當以空眞爲依歸：旋辭禪返鄉，開壇設教。

第三為氣骨與體面的觀念。客家男女最富氣骨觀念，雖其人已窮至不可收拾，然若有人無端的藐視他或她的人格，加以無禮舉動，則其人必誓死抵抗，或者竟因是自立，終以挽弱為強，轉衰為盛。客家男子最講究體面，日常待人接物，總有體面與否的觀念橫梗腦中；不體面的事雖十分佔便宜，他們也絕不願為。

第四為技擊。客人好講武術，其技甚精，徐旭曾豐湖雜記云：『客人多精技擊；客人之技擊傳自少林眞派』。

第六章　客家的文教下

第一為學術，分五類來講：

其一理學：客家在宋明兩代研究理學者殊不乏人，但沒有卓然成功的大師，其比較著稱的，在宋有長汀楊方，寧化張良裔；在明有惠陽葉春芳，葉天祐，楊傳芳，楊起元諸人。

其二為經訓學：客家對于訓釋古經的學問頗感興趣，關於經訓的著作，若合計之，至少當在三百種以上。

其三為史地學：客家關於史地的著作不很豐富，然而也有數家，其成績至足欽佩，茲略述之：

(1)曲江余靜。靜字道安，宋眞宗時進士，著作隆興奉使審諭錄。(按靜曾三次出使契丹。)

(2)寧化李世熊。世熊字元仲，號寒支，明末清初以節義著稱。所著有寒支初集十卷，二集二卷，錢神志七卷，史感一卷，物感一卷，本行錄三卷，經正錄三卷，狗馬史記若干卷。

(3)南康謝啓昆。啓昆字蘊山，清乾隆庚辰進士。著有西魏書，粵西金石略，勝朝殉難錄等書。

其四為語言學：客家治語言學的人似乎少些，據崇正同人系譜卷十四藝文記載，康乾間有連州廖文英著正字通十二卷，嘉應溫定瀾著韻學經緯五卷，大浦張對墀著韻學釋同廣義六卷，嘉應余效班著諧聲表十六卷，說文經字考証一卷，興寧王璨著切韻條貫審體，正編，發用三卷，南康謝啓昆著小學考五十卷。

其五為其他學問：客家人士對于厤法數學亦頗有專長的，如梅縣吳蘭修，張其翽，便是其例。吳撰有方程考，張撰有春秋三統朔閏表，前後漢三統朔閏表等書。

第二為文藝：客家的文學潮流亦與中國一般文學潮流無異，自始至今，即有言志的創新的與載道的擬古的兩大派別。客家的著名古文家，有李世熊，黎士宏，劉坊，廖燕，魏祥，魏禧，魏禮等七人。著名詩家有宋湘芷灣，伊秉綬墨卿，李黼平繡子，王利亨竹航，黃釗香鐵，黃公度，胡曉岑，邱逢甲諸人。

第三爲藝術：客家人士，昔時沒有什麼奇特的藝術，其比較可稱的，惟伊墨卿，宋芷灣，胡曉岑三家的書法，及曲江邱天民的繪畫，與寧羅東佁的篆刻而已。

第七章　客家的特性

各民系因爲地理，文敎，語言……等等不同，即形成各種不同的特性。客家的特性，玆略舉幾種如左：

其一爲各家家人各業的兼顧，與人才的並蓄。

其二爲婦女的堅卓耐苦與自重自立。

其三爲勤勞與潔淨。

其四爲生性好動。

其五爲富有冒險與進取的精神。

其六爲用度節儉與性情質直。

其七爲剛愎自用。

第八章　客家與近代中國

客家是五代時新興的民系，自趙宋至清初算爲童年時期，自嘉道至現在算爲少年時期。童年時期本在充實體魄，非所語于進取與創業，故客家在嘉道以前的活動沒有什麼足述的。惟少年時代這一階段，殊値得吾等注意。玆分五節來說：

第一，太平天國革命的影響：客人洪秀全，楊秀淸等所領導的太平天國革命是中國近代史上一件很值得注意的事。這種運動在時間上雖極短促，然其影響于中國社會者殊鉅。如(一)崇尙新學，(二)禁止吸煙，(三)禁止纏足，(四)更易服制，(五)改定曆法，(六)提高女權，這于近代的中國都有相當影響的。而其影響之最大者，要算(七)民族思想之復興。孫中山先生辛亥革命之成功，殆收洪楊革命之果。

第二，客人近代的對外抗戰：近世中國受東西洋各強國的壓迫，萬不得已，曾起而與他們抗戰數次。說來實在慚愧，近代中國的國際戰爭，結果從沒有勝利的，其比較像樣而不爲國際所菲薄者，惟(1)中英鴉片戰爭，粵省義民自動抗敵，擊登陸滋擾諸英兵；(2)中法戰爭，馮子材扼守諒山奮勇抗敵；(3)光緒甲午，中日戰爭，議割臺灣後，劉永福固守臺南，與日將樺山資紀互搏；(4)民國二十一年，『一二八』的抗日戰爭。這四回驅禦強敵都是以客家爲主要武力，可見客人在近代的中國對外戰爭上曾貢獻了不少功績。

第三，海外客僑與祖國關係：中國自道咸以來因受列強資本主義之壓迫，經濟地位日趨惡劣，自同治三年至民國十五年，近六十年中，平均每年海關進口數目超過出口數目，約達銀幣七千萬兩以上。這種鉅大的漏巵，實為中國致命創口；然而中國尚能僥倖存留者，這無他，因有海外僑民大批匯欵以為彌縫補救而已。這筆鉅量匯欵，雖說不僅為客僑所有，然屬於客家僑民的實非小數，至少可佔百分之三十以上。

第四，客家的聞人：這可分三種來說：其一為純粹學者，最重要的為義寧陳寅恪，與寧曾覺之。其二為文學家，最著名的為義寧陳三立，陸豐溫源寧，梅縣張資平。其三為藝術家，最重要的為林風眠，李金髮，劉既漂。其四為政治家，為大浦鄒魯，東莞王寵惠，始興陳公博。其五為軍事家，如梅縣黃慕松，合浦陳銘樞，防城陳濟棠，始興張發奎，惠陽翁照垣，五華繆培南。

第九章　客家一般趨勢的觀察

近世以來，中國一般社會因為西方文化的輸入，思想日趨于解放；而帝國主義者的經濟侵略又復與年俱增，因此，都先後發生一種疾苦萬狀的現象。客家民系雖多數居住於山僻地域，然其男子旅外者多，較易吸收新思潮；而帝國主義者的勢力又復無遠勿屆，以是而客家的封建勢力和宗法社會同時都失掉了客觀的根據，驟然呈動搖崩潰的狀態。扶其象徵，約有八點：一為家庭工業的衰落；二為匪徒日增；三為共黨潛勢力澎漲；四為農村的破壞；五為青年思想的解放；六為宗族觀念之日薄；七為離婚件的日增；八為祖嘗（一族的公產）的銷沒。以上八項，前五項屬於封建勢力崩壞的象徵；後三項屬於宗法社會崩壞的象徵。

客家的封建勢力和宗法社會既已呈了崩壞的現象，將來的客家社會將採何種組織，這是一個至饒興趣的問題。本來這類問題也可以根據他的客觀環境及目前需要以為判斷，不過這裏却另有一事須特別注意，就是他和中國的整個社會有絕大的關係，所謂環境，不僅牽涉這民系的本身，而尤牽涉其他同隸中國的一般民系。在今日全國社會之趨勢尚因種種關係，未能確實判斷以前，客家社會如何變異的問題，自難肯定地單獨判定。但就他的需要與精神言之，至少不能復如昔日的單純。玆根據個人的觀察所及，略為推測其一般的趨勢如次：

第一為血統將日雜。客家人士，自洪楊革命失敗後，漸知道他們有與國內諸族系相互混合的需要，一般有知識的人士現已把從前那種歧視國內諸民系或民族的狹隘心理完全打破，潮梅各屬的客家近來也已漸與福老系互通婚姻，贛南贛西的客家據說亦已逐漸放棄其不與隣系通婚的習俗。如此，則客家一般系裔血統日雜，而將來該民系實際的能力與精神必較現在更爲活躍，更爲偉大。

第二爲文教將變異。當前清末年，政治腐敗，民不聊生，外侮日亟，國勢阽危，客家人士慷國亡之無日，多起而作倒滿工作；但是革命原是大業，非羣策羣力殊難奏功。受事實之教訓，乃澈底改變從前那種孤立的狀態，而眞誠與諸族系聯結。民國十三年，民黨改組，客家人士當時出而盡力黨國者很多，但都能與系外人士通力合作，無復此疆彼界之見。由這合作運動，可使客家文教發生變異。蓋客家既與國內諸系族爲劇烈之混化及切實的合作，則其日常生活必強烈地受對方影響，一切習俗與語言皆將互相倣效，形成一種繁雜的新文教，這是不難推知的。

第三爲客家在國內必另覓墾殖地。客家現住地域，均有地窄人稠的現象，事實上不能不向外擴殖，以容納那過剩的人口；然而揆諸現勢，長江以南的省份都似乎已沒有再擠的餘地；而海外又嚴禁華工入境，即不禁亦苛稅重重，插足不易。好在我國西北方面空地尙多，客家民系目前爲滿足其『生存慾』計，也許會乘政府開發西北的機會而向該方面發展？

第四爲客家社會的各種工業勢必逐漸興起。客家爲一富有唯生機能的民系，今在南洋各屬既感日暮途窮的痛苦，不能自由發展；而國內所居的地方，又是山多田少，不敷耕稼：該民系爲生存計，各種工業勢必逐漸興起以容納各界失業的同胞。

第五爲客家居地之鑛藏勢必逐漸開發。客家居地鑛藏頗富，客家社會又非常需要擴展工業，客家人士已有見於開發的必要。如果政府再加以補助與督促，則此種事業在最近的將來也許有實現的可能。

第六爲政治革命的繼續。中國目前外受帝國主義之侵略，不能抵抗；內遭匪共之蹂躪，無法肅清。人民倒懸，望救心切；而要人多數瀆職，政治依然汚濁，處處給人民痛苦和失望。政府者再不能及時整飭內政，拯救民生，客家本是年少氣盛血熱好動的民系，處此情形之下，當然免不了要起來做自救自拔的政治革命。

二四，七，二五，北大西齋。

再介紹『到西北去』的一部書

馮家昇

禹貢第一卷第九期，我曾介紹過關於綏遠的兩部書，標題上有『西北』二字。有個朋友對我說：『這個標題不大妥當，外蒙新疆這些地方才能說是「西北」；綏遠只好說是「北」，不能說是「西北」』。我聽了以後說不出什麼，因爲綏遠省的確是在中國內部的北面。前幾天，顧先生又給我一部綏遠省分縣調查概要看。首頁樊庫先生的自序，中間有這樣幾句話：

『自東北四省淪亾，國人視線始集注於「西北」，而開發「西北」之聲浪乃高唱入雲。顧「西北」二字範圍甚廣，究應先從何處着手，實爲當前難解決之一大問題。然新青甘寧等省爲「遠西北」，綏遠爲「近西北」；欲開發「遠西北」，須先從「近西北」開端，已爲一般人所公認者也。』

看能這幾句話，我又想起，原來綏遠西邊靠的是寧夏，南邊靠的是陝西，說牠是『北』固然可以，但是說牠是『西北』亦未爲大錯。譬如近來國民政府開發西北，首先要開發在綏遠之南的陝西，就是個例証。我覺得樊庫先生說『綏遠爲近西北』是很對的，所以今回我還是用『西北』二字作標題。

綏遠省分縣調查概要一厚冊，綏遠省民衆教育館編印並發行。以綏遠所屬縣旗各爲單元，每縣附地圖一幅（十三縣旗略），計豐鎮，興和，集寧，涼城，陶林，歸綏，包頭，武川，薩拉齊，托克托，和林，清水河，固陽，東勝，五原，臨河，安北，沃野，及烏伊兩盟十三旗概要，附錄察哈爾蒙旗概況。凡縣旗的沿革，位置，境界，面積，山脈，河流，溝谷，淖泊，地勢，要隘，名勝，古蹟，物產，鄉鎮，戶口，交通，教育，財政，警衛，自治，墾殖，水利，農工，商業，社會狀況等等，無不應有盡有。

牠的材料的來源，一方面係根據省政府及政治實察所的調查，一方面係由民衆教育館製就各種表格，託各縣局機關學校團體代爲調查的。所以按照史料的價值來說，也是很可靠的。每遇可疑的地方，下加『備考』。譬如頁二三興和縣面積，南北長二百八十里，東西寬平均四十餘里，全縣約一萬一千二百方里。其備考云：

『據綏遠省各縣局沿革表爲五千零八十七方里；各縣戶數暨人口密度統計表爲九千一百二十方里；十九年政治實察所調查數爲一萬五千方里；十八年政治實察所調查數爲九千一百二十餘方里；各縣局土地面積表爲五千零八十七里：有多有少，莫衷一是。按縱橫相乘之積，不過一萬一千二百方里。茲以一萬一千二百方里計。』

又如頁一四九包頭縣古跡，『稒陽故城當在縣城之西北』，備考引史記，漢書，水經注，綏乘等書証之，而辨正今之固陽即古之稒陽之非。由我所舉的這兩個例子看來，就可以知道本書無論關于新的方面，或是舊的方面，每遇疑惑的地方，或有幾個不同的記載，是怎樣的剖析清楚了。本書的好處固然有許多，但關于這一點我覺得是最好的。我們從這上面，第一可以知道這本書非僅據各地方調查的東西累積而成，乃經過編纂人詳細攷核而才下筆的；第二假使讀的人對于某點發生了疑問，還可據以重新研究一番。作者能搜集材料，又能提出問題，編成這部五百餘頁的邊疆地理，實在是今日不可多得的人才。

介紹了這書，我想再說幾句題外的話。中國內部十八省的人口比起世界各國固然不算密，但我聽過一位外國人說，『以中國之生產能力而論，中國本部的人口與其他文明國家比較，已十分密了』。這話的確不錯，中國的生產技術大半還保持着十八世紀以前的樣子，生產能力不增加而人口與消費增加，自然會感覺到人口之過剩。那末，在中國生產技術未進步，生產能力未增加之前，最好的辦法是找人口過剩的尾閭。這個尾閭在中國現在是不成問題的，沿邊各地處處都是沃野之區。東北四省雖已被人盜竊了，但西北好幾省則正待開發。據本書頁二二所載，綏遠未墾荒地尚有一百七十餘萬頃，能救濟失業者至少七百餘萬丁口，能增加生產至少五百萬萬零一千萬元，而林牧礦產暨農家副業等尚未計入。我常奇怪，我國華僑肯遠涉重洋替人家去開發，而不肯走幾步爲自己開發；寧肯受人家的苛待，而不願受國人的獎勵：這是爲什麼呢？或者責在政府之不力吧!?

我盼望華僑們不要在外國受人家的侮辱和壓迫了，賺下錢趕快回祖國來開發西北吧。利益一時雖然得不到，總比在海外被人沒收了強的多。我又盼望國內的有錢階級們不要老在外國銀行一批一批的存起來了，第二次世界大戰不是快到了嗎？也許這些銀行把你們坑了，倒不如投資西北，建立些事業的好。我更盼望一班有權階級們不要老謀在上海蓋洋樓，在湯山建別墅了，也許再來一次淞滬大戰，把你們的洋樓和別墅轟毀了，倒不如省下十萬或二十萬大洋去西北開墾幾千頃地吧。這爲己爲國，豈不是兩全其美？

假使政府能夠設法把這三種經濟來源吸引到西北，我想財政部也就不必費九牛二虎之力，今天羅掘三十萬建一條幾十里的公路，明天羅掘五十萬開闢一個農林試驗塲；管這三宗欵項已經綽有餘裕了！

豐潤小志

楊向奎

一　引言

『到鄉間去！』的口號雖然高唱入雲，然而城市居住慣了的人誰願意走入那儉樸粗野的社會裏去過活？學生們，大學生們更不願意了：尤其是喜歡讀書的人，到了鄉間更覺得不便，雖然在鄉間過幾個月的生活，其所得也許比讀書更爲豐富些。

我是來自鄉間的，因貪圖北平讀書方便，數年來總也沒有在家鄉久居。今夏考畢，澈夜失眠，躺在牀上，眼睛望着天棚，聽着鐘聲『答！答！』的走。一點鐘打過，靜寞寞的夜裏，萬籟俱寂，間或有嗚嗚汽車聲，一兩句小販叫賣聲。一點，兩點，三點，四點全這樣過去；以後眼睛漸合，意識迷胡了，似睡不睡的聽到『打打』的號聲，六點鐘到了，是軍事訓練部的號兵吹起牀號了。這樣子四點睡，六點醒的生活支持了十餘日，覺得十分疲勞，於是決意改變環境而回家。回到家裏，正値浭水決口，鄉村被水包圍着，不能出莊園一步，悶在屋裏也夠無聊的了，因此乃想寫一篇詳細的『豐潤風土記』以補縣志的不足，又能藉以遣日；但『秀才不出門，便知天下事』的話是講不通的，寫這篇文章須得搜聚許多材料方能下筆，環境不許又奈何！只好憑素所知道的寫出，使世人知道所謂『戰區』中一縣的文化和出產的大要。

二　土地

豐潤縣是河北省的一等縣，大概說起來，有一千村落，共分爲二十四鎭。按着地的高下及出產說，可分爲四區。北區是山地，出產穀物以黍及玉蜀黍爲大宗，山地多果園，水果如蘋果，葡萄，栗子及落花生等均有；本縣旣消費不了許多，就以天津，唐山爲尾閭。東區地土高亢，土物出產亦以玉蜀黍及黍，稷爲大宗。南區瀕渤海，地多鹼質。當你坐在北寧路的車上，從唐山向西走，看見鐵道南面土地長的盡是些荒草，一望碧綠，與天一色，看不到一個村落，究竟出產些什麽，『君其問諸水濱』吧！西區就是敝鄉所在了，那裏地土不高不下，宜穀宜麥，在國際市塲上能爭得一席地位的乃是棉花。到了秋天，你看一個個少小的村姑，小小髮瓣歪在腦後，赤裸著雙足，笑嘻嘻地在地裏檢棉花，眞是一幅絕妙的圖畫呢。

三　風俗

一個慣於出外經商的人曾說道，『當你走到北山根底下，天晚了或是大風雨的時候，你儘管走到一個人家說，「大哥，容我一宿吧！」他們將毫不遲疑地答應你的請求，並且像客一般的欵待』。所謂『北山根』就是我說的北區；聽到這幾句話，你就知道那地方的風俗是如何的淳厚了。

因爲是山地的原故，所以不便車行，而以騾驢代步。在都市裏，婚嫁的時候，多用汽車或馬車，把新娘子載到禮堂；而在我們鄉間也用轎車或轎把她接來。在山地區域裏，則是騎了驢來的。她們的騎術也眞高明，頭上披着一幅紅布（新嫁娘必需的裝飾，俗云「蒙頭」），兩條腿盤在驢背上，登高馳下，嗚嗚的哭着，毫不在意。談到新嫁娘的哭，在都市中或許已無此風俗，而在我們鄉間，當她初嫁的那天，是必須有的一場。有的姑娘或者覺得心裏很快樂，實在哭不出來，但她們的媽媽必須千叮嚀萬囑咐的叫她哭。我們隔壁新近的一個新娘子是一位傻姑娘，坐到轎裏，不但不哭而反笑，於是她的母親打她一拳，她痛的哭了。哭之動機雖不同，總算是哭了。

東區，南區的人比較浮華，當我們在縣立中學讀書的時候，總是那地方的學生衣履講究，人物飄洒。在東南區城內有幾個村落是以出漂亮女子著名的，如云『東西琉璃葛，南北二尖坨』是。至於我們西區的風俗人情，蓋介于東，南，北三區之間。

四　教育

以先科舉時代，聽到父老們說，豐潤縣是有『小三江』之譽的。舉人，進士，翰林們也眞不少。民國後，每一大村皆有一小學校，小村則合二三村落合辦一個。官立高級小學共爲六個，乃按區劃分的，計爲中東區，中西區，南東區，南西區，北東區，北西區。其他鎮市，立了高小或完全小學的尚有二三十處。在這上面的中等教育，則有豐潤縣立中學，位於車軸山。這是一個小小的孤山，前面斜度很大，後面是峭壁絕崖，滿是葱葱鬱鬱的樹。山的頂上有個三起閣，西邊一磚塔，東邊一二起閣，向前下方走分爲七級。在先這是一個極盛的廟場，一級一個佛殿，廢曆四月二十八是廟會之期，搭一席棚，請一班戲，吹打四天，人山人海，雖云敬神，實是娛人也。民國初年，趕走和尚，打倒偶像，改建中學，二十年來有房數百間，畢業生千餘，成了豐潤縣的文化中心了。縣城裏有男女師範，男師範是小學師資養成所，女師範是賢母良妻製造所。

現在在北平讀書的大學生有百人，在天津的有四五十人。在五六年前，豐潤縣立中學的學生所敬仰的大學乃是天津的北洋，唐山的交通，次一等的是北平的師大。清華，燕京，是耳其名而以為不足數的。提到北京大學，他們是完全不知道，多數以為北京大學是北京的大學。革命成功後，校長，教員全換新人物，於是在北洋交通之外發現了新大路。在北大，我們四五人算是最早的肄業生了。

五　人物

談到人物，可憐死人，一些舉人進士們全是些冬烘先生；在清代盛極一時的所謂『樸學』，和豐潤縣的『斗方名士』是絕緣的。他們只知道八股文，試帖詩。在清末有一個名振一時的才子趙國華，他是一個進士，在我們鄉間也算頂天立地的男子，然而他的全集青草堂集裏面，不過是些八股文罷了。雖然，自清初到現在也不無一二提得起來的人物，今略記之。

(一)谷應泰

我們縣裏的名門大族是『谷，魯，曹，陳』，谷家最著名的人物是谷應泰，他是清初人，他的名著有明史紀事本末。當我初到北京大學讀歷史的時候，心裏常想：我是豐潤縣僅有的學歷史的人吧？以後發現了谷應泰，乃知在我二百多年前就有一個老同志。稍稍翻閱他的書，覺得倘是『紀事本末』體中的佼佼者。後來看見梁任公的近三百年學術史，他根據了清人的說法，直謂谷氏的書是竊自他人的，心裏老大的不舒服，總打算給我們這位老同鄉洗刷一番；但因明清史素非所習，也是心有餘而力不足。前些日子，看到李晉華先生的明史纂修考，他說『打算學谷豐潤』，我甚希望李先生替我們的谷先生洗刷吧。

(二)張佩綸

提起張佩綸，大概沒有人不知道的，他在馬尾和法國一戰，連靴子也跑掉了，一世名譽，因之喪盡。不過，我想這也並不是張氏一人的罪過，他是清流領袖，假使不是他去而是翁同龢，潘祖蔭，李鴻藻一流人去，結果也不會好些的。我們豐潤縣的人物好像全和梁任公有仇，他罵了谷應泰，又批評張佩綸道，『至於張之洞，張佩綸，不過名士風流，未足語於學問』(見清代文化之地理的分布一文)。其餘的顯宦如端方，張人駿，也只碌碌庸庸。

(三)王二戲官

司馬遷的史記有滑稽列傳，如果修豐潤縣志而有列傳的話，王二戲官也應占一席。至於他叫甚麼名字，到底是什麼時代的人，全得訪問後方能下筆，如今只畧記其梗概。他的行為酷似徐文長，是一個讀書很聰明的人。相傳他小時讀書，在老師桌上拉了一泡屎，寫明『王二戲官所拉』，老師看見後以為是衆人陷害他，打了全學，惟他得免。他的爸爸穿一條紬子袴，他打算要，無所藉口，於是給些巴豆他爸爸吃；了不得，拉起稀矢來。王二戲官看到他父親從屋裏往毛厠跑，他先跑在前面嚷道，『快來救人，我爸爸要打我呢！』旁邊的人信以為真，將他父親拉住，於是他的矢就遺在袴子裏，不得不脫下，終歸於王二戲官所有。此外故事尚多，滿可以寫一部『王二戲官的故事』書。

六　娛樂

『唐山落子』，在北平的下等娛樂場所常可以聽到。『灤州影』卻不常見；影雖名灤州，然而在灤東西十餘縣裏全很盛行。四五年前因地方平靜，每個夏天乃成為『影季』。影價以每晚計，好的影班每晚須十元，次一等五六元或三四元。影班的組織共約十餘人，職位分配計為把線的二人(即手持影人作活動者)，此外唱大者(即淨)，唱生者(即小生)，唱旦者，唱老旦者，唱髯者(即老生)各一人或二人；司樂彈弦子一人多為特者。丑角則無一定人員，插科打諢，人人可做，俗云『踏八角』。前見鄭振鐸先生一文，說他所收藏的影本有五十餘種(?)而云已全，殊不知尚未滿三之一也。

七　歌謠

夏天晚上，人民全在街上乘涼，每每聽到小女子的清婉歌聲道：

師傅騎馬我騎龍，
騎龍騎龍恕海東。
海東有個頭一家，
東頭是我大奶家，
西頭是我丈人家；
大舅子看見往裏列，
小舅子看見往裏拉；
大舅子篩鍾酒，
小舅子篩盌茶。
一鍾酒，沒喝了，
隔着竹簾看見她：
圓盤大臉黑頭髮，
雪白臉，官粉擦，
漆黑頭髮一大ㄑㄧㄚ，

鮮紅頭繩辮子紮，
藍紬子襖銀疙疸，
綠紬子褲扁帶紮，
小金蓮不過二寸八；
鞋子尖上墨鈴噹，
走一步，叮噹響，
走兩步，響叮噹。

這是她們最喜歡唱的一個，現在還寫出流行的三首：

張大嫂，李大嫂，
上河涯，摘豆角。
肚子疼，往家跑，
關上門，頂上ㄨㄍㄠ(鐵器)；
捲坑席，鋪乾草，
把老娘也請到了；
放個屁，白拉倒。

又：

大爬豆，開白花，
請小二，住媽家。
哥哥出來抱包袱，
媽媽出來抱孩子；
嫂子出來扭答扭答，
『小猴又來哩！』

又：

挑菜的丫頭還不來，
死的地裏沒人埋。
殯桿穄子(一)作棺材，
耗子尾八燒香來，
驢糞球子上供來，
白胡蝶穿孝來，
花胡蝶赴席來，
大彈鉤(二)抬扛來，
刀饋(三)搭罩來，
官娘子(四)弔紙來，
疙疸剪(五)抱罐來，
撒大蟲(六)打幡來。

註：(一)即穄米之幹，(二)(三)(四)(五)(六)皆昆蟲俗名。

這最後一個是後母咒詛她挑菜女兒的話。據我妹妹說，她能唱三十多個。如果好事，也儘可以寫成一本『豐潤歌謠』。

關於兩漢郡國縣邑增損表

史念海

月前嘗就兩漢地志，究其增損，別其種類，列爲圖表，載諸本刊第八期中。屬稿匆匆，傳寫多誤，遂致魯魚亥豕，疊見層出。頃見本刊第九期中有于鶴年君訂誤一文，承悉心校正，不勝銘感。惟于君文中尚有與鄙見未合之處，輒思再求教正。會因病不得握管，日久未果。今犯痾稍愈，急思一吐骾骨，重爭商搉，想亦于君所樂聞者也。

于君謂前書膠東國之『挺』，即續志之『拒』，並未省去。細檢志文，則于君之言似是實非。前志瑯邪郡屬縣中有名『柜』者，錢坫注曰，『「拒」，郡國志作「拒」』(見錢氏新斠注地理志)；顧祖禹亦曰，『柜縣在高密縣南三十里，漢屬瑯邪郡，後漢屬北海國，後省』(見顧氏讀史方輿紀要)：是後漢北海國之『拒』固前漢瑯邪郡之『柜』，並非膠東國之『挺』也。許鴻磐攷二縣舊址，於柜縣故城下云，『在膠州西南，漢縣也』；於挺縣故城下則云，『在萊陽縣南』(見許氏方輿考稿)。(挺縣故城，太平寰宇記及錢氏新斠注地理志二書皆作在萊陽縣南七里，較許氏所言尤詳。)其故城既不在一處，當知非由一縣更名矣。按後漢書賈復傳，『(建武)十三年定封膠東侯，食郁秩，壯武，下密，即墨，挺胡，觀陽凡六縣』，劉昭注，『六縣皆屬膠東國』。前志僅有挺縣而無挺胡，是挺或即傳文所言之挺胡。建武三十一年膠東國除(見復傳)，屬縣一部併入北海，一部廢去，挺縣或於此時已省，或併入北海後復廢，省併之時雖不可攷，然要當在孝順之前，故續志不及載之。前志膠東國屬縣中，挺縣列於下密觀陽之間，續志北海國屬縣中亦列拒縣於此二縣之間，遂致此誤。

淮陽國之固始，據于君所言，亦應列入廢縣，實則非是。班彪二志均明載固始前漢隸於淮陽，後漢屬諸汝南。續志固始下曰，『故寑，光武中興更名固始，有寑邱』，而前志汝南寑縣下，應劭注曰，『孫叔敖子所邑之寑邱也，世祖更名固始』，依此則寑縣之更名固始，似與淮陽國無涉。然前志淮陽國固始下，師古亦注曰，『本名寑丘，楚令尹孫叔敖所封地』，是固始寑縣皆係故寑邱之地，孫叔敖所食邑也。錢大昕曰，『予意汝南淮陽，地相毗連，光武封李通兼食二縣之地，而國都在寑，遂移固始之名於彼耳』，可知寑與固始，前漢雖爲二縣，分隸兩郡，後漢已合爲一，固始之名，廢於淮陽而存於汝南，徒以汝南淮暘原非一郡，故易啟人之疑竇耳。

常山郡之關縣，于君以爲即後漢之欒城，未省，竊以爲非是。案續志本文『「常山郡平棘：有……欒城」，劉昭注云，「在縣西北四十里」』，此『有』字與昭所注均係承上文平棘而言，志中不乏此例，是欒城非縣也。或謂常山國屬縣十三，若除欒城不計，則僅餘十二，與志文不合。此點沈欽韓已有解釋，其言曰：『按彪志，此下有欒城，劉昭注「在縣西北四十里」。地形志趙郡欒城縣，「太和十一年分平棘置，治關城」（即故關縣）。元和志于欒城縣下云，「欒城，本漢關縣，後漢省；魏太和十一年于此置欒城縣，取平棘縣舊欒城爲名」，其原委甚明。乃續志刊本，誤斷爲縣，以充十三之數。截考班志及晉志，皆無欒城縣。若除去欒城，又僅得十二，與志言之十三不合。然則槀城當屬常山……』（見兩漢書疏證）。

他若雲中之楨陵，于君以爲即後漢之箕陵；樂浪之呑列，即後漢之樂都；而後漢巴郡之扞水，亦非縣名，皆屬誤列。實則楨陵箕陵，前後兩漢雖同隸一郡，固彼此各不相關。楨陵乃前漢舊縣，後漢廢去；而箕陵乃東京新設，初非西都舊有。樂浪之呑列樂都，亦猶雲中之楨陵箕陵，一爲廢縣，一爲新置；于君強合爲一，實屬非是。至若巴郡之扞水，依續志通例，上文既空一格，又未冠有『有』字，自非他縣屬地，或謂乃析魚復所置，當是。（參閱陳芳績著歷代地理沿革表。按廣雅書局所刻陳表，表中之楨陵誤作楨林，非是；楨林乃上郡縣，不應列入雲中也。）

于君又以江夏郡之廢省縣名內未列襄縣，指爲遺誤，實亦非是。襄縣之地，前漢隸於江夏，後漢改屬穎川，前後兩志皆明載之。此種縣邑轉併乃兩漢疆域變遷常事。特此襄縣爲由荊入豫，或于君忽於此點，因以致誤歟。

于君指摘表中張掖屬國未列增置五城，誠然。惟此事疑義頗多，所以未列者，正擬他日討論；今承于君特意指出，敢於此處略一敘述。按張掖屬國所轄五縣，續志雖均誌明，然此五名詞頗似當時官職稱號，不類縣邑名字。昔齊召南校正彪志（見乾隆四年校印二十四史本），沈欽韓疏証范書，均曾指明此五名詞非縣邑之名稱。沈曰，『前漢張掖屬國都尉本治張掖日勒。彪志云，後漢別領五城，蓋此即是營屯，不得爲城也。「候官」蓋西北一候之義也。「左騎」「千人」「司馬官」「千人官」蓋即軍營內分部曲，立屯要之所，非縣名也』。鄙意涼州西陲，人煙稀少，地城荒涼，此所設五城蓋一以防北邊之匈奴，二以護西行之商旅，因便設立，從官駐守，以治其事；新治初立，嘉名未錫，因其所駐之官名而名之，故其地雖爲縣邑，名實官守。請以山西之運城爲例：運城之地，在昔本爲荒鄙村落，因有運司（轄運鹽諸事）駐於其地，市廛漸興，人煙日密，儼然爲河東重鎭，故一般人遂舍其故名而稱爲運城；積日旣久，遂成定名（其詳具見乾隆二十八年言如泗等所修之解州全志）。以今例昔，或當類似。質之于君，以爲然否？

編後

顧頡剛

我們眞高興，禹貢半月刊出到十二期了，下一期就是第二卷第一期了！我們赤手空拳地打出來，居然得到許多人的同情，有的捐印費，有的送文章，到今半年就有這四十餘萬字的成績，我們應當自信意志的力量可以戰勝物質的阻礙！

以中國歷史之久，地域之廣，無論如何總應當有幾種專討論歷史和地理的雜誌。何況當這強鄰狂施壓迫，民族主義正在醞釀激發的時候，更應當有許多人想到考究本國的民族史和疆域史。但事情眞出人意外，我們這刊物請求通都大邑中幾家著名的書舖代售，竟遭拒絕，他們的理由是『性質太專門，恐不易銷賣』。唉！他們的經驗是不錯的，有幾家書舖起先應允代售，但幾期之後就退回來了，說『沒有人買』。我們有時勸幾位朋友售買，但他們翻了下就縮手了，說『看不懂』。

我們不能順應環境，偏與羣衆立異，當然是我們的傻。但若只順應了環境作事，這種不費勞力的成功，有何可喜！這種迎合潮流的心理，又有何價值！我們一定要用自己的熱忱和毅力改造這環境，使得大家明白本國的民族史和疆域史的重要，具備了這方面的常識，懂得了研究的方法，各就所能，和我們合作。只消我們不停止地向前跑去，不信將來沒有這一天！

但若永遠板着臉說話，專收嚴整的考據文字，在沒有這方面興趣的人必然是望而生畏的，這決不是引人入勝的好法子。所以我個人的主張，只望材料新，不怕說得淺。例如本期中的豐潤小志，是作者的隨筆，和本刊它期的文字不同，似乎不該收。但這雖不是精密的調查，確是作者意識中最深的印象，他寫了出來，我們讀後也會對于豐潤縣發生較深的認識：這就是它的效用。正如列了許多統計表的北平市調查（或年鑑）固然眞確，然而一個畫家繪出故宮一角或北海之秋來卻會給人一個更深摯的印象，使人忘記不了。所以我們固然稱讚科學家，而亦不肯菲薄藝術家。

由於這個理由，我主張此後每一期總當有一兩篇地方記，作者各就自己最熟悉的地方，作一些不背事實的描寫。這個地方，或是作者所生長的，或是作者所流寓或游歷的，都可以，只要他知道的多。做的時候，固不妨翻閱史書和方志，但即抒筆直寫也未爲不可，只要他知道的真。此外，長途的游記也該爲我們所歡迎。

有許多人說這刊物是『專門研究古地理』的，這固然是事實，因爲既講地理沿革當然偏于古代。但我們須切實聲明的：我們沒有忘記現代！我們將來有財力，有人才，有材料時，還要注重到現代中國的經濟地理方面去。此刻我們在北平的大學裏，所能見到的是北平各圖書館的收藏，這些收藏是偏于古代的，我們要做些切實的工作當然只能向古代地理方面着手。要是將來經費充裕，許我們專力從事工作，我們必須組織旅行團，分道四出，作實際的調查，搜集現代的材料。這不是一時可以做到的事，大家只有耐着性子等待，也只有把當前的古代材料以苦力得到收穫時可以喚起社會的同情心，給我們這方面的便利。

這刊物篇篇講地理，卻不能篇篇附地圖，確是一件大憾事。所以不能這樣辦的緣故，一來是鑄版費太貴，非現在的經濟能力所許可；二來是我們的地圖底本尚未出版，畫起沿革圖來太費時間，也不是我們現在的工作生活所許可。希望在這半年之內，把底本印出，從第三卷起，每期可以有一二幅插圖。以後再慢慢兒加上去，直到篇篇有附圖爲止。

本期中，地理與歷史的中心關係一文的作者希望我們把整理史實作爲理解歷史進化的初步手段，不要把考證看成終極的目標，這個意思當然很對。可是，我終覺得，學問應有全體的關聯，有綜合的目標，但個人的工作卻不妨只爲一部分的。所以然之故，就因爲學海無涯而個人的能力有限，不得不各人割了一小部分作深入的研究；倘有才氣磅礴的人肯以聯合疏通的工作自任，則許多小部分研究的完工正是學問全體成就的基礎。所以，拿顯微鏡的不必即爲拿望遠鏡的，這兩種工作各有其適用的場所，大家應當就性之所近，努力前進。只要工作的態度是客觀的，則表面雖千殊萬異，總可歸到一條線上。假使拿望遠鏡的笑拿顯微鏡的爲眼界太小，拿顯微鏡的笑拿望遠鏡的爲所見太粗，各不相容，捨棄了他們的本分而作爲意氣之爭，這決非學術界的福利。因此，我們以爲，我們一方面應知世界之大，一方面仍應確定自己的工作範圍：有大力量的，儘不妨把整個世界作爲研究的對象；沒有這力量的，也儘不妨在一寸一分之下做工夫。質之作者，以爲如何？

四鎮三關志

明劉效祖纂

藍格鈔本

特價洋二百圓

明代邊防，北方尤重。四鎮者，薊，昌，保，遼也；三關者，居庸，紫荆，山海也。萬曆初劉應節，楊兆督軍於此，屬劉效祖纂輯是志，以討軍實，用資考鏡，專爲防務，不同方志。全書十卷，爲綱十，爲目三十，曰：建置考 圖畫，分野，沿革；形勝考 疆域，山川，乘障；軍旅考 板籍，營伍，器械；糧餉考 民運，市糴，屯糧（附鹽法）；騎乘考 額設，兌給（附互市，胡馬），賠補；經略考 前紀，今制，雜防；制疏考 詔勅，題奏，集議；職官考 部署，文秩，武階；才賢考 勳勞，謀勇，節義；夷部考 外夷（附入貢），屬夷（附入貢），入犯。各篇所述，無不詳盡，研討明史，多可資取。制疏一考，卷帙最大；序有云：『頻年諸部使征繕是急，日討求而申飭之也；至以播之綸綍，騰之疏告者，皆爲關鎮計也』。邊臣奏議自嘉靖以迄萬曆，撫錄甚多，原委分明。有明實錄，各家專集，恐未必備載。又夷部考所記諸夷酋目，及其所在；入犯時日，與夫行徑，無不詳細。效祖曰：『今以北虜諸部落詳其世系而屬夷附之，再紀其頻年入犯之自，俾司邊者爲鏡觀焉』。是書刊本甚少，各家藏書目惟北平圖書館有之，他無所見，敝號所得鈔本，似從萬曆原本影寫者，字體娟好，紙色雅潔，亦爲不可多得之本。如圖書館或藏書家有意賜顧，自當極誠優待，俾珍本得其所也。

修綆堂書店謹啟　北平隆福寺街　電話東局二二〇五

商務印書館出版

中國古今地名大辭典

臧勵龢等編

一册定價八元

上起遠古，下迄現代，凡吾國重要地名，史志，郡縣，以及山川形勢，國防要隘，鐵道商港等，有爲檢查所需者，均參考羣書，調查甄錄。新設之市區縣治，亦均採輯。綜計五萬餘條，二百五十萬言。編首列檢字表，編末附四角號碼索引。

歷代疆域形勢一覽圖

童世亨著　一册定價一元五角

著者根據顧景范先生歷代州域形勢通論一書，並博采古籍，上溯禹域，下迄清疆，繪成正副大小圖四十六幅，凡歷代疆域之沿革，形勢之變遷，長城運道之興廢，塞外民族之盛衰，戰爭之形勢，無不擇要分註，施以彩色，一覽了然。末附歷代州域形勢通論，於歷代分合之形，興亡之跡，皆有詳細確切之陳述，足爲一部史地科良好參考書，不僅爲圖之說明已也。

最新修訂 中國形勢一覽圖

童世亨原著　陳鎬基修訂　一册定價一元八角

本圖內容精審，取材適當，於近今政區及縣名之增設與改革，均據最新調查，詳細訂正。關於實業形勢交通等之重要地名，及險要關隘著名山川，圖中莫不審愼注入。删繁擇要，便於查閱。圖後附說，分總論地方志兩編，殿以全國行政區域表及商埠鐵路航路等表，均經大加修訂，可資考證。

禹貢半月刊第一卷著者索引

于鶴年
兩漢郡國縣邑增損表訂誤　一，九．三五—三七

大谷勝真（譯文）
安西四鎮之建置及其異同（周一良譯）　一，一一．一五—二二

王以中（互見王庸）
山海經圖與職貢圖　一，三．五——一〇

王重民
清代學者關于禹貢之論文目錄　一，一〇．二二—二七

王庸（互見王以中）
桂蕚的輿地指掌圖和李默的天下輿地圖　一，一一．一〇—一二
中國地學論文索引序　一，一一．二九—三四

王德甫
後漢戶口統計表　一，三．一九—二六

王樹民
周書周官職方篇校記　一，一．一〇—一二
職方定本附章句芻說　一，一．一二—一四

史念海
古代河域氣候有如今江域說（蒙文通講）　一，二．一四—一五
兩漢郡國縣邑增損表　一，八．一五—二七
關於兩漢郡國縣邑增損表　一，一二．三四—三六

朱士嘉
方志之名稱與種類　一，二．二六—三〇
中國地方志綜錄例目　一，五．二六—三二

余鍈
宋代儒者地理分佈的統計　一，六．一六—二二

吳志順
評綏遠省分縣圖　一，一〇．三三—三六

吳維亞
山海經讀後感　一，一．一九—二〇

李子魁
漢書地理志中所記故國及都邑　一，四．二〇—二四

李素英
禹貢的地位　一，一．五——六
大野澤的變遷　一，九．二——九

谷霽光
北魏六鎮的名稱和地域　一，八．五——八

周一良
安西四鎮之建置及其異同（譯大谷勝眞著）　一，一一．一五—二二

周振鶴
青海簡言　一，一〇．二九—三三

侯仁之
漢書地理志中所釋之職方山川澤浸　一，五．一九—二二
黑城探檢記（譯斯文赫定原著）　一，九．二三—二八

俞大綱
北魏六鎮考　一，一二．二——六

禹貢學會

禹貢半月刊發刊詞　一，一·二——五
地圖底本出版預告　一，四·三〇—三一

胡傳楷

會民見聞記　一，一二·一〇—一四

胡德煌

前漢戶口統計表　一，二·一九—二六

唐蘭

與顧頡剛先生論九丘書　一，五·二三—二六
辨冀州之冀　一，六·三二—三二
四國解　一，一〇·六——九

孫海波

由甲骨卜辭推論殷周之關係　一，六·二——八

孫媛貞

禹貢職方史記貨殖列傳所記物產比較表　一，三·二六—二八

徐家楣

民國二十二年以來所修刻方志簡目　一，三·一〇—一九

袁鍾姒

職方冀州境界問題　一，一·一四—一五
漢書地理志所記掌物產之官　一，一·二二—二三
自禹貢至兩漢對于異民族之觀念　一，三·二九—三一
禹貢之沇水　一，八·一三—一五

馬培棠

冀州考原　一，五·二——五
丹朱故墟辨　一，七·二四—二九

高去尋

山海經的新評價　一，一·一五—一八

張公量

雲土夢　一，一·九——一〇
略論禹貢職方史記貨殖列傳所記各地特產　一，三·二九—二九
說禹貢州數用九之故　一，四·一四—一七
穆傳山經合証　一，五·六——一五
古會稽考　一，七·二九—三四
跋山海經釋義　一，一〇·二〇—二二

張維華

明遼東衛都衛都司建置年代考略　一，四·一〇—一四
明代遼東衛所建置考略　一，七·六——一九

許道齡

論禹貢田賦不平均之故　一，一·六——七
從夏禹治水說之不可信談到禹貢之著作時代及其目的　一，四·一八—二〇
沙南蛋民專號提要　一，九·三一，三五
客家研究導論提要　一，一二·一四—二六

郭漢三

王制職方封國說之不同及後儒之彌縫　一，五·一八—一九

陳家驥

雲土夢作乂　一，一·七——八

陳觀勝

論利瑪竇之萬國全圖　一，七·一九—二四
乾隆時學者對利瑪竇諸人之地理學所持的態度　一，八·一〇—一二

傅述堯

古代蜀國史略述　一，六·一一，一六

傅振倫

方志之性質　一，一〇·二七—二九

勞榦
- 由九丘推論古代東西二民族　一，六・二八—三〇
- 論禹治水故事之出發點及其它　一，六・三〇—三二

斯文赫定（譯文）
- 黑城探檢記（侯仁之譯）　一，九・二三—二八

賀次君
- 山海經圖與職貢圖的討論　一，八・二八—三四
- 山海經之版本及關於山海經之著述　一，一〇・九—二〇
- 水經注經流枝流目

馮家昇
- 洪水傳說之推測　一，二・八—一四
- 遼金史地理志互校　一，四・六—一〇
- 介紹到西北去的兩部書　一，九・二八—三〇
- 我的研究東北史地的計畫　一，一〇・二—六
- 再介紹到西北去的一部書　一，一二・二六—二九

黃席羣
- 晉初郡縣戶數表　一，六・二三—二八

楊向奎
- 自戰國至漢末中國戶籍之增減　一，一・二〇—二三
- 介紹史學論叢中三篇古代地理文字　一，六・三二—三四
- 豐潤小志　一，一二・二九—三三

楊成志
- 我對于雲南羅羅族研究的計畫　一，四・二四—二九

楊效曾
- 管子中的經濟地理思想　一，九・一八—二三
- 地理與歷史的中心關係　一，一二・八—一〇

楊毓鑫
- 禹貢等五書所記藪澤表　一，二・一六—一七

聞宥
- 評馮承鈞譯西域南海史地考証叢譯及續編　一，一〇・三六—三七

蒙文通
- 古代河域氣候有如今江域說（王樹民記）　一，二・一四—一五
- 論古水道與交通　一，七・二—六

劉盼遂
- 齊州即中國解　一，五・五—六
- 六朝稱揚州為神州考　一，九・九—一〇

劉節
- 周南召南考　一，一一・二—一〇

鄧嗣禹
- 唐代鑛物產地表　一，一一・二二—二九

錢穆
- 提議編纂古史地名索引　一，八・二—四

聶崇岐
- 宋史地理志考異
  - 總叙　一，六・八—一一
  - 京城　一，八・八—一〇
  - 京畿路，京東路，京西路　一，九・一〇—一四
  - 河北路　一，一一・一二—一五
  - 河東路　一，一二・六—八

鄺平樟
- 禮記王制及周官職方所言封國說之比較　一，五・一六—一八

譚其驤
- 遼史地理志補正　一，二・六—七
- 清史稿地理志校正

直隸 一，三．二——五
奉天 一，九．一四——一八
論兩漢西晉戶口 一，七．三四——三六

顧頡剛

編後 一，一．二三——二四
一，二．三〇——三一
一，一二．三六——三八
古史中地域的擴張 一，二．二——六
寫在藪澤表的後面 一，二．一七——一九
校後 一，三．三一——三二
說丘 一，四．二——六